张晋藩先生近照

但开风气不为先

我的学术自述

张晋藩 著

中国出版集团公司
中国民主法制出版社
全国百佳图书出版单位

图书在版编目(CIP)数据

但开风气不为先 ：我的学术自述 / 张晋藩著. --
北京：中国民主法制出版社，2015.6
ISBN 978-7-5162-0849-6

Ⅰ. ①但… Ⅱ. ①张… Ⅲ. ①法学—文集 Ⅳ.
①D90-53

中国版本图书馆CIP数据核字(2015)第107245号

图书出品人：刘海涛
出版统筹：陈晗雨
责任编辑：庞从容

书名/ 但开风气不为先——我的学术自述
作者/ 张晋藩 著

出版·发行/ 中国民主法制出版社
地址/ 北京市丰台区玉林里7号（100069）
电话/（010）63292534 63057714（发行部） 63055259（总编室）
传真/（010）63056975 63292520
http://www.npcpub.com
E-mail: flxs2011@163.com
经销/ 新华书店
开本/ 16开 710毫米×1000毫米
印张/ 28.5 字数/ 390千字
版本/ 2015年6月第1版 2015年6月第1次印刷
印刷/ 北京荣泰印刷有限公司

书号/ ISBN 978-7-5162-0849-6
定价/ 56.00元

目录

自 序

自上世纪 50 年代始，至如今耄耋之年，我与中国法制史学已结缘六十余载。期间，我见证了旧中国法制史学的兴而复衰，也见证了新中国法制史学跌宕起伏的历程。数十年来，我的工作与生活、思考与写作，也都是围绕着中国法制史这门学科而展开。

1949 年建国初，在“一面倒”学习苏联的氛围中，在彻底打碎资产阶级国家机器、废除六法全书的背景下，民国以来中国法制史研究的进程和学术衔接被阻断，民国时期的优秀法制史学者如程树德、丁元普、杨鸿烈、陈顾元的法制史著作被束之高阁，取而代之的是源自苏联的国家与法权通史。

1950 年 9 月，中国人民大学招收第一批国家与法权通史研究生，由来华的苏联专家瓦里荷米托夫教授担任指导。我就是这批学生中的一员。1952 年毕业后，我留校任教，从此开始了六十余年的法制历史的教学研究历程。

1953 年，我所在的国家与法权通史教研室组织编写中国国家与法权历史讲义。由于古代部分缺乏研究基础，遂从现代部分入手，按照苏联教科书的四段论（经济结构、阶级结构、国家制度、法律制度）模式，组织中国法制史料，编纂油印讲义。但由于弃置了原有的研究基础，无视建国前该领域已有的著作，更无力顾及海外这方面优秀的成果，完全另辟蹊径，结果当然难令人满意。

1957 年后，法学在“左”的思潮影响下，研究上受到很大的束缚，法学界呈现出万马齐喑的萧条状态。直到 1961 年大兴调查研究之风，法学教学和研究秩序才得以部分恢复。中国人民大学国家与法权历史教研室开始组织编写《中国国家与法权历史讲义》，共三分册，第一分册“古代部分”由我来负责。虽然现在看来仍有粗糙之处，但已经是当时重要的阶段性成果，出版后为各兄弟院系所采用。假使这个势头能够持续下去，我想法制史学更上层楼应该是可以期待的。

不幸的是，“文革”开始，一切学术活动陷于停顿。期间，我还被下放到“五七干校”改造思想。但就我个人而言，法制史学的研究仍在默默地进行。1972 年，分配我到北京师范大学清史研究所工作，得以参加戴逸教授主持的《简明清史》的撰写工作。这是我此后偏重于清朝法制史研究的一个原因。

1979 年 6 月，在长春召开中国法律史学会成立大会。这是一次划时代的会议。在会上，“中国法制史”这一学科名称得以恢复。同时，大会还决定了由我提出的编纂《中国法制通史》多卷本的历史任务。我之所以有此动议，是有感于此前在国外召开过三次中国法制史的国际学术会议，没有一次邀请中国大陆学者参加。此中固然有政治的因素，但更关键的是中国学者在此时期没有提供有价值的法制史著作。作为一门源远流长的固有法学，作为有着众多法制史研究者的泱泱大国，中国法制史研究的重心竟然在国外而非国内，这怎么说都让人感到汗颜。虽然这一宏愿当时实行起来困难重重，后来的进程也证明了此点，但是我觉得有必要借此提升中国法律史学人的士气，找到一个合作的渠道，借以向世界展示中国学者的成就，进而将中国法制史学研究的中心牢固地建立在中国。经过十九个春秋，这套书终于问世。这是一套几乎凝结了三代人的心血之作，是 20 世纪最具代表性的中国法制史研究成果。

在这个过程中我感到，要使中国法律史学具有持久的生命力，还需要能够和其他法学学科尤其是部门法学进行交流，并为其他法学门类提供经验性知识和历史基础。于是，我在 1983 年中国法律史学会年会上呼吁法律史学界进行部门法史的研究。当然，我自己也身体力行，主编或独著了相关的部门法史著作。其中，主编的以《中国民法通史》、《中国民事诉讼法史》、《中国刑法史新编》、《中国司法制度史》为代表，独著的则以《清代民法综论》、《中国宪法史》、《中国监察法制史稿》为代表。不敢说所作的都是补白之作，至少在拓展中国法制史学研究范围、发展法律史学研究方法上，尽到了一份绵薄之力。

中国法制史中蕴含着大量的治国理政经验，是一座丰富的“智库”。我们所缺的，就是挖掘这个宝藏的眼光和手段。所以，自上世纪 80 年代初，我就致力于研究中华法系的特点和价值，致力于研究中国法制史的镜鉴作用。1986 年、1995 年、1998 年我三次给中共中央书记处和全国人大常委会做法律讲座，谈的都是中国法制历史的借鉴问题。我在这方面的代表性成果，是《中国法律的传统与近代转型》和《中华法制文明史》两本著作。

由于中国自古以来就是统一多民族国家，对于中华法系的缔造，除汉族外，少数民族也做出了自己的贡献，因此我在上世纪80年代初期便提出了研究中国少数民族法制史的建议。但当时完全投入组织撰写《中国法制通史》多卷本，直到2000年，才开始把组织编写中国少数民族法制史的任务提上日程。如今，《中国少数民族法史通览》即将问世。

多年来，我在中国法制史学上只是做了一点开风气之先的工作。虽自认在法制史教学研究方面朝乾夕惕，但如果没有这个伟大的时代，再美好的设想也可能只是梦幻泡影而已。每念及此，不由对学问充满敬畏，对时代充满感激，遂将数十年来的学术生涯和心路历程笔之于书。对自己而言，乃述往事，援翰写心；对读者而言，乃思来者，献一得之见。正所谓“大海不辞涓滴”，而滴水可见大海，此书亦可作如是观。

中国法制史学研究伴我一生

中国法制史学研究伴我一生

1950年9月1日，中国人民大学举行正式开学典礼。刘少奇和朱德等国家领导人出席会议，少奇同志并在会议上讲话。我记得他说：国家困难的时候，你们在这里学习、吃小米，国家情况好转的时候，你们出去工作，所以你们一定要努力学习。（注：讲话大意如此）开学典礼后，同学们都非常兴奋，感到肩上的担子很重。这时，我已经知道组织上要调我做研究生，心里很是高兴，认为可以从事教学研究工作了。但害怕分配我去学刑法、刑诉之类的实体法，因为对司法应用学不感兴趣，这可能和我在旧大学学文史有关。我的希望是分配去学法理，其次是法制史——当时叫“国家与法权通史”，即今之外国法制史。最后，分配我做国家与法权通史研究生。虽不是第一志愿，但也很满意（当时一切听从组织安排，不存在个人志愿问题），尽管有些同学颇为我惋惜，因为国家与法权历史并不是法学的热门。

法律系研究生共有二十余人，其中法制史四人共同居住在织染局6号的一所四合院内，一位门房、一位炊事员打点我们的生活。除了上大课——马列主义基础、政治经济学需到铁狮子胡同1号听课，余下的时间都在宿舍自学，上、下午和晚间三个单元都在学习。苏联专家布置的参考书很多，每周检查一次，不用功是不行的。我们小组四人推举我为组长，我每周一要检查大家学习计划的执行情况。当时同为研究生、现厦门大学教授胡大展还记得此事，他在一篇回忆文章中写道：“当年，我们法律研究生班分六个学习小组，组长的任务是组织、领导组员学习。晋藩是法律史组组长。每周一早课，晋藩向全组成员公布他精心制定的读书计划，其中详细列出书名、页码、详读、略览的不同要求。这都是他利用周末业余时间精心安排的，每次都征求我们的意见。”[1]

两年研究生的生活丰富多彩。在业务学习上，系主任何思敬亲自给我们讲类似古代历史学的绪论，受益匪浅。指导我们的苏联专家叫瓦里何米托夫，曾

[1] 朱勇：《思学集》，中国政法大学出版社2010年版，第548页。

经参加过苏联卫国战争。他的学识并不出色，给我们讲课只是念诵国家与法权通史和苏维埃国家与法权历史教科书。但在当时“一面倒”学习苏联的历史背景下，大家对他还是很尊敬的。我当时在同学中俄语学得最好，课间经常陪他散步聊天。

1952 年 6 月毕业考试时我患了流感发高烧，教研室主任肖永清要我延期考试，我坚持不延期。在考场上，我仅准备了七分钟便回答考题，讲了两个小时。考后总结，肖永清说我的功夫都下在平时。1952 年 7 月，我被分配从事中国国家与法权历史的教学研究工作。9 月，在我正式作为教员的伊始，法律系主任何思敬让我去东单小雅宝胡同请侯外庐先生来讲授国家的起源。侯先生认为国家起源于改良主义路径，所谓“人惟其旧，器惟其新”，这对我以后的治学很有影响。侯先生讲学时往返我都陪同，我当时在车上暗自发誓，今后也要努力成为侯先生这样的专家，受到人们的尊敬。这次活动对我一生都有着极其重要的影响。

一、从编写《中国法制史》教材说起

1952 年 7 月，中国人民大学举行第一届研究生毕业典礼。我被分配到法律系国家与法权历史教研室，从事中国法制史的研究工作，从此正式走上了教师的讲坛。由于中华民国时期的中国法制史著作已被尘封起来，必须立即着手编写中国法制史（当时称为“中国国家与法权历史”）教材，可以说是白手起家。当时，编写教材的指导思想是马克思主义的观点、方法，所依据的范本是苏联大学的《国家与法权通史》教材，所依据的资料是文献中的法制资料。由于编写古代法制史难度较大，所以，先从现代法制史编起。从 1953 年起，我最先编写第二次国内革命战争时期南京国民政府的法律制度，重点是批判《六法全书》。期间，全国范围内开展的批判国民党司法制度的活动，对我编写教材很有帮助。接下来，我又编写了解放战争时期南京国民政府的法律制度，和抗日民主政权的法律制度。到 1956 年，这三份讲义都已编成，并以油印的形式发给学生。这是我编写中国法制史教材的最初尝试。

经过近十年的教学与研究，至 1961 年我已具备编写古代法制史的能力，而开始参加编写《中国国家与法权历史讲义》。1963 年，中国人民大学出版社以铅印的形式出版了我撰写的中国古代法制史讲义，即《中国国家与法权历史讲义》三分册中的第一分册“古代史部分”。就讲义的结构而言，它打破了苏联教科书的“四段论”模式，即：经济结构；阶级结构；国家制度；法律制度。就讲义的内容而言，它侧重于法律制度的叙述，改变了苏联教科书“以国家制度为主，以法律制度为辅”的格局。讲义中涉及法律制度的内容约占三分之二以上，不仅在量上凸显了叙述法制的特色，而且对特定的法律制度进行了全面的、具体的阐释。就讲义的研究方法而言，它除了坚持阶级分析的方法，还注意运用历史分析的方法，并将之贯穿始终。这本讲义曾被各大学法律系普遍采用。

1980 年，司法部组织全国各专业专家主编一套完整的高等学校法学试用教材。这是新中国成立以来第一次由官方主持的全国性的法学通用教材的编写工作，而且又在打倒“四人帮”之后不久。因此，凡参加的专家都以满腔热情对待这项工作。司法部聘请张警、游绍尹、乔伟、沈国锋、方克勤、杨永华、张希坡、王绍棠和我为《中国法制史》教材的撰稿人。1981 年夏，各学科的撰稿人齐集北戴河讨论编写事宜。我第一次到北戴河，确切地说，也是第一次看到大海，非常兴奋。我不会游泳，只在海边浅处嬉水，大家都欢笑异常。我们住在将军楼，这是过去将军们的消夏之地。会议的主办人还组织我们游览了山海关、孟姜女庙和碣石等处。我沿路诗兴大发，诌了几首小诗。列出如下，供方家一笑。

其一

万顷洪波水接天，白帆点点打鱼船；
男儿当奋擒鲸志，慷慨高歌碣石篇。

其二

岸边徘徊踏细沙，拾贝捉蟹逐浪花；
生平首做弄潮儿，诗兴悠悠向天涯。

其三

碣石观海意气豪，魏武东征挥宝刀；
创就三分天下业，至今人犹说曹操。

其四

沧海接天一线横，蓬壶仙山水上生；
风云变幻吟不尽，珍重士人怀古情。

其五
极目东海天际流，云水苍茫眼底收；
惊涛谱出风雷曲，催促骚人上鳌头。
其六
潮声潮落年复年，历数英雄话古今；
千秋功业谁凭吊，唯有遗文待细吟。
其七
云澍烟波浩淼间，海风入袖觉轻寒；
涛声偕韵诗犹健，且停吟咏待来年。
其八
三关虽曰险，未若一将雄；
冤杀袁崇焕，可怜縊思宗。

北戴河会议推举我为主编，乔伟、游绍尹为副主编。我提出了《中国法制史》教材的框架和要求，大家都表示同意，之后便分工撰写。1982年初夏，又集合到颐和园龙王庙宾馆进行统稿工作。我首次担任通用教材的主编，非常认真，每个人撰写的初稿我都仔细进行修改。我所撰写的“绪论”，也经过了认真思考。在这以后，我曾多次主持中国法制史的统编教材，但都没有像这次那样认真。这部教材获得了司法部颁发的“优秀教材奖”，连续印制了五十余万册。

80年代中期以后，我认为中国古代的法律体系也是由多种部门法所构成的，认为中国古代“只有刑法，没有民法”的观点是不符合中国历史实际的。此后，在我撰写的《中国古代法律制度》中，采纳了以部门法史作为法制历史的基本内容的观点。这个观点对我此后所主编的教材都有影响，一直到现在。而《中国古代法律制度》一书的体例，也影响了兄弟院校所主编的教材。

1984年，我按照立法史、行政法史、刑法史、民法史、经济法史、狱讼史、宪法史的体例编写了《中国法制史》教材。这部教材于1986年8月由中国政法大学出版社出版。

1990年，教育部委托我主编高等学校文科教材《中国法制史》。这次编写体例不同于1983年的法制史通用教材。全书共分六编，三十六章，每章前首列“概述”，各章于断代史中分别叙述行政法律、刑事法律、民事经济法律、司法制度。这部教材由于负责近代部分的作者未能及时交稿，而由其他同志匆匆编写，造成全书前后体例不尽一致。但总的来说，这部书的体例为我以后主编教材奠定了基础。这部教材于 1991 年 5 月由群众出版社出版，并加印了四次。

20 世纪末，教育部组织编写高等政法院校法学主干课程教材，由我负责主编《中国法制史》。这部教材于 1991 年 1 月由中国政法大学出版社出版。

2002 年，教育部组织编写普通高等教育“十五”国家级规划教材。其中，《中国法制史》被确认为“全国高等学校法学专业核心课程教材”，由我负责主编。这部教材于 2003 年 2 月由高等教育出版社出版。

2007 年，司法部组织编写高等政法院校法学主干课程教材，不久教育部也组织编写普通高等教育“十一五”国家级规划教材。其中，《中国法制史》教材均由我负责主编，并先后于 2007 年 8 月由中国政法大学出版社出版。

2008 年，中国政法大学校长徐显明组织编写中国大学法学教科书，由商务印书馆出版。其中，《中国法制史》由我负责撰写，并于 2010 年 1 月出版。我在此书的“序言”中说：

一

中国是世界著名的文明古国之一，法制的历史可以上溯到公元前三千年左右，而且辗转相承，从未中断——这是古埃及、古巴比伦、古印度等国所不具备的一大特点和一大优点，由此而形成了历史悠久、源流清晰、特色鲜明、内涵丰富的法制传统。它产生于中国的文化土壤，是中华民族的智慧与创造力的体现。它的完整性与系统性以及遗留至今的浩瀚的法律文献与档案资料均为世界所少有，雄辩地说明了中华民族对世界法文化宝库的巨大贡献，以及中华法系何以受到各国的尊重而长久地傲然自立于世界法制之林。

中国古代法制是依托于社会的发展而发展的，尤其是在社会转型时期，法制也相应地发生了巨大的变革，并以其特有的功能为社会的转型发挥着催生的作用。从法制与社会的相互关系中，可以把握法制发展的阶段性与规律性，以及法制传统与中国国情、社情的适应性。

中国自古以来就是统一的多民族国家，不同的民族在不同的时代对于中国法制的形成与发展所起的作用各有不同。无论如何，中国法制历史是各民族人民共同缔造的，凝聚了各族人民的法律智慧，是各族的法律文化与法制经验相互交流与吸收的结果。但是，这种多元性并没有影响到华夏文明的主体性与统一性。如同海纳百川，中原汉族的法制文明正是吸收了各民族的法律文化才形成了多样性的发展及绚烂多彩的历史传统。

就文化源头而言，同样存在着多元性与主体性的统一。自春秋中叶起，儒、墨、道、法等各家学说都尽其可能地支配、影响着中国古代法制的发展。但在这个过程中，儒家思想逐渐取得主导地位，儒家思想及其施政原则始终指导着法制的构建进程与司法的总体规范。这是由深厚的宗法社会的道德理想主义，以及法、理、情三者相统一的文化土壤所决定的。汉以后的“外儒内法”，体现了以儒家思想为主导的诸子百家学说的融合。

中国法制历史的内涵极为宽广，富有超越时空的民主性因素，如人本主义的法律支点、法致中平的价值取向、天人合一的和谐诉求、礼乐刑政的相互为治、援法断罪的司法责任、法为治具的政治方略等。因此，需要从多侧面、多层次、多角度去研究、总结，以揭示其历史的真相和寻求治国理政的规律性认识。

研究中国法制史的目的，就是为了正确认识法制在漫长发展过程中如何不断地完善自己，以及它在社会的进步当中所处的位置和价值；就是要从固有的法制历史中总结出具有理性思维的成果，为当前的法制建设提供准确的历史借鉴；就是通过弘扬中华法制文明的传统，提高中华民族的自豪感与自信心，增强全民的法律意识，力求在复兴中华民族的伟大事业中做出自己的贡献。

二

1840年鸦片战争以后，侵略者的炮火轰开了清朝闭关锁国的门户，西方的法文化也同西方的商品一样通过各种渠道涌入中国，对中华传统法文化进行猛烈的冲击和挑战。在不断的冲突与融合中，中国固有的法制终于向着近代转型。这是一个渐进的、具有历史必然性的发展过程。

中国固有的法制经历了汉唐宋明的辉煌时代，但其发展轨迹只是陈陈相因地纵向传承，缺乏横向地比较吸收与实质性的变革，因此至19世纪中叶，已经处于“变亦变，不变亦变”的严峻形势。如果没有鸦片战争，中国法制迟早也会走上近代化的途径，鸦片战争只是起了触媒的作用。

中国近代法制的转型是沿着西方化的路径行进的。这不是某个权威的设计，也不是来自政治权力的强制，而是特定历史条件下的必然选择。虽然不可避免地存在着简单的拿来主义，以及形式与内容、思想与实际之间的矛盾，但它所引发的不仅是制度层面的变化，而且促进了中华民族的新文化素质和新法律意识的提高。

如果说晚清改革与修律是中国法制近代转型的重要开端，那么此后经过中华民国时期，至新中国成立，再到今天的改革开放，就是中国法制向着现代化的目标前进所经历的几个历史阶段。由于社会的发展是永不停止的，因此，法制的近代化也只有阶段性而没有终结。

由于中国法制的近代化是在民族危机四伏的背景下进行的，是以全盘西化为价值取向的，因此在转型过程中既缺乏理性地对待中国法制传统中超越时空的民主性因素，也缺乏理性地分析西方法制与中国国情的适应性，以致中国法制虽然走向近代化了，但却丧失了中华法系的自主性与创新性。

在日益频繁的世界法文化交流的今天，中国法制如何走自己的路，如何将传统与创新、历史与现实、中国与世界结合起来考量，构建出真正具有中国特色的社会主义法制国家，是需要认真研究与总结的。

值得提出的是，教育部“十一五”国家级规划教材《中国法制史》在第二版出版时，我对其体例做了较大的修改。现将目录附下：

第一编 中国古代法制史

第二编　中国近代法制史

第九章　中华法制的近代化与路径

第一节　中国法律近代化的历史必然性及特殊动因

第二节　中国法律近代化的历史借鉴

第十章　晚晴修律与立法成就

第一节　晚晴法律改革的背景

第二节　宪法性文件

第三节　刑事法律

第四节　民商法律

第五节　行政法律

第六节　晚晴司法制度

第十一章　中华民国时期的法律制度（1912 年—1949 年）

第一节　南京临时政府的法律制度（1912 年 1 月—1912 年 3 月）

第二节　中华民国北京政府的法律制度（1912 年—1928 年）

第三节　中华民国南京国民政府的法律制度（1927 年—1949 年）

第四节　革命根据地法律制度（1927 年—1949 年）

第三编　中国当代法制史

第十二章　《共同纲领》与 1954 年宪法奠定的法统基础

第一节　《共同纲领》的制定与主要内容

第二节　《中华人民共和国宪法》——以《共同纲领》为基础又是它的发展

第十三章　中国特色社会主义法制建设

第一节　建国以来法制发展状况概述

第二节　宪法的发展历程

第三节　各部门法的发展及法律体系的确立

第四节　社会主义司法制度

第五节　中国特色社会主义法制建设的总结与反思

在三十余年编写教材的过程中，我根据认识的深化，在体例上进行二次较大的变动，在内容上也不断地充实。这是主编应负的责任。

二、《中国法制史》第一卷的问世

1982年，在改革开放的新时期，我撰写并出版了《中国法制史》第一卷。这本书可以说是我前三十年从事中国法制史学研究的一个总结。

《中国法制史》将“中国国家与法权历史”的名称恢复为“中国法制史”，这意味着研究对象、学科体系、结构的设计和观点有了新的变化。在体系结构上，以“绪论”概论全书，以下各章均以研究历史上的法律制度为中心，阐明各种类型法律制度的产生、发展、变化、消亡的规律。

我在“绪论”中说：

一、中国古代法制的历史发展和中华法系

中国是世界上著名的文明古国之一，有着四千多年没有中断过的历史。早在公元前21世纪，伟大的中华民族便从原始社会过渡到阶级社会。从夏朝起，作为阶级统治重要工具的国家和法制便已随着阶级斗争的需要而出现了，从此历史跨入了文明的门槛。

“法制”一词，古已有之。《礼记·月令》说：“命有司，修法制，缮囹圄。”所谓“法制”，一般是指国家的法律制度。历史上，不同的统治阶级在建立不同类型国家的同时，也形成了各自的法制。

夏、商、周三代是中国的奴隶制社会。这三代的法制，都是奴隶主贵族阶级对广大奴隶进行镇压的工具。至春秋中叶以后，由于生产工具的改进、生产力的提高，引起了阶级关系和上层建筑的大变革，奴隶制度崩溃了，历史向着更高的阶段发展。至战国（公元前475年—公元前221年），封建制度已在当时并立争雄的七个大国中间陆续地确立和巩固起来，中国封建的法制史也就从此开端。此后，法制的历史也和整个社会的历史一样，进入了漫长的、发展

缓慢的过程。

公元前221年，秦始皇统一六国，建立了统一多民族的封建专制主义中央集权的国家。历经两千余年的岁月和无数次的改朝换代，封建专制主义的政治制度和法制沿着螺旋上升的轨迹越来越向着极端的方向发展——曾经对社会发展起过的一定进步作用，已为明显的阻碍和破坏作用所代替。至17世纪，西方发生了资产阶级革命，而中国这个世界文明发达最早的国家之一，却仍然在封建社会的藩篱以内踱步，资本主义的萌芽是很微弱的，这样就和世界上的先进国家拉开了距离。因此，在1840年鸦片战争中，中国的失败是不可避免的。鸦片战争以后，资本主义国家的商品如潮水般侵入中国，瓦解了中国封建的自然经济基础，破坏了原有的阶级结构，从此中国一步一步地变成了半封建半殖民地社会，中国法制的历史也相应地揭开了地主买办阶级对广大劳动人民进行专政的一页。但是，压迫愈深，反抗愈烈。在黑沉沉令人窒息的半封建半殖民地社会，却爆发了前所未有的反抗火花，终于燃成了熊熊烈火。经过七十年的旧民主主义革命，又经过了三十年的新民主主义革命，一共用去一百多年的时间，牺牲了千百万人生命的代价，终于推翻了压在中国人民头上的三座大山——帝国主义、封建主义、官僚资本主义，建立了社会主义的中华人民共和国。新中国的成立标志着半封建半殖民地社会的结束和向社会主义过渡的开始，从此中国法制的历史开始了人民当家做主的新纪元。

近百年的历史提供了一个非常宝贵的经验，那就是资本主义道路在中国是走不通的——不论是资产阶级改良派兜售的君主立宪制国家的蓝图，还是资产阶级革命派提出的资产阶级共和国的方案，都不适合中国的国情，纷纷破了产。只有社会主义才能救中国，才是历史发展的必由之路。

由于中华民族的历史没有受到外来因素的影响而中断过，因此，中国法制的历史也是非常完整的。从最早的封建成文法《法经》，一直到最后一部封建法典《大清律例》，相互间的发展沿革和内在联系十分清楚，尤其是富有民族特色、自成体系、独树一帜，所以被称作“中华法系”。所谓“法系”，是资产阶级法学家根据法的某种外部联系所进行的划分，并没能揭示出法的本质，但由于它比较概括地反映了某些国家法律发展的源流以及在体系上相互区别的一些特点，因而仍加以援用。在世界法制发展史上，得到公认的法系一共有五个：中华法系、印度法系、阿拉伯法系、罗马法系、英国法系。中华法系主要是指延续两千多年的封建法律体系，它对与中国为邻的日本、朝鲜、越南等国的封建法制也有一定的影响。只是到了1840年资本主义侵略者用炮火轰开中国闭关自守的大门以后，西方资本主义的法律知识才开始输入。20世纪初期，极端腐朽顽固的清朝统治者迫于迅猛发展的革命形势，为了苟延残喘，表示实行新政、变法修律。他们仿照资本主义国家的法律，起草了大清新刑律、民商律，以及其他一些法律。虽然这些法律还没有来得及施行，清王朝便被辛亥革命的狂涛所覆没，但是中华法系的独特性质也就由此丧失了，当然不是说它对中国半殖民地半封建的法制丝毫没有影响。

中华法系作为一个独立的法律体系，究竟具有哪些特点呢？

（一）皇帝是最高的立法者和最大的审判官

中国封建时代的国家都采取以皇帝为最高首脑的专制主义政体，皇帝的话就是“金科玉律”，臣民都得无条件地遵守；皇帝发布的诏令是最有权威的法律形式，即使是国家的法律也要以皇帝的名义颁布，即所谓“钦定”；皇帝又是最大的审判官，他亲自主持的审判叫“廷审”，其他由中央司法机关会审的重大案件也由皇帝最后决断，对于犯了法的贵族高官是否给予制裁，要事先奏请皇帝批准，不许擅自逮捕、审问和判决，否则主审的司法官要受到惩罚。从剥削阶级建立法制时起，它的主要锋芒便是“治民”，也就是束缚和镇压老百姓，其次也“治吏”，即约束官吏认真执法，更好地实现统治老百姓的职能，可是从来没有一条法律是“治君”的，相反，“法自君出”，皇帝的特权凌驾于一切法律之上。

为了保证皇帝对于司法权的控制，在中央政府中以司法行政机关刑部、监察机关御史台（明清时为都察院）和详断覆核机关大理寺分掌司法事务，互相牵制。至于地方司法机关体系，省以下不设专门司法机关，而由府州县行政长官兼理司法，并须对皇帝负责。在封建时代，司法权与行政权融为一体，而且不断受到行政机关的侵凌，这种趋势表现了封建专制制度的不断强化。

（二）法律受儒家伦理道德思想的深刻影响

如果说外国的某些法系带有浓厚的宗教色彩，如阿拉伯法系以伊斯兰教的《古兰经》为主要法典，那么，中华法系却是受儒家提倡的“三纲五常”[1]等伦理道德思想的深刻影响。自从西汉武帝“罢黜百家，独尊儒术”，儒家的思想便成了社会的统治思想，它对封建法制的影响深刻而又广泛。如，从汉朝到隋朝近七百年间，流行着根据儒家经典《春秋》的精神进行断案，即所谓“春秋决狱”。国家不仅承认这种判决的效力，而且还因为它具有欺骗性而大加提倡，以致儒家的经典直接法律化，成了国家司法审判的重要根据。隋唐以后，封建法制逐渐完备，儒家提倡的道德规范大都被规定到法律中去，才结束了“春秋决狱”的做法。由于统治阶级从实践中懂得道德教化可以起到法律所起不到的作用，因此从汉初起一脉相承地推行“德主刑辅”的政策，也就是注重用封建的道德教化百姓，使他们安分守己，不要触犯法律，如果收不到效果，再动用刑罚，惩治敢于反抗封建秩序的人。“德”和“刑”这两手，一者防于前，一者治于后，各有其适用的范围，互相补充，互相渗透，共同为剥削阶级统治广大劳动人民服务。

（三）诸法合体，民刑不分

从战国时李悝著《法经》起，直到封建末世的《大清律例》，历代具有代表性的法典基本上都是刑法典，同时也包含着民法、行政法、诉讼法等各方面的内容。这种混合编纂的结构形式，就是通

[1] “三纲”：君为臣纲、父为子纲、夫为妻纲；“五常”：父子有亲、君臣有义、夫妇有别、长幼有序、朋友有信。

常所说的“诸法合体、民刑不分”。在封建法典中，涉及钱债、田土、户籍、婚姻等民事法律关系的比重很小，条文也比较简陋，相反，长期通行的习惯法，以及儒家提倡的礼，倒是起着很大的调节作用。这种把民事诉讼与刑事诉讼混同，对于民事案件供认不实者采取刑罚的手段去解决，暴露了封建法律在司法镇压上的残酷性。在中国古代，由于自给自足的自然经济长期占统治地位所造成的民事法律关系的不发达，加上宗法族权对民事纠纷的实际调节作用，以及专制主义禁锢下法理学的缺乏研究，使得民刑不分的法律结构形式延续了两千多年，一直到清末才开始起草独立的民法典。这是与外国不同的。此外，还需指出，不仅在中国古代的刑法典中掺杂有行政法的条款，而且从唐朝起已有独立的行政法典——唐有《唐六典》、明清有会典，特别是清代五朝会典和事例相当完备，反映了封建统治者在调整、指挥国家机关的活动与相互关系方面所积累的丰富经验。行政法规范的完备，也是中国封建法制的一种特色。

（四）律以外有各种形式的补充法

律是中国古代最主要的法律形式，处于主导的地位。但是，律不是唯一的法律形式，律的效力也经常受到其他一些法律形式的影响和左右。如，明、清两朝把审判实践中具有一般参考意义的判例，或者是针对新出现的情况而对律做出的具体补充，附在律的正文以后，叫做“条例”，简称作“例”。例的数量比律多，效力也比律大。清朝曾经明文规定：“有例则置其律，例有新者则置其故者。”可见，例是有实效的，律反而成了具文。律和例有时在形式上是矛盾的，或者律轻例重，或者律重例轻。总之，例的广泛适用和它的效力的不断扩大，是君主专制制度高度发展的结果。同时，由于例可以随时补充、变通，比起律要灵活得多，所以统治者也乐于利用这种形式随心所欲地进行统治。除了例，还有科、比、格、式，特别是皇帝的诏、令、敕等，都是律外之法。这就使得封建的法网越来越严密，老百姓稍有不慎就触犯了法律，受到了惩罚。事实正像恩格斯说过的那样，“法令和条例彼此矛盾，结果让完全不法的状态代替了‘法制状态’。”[1]

（五）家族法是整个法律体系中的重要组成部分

家庭是人类社会的细胞组织，在封建时代它也是承担国家赋税、兵役和徭（工）役的基本单位。封建统治者总是竭力鼓吹“家国相通”，而替他们服务的儒家也大肆宣传“天下之本在国，国之本在家”，可见他们对于家是何等重视了。因此，在封建法典中制定出许多条文来保护以父权、族权和夫权为特征的家长制家庭。如，规定了家长享有支配家内的财产权和对卑幼的任意处罚权，家长就是执掌家法的“家内法官”。不仅如此，从宋朝起社会上便广泛流行一些大家族用棍棒维持家内纪律的形形色色的家法、族规，封建国家完全承认它们的法律效力。实际上，这些家族法是国法的重要补充。

以上是对中华法系主要特点的概括叙述。

为什么中华法系会有上述的特点？这是个非常复杂的问题。

中国地处东亚大陆，是一个拥有九百六十万平方公里的多民族国家，也是古人类的著名故乡之一，很早就揭开了人类文明的历史。中华民族是以黄河流域为摇篮发展起来的，黄河流域气候温和、雨量充足、土质松软、地形平坦，具有发展原始农业的良好条件。因此，在公元前21世纪，活动在黄河流域的夏部落便在使用木石器生产工具的基础上发展了原始农业，出现了私有财产和阶级的分化，给国家的形成准备了物质前提。由于中原地带物产丰富、动植物品种繁杂，可以自给，加上海上交通不发达，所以中国古代的历史很少受到外来因素的影响，而有它自己的独立性。这种独立性既然来自于外界隔绝，因而也可以说是一种孤立性。这就决定了中华法系在发展中的保守性质，两千多年来中国封建法制就是在陈陈相因中缓慢地发展着的。

尤其重要的是，它与中国封建时代生产方式的特点有关。在封

[1]《马克思恩格斯全集》（第1卷）“英国状况”，人民出版社1956年版，第702页。

建制的中国，小农业与家庭手工业一直紧密地结合在一起，商品经济不发达，与此相适应的所有权关系和在法律上的表现形式，也很不发达。早在奴隶制时代，最主要的生产资料土地归国王所有，也就是“国有”，由国王将土地分封给贵族们和大官——他们只有土地的占有权和使用权，却没有所有权；他们不能随便转让土地，也不能买卖土地。至封建社会，土地私有了，土地可以买卖了，但是自给自足的自然经济仍然是社会的主要经济形式，地租剥削与高利贷的结合也妨碍了商业资本的形成和商品经济的发展。这就是中华法系中民事法律关系不发达、长期维持民刑不分的法律结构形式的基本原因。

此外，中国古代宗法制度的统治和它的深远影响，也给中华法系打上了很深的烙印。早在中国氏族公社解体和国家形成的过程中，原有的父系显贵家族的首领并没有被消灭，而是转化为奴隶主贵族，他们保留了以血缘关系为基础的父系大家族的外壳和传统，把它改造成奴隶制的宗法制度。过去的宗法组织和国家机构结合起来了，管理国家的仍然是氏族时代大大小小的家族之长，最大家族的家长就是国王，其他的官职也都按照血缘关系的亲疏来分配。国家的都城既是政治中心，又是祖庙的所在地，所以亡“国”和亡“家”是一致的，一些被征服的小国国君经常是背着祖宗牌位向征服者投降的。因此，祭祀宗庙社稷的“祀”，和保卫宗庙社稷的“戎”，被看作是国家最重要的活动，“国之大事，在祀与戎”。这说明，政权、族权、神权、夫权从中国进入阶级社会时起，就已经成了束缚广大劳动人民的四条极大的绳索。在漫长的封建社会，宗法制度虽然有某些变化，但它的基本精神和原则却一直延续下来并深入到整个社会。这是和中国长期以来自给自足的小农经济占据主导地位分不开的，同时封建法律的强制维护也起了重要的作用。甚至在社会主义的新中国建立三十年以后，仍然可以看到宗法制度的残留痕迹。由此便不难理解，为什么在中华法系中以“尊尊、亲亲”为核心的儒家伦理道德观念被奉为精神主宰，以及调整家族之间尊卑关系的法律会占有如此重要的位置。

二、中国法制史科学的研究对象、方法和任务

中国法制史是一门以马克思列宁主义为指导思想、研究我国进入阶级社会以后各种类型法律制度的实质、内容、特点和它的发展规律性的科学。还在民国初年，日本学者浅井虎夫撰写了一本《支那法制史》，内容除法律以外，包括经济（土地、货币）、官职（中央、地方）、军制、财政、交通、教育、阶级等各种制度。民国以来，有关中国法制史的著作和法律学校的教材大都以此书为蓝本，其间虽互有出入，但大同小异。自杨鸿烈始，才侧重研究法典的内容和法律思想，写出了《中国法律发达史》和《中国法律思想史》两部著作。旧中国法制史学者的著作，收集了一些资料，勾画出了中国法制变化的轮廓，对个别法典和制度的研究取得了一定的成就，但是限于资产阶级的法律观和方法论，没能科学地确定中国法制史的研究对象，以致内容泛杂，与其他学科之间的界限不清。同时，他们孤立地研究某一法律或制度，而不是把法制的变化和经济发展、阶级关系、阶级斗争联系起来，因此也不可能抽象出规律性的认识。

从马克思主义的观点来看，一门科学的对象是以它所研究的现象所具有的矛盾特殊性为根据的。只有如此，才能表现出一门科学的价值以及与其他相关科学的区别和联系。中国法制史就是以研究历史上的法律制度为中心，以阐明各种类型的法律制度的产生、变化、消亡为主线，以揭示其发展规律为目的的。由于法制是一定经济基础的政治上层建筑，为社会经济关系所决定和制约，是统治阶级手中对被统治阶级进行专政的工具，因此法制的历史是表现国家活动的一个重要方面，是政治史的核心内容和整个中国历史的组成部分之一。

研究中国法制史需要坚持辩证唯物主义与历史唯物主义的科学方法，努力做到：

（一）从具体的历史事实出发，详细地占有材料，阐明各种材料之间的内在联系，揭示法制发展中的一般规律和特殊规律

马克思曾经说过：“在历史科学中，专靠一些公式是办不了什么事情的。”[1] 事实上，任何一个微小的规律性的认识，都是从研究大量的批判地审查过的历史资料中取得的，而绝不是靠天上掉下来的灵感。

（二）阶级分析与历史分析的统一

阶级分析是研究一般历史的基本方法，也是研究中国法制史的基本方法。只有如此，才能揭示法律制度的实质以及它的错综复杂的变化和发展的趋向，才能认清任何一种法律的制定和执行都是统治阶级有意识活动的结果，才能得出经得起客观检验的确切的科学结论。不仅如此，马克思主义辩证法还要求把问题提到一定的历史范围以内，对每一个特殊的历史情况进行具体的分析。任何一种法律都是“由一定物质生产方式所产生的利益和需要的表现，而不是单个的个人恣意横行”[2]，“都只是表明和记载经济关系的要求而已”[3]。因此，法律制度的变化是整个社会变化的产物，也是一定的“历史运动”的产物，简单地加以肯定或否定都不是科学的态度。只有对法律制度的发生、发展进行阶级的和历史的分析，才能给予正确的评价。

（三）科学地对待法律遗产，反对片面化

古今中外任何一种具有创造性的科学都不是凭空臆想出来的，而是以先驱者所提供的一定思想材料作为前提的。在历史悠久、资料异常丰富的中国法律遗产中凝聚着阶级斗争、民族斗争的经验和智慧，虽然时代发生了变化，但是它们仍不失为产生新智慧、创造新经验的一个出发点。由于任何一个阶级都有它的上升时期，都自觉、不自觉地在一定历史阶段适应了社会发展的要求，因此剥削阶级法律所具有的维护剥削关系、镇压人民的阶级性质，并不绝对地

[1]《马克思恩格斯选集》（第1卷），第130页。
[2]《马克思恩格斯全集》（第6卷），第292页。
[3]《马克思恩格斯全集》（第4卷），第112页。

排斥它在特定历史条件下所起到的符合客观发展规律的历史作用。此外，还应该看到法律从来都是阶级矛盾不可调和的产物，是现实中阶级力量对比关系的反映。剥削阶级的统治者常常在劳动人民激烈反抗的压力下，为了缓和矛盾、维护其根本利益，也规定了某些限制官僚地主漫无边际的法外特权和在客观上有利于劳动人民的法律条款。这就是为什么在剥削阶级的法律中还会有能为人民批判继承的内容的原因。1918 年苏俄起草民法典时，列宁曾向主持其事的库尔斯基发出指示："凡是西欧各国文献和经验中所有保护劳动人民利益的东西，都一定要吸收。"对于在历史上早已丧失效力的旧的法律，从现实借鉴的需要出发，在揭露中扬弃，在批判中吸收，并经过无产阶级的审定和改造，这是马克思主义的态度，是尊重历史辩证法的发展，而不是颂古非今，不是赞扬任何封建的毒素，更不是对剥削阶级意志的继承。

中国法制的历史源远流长、沿革清晰、体系完整、史料浩瀚，为世界各国所少有。因此，运用马克思主义的立场、观点、方法去研究中国法制史，揭示它的发展规律，是对马克思主义法律学说的科学性和真理性的有力证明，同时也为研究世界法制史提供了一个良好的标本。

"观今宜鉴古，无古不成今。"中国法制史科学的重要任务，就是要总结历史的经验，为建设社会主义法制服务。中国从公元前 2 世纪秦朝起便形成了统一多民族的封建专制主义国家，秦以后汉、唐、明、清等一些著名的王朝都统治了几百年，封建统治者在运用法制来维护和发展封建的经济和政治、保证国家机器的运转、维持中央与地方的联系、加强对少数民族地区的管辖等各方面，都积累了有益的经验。就是在立法和司法上，封建统治者所强调的宽猛相济、刑罚与教化相结合、因时立法、定期修律、死刑复核等原则，以及在法典的编纂方法和某些技术规范的利用上，也都具有一定的参考价值，可以批判地继承，并给予革命的改造。尤其是中国共产党领导中国人民进行新民主主义革命斗争中所创建的人民民主政权和法制，在吸收人民参加国家管理、保障人权、建设民主的审判制度上，都创造了非常宝贵的经验。评戏《刘巧儿》中出现的那种便利人民的就地审判，就是抗日战争时期陕甘宁边区马锡五同志创造的审判方式，至今仍然有它的生命力。建国三十年来，社会主义法制建设也存在着正反两方面的经验、教训。总结无产阶级自己的统治经验，对于加强社会主义的法制建设，无疑具有更直接、更迫切的现实意义。我们既反对不加批判地兼收并蓄，更要反对民族虚无主义。只有如此，才能正确地认识中国法制历史发展中的现象与本质、历史与现实之间的关系，广泛地吸收和利用对加强社会主义法制建设有用的法律遗产，特别是作为社会主义法制的前身和历史渊源的新民主主义革命时期根据地的法律遗产。马克思在论证研究历史与现实的关系时曾经指出："现代历史著述方面的一切真正进步，都是当历史学家从政治形式的外表深入到社会生活的深处时才取得的。"[1] 这是对片面的、实用主义的所谓"古为今用"的有力批判。

中国法制史在整个法律科学体系中是一门基础科学，它给学习马列主义法学理论和各个部门法提供了必要的历史知识的基础。实践的经验证明：学习中国法制的历史，有助于加深对中国现行法律的理解，特别是对于建设马克思主义的法学有着非常重要的作用。在今天的世界上，日本、英国、美国以及欧洲的一些国家有许多学者热心研究中国法制史，这是值得欢迎的；他们发表了相当多的著作，有些是值得肯定的。外国学者的探索和研究，更使我们感到自己肩上担子的分量，因为在发展中国法制史科学方面，我们有义不容辞、责无旁贷的历史责任。

我的学生王人博曾于2010年撰写文章《初创与奠基：张晋藩先生两部早期著作的价值》，谈了初读此书的感受：

《中国法制史》第一卷出版时，我是大学法科的一个二年级的学生。中国法制史的课程刚刚结束，我还清晰地记得读到该书的兴奋心情。真切地说，像我这个年龄喜欢"理论法学"的人，大学时

[1]《马克思恩格斯全集》(第12卷)，第450页。

代很少有不知道此书的，有不少学子是因受到此书的惠泽而走上治中国法制史这条路的。第一卷不论是从体系到结构，还是从方法到内容，都奠定了中华人民共和国成立后中国法制史学发展的基础。

20世纪80年代对中国的知识界来讲，无疑具有划时代的意义。政治环境的宽松不仅带来了人的观念的更新、思想的解放，更重要的是，表达学术思想的话语体系也由“政治化”转变为学术性。语言的清新、明快坦直的言说给我们这些青年学子留下的印象，至今难忘。

1983年，日本中央大学比较法研究所将此书译成日文，并历时十年后由日本中央大学于1993年正式出版。

三、《中国法制通史》多卷本出版的艰辛历程

《中国法制通史》多卷本的出版赢得了国内外学者的赞誉，国内学者称它为“世纪之作”，台湾学者黄静嘉更赞美此书：“皇皇巨著，字字珠玑，总结历史经验，以现代社会的科学方法检讨中国固有法制传统。如此名山盛业，当足以辉耀千古。”2000年4月，中南财经政法大学的三位教授访问意大利拥有七百多年历史的名校比萨大学时，送给主人的礼物便是这套《中国法制通史》。对于这部探索和总结中华数千年法制文明史的鸿篇巨著，意大利教授们倍感珍贵，誉之为“中国的《查士丁尼国法大全》”。

但是，很少有人知道此书从提出到出版的艰辛历程。

1979年6月，在长春召开了中国法律史学会——这是成立最早的全国性的学会，参加者六十余人。在讨论中，许多老同志痛哭流涕，表示再也不能不讲法制了，否则不仅国将不国，人身也没有安全。我在会上提出了编写《中国法制史》多卷本的建议报告，强调法制史学者的使命感，不能让我们的后代到外国去学习中国法制史，要把中国法制史学的中心牢固地建立在中国。我的这个想法是有感而发的。在改革开放前，中国法史界不了解外国，外国也不了解中国；改革开放后，中外法制史学者才有了交流。1978年日本法制史学者滋贺秀三、稻田正郎拜访过我，1979年春美国学者爱德华兹和蓝德彰也拜访了我，

他们告诉我，此前召开过三次中国法制史的国际研讨会，有日本、美国、中国台湾的学者参加，但都没有邀请大陆的学者。这固然和当时的政治环境有关，但更重要的是大陆的学者没有足以引起重视的法制史著作。这使我感到非常难堪。

为了改变这种尴尬的局面，我提出，集合全国的力量编写《中国法制史》多卷本，把中国法制史学的研究中心牢固地树立在中国。我在报告中说：

一、中国法制史的研究对象和意义

中国法制史是以马克思主义为指导，研究我国进入阶级社会以后各种类型法律制度的实质、内容、特点及其发展演变过程与规律的科学。明确中国法制史的研究对象，有助于确定这门科学的范围，划清与其他法学分科的界限和建立严谨的科学体系，因而是发展这门科学的重要前提。

中国法制的历史，从夏代算起经历了四千多年没有中断的发展过程。其沿革清晰，具有十分明显的内在联系性和发展因袭性，是世界五大法系中自成独立系统、悠久而又富有民族特色的一个法系。

中国法制的历史，是对马克思主义历史唯物主义和国家学说的有力实证，是研究世界法制史特别是东方民族国家法制史的良好标本，同时也是完善我国社会主义法制建设的最好借鉴。它反映了特定的社会经济、阶级关系及其相互影响，记录了国家活动的轨迹，是中国政治史的重要内容和中国通史不可分割的一部分。因此，揭示中国法制历史的发展规律，无论对加强马克思主义的法学研究与指导社会主义的法制建设，乃至加深对中国通史的理解，都具有毋庸置疑的理论意义和实践意义。

为此需要：

（一）批判地继承历史上的法学遗产

马克思主义“绝不是离开世界文明发展大道而产生的故步自

封、僵化不变的学说”，相反，它是“哲学、政治经济学和社会主义的最伟大代表的学说的直接继续”[1]。综观中外历史，任何一种进步制度的创建和学说的形成，都不是凭空臆造出来的，而是以先驱者提供的一定思想材料作为前提的。

中国早在公元前一千多年的周朝，便从司法实践中总结出故意（非眚）和过失（眚）、一贯（惟终）和偶犯（非终）的法律概念，以及与之相适应的有区别的处刑原则。这在世界法制发展史上是非常突出的，反映了中国古代的文明。

春秋战国时期，社会的大变动有力地推动了政治、法律制度的变革，形成了意识形态领域空前活跃的百家争鸣局面。封建法学蔚然兴起，法家人物如群星灿烂。他们提出的法治学说，是中华民族文化宝库中的瑰宝，对于中国封建专制主义中央集权国家的发展有着深远的影响。

1975 年湖北云梦出土的秦简，以确凿的物证记载了范围相当广泛的秦的法律，不仅早于西方法兰克成文的封建法典数百年，其内容尤为法兰克法典所不可企及。

汉、晋、隋、唐、宋、明各朝均有法制方面的著录。著名的《永徽律疏》不仅反映了云蒸霞蔚的社会经济状况和规模完整的专制主义中央集权制度，也表现了封建法制的完备性。它是盛唐时期社会风貌的一面镜子，为周边各国的封建法制建设所取法。

至 17 世纪后半期，经历了四十年之久“天崩地解”的阶级斗争和民族斗争，出现了黄宗羲、顾炎武、王夫之等人为代表的卓越思想家。他们从总结明亡的教训出发，反对封建君主专制，主张法治，朦胧地描绘了未来的理想王国，不仅在当时震古烁今，具有启蒙的意义，而且成为两百年后资产阶级要求改革封建专制政体的舆论工具。即使今天，读起他们的著作，仍然感觉到那种跃然于纸上的犀利思想和批判精神。

[1]《列宁全集》（第 19 卷）“马克思主义的三个来源和三个组成部分”，人民出版社 1958 年版，第 1 页。

近代中国，沈家本、伍廷芳是改革封建法制的鼓吹者。他们比较详细地介绍了西方资产阶级的法律制度，使长期禁锢于专制统治下的中国人民耳目一新。

特别是在中国共产党的领导下，从农民运动中产生的“农民诸禁”和《农民政纲》中，已经显露了人民民主法制的萌芽。其后，经过三次国内革命战争，各个根据地政权都进行了必要的法制建设，遗留下浩瀚的文献资料，具有极其珍贵的史料价值和重要的现实借鉴意义。

总之，在历史悠久的中国法学遗产中凝聚着丰富的阶级斗争、民族斗争的经验和智慧，尽管时移势易，沧桑变换，但其中许多依然是产生新智能、创造新经验的出发点。对待法学遗产，既要反对“民粹派”式的固守拘囿，更要反对林彪、“四人帮”的民族虚无主义，而应运用马克思主义的立场、观点、方法，区别精华与糟粕，在推陈中出新，在批判中继承。这是完善社会主义法制的客观需要，也是中国法制史科学的任务之一。凡是尊重历史辩证法的人都深知，没有继承就没有发展，既然无产阶级具有改造客观世界的伟大魄力和宽广胸怀，也就不应该拒绝人类社会所创造的一切物质财富和精神财富。

（二）根据古为今用的原则，认真地总结前人在法制方面的历史经验

“观今宜鉴古，无古不成今。”历史不容割断，也不能割断。研究历史的目的，归根结底是为现实借鉴服务。以马克思主义为指导思想的中国法制史，不仅要科学地说明中国历史上各种类型法制的性质，揭示其固有的规律，而且要批判地吸取前人的经验，为健全和完善社会主义的法制服务。

按照历史唯物主义的观点，任何一个阶级都有它的上升时期，都自觉、不自觉地在一定的历史阶段适应了社会发展的要求。因此，旧法所具有的镇压人民、维护剥削关系与等级特权的阶级性质，并不绝对地排斥它在特定历史条件下所形成的符合客观发展要

求的历史作用。不仅如此，法律既然是阶级矛盾不可调和的产物，是实际阶级力量对比关系的反映，剥削阶级中的有识之士迫于广大劳动人民的激烈反抗，为了缓和矛盾、维护其根本利益，也主张限制官僚地主漫无边际的法外特权，规定了客观上有利于劳动人民的个别法律条款。这就是为什么在旧法中还会有为我所用的合理内容的原因。

中国从公元前2世纪秦朝起，便形成了统一多民族的封建专制主义国家。其后，著名的汉、唐、明、清各朝都统治了几百年。一个重要的原因，就是封建统治者非常重视运用法制来维护封建的经济、调整经济基础与上层建筑之间的关系、保证国家机器的运转、维持中央与地方的联系、加强对少数民族地区的管辖。在立法与司法方面，也注意宽猛相济、刑罚与教化结合、因时立法、定期修律等原则。这些难道不可以批判地继承和给予革命的改造?

尤其是创建民主政权与法制的过程中，在人民参加国家管理、保障人权、建设民主的审判制度等各方面，都创造了极其宝贵的经验。例如，在抗日战争时期形成的以依靠群众、就地审判、不拘形式、实事求是为特征的马锡五审判方式，至今仍有它的生命力。建国三十年来，在社会主义法制建设上也存在着正反两方面的深刻经验与教训。认真总结无产阶级自己的统治经验，对于加强社会主义民主与法制具有更直接、更迫切的现实意义。

总之，明确中国法制史科学的理论意义和实践意义，会加深我们对于研究中国法制史重要性的认识，激发我们从事这项工作的自觉性。只有如此，才能产生有价值的科学成果。

二、中国法制史研究的过去和现状

在中国漫长的封建社会，研究法制的律学，迭有兴衰。清末，统治者在人民革命和资产阶级改良派请求立宪的双重压力下，不能不佯示变法修律。一时间，研究中国法制史成了热门。英、法、德、日各国资产阶级法学家都有研究中国法制史的专著，其中以浅井虎夫编写的《中国法典编纂沿革史》、东川德治编写的《支那法制史研究》影响较大。此后，中国法学家丁元普、陈顾远、杨鸿烈等人也编写了《中国法制史》和《中国法律发达史》等著作。这些是旧中国研究中国法制史的代表作，不仅从史籍中搜集了一些资料，勾画了中国法制变迁的轮廓，而且对个别法典和制度的研究，也取得了很好的成就。虽然这些著作没有也不可能科学地分析法制的历史现象，得出规律性的认识，但为创建马克思主义的中国法制史提供了基础，因此抹杀这些著作的历史地位是不公正的。

新中国成立以后，创建了以马克思主义的世界观和方法论为指导思想的中国法制史科学。在50年代至60年代初的十几年间，经过政法各院系的共同努力，分别编写了油印和铅印的教材，出版了必需的参考资料，并不断克服由于仿照"苏联国家与法权通史"教科书而在科学体系上所产生的弊病。只是在"文化大革命"开始以后，中国法制史的教学和研究工作才被迫中断。

在林彪、"四人帮"横行肆虐的十几年里，中国法制史的教学和研究工作遭受了很大损失。而在这期间，我国台湾和世界上的一些国家对中国法制史的研究却一直在继续进行。台湾出版了《中国法制史》、《唐律通论》、《明清政治制度》。香港出版了秦尚志编写的《中国法制及法律思想史讲话》——此书虽短浅，但它把过去的中国法制史与中国法律思想史合二而一，指出"两者有不可分的关系，有交互的影响。"日本在仁井田陞编写的《中国法制通史》的基础上，逐渐趋于专门和深化。东德拉契纳夫斯基完成了《论清代的刑罚》和《论元代法制中的蒙古影响》两部著作。美国也热衷于研究中国清代法制史，出版了一些专题论文和综合著述。如果说30年代汉学的中心在德国，那么今天研究中国历史，其中包括断代史、专史，最活跃的是日本。外国学者热心研究中国法制史是值得欢迎的，对他们的成果应予重视，但我们自己更应感到肩上担子的分量，激起奋发图强的雄心。30年代，我国爱国的历史学家为了夺回汉学中心，曾经付出了极大的努力，取得了辉煌的成果，造就了一代卓越的史学家。今天，面对尖锐的挑战，如果我们只满足于前人的成果，甚至让我们的后代向外国学者学习中国法制史，那岂不是一种罪过！因此，编写《中国法制史》多卷本，是时代的需要、斗争的需要，是义不容辞的责任！

三、几点粗浅的设想

编写《中国法制史》多卷本是一项艰巨的科学研究工作，不仅可以满足教学上的需要，推动这门科学的发展，而且会在国际法学界产生一定的影响。为了顺利地开展这项工作，需要进行必要的准备。

首先，要解决与建立科学体系有关的一些问题。（1）严格审定研究的对象和研究的范围，改进过去存在的对象不清、内容庞杂的倾向。研究中国法制的历史，当然不能离开国家。没有国家政权，任何法律都等于零，这是马克思主义的常识问题。但是，中国法制史的研究对象，决定了它不应泛论国家制度的各个方面，也没有必要详述各朝各代的国家机关组织和军队，而应着重研究法制、法典和司法活动，以揭示各种类型法律制度的本质、特点及其规律性为中心。（2）把法律的内容、法制的变迁与同一时代的经济基础、阶级结构的变化有机地糅合在一起。只有如此，才能阐明其内在联系和相互关系，克服那种割断内在联系的僵死的“四段论”模式的影响。马克思说：“每种生产形式都产生出它所特有的法权关系、统治形式等等。”[1] 因此，法律不仅反映经济生活、阶级关系，而且是社会经济、政治矛盾的表面化的标志。从特定的经济制度和阶级关系出发研究法制史，是贯彻历史唯物主义方法论的基本需要，也是探索法制史规律性的起码准则。（3）不仅要从典章文献入手研究法制史，而且要从国家活动中把握法制的本质与规律，因为无论立法、司法，都是统一的国家活动的一部分。同时，也应注意把对法制的阐述纳入历史发展的过程，并且正确地说明这个历史的发展过

[1]《马克思恩格斯全集》（第12卷），人民出版社1962年版，第738页。

程。（4）中国法制史也要见人、见思想。历代政治法律思想和法律制度的联系密切，对特定时期的法制建设具有指导意义。因此，见人、见思想不仅有助于了解法制本身，还可以从中看到法制的发展趋势、时代的特征和阶级的意向。中国法制史的发展规律，归根结底就是通过人的错综复杂的有意识的活动表现出来的。

其次，要以坚实的专题研究为基础。编写《中国法制史》多卷本是一项巨大的科学研究工作，它的完成不仅会赢得国内法学界、史学界的重视，也将为世界法学工作者所瞩目。因此，它应该代表我国对中国法制史研究的高水平，反映出国内外的最新的研究成果。为了给编写《中国法制史》多卷本打下坚实的基础，需要在全面规划、统筹安排之下，积极开展专题研究工作。由于民族与历史的具体条件不同，中国法制史在漫长的发展过程中形成了许多特点和待研究的问题。如：（1）中国国家和法起源的具体途径；（2）封建专制主义的政治制度两千多年来螺旋上升的基础、历史作用与深远影响；（3）儒家（包括宋明理学家）提倡的纲常名教对于立法与司法的影响；（4）以保障家长统治权为中心的家法、族规在整个法律体系中的地位；（5）民刑不分、诸法合体的成因与它所反映的社会关系；（6）法治、人治、礼治、德治的相互为用；（7）中央政府对少数民族地区司法管辖的深入，对巩固统一多民族国家的作用；（8）明清刑名书吏对诉讼的操纵；（9）西方资产阶级法制的影响及其在中国的变种；（10）社会主义法制发展的道路和特点。等等。只有抓住中国法制史的特点开展研究，才能有的放矢地运用马克思主义，发现和阐明中国法制史的特殊规律。这个特殊规律是阶级社会共同规律的具体表现形式，它是从深入研究中国法制史全部发展过程中抽象出来的。对于这个特殊规律给予科学解释，会使“中华法系”的内涵进一步丰富和具体化。

再次，需要大力发掘、整理、编纂中国法制史的史料，使文献资料、地下文物、社会调查、历史档案、私家笔记等结合起来，其中也应包括农民起义中发布的具有法律效力的檄文、告示、口号、规约、教义、军律等。在浩瀚的中国法制史的史料中，有些需要重新辨伪审定，有些需要酌加注释，因而也是一项不可等闲视之的科研工作。如果从甲骨文中有关法律问题编起，可以想见其卷帙的繁博。因此，必须组织力量，通盘规划，分工合作，积极落实。这项工作对于推动中国法制史研究具有极其重要的意义。

再次，确定《中国法制史》多卷本的规模。“万丈高楼从地起”。经过三年左右的准备，在一系列专题研究和资料编纂的基础上，于1983年全面开始多卷本的编写工作是完全可能的，也一定会臻于成效。关于多卷本的规模，拟从中国国家与法律起源起至新中国的三十年止。其中，奴隶制法律制度二卷：第一卷绪言、国家起源、商朝，第二卷西周、春秋；封建制法律制度五卷：第一卷战国、秦、汉，第二卷三国、两晋、南北朝，第三卷隋、唐、五代，第四卷宋、辽、金、元，第五卷明、清；半封建、半殖民地法律制度二卷：第一卷清末、北洋军阀，第二卷国民党政府；旧民主主义革命时期农民政权和资产阶级性质的法律制度一卷：太平天国、南京临时政府；新民主主义与社会主义的法律制度三卷：第一卷人民民主法制的萌芽、苏区，第二卷抗日根据地、解放战争时期解放区，第三卷中华人民共和国。总共十三卷，字数三百万左右。在编写方法上，可以借鉴《资治通鉴》的编写经验。《资治通鉴》是一部集体写作的不朽巨著，参加编写的人数虽不多，但如刘攽、刘恕、范祖禹等人都是精通不同时期断代史的历史学家，并由司马光总其成，因而反映了当时最高的史学水平。这个集体不仅志同道合、治学严谨，而且具有明确的政治目的，即所谓“资治”。根据编写《资治通鉴》的成功经验，《中国法制史》多卷本的编写工作也要充分发挥各院系、各单位的研究特点和擅长，按照统一的计划安排、统一的体例，集中力量，分工合作，并责成专人校订史实、剪裁文字、锤炼句法、统纂全书。这样，用不太长的时间编出初稿，是完全可能的。编写《中国法制史》多卷本是一项重要的科学事业，必须提倡和发扬学术上的民主与团结的作风，彼此尊重，各展所长，为完成这项事业做出无私的努力。

最后，关于落实问题。如何使多卷本的设想落实，是一个实际

> 问题，也是非常艰巨的任务。我们建议，由社会科学院立即筹组编委会，责成专人切实把这项工作抓起来、抓下去，并于编委会下设立联络组，以沟通情况、交流心得。鉴于目前各院系都面临繁重的教学任务的实际情况，应将多卷本的长远打算与现有的工作结合起来，在统一的规划下，分卷编写出版。
>
> 总之，《中国法制史》多卷本的设想能否实现在于落实，而落实的关键是组织保证。今天，我们有中国共产党的领导，有加强社会主义法制、巩固无产阶级专政、实现四个现代化的共同政治目标，有各级党组织的支持，有老一代专家的帮助和一大批志同道合的同志，一部内容充实、体系严谨、史料丰富、文字流畅的《中国法制史》多卷本，一定能在我们这一代手中完成。

长春会议后，在1980年召开了第一次编写工作会议，参加者十余人。当时，法制史学的研究队伍已经星散，仅有的研究者还忙于恢复课程，而且资料也多散失，既无力也无暇投入到这项艰巨的学术工程，只得废然作罢。至1985年，情况迅速改观，这个课题得到社科基金的资助，学者们也相继归队，使得计划开始落实，很快便出版了《清朝法制史》和《根据地法制史》。但不久便面临出版难的问题，研究工作再次被迫中断。

1994年我到法律出版社与社长兼总编辑贾京平商谈，希望把我手边的三部书稿能够继续出版。贾社长思考了一下，问我能否将这部书一并推出，这样影响也大。他的建议使我大喜过望，此后我便着手策划全书的一次性出版。但经过了这样长的时间，有两位分卷主编过世了，另有两位分卷主编退出了，需要重新组织编写队伍。所幸我这时已经培养了十几名博士生，他们作为一支新生力量参加到这个学术工程中来。由于近代部分的主编不再承担任务，贾社长建议写到1840年鸦片战争前为止。至于根据地部分的法制史，也由于近代部分的缺失而列在此书之外。

说来也巧，这天傍晚，我在校园内散步，遇到根据地卷的主编张希坡同志。我把改动的计划告诉他，他表示坚决不同意，认为根据地卷此前已经作为多卷本的一卷出版了，并责备我对于承担近代部分的主编认识不够。在这种情况下，我决定重新组织力量编写近代卷。时已晚上八点多钟了，而我次日早晨还要去美国，于是我立刻召集朱勇、邱远猷到我家研究近代卷的编写，并责成朱勇为主编。这样仍旧保持了十卷本的规模。

又经过三年，至1998年11月，《中国法制通史》十卷本终于出版了，五百余万字。屈指算来，从提出编写的建议到最后出版已历时十九年。为了庆祝全书的出版，在人民大会堂举行了首发式，与会的中外学者盛赞此书是“世纪之作”。作为总主编的我深知其间的甘苦，无论编写力量的组织、经费的筹措与分配、出版的奔走与要求等，都充满意想不到的困难，如果不坚持下来，这部书就成为泡影了。支持我为此书坚持不懈的奔走呼号，很重要的是发展中国法制史学的历史使命感。如果没有这个历史使命感，很难坚持下去。我个人无论治学、做事都有严肃的责任感和锲而不舍的韧性精神。在中国法制史的编写和出版上已然显示了我的性格。此后在编写《中华大典·法律典》和《少数民族法制史》上也都不断显示了我的这种性格特征。

四、开拓部门法研究的新路

1983年8月，在西安召开了第一届法律史学会的年会。我在年会发言中提出：“‘民刑不分，诸法合体’的提法应改为‘民刑有分，诸法并存’。过去梅因的‘古代中国只有刑法，没有民法’的观点影响很大，实际上，古代统治者对财产关系是很重视的。这在立法上也有表现，至少西周的文献中已有确证。唐宋以降，民事法律不断充实。过去说民事用刑法解决，其实这是针对民事附带刑事而言的。然而也应看到，中国古代的确没有独立的民法典。法制史研究要开创新的领域，除民法史外，行政法史、经济法史都应研究，道家与释家对法律的影响也是值得我们研究的。对少数民族的法制史，也应重视。中国古代法典的体例是‘诸法合体，民刑不分’，但中国古代的法律体系则是‘诸法并存，民刑有分’，二者不应混同。”

对于民刑有分、诸法并存的观点，我在此后多有论述，着重指出：“法律关系是指由本国各个部门法构成的整体，而部门法则是根据它所调整的社会关系和一定的标准、原则划分的同类法律规范的总和。由于社会关系的复杂性和多样性，决定了调整方式的复杂性与多样性，从而形成了不同对象的若干部门法，它们是构成法律体系的各个相对独立的部分。由于形成法律体系的基础是社会关系，因此它是客观的社会发展的结果，而不是任何人主观意志的产物。至于一部法典采取哪种体例与结构形式，则是立法者主观决定的，是立法主体的立法思想、立法原则与立法技术的具体运用，是反映当时的立法水平的。法典的体例与法律体系是完全不同的概念，二者不能混淆，也不容混淆，否则便会产生误解。因此，必须明确：中国古代法律体系是由若干部门法，如刑法、民法、行政法、诉讼法所构成的，是诸法并存的，也是民刑有分的。至于一部法典所采取的体例，或者是混合编纂，即所谓‘诸法合体，民刑不分’，或者是单独编纂，那是立法技术问题，是特定时代立法者的选择。当然，这种选择也受到法律调整的需要和时代的制约。”

为了开展部门法史的研究工作，我首先从行政法史入手。

（一）行政法史的研究与成果

中国古代为了确认国家机关的组织、权责和管理制度，以保证整个国家机器的运转，同时也为了督励官吏忠于职守，发挥官僚队伍治国驭民的职能，颁行了大量行政法规，而且逐渐自成系统，成为封建法律体系中的重要组成部分。近人章炳麟说：“迄唐有《六典》、《开元礼》，由此律始专为刑书，不统宪典之纲矣。上稽皇汉则不然也。”日本学者织田万有在《清国行政法》一书中也说：“支那法制与国民文化同生。……至于行政法典起源何时，殊难确定，要其大成，端进唐代。唐作六典载施政之准则，具法典之体裁，为后代之楷模，以视汉以来之所谓律，所谓令，所谓格，所谓式者，大有殊焉。……由是观之，支那古来即有二大法典，一为刑法典，一为行政法典。”

1985 年，我在《中国社会科学》第 1 期上发表了《中国古代的行政管理与行政法》一文。这篇文章是对中国古代行政法史所作的综合性论述，主要分五个部分进行探讨：

其一，中国古代行政体制的发展演变。简要梳理了自周礼六官分职直至明清内阁军机处一个长时段的行政体制的变化。

其二，中国古代对职官的管理法律。分“职官的任免铨选”、“职官的考课奖惩”、“职官的监督弹劾”、“职官的休致”四个方面。

其三，中国古代的文书制度。

其四，中国古代行政法的历史发展和特点。

其五，应该从中国古代行政管理与行政法中取得哪些历史借鉴。

1989 年在《中国社会科学》第 2 期上再次发表了《中国古代文官制度综论》一文，从三个方面考察了中国古代的文官制度：

其一，中国古代文官制度的历史发展，梳理了文官制度的历史发展脉络。

其二，阐述了君本位的文官结构、文官的选任、文官的考课与文官的监察。

其三，概括了中国古代文官制度的特点和世界影响。

以上二文是改革开放后最早问世的行政法史的研究成果。

1988 年，出版了我主编的《中国古代行政管理体制研究》。1991 年，出版了我合著的《中国行政法史》。1992 年，出版了我主编的《中国官制通史》。需要提出的是，我于 2007 年在商务印书馆出版了《中国监察法制史稿》。自民国以来，有关中国古代监察制度之书并不乏见，但专门撰写中国监察法史的专著几乎是阙如。该书指出，中国监察法史是中国行政法史的重要组成部分，涉及监察机构的设置、监察制度的构建、监察活动的合法性根据等；监察法律文化的积淀与监察立法经验的积累，都体现了中华民族的智慧与创造力。《中国监察法制史稿》可以说是我从事行政法史研究的一部力作。此后，我还主编出版了《中国古代监察法史》。

我在《中国监察法制史稿》的“绪论”中特别指出：

> 中国监察法制史是中国法制史的重要组成部分。它以历代监察法律制度为对象，涉及监察机构的设置、监察制度的构建、监察活动的合法性根据等，并以揭示其发生、发展、演变的规律性为目的。监察法制的历史同样是源远流长的，监察法律文化的积淀与监察立法经验的积累都体现了中华民族的智慧与创造力，是遗赠给中华民族子孙的取之不尽的治国财富。
>
> 中国古代的权力结构是沿着集权于中央、集权于皇帝的轨道发展的，并且不断地强化。专制主义的中央集权制度之得以建立，有赖于统一的官僚机构的支撑。官僚机构是推动国家机器运转、实施治国理政驭民的物质力量，因此“治官”——官僚机构的构成因子，具有头等重要的意义。为治官而须“察官”，为察官而须法律，

监察法制就在这个过程中产生和发展。

由于历代的历史背景不同，面对的政治形势也有异，因此监察法制的具体任务是不同的，但总的说来都是维护和保证国家机器正常运转的制衡机制，都是通过整肃百僚“彰善瘅恶，激浊扬清”来缓和官民之间的矛盾与利益冲突、平衡协调统治集团内部的利益分配、控制个人法定权利以外的占有，借以充分发挥官僚机构的作用和实现对社会的调整。

随着中国古代整体法制的进步，监察法制获得了稳定发展的可靠基础，而监察法制的发展又进一步加深了中国本土法文化的鲜明色彩，凸显了中华法系的特殊性与重大价值。中国古代监察法制发展的系统性、完整性、持续性都是世界所少有的，虽然是历史的陈迹，但仍然闪烁着现实性的光彩，向着撷取监察法制历史经验的人们敞开了宝库之门。

一、中国监察法制的历史发展

中国古代监察法制在其漫长的发展过程中，基于社会历史条件的不同而形成了不同的发展阶段，以及与之相适应的时代特点。

（一）中国古代监察法制的形成阶段——战国、秦、汉

早在夏商时期，随着法制的确立，开始出现了治官之法和对政权内部的权力监督。西周时期，虽然尚未形成行使监察权的专门机构，但是以监察为职掌的职官已有所增长。而穆王时制定的《吕刑》，其中关于“五过之疵”的规定已经具有职官监察法的性质。

战国时期，社会的大变动促使政治法律制度发生了重大改革——封建的官僚制度取代了世卿制度，适应对官僚系统的监督需要，执掌监察职能的治官之官的“御史”已经出现。《史记·滑稽列传》记载，齐威王置酒于后宫，召淳于髡并赐之酒，“问曰：‘先生能饮几何而醉？’对曰：‘臣饮一斗亦醉，一石亦醉。’威王曰：‘先生饮一斗而醉，恶能饮一石哉！其说可得闻乎？’髡曰：‘赐酒大王之

前，执法在傍，御史在后，髡恐惧俯伏而饮，不过一斗径醉矣。’”可见御史的纠察职责对于百官的震慑作用。

在官僚制度取代世卿制度以及在法家“明主治吏不治民”的思想影响下，对官吏的监督和惩治已经成为法制建设的重要内容，监察法的渊源也由以国王发布的诰、命、训、誓为主转向成文法过渡。如，齐威王任用邹忌为相制定了《七法》以督奸吏，魏国李悝在《法经·杂律》中也为惩治假借不廉、逾制等职官犯罪提供了法律依据，特别是1975年云梦秦简的出土为秦监察法的发展状况提供了物证。根据秦简，行政监察的范围颇广。如：“啬夫不以官为事，以奸为事，论可（何）殴（也）？当（罨迁）。（罨迁）者妻当包不当？不当包”[1]；“为（伪）听命书，法（废）弗行，耐为侯（候）；不辟（避）席立，赀二甲，法（废）”；“当除弟子籍不得，置任不审，皆耐为侯（候）。使其弟子赢律，及治（笞）之，赀一甲，决革，二甲。”[2]

在司法监察方面，《秦简·尉杂》规定“岁雠辟律于御史”，史书中也有“始皇三十四年，谪治狱吏不直者筑长城及南越地”[3]的记载，反映了秦司法监察的施行状况。此外，《秦简·效律》所提到的“计用律不审而赢、不备，以效赢、不备之律赀之，而勿令赏（偿）”，当属秦朝的经济监察法。

总括以上，秦虽未制订系统的专门监察法，但有关察吏的规定已成为秦律的重要部分，显示了秦以法治国、以法治吏的大略和法制文明的进步。

以上可见，战国时期，法律既是推动改革的动力，又是确认改革成果的保障，由此而引发了各国频繁的立法活动。在成文法涌动的历史潮流中，监察法也取得了一定的发展。

秦灭六国统一天下以后，六国的残余势力仍是不安定的因素，

[1]《睡虎地秦墓竹简·法律答问》。
[2]《睡虎地秦墓竹简·秦律杂抄》。
[3]《史记·秦始皇本纪》。

因此监察制度建设的重点在郡，郡设监察官郡御史。《秦简·语书》所载“举劾不从令者，致以律”，“独多犯令，而令丞弗得者，以令丞闻”，便是郡御史的工作对象与职权范围。此外，监察御史的系统初步建立，职责范围也较为确定，监察法也已逐渐独立于官刑体制之外。所有这一切，都标志着监察法制的发展。

汉朝建立以后，随着皇权的加强，中央监察机关已经脱离少府，独立于朝堂之上。同时，建立了多元化的监察体制，无论专门监察、行政监察、特殊监察，既分体运作又互相交叉，以致三公九卿、皇室外戚、京师百官、地方长吏乃至监察官本身都被置于这张网络之中，受到来自一种或多种监察组织的监督，对于贯通政令、整饬吏治、廓清风气产生了不可低估的作用。特别是在皇帝的授意安排下，中央监察机关之长御史大夫“内承本朝之风化，外佐丞相统理天下”[1]，使得以丞相为代表的行政权与以御史大夫为代表的监察权处于既相维又相抗的状态，而居中驾驭者则是皇帝。这两权平衡，有利于确保皇帝集权。

特别值得提出的是，汉代继承了秦以监郡为监察重点的传统，积极致力于地方监察法规的制定。惠帝三年，“相国奏遣御史监三辅不法事：词讼、盗贼、铸伪钱、狱不直、徭赋不平、吏不廉、吏苛刻、逾侈及弩力十石以上、作非所当服，凡九条。”[2] 这九条概括了行政、司法、治安、财经、吏治等方面，其适用范围虽然只是三辅郡特区，内容也比较粗疏，但却是朝廷授权监御史监察地方官吏的法律依据，是中国古代性质较为明确的监察法规，从一个侧面反映了汉初法制建设的发展。

汉武帝即位以后锐意推行强干弱枝的政策，元封五年划分全国为十三州郡，各设部刺史一人作为皇帝派往地方的监察官，并在《监御史九条》的基础上制定《六条察郡之法》（又称《六条问事》）。据《汉官典职仪式选用》：“诏书旧典，刺史班宣，周行郡

[1]《汉书·薛宣传》。

[2] 卫宏：《汉旧仪》卷上。

国，省察治状，黜陟能否，断治冤狱，以六条问事，非条所问，即不省。一条，强宗豪右田宅逾制，以强凌弱，以众暴寡；二条，二千石不奉诏书遵承典制，倍公向私，旁招守利，侵渔百姓，聚敛为奸；三条，二千石不恤疑狱，风厉杀人，怒则任刑，喜则淫赏，烦扰苛暴，剥截黎元，为百姓所疾，山崩石裂，妖祥讹言；四条，二千石选署不平，苟阿所爱，蔽贤宠顽；五条，二千石子弟恃怙荣势，请托所监；六条，二千石违公比下，阿附豪强，通行货赂，割损政令也。"

刺史《六条问事》是汉初推行强干弱枝政策的产物，也是地方监察制度法律化的重要成果。它与惠帝刺察三辅的九条不同，是全国性的地方监察法规。

《六条问事》的针对性十分明确，以地方二千石的高官及其子弟以及作为其社会基础的强宗豪右为主要监察对象，而非一般守令。虽然部刺史不过是六百石的低级官员，但却可以监察、奏弹二千石的地方长吏与王侯。这种以下察上、以卑督尊的规定，是汉代监察法的一个特点，同时也是封建监察法中的一贯原则。但为了防止部刺史滥用职权，严格限定必须按六条的范围问事，否则即为逾限，要受到处罚，豫州牧鲍宣便以"所察过诏条……宣坐免"[1]。

《六条问事》是中国封建社会有内容可查的地方性监察法规，反映了汉初统治集团内部在权力分配上的矛盾，带有特定时代背景的深刻烙印。它所包含的基本规范和所确立的原则奠定了地方监察法的基础，具有深远的影响。不仅如此，它条款分明、操作性强，表现出立法技术水平的提高。

除此之外，汉代也以"律"的形式对王侯国进行行政监察，如颁布《尚方律》严格制裁王侯国逾制、颁布"事国人过律"（按颜师古注"事役吏之员数也"）防止王侯国机构膨胀。汉律中的"阿党"、"附益"之法，也具有监视与防止王侯坐大以及内外官交结的监察法性质。

[1]《汉书·鲍宣传》。

两汉监察法除国家制定法的形式外，皇帝针对特定事项颁发的诏令也具有最权威的监察法属性。高皇帝七年诏曰："狱之疑者，吏或不敢决，有罪者久而不论，无罪久系不决。自今以来，县道官狱疑者，各谳所属二千石官，二千石官以其罪名当报之。所不能决者，皆移廷尉，廷尉亦当报之。廷尉所不能决，谨具为奏，傅所当比律令以闻。"[1] 武帝元狩六年诏曰："今遣博士大等六人，分循行天下，存问鳏寡废疾无以自振业者，贷与之……详问隐处亡位及冤失职。奸猾为害野荒治苛者，举奏。郡国有所以为便者，上丞相御史以闻。"[2] 此外，从文帝起要求百官推荐"直言极谏之士"，言谏制度也取得一定的发展。

（二）中国古代监察法制的发展阶段——三国两晋南北朝、唐

三国两晋南北朝是中国历史上持续数百年的割据对峙时期，不论是偏安一隅的南朝，还是统治中原广大地区的北朝，都强化了监察机关的职能和立法活动，以确保专制主义国家机器的运转。

这一时期，御史台在建制上趋于规范化，而"风闻奏事"的实行标志着御史职权的扩大，谏官的组织和职权也趋于系统化、规范化。就监察立法而言，三国时曹魏贾逵任豫州刺史，鉴于"长吏慢法，盗贼公行，州知而不纠"，提出仿汉《六条问事》"考竟其二千石以下阿纵不如法者，皆举奏免之"。贾逵的建议得到文帝的允准，"布告天下，当以豫州为法。"[3] 根据《九朝律考》转引《文选》"齐故安陆昭王碑文"，贾逵在汉六条的基础上提出了新的《察吏六条》，即："察民疾苦冤失职者；察墨绶长吏以上居官政状；察盗贼为民之害及大奸猾者；察犯田律四时禁者；察民有孝悌廉洁行修正茂才异等者；察吏不簿入钱谷放散者。所察不得过此。"魏《察吏六条》基于历史条件的变化，使得原汉六条的精神——强干弱枝，已不复见，其基点是对地方长吏进行行政治安监察、财经监察与人

[1]《汉书·刑法志》卷二三。

[2]《汉书·武帝纪》卷六。

[3]《三国会要》卷二三。

事监察。《察吏六条》不仅范围有所缩小，标准也较低，尤其是魏文帝的统治权威远逊于汉武帝，而地方刺史州牧日益严重的揽权滋肆更非一纸空文所能约束。

晋统一后，监察立法与整个立法一样出现了活跃的态势。泰始四年六月，诏颁《察长吏能否十条》和《察长吏八条》。前者是："田畴辟，生业修，礼教设，禁令行，则长吏之能也。人穷匮，农事荒，奸盗起，刑狱烦，下陵上替，礼义不兴，斯长吏之否也。"后者是："若长吏在官公廉，虑不及私，正色直节，不饰名誉者，及身行贪秽，谄黩求容，公节不立，而私门日富者，并谨察之。"同年十二月，又诏颁《五条律察郡》："一曰正身，二曰勤百姓，三曰抚孤寡，四曰敦本息末，五曰去人事。"[1]

上述监察立法虽以地方长吏为重点，但事实上魏晋以来士家大族把持政权，是中国历史上突出的门阀政治时代。士族们凭借政治特权骄奢淫逸、巧取豪夺、鱼肉乡里、无所不为，因此，西晋监察法难以认真推行。至于东晋和南朝，由于士族揽权，崇尚清谈，监察法制无所建树。相反，北朝在创建总体法制的同时，也进行了监察立法。

北朝少数民族入主中原以后，为了立足长远，在政治上励精图治；在文化上追踪两汉，力戒南朝清谈玄学之风；在法制上以《汉律》为楷模，其中西魏的《六条诏书》和北周的《诏制九条》是具有代表性的监察立法。

西魏大统十年九月，度支省尚书苏绰奉命制定《六条诏书》："一修身心；二敦教化；三尽地利；四擢贤良；五恤狱讼；六均赋役。"对这六条，"太祖甚重视，常置诸座右，又令百司习诵之，其牧守令长，非通六条及计帐者，不得居官。"[2] 苏绰所定六条，既是考绩的标准，也是察吏的原则性规定，这两者的结合反映了监察职能的扩大。

[1]《晋书·武帝纪》。

[2]《周书》卷二三"苏绰传"。

北周宣武帝即位以后在遣大使巡察诸州时，颁发《诏制九条》宣下州郡，作为察吏的根据。《诏制九条》："一曰决狱科罪，皆准律文；二曰母族绝服外者，听婚；三曰以杖决罚，悉令依法；四曰郡县当境贼盗不擒获者，并仰录奏；五曰孝子顺孙义夫节妇，表其门闾，才堪任用者，即宜申荐；六曰或昔经驱使，名位未达，或沉沦蓬荜，文武可施，宜并采访，具以名奏；七曰伪齐七品以上，已敕收用，八品以下，爰及流外，若欲入仕，皆听预选，降二等授官；八曰州举高才博学者为秀才，郡举经明修律者为孝廉，上州、上郡岁一人，下州、下郡三岁一人；九曰年七十以上，依式授官，鳏寡困乏不能自存者，并加禀恤。"[1]《诏制九条》首察官吏决狱科罪是否准律，不仅是对司法公正的追求，更重要的是借以克服拓跋族任意施刑的传统习惯。关于母族绝服外听婚和旌荐孝子、顺孙、义夫、节妇等规定，反映了对于汉族礼制的尊重。这种文化上的适应性，对于北朝稳定统治具有重要意义。

唐朝是封建的盛世，也是监察制度的重要发展阶段。唐初，统治者从总结历史经验中比较清醒地认识到监察机关对于维护国家纲纪的作用，因而给予充分肯定和重视。据《文献通考·职官七》记载："自贞观初，以法理天下，尤重宪官，故御史复为雄要。"唐玄宗在《饬御史·刺史·县令诏》中说："御史执宪，纲纪是司。"[2]睿宗更进一步表示："彰善瘅恶，激浊扬清，御史之职也。政之理乱，实由此也。"[3]

唐朝建立了一台三院的监察体制，克服了秦汉以来多元监察体制所造成的职权不清、系统紊乱的弊病，具有封建监察体制定型的意义，对后世影响深远。

不仅如此，鉴于隋末暴君专制两代而亡的教训，皇帝比较重视纳谏。唐高祖在《颁示孙伏伽谏书诏》中说："周隋之际，忠臣结

[1]《周书·宣帝纪》。

[2]《全唐文》卷二九。

[3]《唐大诏令集》卷一〇〇。

舌，一言丧邦，良足深戒。”[1]唐太宗不仅强调“主欲知过，必藉忠臣”，而且在行动上重视听取谏诤，“每有谏者，纵不合朕心，朕亦不以为忤，若即嗔责，深恐人怀战惧，岂肯更言。”[2]由此而形成了以皇帝为对象、以谏诤为内容的特殊监察机关系统——谏官系统，形成了台谏并存的格局。

唐朝又是封建法制臻于成熟和完备的朝代，《唐律疏议》和《唐六典》均以规范详密著称于世，为唐朝监察机构的设置与运作提供了重要的法律根据。除律典外，还有令、格、式、敕等法律形式，形成了较为完整的法律体系。其中，皇帝颁发的以监察为内容的大量诏令，对于国家机关之间的制衡关系以及监察机关的活动原则起到了指导的作用，是监察法的重要内容。特别是玄宗时期制定的《监察六条》是专门的监察法，达到了新的水平。根据《新唐书》卷四十八所载，玄宗开元年间仿汉制制定的《监察六条》内容如下：“凡十道巡按，以判官二人为佐，务繁则有支使。其一，察官人善恶；其二，察户口流散，籍帐隐没，赋役不均；其三，察农桑不勤，仓库减耗；其四，察妖猾盗贼，不事生业，为私蠹害；其五，察德行孝悌，茂才异等，藏器晦迹，应时用者；其六，察黠吏豪宗兼并纵暴，贫弱冤苦不能自申者。”唐代《监察六条》虽以汉《六条问事》为宗，但汉唐历史背景不同，而有所变化。开元二十二年二月十九日，玄宗在《置十道采访使敕》中明确指出了这一点：“且十道为率，六察分条。周汉已还，事有因革，帝王之制，义在随时。其天下诸道，宜依旧逐安便置使，令采访处置。若牧宰无政，不能纲理；吏人有犯，所在侵渔，及物土异宜，人情不便，差科赋税，量事取安。朕所奏成，贵在简要，其余常务，不可横干。”[3]

可见，唐《监察六条》既传承了汉刺史《六条问事》，又根据“义在随时”的原则作了重大发展。汉设十三部州监察区，唐改为

[1]《全唐文》卷一。

[2]《贞观政要》卷二“求谏第四”。

[3]《唐大诏令集》卷一〇〇。

十道（后增为十五道）；汉以强宗豪右、二千石及其子弟为监察重点，唐则牧宰与吏人列为六察之首，反映了官僚制度的发展与朝廷对地方官的倚重。至于强宗豪右、士家大族，在隋末农民大起义的沉重打击下加上封建地主经济的发展，已经急遽没落，不再是中央集权的严重威胁，因此列于六察之末。此外，在延续汉以来将官吏的品德、政绩、文才修养列为监察地方官基本要素的同时，还把户口、赋役、农桑、库存作为重要的经济目标，表明了监察范围的扩大。这既使出巡御史的活动有章可循，也是对位卑权重的御史的一种约束。

唐朝官修的《唐律疏议》和《唐六典》为监察机关的设置、职掌以及监察官的活动提供了大纲大法，加上皇帝随时颁发的有关诏令和专门监察法规的制定，形成了较为严密的监察法网，可以说是唐代封建法制完备的具体体现。

唐朝作为封建盛世归根结底是以均田制为基础的农业经济发展的结果，但是以“贞观之治”为代表的盛世得以较长时期的维持，并且创造了封建时代鼎盛的文明，还得力于政策的适当与稳定、制度的健全与官吏的秉法执政，而这一切又都是和御史监察、谏官谏诤的制度化、法律化分不开的，可以说是封建时代监察制度正面效应的表现。

（三）中国古代监察法制的完备阶段——宋、元、明、清

宋朝专制主义中央集权制度的强化使得中枢体制由三省而为一省，监察体制也发生了台谏合一的转型，以致谏官“往往并行御史之职”，台官也兼行谏议之权。执行监察权的主体被认为为皇帝的耳目之司，如崇宁五年十月十六日《诫约监司体量公事怀奸御笔手诏》中说：“监司分按诸路，为耳目之任。”[1] 政和元年十二月二十一日《诫饬台官言事御笔手诏》中又说：“耳目之寄，台谏是司。古之明王，责以言事，罔菲正人，故能雍容无为，端拱于一堂

[1]《宋大诏令集》卷一九六。

之上，广览兼听，信赏必罚，以收众智，以驭群吏，百官向方而万事理。”[1] 监察官作为皇帝“耳目之司”的政治和法律地位的确定，表现了皇帝对监察权的严格控制。

宋朝在地方建立监司、通判监察体系。监司是路一级监察机构，监司长官对地方官的失职行为或自行处理，称为“按治”；或“按劾以闻”，即上奏弹章以待上裁；或“申尚书省”，进行行政诉讼。至于通判，专事监察知州及所部官吏。仁宗曾指出：“州郡设通判，本与知州同判一郡之事，知州有不法者，得举奏之。”[2] 监司、通判监察体系的建立，形成了涵盖宽广的监察网络。

宋朝统治者是重视法制的，然而随着专制主义的强化，使得皇帝颁发的敕令成为最具权威性的法律形式，这对监察立法有着直接的影响。除专门的监察法如《监司互监法》外，更多的是以敕令为主要形式的监察法，如《名例敕》、《职制令》、《职制敕》、《厩库敕》、《杂敕》等，反映了宋朝的时代特点。

为了发挥监察官的作用，防范监察官弄权行私，还制定了《监司互监法》，“诸官司无按察官而有违法，及不公事者，发运监司按察奏；发运监司互相觉察，其经按抚、发运、监司属官，听逐互行按举。”[3] 使监察官互相监督，是宋朝皇帝驾驭大臣的统治权术在监察制度上的体现，也显示了皇帝对于百官“事为之防，曲为之制”的深刻用心。

为适应对辽金的战争需要，满足输币求和的勒索，以及缓和民众的反抗斗争，对于维持国家机器运转具有重要意义的赋税收入和禁榷专卖都立法严格监察，与此同时也加强了影响社会稳定的司法监察。

有宋一代监察立法的内容增多，涉及面较为广泛，监察程序也日趋严密。但是专制制度愈强化，失监愈不可避免，最大的失监就

[1]《宋大诏令集》卷一九七。

[2]《职官分纪》卷四一。

[3]《庆元条法事类·职制令》。

是皇帝超越于任何监察法律之外，这是封建监察法不可避免的局限性。

元朝建立以后，为了克服蒙古传统的习俗和加强对汉官的监督，提高了监察官的地位和职权，所谓“重御史按察之权，严纠弹考核之任”，以“稽列圣之洪规，讲前代之定制。”元世祖曾公开表示：“中书朕左手，枢密朕右手，御史台是朕医两手的。此其重台之旨，历世遵其道不变。”[1]

为了加强对地方的监察，于江南、陕西二地设中央御史台派出机关——行御史台，“主察行省、宣尉司以下诸军民官吏之作奸犯科者，穷民之流离失业者，豪强之夺民利者，按察官之不称职任者，余视内台立法同。”[2]行御史台之设，是元监察体制的重大改革，对明清具有一定影响。

元朝立法从总体上看是粗疏的，成就远不如唐宋。但是，为了充分发挥监察机关的作用，使监察活动法律化，却进行了专门性的监察立法，而且表现出多样性的统一。先后制定了《宪台通纪》、《南台备要》、《宪台格例》、《行台条画》等单行的监察法；而在《元典章》和《至元新格》中，也都含有监察法的内容；尤其是《元典章》中所载监察法规，不仅已有适用于中央与地方的明确区分，而且还有实体法与程序法之别。

在元朝的监察法律体系中，《宪台格例》是监察法的总则，《行台条画》则属于分则部分。这是前朝所未有的，是立法技术上的新进步。此外，还把封建刑法典的类推原则运用于监察立法，《行台条画》最后一条规定“其余该载不尽应合纠弹，整理比附已降条画，斟酌彼中事宜，就便施行”，借以防止失监、漏监。

由于元朝是以蒙古贵族为主体的政权，为了约束元蒙贵族传统的特权，维系国家的吏治，御史台有权“弹劾中书省、枢密院、制国用使司等内外百官”。在元朝，中书省是最高行政机关，其长官

[1] 叶士奇：《草木子》。
[2]《元史·刑法志》。

为宰相；枢密院是最高军事行政机关，其长官为副宰相；制国用使司是最高财政机关。此三机关是国家机关的中枢，但均被纳入御史台监督的范围，标志着监察机关职权的扩大。

另据《行台体察等例》，行御史台的主要监督对象也仿内台之例，有权"弹劾行中书省、宣慰司及以下诸司官吏"。行中书省是地方最高行政机关，宣慰司是设在边疆少数民族地区执掌军民政务的重要机关，行御史台有权监督弹劾行中书省和宣慰司，充分说明了皇帝的钦重。不仅如此，设于各道的肃政廉访使，也有权监督弹劾总管府、统军司、转运司及各路府司州县官，职权极为广泛。

然而元朝的监察法律规范虽然较之唐宋细密和趋于法典化，但是元朝并不是奉法为治的朝代，而是依靠军事和民族特权统治，立法与执法之间严重脱节。尤其是在皇帝昏庸、奸相使权的情况下，许多监察立法成为具文，以致丧失了监察制度作为封建官僚政治自我调节器的作用，终于导致元朝的迅速灭亡。

明朝建立以后，朱元璋鉴于元朝覆灭于"宽纵二字"，因而确立了以重典治国的方略，十分重视监察机关的作用，曾经面谕都察院长官说："国家立三大府，中书总政事，都督掌军旅，御史掌纠察，朝廷纪纲尽系于此，而台察之任尤清要。卿等当正己以率下，忠勤以事上，毋委靡因循以纵奸，毋假公济私以害物。"[1] 为了加强皇帝对监察机关的控制，洪武十五年十月丙子废除了御史台的三院制，置都察院统一行使监察权，并且赋予监察官以单独进奏的权力，使其真正成为皇帝的耳目之司。

在废相制提高六部地位以后，为防止部权过重，设置以六部长官为监察对象的六科给事中。至此，原为谏诤皇帝而设的给事中，变成了直接对皇帝负责以主要监督六部官员为职能的独立的监察机关，过去的进谏权完全流于形式。

明朝的地方监察体制，仿唐制划分全国为十三省监察区，各省设监察御史行使监察权。皇帝也临时派出巡御史巡察地方，所谓

[1]《明史》卷七三。

“代天子巡狩”，出巡御史具有“大事奏裁，小事立断”[1]的特权。

有明一代，正是从“风宪之设，在肃纪纲、清吏治”出发，开展了大规模的监察立法活动，并取得了新的成就。在《诸司职掌》与《大明会典》中都设有专章规定都察院及六科的职责、权限及活动原则等，而更有价值的是单行的监察法规。

洪武四年正月，“御史台进拟《宪纲》四十条，上览之，亲加删定，诏刊行颁给”，这是明朝最早的也是最为重要的监察法规。洪武二十六年前后又制定了《宪纲总例》、《纠劾官邪规定》、《通政使司典章》总例及事例、《六科给事中》总例及各科事例、《出巡事宜》、《巡抚六察》及《责任条例》等监察法规，惠文帝、成祖、仁宗、宣宗历朝均有所增补。英宗正统四年制定《宪纲条例》，史书说“及正统中所定《宪纲条例》甚备，各以类分列”，此后历朝均奉为圭臬。

嘉靖六年九月，“张璁以署都察院，复请考察诸御史，黜蓝田等十二人，寻奏行《宪纲七条》”[2]，同年十月胡世宁为左都御史又奏上《宪纲》十余条，这些都是对《宪纲条例》的补充。此外，还制定了《监官遵守六款》、《监纪九款》、《满日造报册式》等约束监察官的法规。

明朝的监察法以细化为特点，以巡按御史出巡立法为重心，使点差、巡察、回道考察三者一体化，极大地沟通了中央与地方之间的监察管道，体现了专制主义强化对监察法制的影响。

明朝监察法的实施确实有助于从多方面改善吏治，在相当长的时间里保障了社会的稳定和发展，维系了国家机器的正常运转，但是明朝中后期的宦官专权使得监察立法多成为具文。

清朝是末代封建王朝，清朝法制是封建法律的完备形态，就监察法而言也是集历代监察法之大成。清代监察法除在《大清律例》、《大清会典》、《各部院则例》中有所规定外，主要集中于乾隆朝编

[1]《明史·职官志三》。

[2]《明会要》卷三三“职官志二”。

纂的《钦定台规》。它是一部较为完整的监察法典，后经嘉庆、道光、光绪朝续修，合称“四朝台规”。嘉庆朝的《钦定台规》二十卷，是继乾隆八年台规的续修，由贡阿拉奉命领衔，于嘉庆九年钦准刊布；道光朝的《钦定台规》四十卷，是在嘉庆九年台规基础上由松筠领衔修订，颁行于道光七年；光绪朝的《钦定台规》四十二卷，由延煦奉命续修，于光绪十六年由都察院正式公布。

光绪朝《钦定台规》分为八门：（1）训典。编入历朝皇帝有关监察的圣谕；（2）宪纲。分为序官、陈奏、典礼、考绩、会谳、辩诉六项；（3）六科。编入各科给事中共同职掌及分科职掌的规定；（4）各道。编入各道共同职掌及分道职掌的规定；（5）五城御史。汇集治安监察的法规；（6）稽察。编入有关派遣御史稽察钱粮财务和考选官吏的规定；（7）巡察。汇辑有关经济监察的规定；（8）通例。有关御史官员考选、升转、礼仪的规定。《钦定台规》使监察活动的各个方面皆有章可循，是中国封建社会最后也是最为完备的一部监察法典。

总之，清代监察法是在传承历代监察法基础上的集大成之作，形成了特有的结构形式和相对独立的体系。它给予清代监察官依法行使监察权以法律根据，而且随着形势的需要不断发展。由于台规之首列有历朝上谕，大大增加了它的权威性。其法律规范涉及方面的广泛、规制内容的细密，不仅为前代所未有，也为世界监察法制史上所仅见。在实践中奉监察法为圭臬的监察活动，在相当程度上起到了纠正官邪、维持纲纪、保持吏治、推动国家机器正常运行的作用。但在乾纲独揽专制主义高度发展的清朝，监察法的规定与实施之间存在着差距，既定的《钦定台规》无力抵制一旨圣谕，作为皇帝耳目之司的监察官只能听从主宰耳目者的支配，这是封建专制政治制度的本质所决定的。因此，监察官所能发挥的作用是有限的，监察法所确定的国家之间的权力制衡关系也是不稳定的。

总括上述，由于监察法制在维护专制皇权、维持吏治、保障国家正常活动等诸多方面发挥着重要作用，因而中国古代统治者都十分注重强化监察机关的监督效能及其运行机制的制度化和法律化，从秦朝起便积极致力于制定监察法，由秦迄清监察法朝着专门化和法典化的方向发展，其历史称得上是源远流长。由于监察法制的发展同样受制约于不断发展变化的社会经济、政治和文化，因而呈现出时代性和阶段性的特点。对中国古代监察法进行纵向考察，可以把握其发生、发展与演变的历史过程和规律性。

二、监察法史的价值与借鉴

（一）以法察吏，约束权力

中国从进入阶级社会形成国家与法制以后，便建立了专制主义的政治制度，而且沿着螺旋上升的轨迹不断强化。

在专制主义政治制度下，作为最高统治者的皇帝深居简出，必须依靠官僚机构的支撑才能维持国家机器的运转。作为管理国家机器运行的官吏，是实现国家职能的具有人格的工具。官吏群体的状态，对于国家的兴衰强弱有着至关重要的影响，以致吏治的良否成为区分开明之世与衰败之世的重要标志。因此，历代统治者认同法家“明主治吏不治民”的思想，总是从法与吏不可偏废的角度，论证以法察吏、治吏、整顿吏治是求治之道、廉政之源。中国古代监察法的指导原则和基本任务就是整肃百僚，以充分发挥官僚机构的作用和“彰善瘅恶，激浊扬清”的社会调整功能。监察官以法察吏必然会引起权与法的冲突，这种权与法之间的较量不限于吏，也在一定程度上制衡君权。监察官通过谏诤和封驳，对于封建君主的行为和决策起到了一定程度的匡正，或者说对于最高权力的运行发挥了积极的规范作用。

中国古代监察法所确认的监察机关的职权范围十分广泛，涉及行政、司法、财经、军事、人事、文教等诸多领域，监察官依法行使建言政事、纠弹官吏、监督司法、巡查政务、审计财务、考核人事等多方面的权力。尤其是被派往地方“代天子巡狩”的御史，具有一职多能的监察权限，可以参与审核大案或疑案、受理申诉和控告、巡视刑狱、审录囚徒等等，以致御史既是监察官又是“天子之法官”，从而有效地遏制了特权者的恣意行为，预防和惩治了权贵官僚的贪婪恣肆，牵制和削弱了地方势力的坐大与分裂，对维护封建社会的稳定、保障统一多民族国家的巩固和发展起到了重要的历史作用。孙中山先生对中国古代监察制度曾经作了充分的肯定，认为是一种很好的制度，“不独行之官吏，即君上有过，犯颜谏诤，亦不容丝毫假借”，是“自由与政府中间一种最良善的调和方法”[1]。中国古代监察法的存在与发展及其独立系统的形成，雄辩地说明了监察法在中华法系中的地位。

正像中国古代法既有民主性精华又有封建性糟粕，古代监察法也具有这种二重性。中国古代监察法所确认的监察体制、基本原则与规范以及体系的建构、立法技术的成就、实际运行的可操作性等等，都是世界古代法制史上所少有的，体现了中国古代的政治文明与法制文明。因此，研究和探讨中国古代监察法，应该剔除其糟粕，吸取其民主性精华，特别是科学地总结中国古代监察法在其漫长发展过程中所积累的经验与教训，对于当前的监察法制建设很有借鉴意义。

（二）治国须治吏，治吏须察吏，察吏须法制

中国古代专制主义中央集权制度的得以维持，皇帝最高统治权的得以行使，需要具备两个最重要的支柱，一个是遍及全国的统一的官僚机构，一个是遍及全国的统一军队。封建的官僚机构执掌兵刑钱谷事务，贯彻朝廷的政令，统治千千万万的百姓，因此历代皇帝为了治国需要治吏，为了治吏需要察吏，而要察吏就需要法制。皇帝通过法律规范与整饬吏治，控制官吏，限制与制裁其法定权力以外的权力追求。

只有把监察权力的运行纳入法律的轨道，才有可能稳定和发挥效能。

自汉代起，中国便形成了多元化的监察体制。这种多元化的监

[1]《孙中山选集》（下卷）“五权宪法”，人民出版社 1956 年版，第 581 页。

察体制，也扩展到地方监察之中。为使监察活动获得合法性的依据，所以很早就开始法律化了，从汉代的《监御史九条》与《六条问事》到明清的《宪纲总例》、《钦定台规》，都力图用法律形式肯定监察体制，并从多方面确保监察权力的行使。不仅如此，由于中国古代监察官的职掌除纠弹百官的行政监察外，还涉及立法、司法、经济、军事、文化教育、礼仪等诸多领域，为了规范适用于不同领域的权力行使，进行了多方面、多层次的立法，以使之有序和取得效果。元朝在整体法制建设还处于起步阶段，而监察立法已经卓有成就。历代不断完善的监察立法，不仅使监察官奉法行事，保证了监察制度的稳定性，而且对于庞大的官吏群起到心理上的震慑和实际的防范与惩戒作用。

（三）对皇帝直接负责的垂直关系与言谏的历史作用

监察官是皇帝的近臣，通过监察官皇帝得以了解各机关的施政情况与民间的各种动态，故被称作是“耳目之司”。他们的活动只对皇帝负责，尤其是皇帝派出的出巡御史，是代表皇帝巡视地方行使监察权的，因而有权大事奏裁、小事立断，由皇帝直接控制。这种垂直的关系使得监察官既有权威又有效能，得以实现贯串于封建监察史中的“以卑察尊”的原则，有助于“纠百官罪恶”、澄清吏治、维护国家利益。

但是在专制主义政体下监察权附着于皇权，因此监察制度的存废、监察权行使的范围与效果都要受到皇权的制约，甚至与君主个人的开明或昏庸都有着极大的关系。从历史上看，君主开明与支持，监察官才能起到惩恶扬善、维护朝纲的作用。

中国封建时代的监察分为言谏和纠察两大类。言谏以匡正君失、开拓君智、为政策拾遗补缺、以减少国家失误为己任。言谏的对象主要是皇帝，它所起的作用是事前监察，而御史所起的作用是事后监察，这是两个不同层次的监察系统。历代开明之君都重视求谏、纳谏，贞观盛世就是和唐太宗居安思危、任贤纳谏分不开的。中国古代出现过一大批以国家利益为重、以关心时政为己任、敢于向皇帝进谏、不惜以身殉职的谏官。尽管古代的言谏制度是以封建道德的“忠”为指导思想，但是为国家而死的信念与品德、为民请命的大无畏精神，充分表现了“文死谏”的价值取向，而且谏官之所为也确实起到了拾遗补缺和限制君权滥用的作用。孙中山曾经说：“说到弹劾，有专管弹劾的官，如台谏御史之类，虽君主有过，亦可冒死直谏，风骨凛然。”[1]古代开明之君之所以求谏、纳谏、赏谏，是试图集百官群体智慧于一身，因此言谏制度的成效如何取决于人君，缺乏制度保障。在中国古代专制主义政治体制下，言谏制度的设计及其法律化表现了高超的智慧，是一项值得珍惜的重要历史经验。

（四）严格监察官的任职条件与违法制裁

中国古代监察官位卑而权重，监察官的素质直接关系到监察职能的发挥，因此从秦汉时起便十分重视对监察官的选任。隋唐以后在监察法和皇帝颁发的有关诏令中，都严格规定了监察官的任职条件，首要的是清正刚直、疾恶如仇的品质；其次是具备较高的文化素养，进士出身者优先录用；再次是拥有实际工作经验，凡未经州县官者不得为御史。明清两代还实行考选科道制度，即挑选具有一定资格经过考满以上的中央及地方官员，通过一定的考试程序授予御史、给事中等官职。为了防止监察官擅权专横、失监虚监，从宋朝起推行互察法，遏制了监察官本身滥用权力，监察官如违法失职加重处罚。

总括上述，在封闭的政治法律文化氛围中产生的中国古代监察法以其特有的制度建构、多元的监察体系、全面性的监察规范，鲜明地表达了中华民族在运用法律约束权力、规范权力和把握监察法与法律体系整体之间的互动关系以及适应中国国情特点而形成的监察法制模式等方面的伟大创造力。

除此之外，中国古代监察法经历了数千年没有间断的历史发展

[1]《孙中山选集》(下卷)“五权宪法”，人民出版社 1956 年版，第 492 页。

过程，而且在中国古代的政治舞台上出现过许多著名的监察官，提出了在当时说来非常杰出的察官治吏的思想，也发生过众多的震古烁今惩贪除恶的案件，成为中华法制文明宝库中具有丰富内涵的宝藏。因此，挖掘本国监察法律文化的内在资源，既有理论意义，也有实践意义。

（二）民法史的研究与成果

1983 年我提倡研究部门法史以后，法史界多进行刑法史的研究，并有著作问世，但对于民法史的研究仍未启动。为此，我在 1985 年《政法论坛》上发表了《论中国古代民法中的几个问题》。该文首先提出："不能从主要法典编纂形式上民刑不分得出中国古代没有民法的结论"；其次，揭示了"中国古代没有形成民法典的原因"，提出了"中国古代民事立法的主要发展阶段和时代特征"；最后，概述了"从中国古代民法中吸取哪些历史的借鉴"。

1995 年春，应美国加州大学洛杉矶分校历史系黄宗智教授的邀请，为他的博士生讲授清代民法三个月。之后，在此基础上撰写了《清代民法综论》，于 1998 年 2 月由中国政法大学出版社出版。该书是我第一部断代民法史的研究，第一章叙述"清代民事立法概况"，第二章至第五章按照近代民法典体系分为不同阶级阶层的民事法律地位、物权、债权、婚姻家庭、继承，第六章叙述晚清民律及法制改革，第七章叙述清代民事诉讼制度。全书既有历史脉络的梳理，更重在民法学理的分析与综合。

2003 年，我主持编写的《中国民法通史》由福建人民出版社出版，该书百余万字。之所以要编写这么庞大的一部民法史，除填补法制史的空白外，还力图为即将展开的民法起草工作提供历史的参考。

2001 年，针对一些年轻学者认为中国古代没有契约自由也没有民法、民事纠纷用儒家思想解决、法典中查不到纯粹的民事法律条款的一些观点，我撰写了《从晚清修律官"固有民法"论所想到的》一文，意在说明一百多年前的修订法律大臣还承认中国古代有着"固有民法"，难道今天我们掌握了更多的史料，反而否定中国古代民法的存在？现将此文附后。

一、晚清修律大臣的固有民法论

宣统三年（1911年）九月初五日，修订法律大臣俞廉三等在《奏呈编辑民律前三编草案告成折》中说："吾国民法，虽古无专书，然其概要，备详周礼地官司市以质剂，结信而止讼。郑注质剂，谓两书一札而别之，言保物要还。又质人掌稽市之书契，同其度量，壹其纯制，巡而考之，是为担保物权之始。又媒氏掌万民之判，凡娶判妻入子者皆书之，是为婚姻契约之始。又秋官司约之治民、治地、治功、治挚诸约，郑注谓治者，理其相抵冒上下之差。大率不外租挈、经界、功事、往来等项，实即登记之权舆。其他散隶六典者，尚难缕举，特不尽属法司，为不同耳。汉兴去古未远，九章旧第户居其一，厥后渐更增益，令甲以下流派滋繁，风习相沿，因革可溯。徒以尸素之俦，鄙夷文法，茅茨之士，罔知诵言，遂令古府旧藏，随代散佚。贞观准开皇之旧，凡户婚钱债田土等事，摭取入律，宋以后因之，至今未替，此为中国固有民法之明证。"[1]

以上是百年前清朝修订法律大臣俞廉三及法律馆内参与起草民律的法学家（其中不乏熟悉近代资产阶级民法的留学生）的共同认识。在西学笼罩一切文化领域，而中法又遭到西人百般诟病的背景下，坚持此种观点实属不易。折中提到的"固有民法"是指产生于中华土壤上具有本土化特点的民事法律而言，强调"固有"一词，一者与近代资产阶级民法划清界限，再者凸显中国古代民事法律的特点与价值。在四千余年的中国法制历史上，虽无近代民法的概念，但却有与近代民法某些原则与内容相通的规范。这些规范纳入户婚、田土、钱债诸门，亦即俞氏所谓"固有民法"。

不仅如此，在起草近代民事法律草案之际，提出中国"固有民法"，意在截取符合中国国情的某些民事法律的规定编入新的民律草案之中。此点在光绪三十三年五月民政部奏章中表达得十分清楚：

[1]《清末筹备立宪档案史料》（下），中华书局1979年版，第911–912页。

“中国律例民刑不分……历代律文户婚诸条实近民法……国家（清朝）损益明制，户婚分列七目，共八十二条，较为完密。第散见杂出于刑律之中，以视各国列为法典之一者，犹有轻重之殊，因时制宜，折衷至当。非增删旧律别著专条，不足以昭整齐画一。”俞氏等所云“中国固有的民法，虽无专书”，亦即指中国古代无独立的民法典而言，但他又不厌其烦地概述中国古代民事法律的基本方面，用以证明“此为中国固有民法之明证”的结论。俞氏等人对于中国固有民法的论述远不全面，而且修律时间的紧迫也限制了广泛地收集资料和深入地研究，但他们的固有民法观基本符合中国法制史中中国民法史的实际，他们的见识与魄力使百年后的学子油然而生亲近之心。

如果说中国古代没有近代资产阶级性质的民法，无疑是正确的，且属于赘言。但如认为中国四千年的文明社会没有民事法律则是违背历史真实的，是在重复外国学者所云“中国古代只有刑法，没有民法”的旧说。古今中外任何一个国家都不可能只有一种法——刑法，而没有调整与统治者及整个社会成员切身利益攸关的财产关系的法律。

二、封建社会前期民事法律观念与立法状况

中国是法制文明起源很早的国家。至西周中期以后，随着土地所有制由国有向私有的过渡，出现了土地买卖、转让、租赁等一系列民事法律行为。在此过程中，逐渐产生了全新的民事法律观念。土地作为最主要的财产，其转让不仅受到双方当事人的极端重视，经常铸铭文于鼎以记其事。鼎为国家重器，铸铭文于鼎以记其财产转移的民事法律行为，突出地显示了对所有权的重视。土地所有权的转移，虽属贵族间私人的行为，但有时国家也参与其事，以致周王要派出官吏监督，以保证其合法性。例如，共王时期铜器《五祀卫鼎》中，记载了裘卫以田四田交换邦君厉田五田，得到厉的认可，并有官员、证人参加。裘卫为使此项交换合法化，保护通过交

换获得的“田五田”的所有权，铸鼎记述交换的全部过程。

这一时期也出现了因侵犯他人财产权而受到官府责令赔偿的民事诉讼记录，《曶鼎》铭文就是一例。根据曶鼎铭文，小贵族匡季于荒年抢去另一贵族曶十秭禾，曶控于东宫，由东宫判决匡季以“田七田，人五夫”作为赔偿，并铸鼎以记其事。

随着早期民事法律行为的经验积累，逐渐上升为一般调整意义的民事法律规范。《秦简》仓律、效律、金布律、牛羊课、军功爵律及《法律答问》中均有民事法律的规定，内容涉及所有权的取得与消灭、侵权赔偿、不当得利、债权债务关系、孳息、时效等。虽然粗疏简略，但仍不失为早期民法形态，体现了民事法律观念的进步。

唐朝是封建盛世，文物典章莫备于唐，民事法律观念得到进一步充实，并以立法的形式表现出来，多见于《名律例》、《户婚律》、《厩库律》、《诈伪律》、《杂律》及户令、田令、关市令、厩牧令、杂令、服制令、丧葬令及各种相关的格、式、诏、敕。

除此之外，礼也被唐人认为是重要的民事法律渊源，从贞观朝起对礼不断进行增损修改，至开元朝颁布《开元礼》，“由是五礼之文始备，而后世用之，虽小有损益，不能过也。”礼涉及民事方面的有祭祀、册封、仪仗、丧葬、婚姻、家庭、继承、买卖等。而从现存的大量分家、放良、放妻、遗嘱等契约文书中可以发现，惯例不仅是民事法律渊源之一，而且其应用程度与地位不断上升，成为唐后期民事法律发展的一个特点。这和安史之乱以后国家立法渐趋停顿的形势不无关系。

唐朝在民事权利主体方面，严格区分良贱身份的界限不许逾越。奴婢隶属主人，无户籍，完全失去独立人格，成为一种物品，所谓“奴婢贱人，律比畜产”[1]，“奴婢同于资财”。《唐律疏议》规定：“诸监临主守，以官奴婢及畜产私自借，若借人及借之者，

[1]《唐律疏议·名例律》。

笞五十；计庸重者，以受所监临财物论。驿驴，加一等。”[1]

对于所有权的取得，唐律根据不同情况作出了明确区分，有些物品实行先占原则。《唐律疏议·贼盗律》规定：“诸山野之物，已加功力刈伐积聚而辄取者，各以盗论。”疏议曰：“‘山野之物’，谓草、木、药、石之类，有人已加功力，或刈伐，或积累，而辄取者；‘各以盗论’，谓各准积聚之处时价计赃，依盗法科罪。”

此外，于他人地内得宿藏物与本主中分，隐而不送者，计合还主部分，坐赃论减三等。对于阑遗物与漂流物的所有权归宿，唐律规定如下：“诸得阑遗物，皆送随近县，在市得者送市司，其金吾各在两京巡察，得者送金吾卫。所得之物，皆悬于门外，有主识认者，检验记，责保还之。虽未有案记，但证据灼然可验者，亦准此。其经三十日，无主识此者，收掌，仍录物色目，榜村坊门，经一周年无人认者，没官录账，申省听处分。没入之后，物犹见在，主来识认，证据分明者，还之。”[2]“诸官私阑遗马、駞、骡、牛、驴、羊等，直有官印，更无私记者，送官牧。若无官印及虽有官印复有私记者，经一年无主识认，即印入官，勿破本印，并送随近牧，别群牧放。若有失杂畜者，令赴牧识认，检实印作‘还’字付主。其诸州镇等所得阑遗畜，亦仰当界内访主，若经二季无主认，并当处出卖。先卖充传驿，得价入官。后有主识认，勘当知实，还其价。”[3]“诸公私竹木，为瀑水漂失，有能接得者，并积于岸上，明立标版，于随近官司申牒，有主识认者，江河五分赏二分，余水五分赏一分，限三十日，无主认者，入所得人。”[4]

唐代与农业社会和家族主义思想相关的典权亦有所发展，但受均田制的限制，口分田所有权在国家，一般禁止以口分田出典，开元二十五年（737 年）田令：“诸田不得贴赁及质，违者财没不追，地还本主。若从远役、外任，无人守业者，听贴赁及质，其官人永

[1]《唐律疏议·厩库律》。

[2] 唐《捕亡令》。

[3] 唐《厩库令》。

[4]《唐令拾遗·杂令》。

业田及赐田，欲卖及贴赁者，皆不在禁限。”[1]均田制废弛后，土地流转已成事实，土地出典不可阻挡，唐穆宗长庆元年（821年）敕令强调：“应天下典人庄田园店，便合祇承户税。本主赎日，不得更引令式，依私契征理以组织贫人。”意为典人庄田者应承担原主的户税，承认了庄田出典的合法性。

除土地外，庄宅、园林、店铺、碾硙等不动产出典是不受限制的。唐宪宗元和八年（813年）再次下敕，对庄宅等“一任贴典货卖”[2]。

典权的设立，要求制作文书，并须有官人、牙人、业主、四邻同署文契[3]，否则无效。典权的期限最长为三十年，过三十年不予保护。[4]

唐代私有经济和城市商业都进入了新的阶段，与此相适应民事上债的关系迅速发展，出现买卖、租赁、借贷、雇佣、质押等各种形式的契约。唐律中已有若干调整债务关系的条文，如在借贷契约中规定月利息率，不得过三分，“积日虽多，不得过一倍”。取息过律被视为“为政之弊，莫过于此”，因此从汉代起便列为一种罪名，但如“负债违契不偿，一匹以上、违二十日，笞二十，二十日加一等，罪止杖六十。三十匹加二等，百匹，又加二等。各令备偿。”律疏曰：“负债者，谓非出举之物，依令合理者；或欠负公私财物，乃违约乖期不偿者……三十匹加二等，谓负三十匹物，违二十日笞四十，百日不偿，合杖八十。百匹又加三等，谓负百匹之物，违契满二十日，杖七十，百日不偿，合徒一年。”

债的担保亦较为盛行。唐开元二十五年（737年）令规定，“诸公私以财物出举者，任以私契，官不为理……家资尽者，役身折酬”，如“负债者逃亡，保人代偿”[5]。

[1]《文苑英华》卷四二六。
[2]《旧唐书·宪宗本纪》。
[3]《五代会要》卷二六。
[4]《唐会要》卷八五。
[5]《宋刑统》卷二六。

私债虽然是私人行为，但必然涉及当事人双方之间、当事人与社会之间的利害关系，所以官府进行必要的干预。《唐律疏议·杂律》“负债强牵财物”条规定：“诸负债不告官司而强牵财物过本契者，坐赃论。”律疏曰：“谓公私债负，违契不偿，应牵挈者，皆告官司听断。若不告官司而强牵掣财物，若奴婢、畜产，过本契者，坐赃论。”

唐代凡买卖田地房宅、奴婢、牛马等必须立契，称为“市券”。《唐六典·太府寺·京都诸市令》规定：“凡卖买奴婢、牛马，用本司本部公验以立券。”《唐律疏议·杂律》规定：“诸买奴婢、马牛、驼、骡、驴，已过价，不立市券，过三日笞三十；卖者，减一等。立券之后，有旧病者三日内听悔，无病欺市如法，违者笞四十。”疏议曰“买奴婢、马牛、驼、骡、驴等，依令并立市券。……若有病欺，不受悔者，亦笞四十”，即买卖已讫，而市司不时过券者，一日笞三十，一日加一等，罪止杖一百，主管官吏不验证契券，也要负法律责任。

在买卖契约中，卖主的担保责任进一步法律化。一为瑕疵担保，《唐律·杂律》规定：“（买奴婢、马牛、骡驴）立券之后，有旧病者，三日内听悔，无病欺者，市如法，违者笞四十。”二为违约担保，唐文书中载有“若先悔者，出绢五匹”[1]。

租佃契约虽不如买卖契约发展，但仍见于文献记载和实物凭证。如吐鲁番文书中发现隋大业年间的租佃契约，以及唐高宗龙朔三年与武则天天授二年的两件租佃契约，表明尽管在隋唐均田制下，民间仍然存在着租佃关系。

正如诚实信用是民事法律的共通原则一样，《唐律疏议·杂律》还强调市场流通的商品必须讲求诚信标准，规定：“诸造器用之物及绢布之属，有行滥、短狭而卖者，各杖六十”。注曰：“不审谓之行，不真谓之滥，即造横刀及箭族用柔铁者，亦为滥”。疏义进一步解释说：“行滥，谓器用之物不审不真；短狭，谓绢匹不充四十

[1]《唐律疏议·杂令》。

尺，布端不满五十尺。幅阔不充一尺八寸之属而卖，各杖六十。故礼云‘物勒工名，以考其诚，功有不当，必行其罪。’其行滥之物没官，短狭之物还主。”

唐代依契约所生之债有因当事人意志的变更，有因债的清偿、抵消或免除而消灭。

三、宋以后民事立法的不断充实

宋初实行不抑兼并的土地政策，刺激了私有土地的流通与转让加快，中小地主和自耕农的数量明显增加，农业经济取得了显著的成就，由此带动了手工业的发展，促进了商业的繁荣与对外贸易的扩大，商业城市不断涌现。商贸的发展带动了民事法律关系与法律规范的新发展。宋代的基本法典是《宋刑统》，“终有宋之世用之不改。”从对《宋刑统》与唐律的比较中可以发现，民事立法较之唐律大为扩充，涉及所有权、债、财产继承、婚姻嫁娶、检校析财等十几个方面，内容广泛、条文细密。其中户绝资产、死商钱物、典卖指当论竞物业、婚田入务等等，均为唐律所未见。

作为《宋刑统》补充的编例、编敕中也有关于民事法律方面的规定。见于《名公书判清明集》中，所引“按法”、“准法”、“在法”的民事法律条款不下七十余条。例如：

诸典卖田宅，已印契而诉亩步不同者，止以契内四至为定；其理年限者，以印契之日为始，或交业在印契日后者，以交业日为始。

应交易田宅，过三年而论有利债负准折，官司并不得受理。

应交易田宅，并要离业，虽割零典买，亦不得自佃赁。

诸祖父母、父母已亡，而典卖众分田宅私辄费用者，准分法追还，令原典卖人还价。即典卖满十年者免追，止偿其价，过十年典卖人死，或已二十年，各不在论理之限。

诸理诉田宅，而契要不明，过二十年，钱主或业主死者，不得受理。

诸典田宅者，皆为合同契，钱、业主各收其一。

分财产满三年而诉不平，又遗嘱满十年而诉者，不得受理。

诸僧道犯罪还俗，而本家已分者，止据祖父财产众分见在者均分。

妇人财产，并同夫为主。

交易诸盗及重叠之类，钱主知情者，钱没官，自首及不知情者，理还。犯人偿不足，知情牙保均备。

又诸典卖田宅投印收税者，即当官推割，开收税租。

诸无子孙，听养同宗昭穆相当者。

立嗣合从祖父母、父母之命，若一家尽绝，则从亲族尊长之意。

诸已绝之家而立继绝子孙，谓近亲尊长命继者，于绝家财产，若无在室、归宗、出嫁诸女，以全户三分给一分，余将没官。

异姓三岁以下，并听收养，即从其姓，听养子之家申官附籍，依亲子孙法。

男年十五，女年十三以上，并听婚嫁。

宋代商品经济的发展与私有财产的法律保护的加强，使继承法显著发展，尤以女子继承权的规定为细密。凡未嫁者称为“在室女”，已嫁者称之为“出嫁女”，出嫁之后因故（如夫亡、被出、和离等原因）又返回父母家者，为“归宗女”。由于宗法制度下以男子为中心的宗祧继承是继承法的核心，也是财产继承的先决条件，无论在室女、出嫁女、归宗女均无宗祧继承权。但是，户绝之家在室女可以继承全部家产。《宋刑统》卷一二“户绝资产”条规定如下：

诸身丧户绝者，所有部曲、客女、奴婢、店宅、资财，并命近亲（亲，依本服，不以出降）转易货卖，将营葬事及量营功德之外，余财并与女（户虽同，资产先别者，亦准此）。

养女的财产继承权与亲女同，见以下判例：

今解汝霖只有幼女、孙女，并系在室，照户绝法均分，各不在三千贯以上。……七姑虽本姓郑，汝霖生前自行收养，与亲女同。[1]

归宗女“还归父母家后户绝者，并同在室女例”[2]。哲宗元符元年（1098年）重申归宗女与在室女均分户绝财产，但作出新的调整：户绝财产达到一千贯以上者，内以一分给出嫁诸女。若只有归宗女者，则只能继承户绝资产的三分之二，表明归宗女的财产继承权已有所削弱。后归宗女的户绝财产继承权进一步下降，只能继承在室女对户绝财产承份额的一半，“户绝财产尽给在室诸女，而归宗女减半。”[3]

户绝之家经近亲尊长命继之后，命继子也可继承绝户部分财产，但份额少于在室女与归宗女，“准法：诸已绝之家而立继绝子孙，谓近亲尊长命继者，于绝家财产，若只有在室诸女，即以全户四分之一给之，若又有归宗诸女，给五分之一，其在室并归宗女即以所得四分，依户绝法给之。止有归宗诸女，依户绝法给外，即以其余减半给之，余没官。”[4]

根据以上规定，户绝之家只有在室女和命继子时，在室女可得遗产的四分之三。只有归宗女和命继子时，归宗女可得遗产的一半，命继子继承余下一半的二分之一，其余部分没官。同时有在室女、归宗女及命继子时，在室女和归宗女共得遗产五分之四。在共得的五分之四中，在室女可获三分之二，归宗女获三分之一。根据这一规定，户绝财产在一千贯以上者，即使有在室女、归宗女承分，出嫁女也能继承部分遗产。户绝财产在三千贯以上，出嫁女只能继承三分之一，并得至两千贯止；若达两万贯以上，则需临时具数奏裁增给（在室女及归宗女并不受这一限制）。如果户绝财产不满一百贯者，出嫁女可以全部继承，不再受三分之一的限制。说明富户与一般贫户出嫁女的财产继承权是有别的。

户绝之家立有命继子，且无在室女与归宗女时，出嫁女与命继

[1]《名公书判清明集·处分孤遗田产》卷八。

[2]《宋刑统·户婚律》。

[3]《名公书判清明集·孤女赎父田》卷九。

[4]《名公书判清明集·处分孤遗田产》卷八。

子可以各继承户绝财产的三分之一。

宋仁宗天圣四年《户绝条贯》规定，户绝之家无在室女及归宗女时，“即给与出嫁亲姑姊妹侄一分”[1]。

出嫁女只有在父家户绝，被继承人未立遗嘱，且无在室女继承时，才有一定的财产继承权。《户绝资产》规定：“自今后，如百姓及诸色人死绝无男，空［室］有女已出嫁者，令文合得资产。”但“其间如有心怀觊望，孝道不全，与夫合谋有所侵夺者，委所在长吏严加礼察，如有此色，不在给与之限。”后又补充规定：出嫁女只能继承户绝资产中的“店宅、畜产、资财”中的三分之一，而且“均与近亲承佃”，无权继承田产。至元符元年（1098 年）八月，又颁新规：“户绝财产均给在室及归宗女，千贯以上者，内以一分给出嫁诸女；止有归宗诸女者，三分中给二分外，余一分中以一半给出嫁诸女，不满二百贯给一百贯，不满一百贯全给；止有出嫁诸女者，不满三百贯给一百贯，不满一百贯亦全给，三百贯以上三分中给一分，已上给出嫁诸女并至二千贯止，若及二万贯以上，临时具数奏裁增给。”[2] 对于寡妇的继承权，《宋刑统》卷一二“户婚律·卑幼私用财”规定：“寡妻妾无男者，承夫分，若夫兄弟皆亡，同一子之分”寡妻妾守志虽可承夫分产，但必须为夫家立继，以继承夫家的宗祧和财产，立继子孙才是真正的财产继承人。寡妻如果改嫁，不得将夫家财产带走，而由子孙继承。

寡妻若有幼子并承分得夫家田产后，如携子改嫁，此承分田产的主人是其子。若子死，寡妻及后夫均无所有权，此田产即作户绝没官。寡妻即使在夫家“守志”，也无权典卖夫家田产，寡妻若原有子或有养子，若子已成年，与儿子共同享有对家产的处分权：“交易田宅，自有正条。母在，则合令其母为契首。兄弟未分析，则合令兄弟同共成契。”[3] 母子共同成契之法，一者是防范寡母私自典

[1]《宋会要辑稿·食货》。

[2]《续编资治通鉴长篇》卷五〇一。

[3]《名公书判清明集·母在与兄弟有分》卷九。

卖田产，二者是防范子孙擅自典卖田产。表明寡妇对家庭财产有一定的处置权。

寡妇无子孙而招后夫者，前夫田产须经官登记，可暂据有不超过五千贯的前夫田产，有用益权，无处分权。寡妇身死或改归后夫家，前夫家产按户绝处置，如前夫有幼子而招后夫者，财产继承人仍是前夫之子。按唐律，寡妇一经改嫁，便完全丧失对前夫家产的一切权利，而宋律允许寡妇召进后夫仍可终身享有对其前夫家产的用益权。

以上可见，宋代商品经济的发展加之义利观念的变化，使得妇女的财产继承权得到法律的充分认定，这在当时世界立法史上也是少有的。

清朝是中国最后一个封建王朝，清代民法也是中国古代民法的最后形态，同时又是向现代民法转型的过渡形态，因而在中国民法史上具有承前启后、继往开来的重要地位。

清代尽管没有制定出一部单一的民法典，但却形成了一个多种形式的民事法律渊源，其中既有制定法，也有习惯法，既有朝廷立法，也有地方法规，共同承担着民事法律的调整任务。

清代的民事制定法散见于《大清律例》、《大清会典》、《户部则例》、《大清通礼》及其他有关部院则例，其中《户部则例》颇类似于民事法律汇编。在地方法规中，《省例》、《告示》、《章程》也含有民事法律规范的内容，如福建的《典卖契式》、江安县的《学田章程》等。

《大清律例》虽为刑法典，但也含有纯粹的民事法律条款，如：分家析产立“分书”已定，不许重分，告词立案不行。卖产立有绝卖文契，不准找赎；文契未载绝卖，可以回赎。父母健在，许令子孙析产者（但不得别籍），听。凡民人争告坟山，应以印契、山地字号亩数等为凭证。无子者，可以选同宗昭穆相当之侄儿继承。定婚应两家情愿，与立婚书，依礼聘嫁；男娶女嫁皆应由父母主婚。等等。

正因为如此，晚清修律将《大清律例》中的民事条款分出单独适用，称为“《大清律例》民事有效部分”。《大清会典·户部》中，有关田土、户籍、赋役、编丁、现审之中，也含有民事法律的内容。由于户部职掌全国疆土、田亩、户口、财谷之政令，《户部则例》根据形势的变化频频编修，至同治四年修例时，合计修改、新增、删除例文二百五十条，其调整的范围较之《大清律例·户律》宽泛。如：户口目中含比丁、族长、继嗣、归宗、奴仆、旗人嫁娶、放出家奴、迷失幼丁、驻防旗兵置产、认买入官人口、民人继嗣、民人奴仆、豁除贱籍、差员禁买人口、募雇在官夫役，入官人口作价；田赋目中含分赏田地、清查营地章程、吐鲁番满营地租、撤佃条款、寺院庄田、存留坟地、买产投税、旗民交产、违禁置买、澳门民夷交易；兵饷目中含营中地租；通例中含严禁官价科买、禁重复典卖、盗卖盗耕；税则目中含审田房词讼。等等。反映了因“时地异宜”及时修订的灵活性。

《户部则例》中民事条款摘要如下：

民人佃种旗地，地虽易主，佃户仍旧，地主不得无故夺佃增租。如佃户实系拖欠租银，许地主撤地另佃。

顺天、直隶所属旗地，无论京旗、屯居、老圈、自置、俱准旗户、民人互相买卖，照例税契升科。

民人契典旗地回赎期限以二十年为断。如立契已逾例限，即许呈契升科（无论有无回赎字样），不准回赎。在限内者仍准回赎。倘卖主无力回赎，许立绝卖契据，公估找贴一次。若买主不愿找贴，应听别售，归还典价。

湖南永顺等处苗疆田地，只听本处土苗互相买卖，如有汉民希图粮轻，土苗贪得重价，私相买卖者，分别责惩，勒令苗民回赎。失察地方官分别议处。

八旗应行入官房地内有契典者，令该旗查询，原业主如愿回赎，以查丈完结之日起，无论银数多寡，限一年内完交。或请以俸饷扣赎者，数在二百两以下，限一年坐扣；二百两以上至五百两，限二年坐扣；五百两以上至一千两，限三年坐扣；一千两以外，限五年坐扣。如有不敷，准以子侄兄弟及借亲戚俸饷坐扣，仍有不敷，饬令限内完交。核计交扣价银过半，即指交管业。倘逾限不完，房地即行入官，其扣交价银以所得历年租银作抵，抵不足数，仍准找给。不愿回赎者，听。

旗人典卖房地，无论本旗隔旗俱准成交。系出卖令赴左右翼纳税；系出典令各报明该佐领记档，回赎时仍令报明销档。凡典当田房，契载年份统以十年为率，十年限满，原业力不能赎，再予余限一年，令典主呈明该翼，由翼将契纸交旗钤用佐领图记，送翼补税发给本人收执。该参佐领毋得措勒，自报税后原业不准告找告赎，倘逾一年余限，仍不报税及白契置买房地并老典三五十年遗漏未经纳税者，一经查出，或被人首告，均追价治罪。

凡民间置买田房，于立契之后限一年内呈明纳税，倘有逾限不报者，照例究追。令各督抚刊刻告示饬发所属遍贴城乡，使愚民咸知例禁。

民人典当田房，契载年份统以十年为率，限满听赎。如原业主不能赎，听典主投税，过割执业。倘于典契内多载年份，一经发觉，追交税银，照例治罪。如买卖田产将粮额载入印契，即令买主卖主亲赴州县对册推收，随时过割。

旗人告假出外已在该地方落业，编入该省旗籍者，准与该地方民人互相嫁娶。

旗下家奴卖身以前，或已聘未娶，女家并不知情者，女家愿嫁，准娶；不愿者，听其改聘。

旗下家奴将女私聘与人，经本主控告审明，未婚者给还本主。已婚者追身价银四十两，无力者，量追一半给主，免其离异。

立继承祧如子已婚而故，无论其媳能否孀守，或子未婚而故，其已聘未娶之媳能以女身守志，或子虽未婚娶，因出兵阵亡揆以勿殇之义，均准予立继。又子虽未婚娶，业已成立当差，年逾二十岁身故者，亦准予立继。若支属内实无昭穆相当为其子可继之人，应仍为其父立继。凡未婚而年在二十岁以下夭亡者，无后在父，自当先尽故子同辈中，按照服制次序为其父立继。如阖族中实无故子同辈可继之人，亦只得为未婚夫亡之子立继，不得重复议继，致滋讼端。

旗人无子者许立同宗昭穆相当之侄承继，先尽同父周亲，次及大功、小功、缌麻、如俱无，方准择立远房同姓。如实无昭穆相当之人，准继异姓亲属。娶具该参、佐领及族长、族人、生父列名画押印甘各结送部，准其过继。若继子不得于所后之亲，听其告官别立。其或择立贤能及所亲爱者，于昭穆伦序不失，不许宗族指以次序告争。如有抱养民间子弟、户下家奴子孙为嗣，或实有同宗而继异姓者，均按律治罪。所养父母有子，所生父母无子，欲还者听。

八旗及外省驻防有乏嗣应行立继者，如系长房长子，不准出继。其长房次子，次房长子果系昭穆相当者，均准其出继。倘长房并无次子，此外，近支亦无应继之人，应以一人承祀两房宗祧，虽长房长子，准照独子之例出继。

义男女婿为所后之亲亲爱者，听其相为依倚，酌给财产。若招婿养老者，仍立同宗应继一人承奉宗祀，财产均分。

乞养异姓义子愿归宗者，不许将所得财产携回本旗。其收养三岁以下遗弃小儿，即从其姓，但不得以无子遂立为嗣。仍酌分财产，不得勒令归宗。

旗人之子随母改适抚养成丁仍归本宗。其有子母不忍分离，两家情愿依倚者，听，仍将本人造入本宗丁册。

民人无子许立同宗昭穆相当之侄为嗣，先尽同父周亲，次及五服之内。如俱无方准择立远房。若继子不得于所后之亲，听其告官别立。其或择立贤能及所亲爱者，于昭穆伦序不失，不许宗族指以次序告争。

此外，在民族立法《理藩院则例》中亦有民事法律条款。如：

奉有明文在蒙古地方居住之民人，租种地亩、赁居房屋，均照原议纳租交价。

喀喇沁土默特旗种地民人，不准以所种蒙古地亩折算蒙古赊欠借贷银钱。

喀喇沁土默特旗蒙古地亩，不得典给种地民人。

喀喇沁土默特旗种地民人，不得重价转典民人旧典蒙古地亩。

民人租种蒙古地面，如遇荒年不能全交者，其租息限至次年，新旧一并交纳。如欠至三年不行交纳，即照例将地撤出，归主另行招佃。

民人租种蒙古地亩，拖欠租息未行交纳，遇该蒙古有借欠该民人银钱等债者，即停止利息。若借自商民平人者，仍照例出利，但不得以利作本，利上加利。

民人租种蒙古地亩，如欲回籍，或不愿耕种，即将所欠之租、所赁之房与押契钱文对抵，地归本主。如押契钱数不抵所欠之租，即报明该理事司员、地方官，酌量公平定拟。

蒙古两姓结亲，俱系平人，聘礼应用：马二匹、牛两只、羊二十只，不得多给。违者，将多给之牲畜罚取入官；少给者，勿禁。若聘定之后，其婿病故，将所给牲畜退还男家。其女病故者，退还一半。如女家欲将聘礼退还，男家不愿收回者，听之。

除中央政权制定的民事性质的法律外，地方政权颁布的省例、告示和章程中也含有民事法律规范。例如，《晋政辑要》分为十三门，在户口、田赋、收成、田地、丁粮、旗地、开垦、牧场等门中，便杂有大量的民事法律条文。再如，乾隆二十五年（1760 年）《福建省例》中“典卖契式”之例，详细规定了典卖合同契式的规格、写法、主要事项等，要求民间统一遵守，不得违反，并附有契式图作为参照。

《告示》是各级地方官在辖区内发布的书面命令，所谓“谕告”、“谕示”。其内容或针对具体事项发布的通令，或为某些事项设定的权利义务关系。

告示对辖区内的所有人都有约束力，具有民事法规性质的告示。如，清末句容县令许文浚鉴于该县抵典产业立契的规定不完备引起争讼，因而制定和颁布了《抵典产业立契互执示》，通行全县。

《章程》是州县官府就某种专门问题因时制宜而制定的若干规则，属于民事法规性质的，如光绪十六年（1890 年）制定的《江安县学田章程》。该章程共五十五条，详细规定了学田的设置、管理、使用、收益及侵吞学田应受的处罚等，是一个单行的民事法规。

以上确凿的法制史实，证明了中国古代民事法律的存在。如果将清朝立法中的民事法律条款加以汇编，其规模也很可观，并不逊于一部民法典。

四、中国古代固有民事法律的特点

（一）制定法的分散性与民事法律渊源的多样性

如前所述，由国家制定的民事法律分散见于行政法律、财经法律、刑事法律及地方立法，而没有集中统一的类似民法典性质的立法。这固然与商品经济的发展程度以及统治者重公权轻私权的认识有关，更重要的是现行社会中存在着各种样式的民事法律渊源，弥补了民事制定法的不足。

1. 流行于各地的民事习惯

在具有四千多年法制文明的中国，因地、因俗而形成了众多的民事习惯，它们辗转相承，适用的范围广泛，具有很强的约束力，也有一定的体系，其中相当部分在国家的认可和支持下，成为民事习惯法。凡为官府所认可的流行于特定地区的地方习惯，具有地方性、稳定性和广泛的适用性。晚清起草民律草案时，曾组织力量对全国的民商事习惯进行调查，反映了立法者对中国古代社会社情的了解和对民事地方习惯价值的认同。《大清民律草案》中第一条即规定："民事本律所未规定者依习惯法，无习惯法者依法理。"这条规定反映了民律起草者对于习惯在调整民事法律关系中的实际作用的重视。民国初年，司法行政部将修订法律馆及各省区司法机关搜罗的民事习惯报告，辑成《中国民事习惯大全》。这部民事习惯汇编，虽以民初的调查为依据，但基本上反映了清代地方民事习惯的概貌。

2. 乡规民约

流行于社会基层的乡规民约大多含有民事法律内容。现存的清代地方护林议约与保护青苗的各种乡规中，以保护山林、维护农业生产为主要内容。此外，对于水、道路、村庙等公有财产均加以保护，禁止村落以外之人侵犯。费孝通在《中国之农民生活》一书中曾有以下记载："开弦弓村的湖川，系村落公有，因之村民用水，议定有公平分配办法。水中鱼、虾、杂草等自然的产物，也系村落公有财产，村民就此有平等的权利，其它村落的村民则无权享用。"

乡规民约与村民乃至村落的利益密切相关，无论在遵守或执行上都具有相当的主动性、自觉性。村民也只有在承担乡规民约所规定的义务时，才可能得到某种利益上的回报。

3. 家法族规

家法族规是适用于宗族、家族内部、调整族属成员之间权利义务关系的法律规范。中国自古以来便盛行聚族而居的传统，大家族分别制定家法族规，由族长掌握施行。家法族规中的民事部分，主要表现为：

其一，确认宗族成员的身份与行为能力。根据现有的宗族法的规定：生子三日要告于宗长，取得本宗族籍；满月要行抱见礼，即抱之见于祖庙和宗长；非婚生子女不得入族籍。男性宗族成员年满十六岁，即可参与宗族大事的讨论和宗族之长的选举。这个年龄与国家制定法上的"丁年"是一致的，表示年届十六岁即获得民事上的行为能力。

其二，调整宗族内部的财产关系。宗族法立足于宗族共同体的利益，往往限制族人对私产的处分权。如，劝阻典卖田产。若买卖田产，亲族有优先权，先房亲、本族，后外人，以使产不出族，田不外流。即使兄弟析产也须鸣族立约，按规定析产程序，始足为凭。尤其是重点保护宗族公产，这和国家法律的规定是一致的。乾隆二十一年（1756年）定例："凡子孙盗卖祖遗祀产，至五十亩者，照投献、捏卖祖坟山地例，发边远充军。……其盗卖历久宗祠，一间以下杖七十，每三间加一等，罪止杖一百，徒三年以上。"[1]地方官在受理此类案件时，一般是迅速决断的。例如，道光朝，太湖水利同知刘鸿翱撰写的《杜盗祭款立碣记》中明白昭示："丙戌（道

[1]《大清律例·户律·田宅》。

光六年），余分守来此，甫下车，即有（洞庭）西山沈氏盗卖祭田一案，立予惩责，追还原物，并给示两山祀堂。”

此外，族人中如发生田土、钱债等项民事争执，须先禀告族长，听凭“公同理论”，如无结果，始准告官审理。

4. 礼俗

调整尊卑伦常秩序的礼由来已久，深入到民间称为“礼俗”，其对民间民事法律关系的调整作用不断加强。无论户婚、田土、债务、继承，多与尊卑血缘相关，因此必定要受到礼的规范与调整。依礼调整民事行为、剖解民事纠纷，被看作是优于单纯的依法裁决。在大量的案例档案中，依礼断决并不乏见。许多民事纠纷在经官之前，往往通过各种渠道调处了结，在调处中法、礼、情是兼用的。

需要指出，以差等为基本特征的礼，本来是与平等、等价、有偿的民法原则相矛盾的，其所以能够调整民事法律关系，就在于以伦理纲常名教为集中代表的礼，是适用于任何等级、任何地区的，具有共同的约束力，被赋予民事一般法的性质；同一等级之内的成员，平等地遵守适用于本等级的礼，从而体现了民法的平等原则。可见，礼的基本精神既调整着纵向的不平等主体间的关系，又调整着横向的平等主体间的关系，使差别原则与共同原则既矛盾又统一。

在多种民事法律渊源之间，首先具有相通互补的一致性。由于国家制定法所规定的民事法律部分，主要是服制、户籍、所有权、债权、婚姻、家庭和继承等，而且较为原则，不可能涵盖某些特殊地区、特殊部门的民事法律关系，从而给习惯法的调整留下了相当宽广的空间。例如，对于村社公共财产、族产的产权认定和继承，以及财产关系的纠纷，习惯法不仅能有效地进行调整，而且容易为群众所接受。此外，对于流行于不同地区的复杂的婚姻关系、继承关系的调整，习惯法更能发挥特殊的作用。这是因为习惯法具有属人、属地的特性，而且反映了历史的延续性和浓厚的亲情、乡情，所以在适用上，较之国家制定法更富有针对性，其效果往往是国家制定法所不及的。

以上说明，各种民法渊源在协调国、家、个人三者的利益关系中，各展所长，共同为用，弥补了民事制定法的缺失。

然而复杂而又不统一的各种民法渊源，也不可避免地存在着矛盾之处。如，少数族中一夫多妻和一妻多夫的婚姻习惯，虽然与制定法和儒家礼教相违背，但却是悠久的习俗，不得不予以确认。又如，《大清律例·户律·婚姻》“同姓为婚”条规定：“凡同姓为婚者（主婚与男女）各杖六十，离异（妇女归宗，财礼入官）。”这是根据传统的宗法礼制制定的。但是，山西、安徽、陕西、直隶、甘肃、湖北等省所辖县份中都流行同姓为婚的习惯，为制定法所难禁，以致迫使官府认可其合法。与此相类似的，《大清律例·户律·婚姻》“尊卑为婚”条“若娶己之姑舅、两姨姊妹者，杖八十，并离异”，也迫于民间习惯禁而不止，最后在附例中不得不规定：“其姑舅、两姨姊妹为婚者，听从民便。”

清朝对于与国法相抵触的民间习惯法，经常明令改正，消弭二者之间的冲突。如，《塔景亭案牍》卷二“通告”中“独子两祧本有定制”条云：“兄弟之子犹子也，兼祧之法，正以见手足之亲。查律例附纂通行内称乾隆四十八年钦奉特旨准以独子兼承两房宗祧。所以补古礼之缺，济人道之穷，诚千古以来未有之令典等语，是一子兼两房，国家本有定例，三房共一子，祖训犹有明文。”因此，对于“近来民间祠规，乃有独子不得兼祧之说”，无疑是“离爱情，启争端，违国宪，非所以亲亲也”，而应服从于国家的定制。

（二）契约关系体现平等、自由、依法的原则

西周晚期的铜器铭文，已经显示了民间私约的广泛性与合法性。东汉时出土的砖铭中多有“有私约者当律令”的铭文，如《建宁元年马莂砖铭》：“兄弟九人，从山公买山一丘于五凤里，葬父马卫将，直钱六十万，即日交毕，建宁元年正月合莂大吉，左，有

私约者当律令。”[1] 此铭文清楚地交待了私约的内容，如立券人与受益人以及冢地的所在地、价钱以及交易方式。至于“私约者当律令”，则是现实社会中民间契约合法性的反映，不是宗教话语。

自唐以迄宋、元，契约中多有“两共对面平章”、“两和立契”之语，表明契约的订立经过了平等协商与意志的自由表达。唐《杂令》中明确规定：“诸公私以财物出举者，任依私契，官不为理。”意为只要无“违法积利，契外掣夺”等情，官府不介入私约的订立。

在清代的契约中，更以“两厢情愿”的浅显文字表述签约双方的状态，而且多于契约后附相关法律，以示依法。如乾隆十一年（1746 年）《山阴县孙茂芳叔侄卖田官契》即附有通行的《条约五款》[2]：

“（一）绝卖者不用此契，止作戳当；戳当者若用此契，竟作绝卖。

（二）契不许请人代写，如卖主一字不识，止许嫡亲兄弟子侄代写。

（三）成交时即投税。该房查明卖主户册，号下注明某年月日卖某人讫。

（四）由帖不许借人戳当，如违者不准告照。

（五）买产即便起业，勿许旧主仍佃，以杜影骗。”

又如，嘉庆六年（1801 年）《山阴县高兆原兄弟卖田官契》后附以下条款：

“（一）凡用此契者，竟作绝卖。

（二）卖主不识字者，许兄弟子侄代书。

（三）成交后即粘契尾于后，验明推收。如违治罚。

（四）契内如有添注涂抹字样者，作捏造论。

（五）房屋间架仍载明空处。

[1] 殷荪：《中国砖铭》，江苏美术出版社 1999 年版，第 199 页。

[2] 张传玺：《中国历代契约汇编考释》（下），北京大学出版社 1995 年版，第 1466-1467 页。

（六）典戳用此契者，须注明年限回赎字样。如不注者，仍作绝卖。”[1]

宋时商品经济有所发展，契约形式开始多样化，在买卖契约中出现了红、白契之分。凡加盖官印之契称为“红契”，表示国家确认，不加盖官印之契即民间私约称为“白契”，官府亦承认其合法性，但红契的举证效力高于白契。经过官府验契收税称为“税契”，税契是剖决纠纷的重要依据。南宋淳佑二年（1242年）颁发敕令：战后旷土，“凡民有契券，界至分明……随即归还。其有违戾，许民越诉。重罪之。”

清代商品经济的发展和财产关系的日益复杂化，使得私人之间订立契约关系，已成为社会生活中普遍的现象。它所调整的内容十分广泛，买地、租房、雇工、合伙、婚娶、信贷，无一不以契约作为凭证，以表示当事人之间民事法律关系的成立或解除、权利的取得或丧失。尤其是以土地为标的物的土地买卖、典当、租佃等等，都必须根据法律的规定，订立契约。人们对借助契约来体现和证实自己权利的重要作用，已有充分的认识。正是在这种社会条件下，官府才认定“民间执业，全以契券为凭……盖有契斯有业，失契即失业也”[2]。

随着契约关系的发展，订立契约的程式也不断规范化，如订立契约须采用官版契纸按其格式书写，以保证契约格式的统一和防止发生伪契。据《写契投税章程》规定：“民间嗣后买卖田房，必须用司印官纸写契。违者作为私契，官不为据。”“民间嗣后买卖田房，如不用司印官纸写契，设遇旧业东、亲族人等告发，验明原契年月，系在新章以后，并非司印官纸，即将私契涂销作废；仍命改写官纸，并照例追契价一半入官。”[3]

清代仍有红契、白契之分，买卖田宅经过税契过割，在契纸上

[1] 张传玺：《中国历代契约汇编考释》（下），北京大学出版社1995年版，第1308页

[2]《治浙成规·严禁验契推收及大收诸弊以除民累》卷一。

[3] 张传玺：《中国历代契约汇编考释》（下），北京大学出版社1995年版，第1249页。

加盖官府红印称为“红契”，具有较强的法律效力。但民间田宅交易往往不用官版契纸，也不向官府投印税契，这种契纸称为“白契”。白契虽为法律所不允许，但却是屡禁不止。白契在确立、变更和解除民事关系方面的效力，与红契并无二致，所不同者，白契的举证效力远不如红契。雍正朝曾明确规定：回赎典卖旗地，红契典卖者全价赎回，白契典卖者半价或不给价。表明国家对红契和白契所确认的所有权关系的不同态度。

在奴婢买卖中，红契与白契的差别不仅限于举证效力的不同，也关系到奴婢的身份。乾隆以前，白契所买奴仆视同雇工，除年限久远者外，允许赎身，而红契所买奴婢的社会地位，较之白契所买奴婢尤为低下，其所生子孙永远为奴。正因为依红白契所买奴婢的地位有所差别，一旦有犯，官府也要区别量刑。

白契不限于买卖土地、田宅、奴婢，也适用于租赁、借贷、雇佣、典雇妻女等契约关系。

清代，对债权的担保，也与商品经济的发展相适应，而较为完善。现存清代契约中所反映的债的担保，主要是财产担保，即以财产作抵押。在债务履行期满之前，作为抵押物的不动产，仍由债务人占有、使用和收益，未经债权人同意不能处分。但债务期限届满后，仍不能偿还者，即以抵押物抵还。例如，康熙四十二年（1703年）《休宁县项福生借银文约》中写明：如到期不能偿还所借银钱，即“将窝下田乙丘二亩七分抵还不误。”[1]

为了保证契约的履行，签订契约时需要负有连带责任的第三人，即“中人”附署。中人在买卖契约中起着介绍引见、说合交易、议定价金的作用。而在借贷、租赁契约中，中人不仅仅是介绍引见，而且还对义务人有督促的责任，以保证契约的履行。如义务人无法履行义务，中人则负有代为履行义务的连带责任。例如，乾隆三十四年（1769年）《北京正黄旗那兰泰转典房白契》[2]中，即

[1] 张传玺：《中国历代契约汇编考释》（下），北京大学出版社1995年版，第1569页。

[2] 张传玺：《中国历代契约汇编考释》（下），北京大学出版社1995年版，第1509页。

注明保人须负连带责任："北京如有亲族人争竞，来路不明，拖欠官银，重复典卖，有中保人一面承管。"除此之外，签约后，如一方当事人反悔，则应承担违约责任，将价金的二分之一，交给官府，作为对违约方的惩罚。现存的许多契约中都有违约担保的内容。例如，顺治十一年（1654 年）《大兴县王家栋卖房官契》[1] 中言明："自卖之后，倘有亲族人等并满汉争竞者，有卖主一面承管，两家情愿，各无返悔。如有先悔之人，甘罚白米五石入官公用。"又如，雍正元年（1723 年）《大兴王景伊转典房官契》[2] 也载有"两家情愿，各无返悔。如有先悔之人，甘罚契内银一半入官公用"的内容。

契约的签名，在清代也已规范化。法律规定，家内财产由父母行使财产处分权，父母俱在时由父亲签名，父亡母在由母子同时签名。例如，乾隆二年（1737 年）的《镇洋县潘门薛氏母子杜绝田文契》[3]，后署"立杜绝田契潘门薛氏，同男凤观。"

在兄弟叔侄同居共财的情况下，出卖田宅，则由兄弟或叔侄共同在契约上签名。例如，雍正十一年（1733 年）《休宁县王阿郑等卖山红契》[4]，叔侄共同署名："立卖契约王阿郑（押），同侄王鼎旭（押）。"雍正六年（1728 年）《休宁县吴尔仁等卖山红契》[5] 兄弟共同署名："立卖契人吴尔仁（押），同弟吴伯先（押）、吴子敬（押）、吴廷侯（押）。"

以上可见，中国古代的债法发展到清朝，不论是规范的内容还是原则，都已相当完备。在中国古代法律中，确有"良贱"之分，位列"贱籍"者，以其身份的特殊，无立约资格，但位列贱籍的，在整个社会构成中所占比重极小，而位列良籍者，则包含绝大部分的社会构成，如官僚地主、农民、手工业者、商人、兵丁等等。凡

[1] 张传玺：《中国历代契约汇编考释》（下），北京大学出版社 1995 年版，第 1144 页。
[2] 张传玺：《中国历代契约汇编考释》（下），北京大学出版社 1995 年版，第 1511 页。
[3] 张传玺：《中国历代契约汇编考释》（下），北京大学出版社 1995 年版，第 1232—1233 页。
[4] 张传玺：《中国历代契约汇编考释》（下），北京大学出版社 1995 年版，第 1222 页。
[5] 张传玺：《中国历代契约汇编考释》（下），北京大学出版社 1995 年版，第 1210—1211 页。

位列良籍者，如相互缔约，权利义务是平等的，意志是自由的，这是法律所保障的，当然这中间也确实存在着事实上的不平等、不自由。凡因各种原因急于卖产者，与拥产自重的买方，在交易中存在“不平等”与“不自由”是完全可能的，但这不属于法律意义上的不平等与不自由。

（三）婚姻继承受宗法支配

除国家制定法外，家法族规对婚姻继承也有相关规定。在宗族法中，有关婚姻、继承方面的规定，占有较大比重，这是和宗族法的性质分不开的。

关于婚姻缔结。严禁族内通婚，这是不可动摇的宗法原则，通过异姓联姻以扩大本宗族的力量。关于婚龄，各族将流行于该地的习惯引入宗族法，一般男二十、女十六（各地不一）可以婚嫁。

婚姻关系的成立与解除，与国家法律的规定一致，但对出妻，有的宗族法规定要经过族长公议，以示有所限制。

在家法族规中，规范夫妻行为，调整家庭关系也是一个重要的内容。例如，清江南太平县馆田李氏家法“宜室家第三”便有如下规定：“夫妇乃人道之始，万化之基也，相敬如宾，岂容反目。虽夫为妻纲，固当从夫之命，然妻言有理，亦当从其劝谏；如妇人骄悍而挟制其夫，牝鸡司晨，为家之害，当严戒之。戒之不从，有恶行，出之可也。若娶妾，为生子计也。有子不得擅娶。若妻不容妾，其罪在妻，无子与妒均当去。宠妾凌妻，其罪在夫，当以失叙论罚。妾若泼悍无状，当废之。”[1]

在继承方面：宗祧继承按嫡长子、嫡长孙、嫡次孙、庶长子、庶长孙、庶次子、庶次孙，依次承继。如无嫡庶子孙，无法继承，可以选择族中昭穆相当之人立继。这些都和国法完全一致。除宗祧继承外，财产继承基本上实行诸子均分制，已出嫁之女，不得回父家继承财产。

[1]《中国法制史资料选编》（下），群众出版社 1938 年版，第 1046 页。

（四）民事案件有特定的诉讼程序

早在《周礼》中，便表现了民刑诉讼的区分。《周礼·秋官·大司寇》载“以两造禁民讼，入束矢于朝，然后听之”，郑玄注云：“讼为以财货相告者”，即以财货相争的民事案件。《周礼·秋官·乡士》又云“辩其狱讼”，疏曰：“辩，别也。狱为争罪，讼为争财。”经过漫长的发展过程，至清代已形成一整套不同于刑事诉讼的民事诉讼制度。

其一，诉讼管辖。

根据清律，一般主体的普通民事案件，均由事犯地方的州县衙门受理。《大清律例·刑律·诉讼·越诉》附例规定：“户婚、田土、钱债、斗殴、赌博等细事，即于事犯地方告理，不得于原告所住之州县呈告。”此条例为雍正六年（1728年）订立，其强调之点为“于事犯地方告理”，以便于查明事实，收集证据，迅速结案。而刑事案件一般采取原告就被告的原则，不由事犯地方州县管辖。直省客商在异地经商所发生的钱债纠纷，也“止许于所在官司陈告，提问发落。”原被告处于两处州县的民事案件，采取“听原告就被论（本管）官司告理归结”的刑事诉讼原则，不另做规定，但“（其各该官司自分彼此，或受人财）推故不受理者，罪亦如之。（如上所告）事情轻重，及受财枉法，从重论。”[1]

如旗民之间发生争控户口、田房案件，旗人由各本旗具呈，民人由该地方官具呈。如该管官审断不公及实有屈抑，而该管官不接呈词者，许其赴部控诉，亦有事系必须送部者，该管官查取确供确据，叙明两造可疑情节，送部查办。[2] 为了集中办理旗民之间的诉讼，户部专设现审处，“掌听旗民之讼事。”[3]

其二，审理。

凡告田园、房屋、坟墓、钱、债、婚姻、承继、行帐等事，均

[1]《大清律例·刑律·诉讼》。

[2]《大清会要》卷二四。

[3]《大清会要》卷二四。

需交验粘连契券、绘图、注说、婚阄书、行单等。不仅如此，土地纠纷案，要求有地邻；债务纠纷案，要求有中保；婚姻纠纷案，要求有媒证，反映了书证在民事诉讼中的重要价值。

民事案件一般可以调处结案，刑事案件除轻微刑事案件外，不得采用调处结案。

审理民事案件的法律适用，与刑事诉讼案件所要求的必须依律例断结不同，有律例者依律例（根据清代档案，依律例断案的比重是较大的）；无律例者，州县官有权选择适当的民事法律渊源断结。在历史悠久、地域广阔、民族众多的中国，存在着复杂多样的习惯，如宗族习惯、村落习惯、行会习惯、行业习惯、少数民族习惯、宗教寺院习惯和秘密社会习惯等等。在这些习惯中，经国家认可，发挥着特殊的社会调整作用，是民事法律渊源的重要形式。例如，《清会典》明确规定，西藏“番民犯罪，仍依其俗论罪，按罪名轻重，以定纳赎多寡，译写定例存驻藏大臣处。凡罪经协尔帮郎仔辖噶布伦剖断后，皆呈驻藏大臣核定”[1]。又如依情理断案。在民事诉讼中，“依情理断案”也不乏见。

例一，《吴中判牍》所载兄弟析产案：该家有七子，其母死后长子将遗产独占，余子告到官府。按律应判七子均分，但知府蒯子范为了照顾二、三房寡嫂守志，遂将遗产先分为七份，长房分得七份之一，其余并为二份，一份由四、五、六、七房兄弟均分，一份归二、三房寡嫂。并判曰：“阿兄不道，难应将伯之呼；群季皆贤，尚有援嫂之意。本县用是嘉尚，而于权（四子名）等有厚望矣。”[2]在这里，情重于法，司法判决与道德舆论的褒贬相合，其社会效果超过了简单的依法判决。

例二，江、沈二家因小儿戏嬉发生争吵，告官。于县令成龙依理判决如下：“尔（指江姓）与对门沈寡妇宗氏，以小儿争之微衅，竟欲借此酿成大狱，以破其产，以耗其家，尔何不仁之甚耶！古人

[1]《光绪会要·理藩院》卷六七。

[2]《清朝名吏判牍》。

十千买树，十万卜邻。即尔理尽直，彼理尽曲，区区小事，亦不应涉讼。况彼为寡妇，尔则丈夫。”“沈宗氏茹苦含辛，抚孤守节，尔一堂堂男子为之邻者，允宜敬其志，钦其节，周恤其不足，原谅其不及。”“如尔子果有伤者，着即日于三日内抬县检验，由本县出资代为调治，不得犯沈宗氏一草一木，更不得需索沈宗氏一丝一粟。如无伤者，从此了事。”[1]

再如依礼断案。在清代，作为满洲族统治者，基于统治广大汉族考虑，在尊儒重礼上尤甚于前朝。凡是以纲常名教为内涵的礼，称之为“礼教”，而以道德习俗为内涵的礼，称之为“礼俗”。依礼断案，就是以礼教的基本原则和公认的道德规范作为民事判决的依据。现引陆县令嫁书依礼判决兄弟争产案判词为例：“尔兄弟名仁而不克成仁，名义而不知为义，以祖宗之微产，伤手足之天良。兄藏万卷全无教弟之心，弟六科，竟有伤兄之意，古云：同田为富，分贝为贫。应羞析荆之田氏，宜学合被之姜公，过勿惮改，思之自明，如再不悔，按律治罪不殆。”[2] 此判词以手足之情为重，以仁义为针砭，借以激发其兄弟愧悔之心，消弭田产之争。但此类解决案件的方式，在清代的民事诉讼档案中，所占比重极小。认为中国古代民事案件除以刑事手段解决外，均以礼解决，不符合历史的实际。

其三，判决、执行与上诉。

民事判决称为“堂断”或“堂谕”，大多数是在当事人或监护人、调解人的呈状、保状以及表示悔过、服输、和解的甘结上，作出的批示。如：

“甘结。具甘结人胡瑞今于与甘结事。依奉结得：武宽禀身赖伊耕毁豆子争吵一案，蒙恩审讯完结，身回家安分度日，再不敢争吵滋事，所具甘结是实。

嘉庆十六年六月二十四日

[1]《清朝名吏判牍》。

[2]《清朝名吏判牍》。

胡瑞（画押）

批：准结。”[1]

在清代的民事诉讼档案中，经常看到如下的判决词：

“准，从宽免究销案，仍取两造遵允，送查。

钱已清楚，伤已平复，姑准从宽免究，准息销案。

既据吁恳求息，姑准免究销案。

既经处明，即取具遵允送案，以凭查销，勿违。

既经尔等理，两造均已允议，准，据票销案。

如结完案，倘有不符之处，定于重咎。”[2]

等等。

凡属言词简约的判决，多为当堂口头宣告，无须公布和送达当事人，只有备案，留待上司查核。有些判词贴于照壁，以示判决的严肃性。

民事案件实行一审终审制，州县判决后，即可执行，既没有专门的执行机构，也没有专门的执行程序，而且无需通禀，或通详上级衙门。例如，田宅、钱债纠纷，于当堂交付钱款或文书契据，双方各自具交状、收状，领状存案，以免日后翻异。如不能当堂交付，在甘结中必须说明交付的具体时间，限期交付。

民事判决的当堂执行，是常见的有效执行方式，对于拒不执行判决者，要“带案讯究”，予以笞杖、监禁，以示执行判决的法律责任。如当事人不服州县判决，也可以逐级上控于府、道、省，直至京控，没有审级的限制，但严禁越级上控。

民事案件的上控，如系京控，都察院、步军统领衙门收呈之后，通常发回本省复审，并不送交刑部审理。《大清律例》规定：“至钱债细事，争控地亩，并无罪名可拟各案，仍照例听城坊及地方有司自行审断，毋得概行送部。”[3] 至乾隆三十四年又定例，对

[1]《宝坻县全宗》。

[2] 见清代司法档案。

[3]《大清律例·刑律·诉讼》卷三〇。

于“其仅止户婚、田土细事，则将原呈发还，听其在地方官衙门告理，仍治以越诉之罪”，理由就是，“外省州县小民，敢以户婚、田土细事来京控诉，必非安分之人，仅将原呈发还，无以示儆。……仍治以越诉之罪。”[1]

以上可见，诉讼程序简便，审判方式灵活，既严明州县官的司法责任，又赋予其审判上的权变。对于纯民事案件，按民事手段审结；民事附带刑事的综合性案件，其民事部分适用民事手段，其刑事部分适用刑事手段。如，“知情受寄，诈匿财产者，杖一百”。[2]但是否责惩，刑责多少，仍由州县官掌握。有时刑责是象征性的，只是作为威胁手段，迫使当事人服从调解或判决。但如案件事涉人伦，严重侵犯了纲常礼教，则要动用刑罚。根据现有的民事案例，即便在处刑的同时，对双方当事人争执的民事部分，仍采用民事手段解决，加笞之后，仍令补偿损失。认为民事案件均采用刑罚手段解决是以一概全，不符合历史实际的，特别是忽视了刑责往往是针对民事案件所附带的刑事部分。

由于民事诉讼所具有的特殊性和州县官拥有较大的权宜之权，因此清朝建立了比较健全的监督机制。《大清律例》规定：“各省、州、县及有刑名之厅、卫等官，将每月自理案件作何审断与准理、拘提、完结之月、日逐件登记，按月造册，申送该府、道、司、抚、督查考。”“其有隐漏、装饰……轻则记过，重则题参。如该地方官自理词讼，有任意拖延使民朝夕听候，以致废时失业，牵连无辜，小事累及妇女，甚至卖妻鬻子者，该管上司即行题参。若上司徇庇不参，或被人首告，或被科道纠参，将该管各上司一并交与该部从重议处。”[3]

[1]【清】薛允升：《读例存疑》卷三九。
[2]《名公书判清明集》。
[3]《大清律例・刑律・诉讼》卷三〇。

五、简短的结论

近代以来，西方学者认为中国古代只有刑法没有民法，这种观点限于当时的历史条件和作者的视野，未能得出符合中国法制历史实际的结论，是不足怪的。其实，任何一个国家，任何一个时代，都不可能只有一种法律——刑法，社会关系的复杂性决定了法律关系的复杂性以及法律调整方式的多样性，如果只存在罪与罚的刑法，那样的社会关系岂不是太简单了？那样的社会还能存在吗？作为调整财产关系和身份关系的民事法律，在任何一个文明社会，都是不可或缺的。作为统治阶级而言，最关心的就是涉及本身利益的财产关系，因此其代言人——国家官吏，也总是要制定各种形式的民法加以调整。可见，否认中国存在民法的认识，不仅有悖于中国法制历史的实际，也完全违反了法理学的基本观点。中国古代法制文明发达很早，无论立法与司法，都在相当长的时间居于世界的前列，除刑法发达外，行政法律、民事法律、诉讼法律也都达到了很高的成就，不能以有无一部法典来概括一种部门法的有无。中国的法律体系及其形成过程，有其特殊的路径和本土化的渊源，有些不能用西方的法律发展的模式来要求，更不能用近现代的民法观点去衡量中国古代的民事法律。重要的是，深入中国法制历史的实际，进行细致的研究，然后再从中得出应有的结论。

（三）刑法史的研究与成果

1991 年 2 月，我主编了《中国刑法史稿》，由中国政法大学出版社出版。我还和另外两位同志编写了《中国刑法史新论》，于 1992 年由人民法院出版社出版。之所以取名“新论”，就在于它不同于以往的刑法史著作——以往的刑法史著作只是从纵向传承的角度来阐述中国的刑法史，而是从中外刑法比较的角度来阐述中国的刑法史，虽然称不上是比较刑法史，但无疑是开辟了一条新的研究蹊径。

例如，从中外刑法的起源中揭示不同的规律性。在中国古代典籍中，涉及刑法起源的学说主要有以下几点：

刑起于兵说。中国民族社会末期，作为掠夺手段的征伐战争是相当频繁的。为了争取部落战争的胜利，需要约束军队，于是制定了具有刑法性质的军法。《周易》说："师出以律。"[1]《汉书·刑法志》说："黄帝以兵定天下，此刑之大者。"[2]《辽史·刑法志》说："刑也者，始于兵……蚩尤惟始作乱，斯民鸱义，奸宄并作，刑之用，岂能已乎？"[3] 对于本民族以外的异族部落。不仅采用作为大刑的"兵"去征伐，而且掳获的俘虏已不按过去的习惯全部杀死，而是使其沦为种族奴隶进行奴役和剥削，因而需要用刑去加以镇压和管束。刑起于兵之说在古代影响较大，汉班固著《汉书·刑法志》时明确指出："大刑用甲兵，其次用斧钺；中刑用刀锯，其次用钻凿；薄刑用鞭扑。"[4]

刑出于天说。远古时代，由于生产力水平极端低下，人类还缺乏征服自然的力量，因而对于各种自然现象充满着敬畏的心理。在这种条件下，天被推崇为万物之起源，刑政之大本。而统治者为了膨胀自己的权威，把个人的意志强加于人，也有意识地把刑法与天联系在一起，渲染刑法出之于天，把现实中的惩罚权，归之于天授。如，《尚书·皋陶谟》："天工人其代之"；"天讨有罪，五刑五用哉。"《孔传》："民所叛者天讨之。"《祥刑要览注》："讨罪用刑，一出于天，非可得而私。"夏商以来的剥削阶级统治者，大都假借天的名义，进行所谓的"天讨"、"天罚"和用以维护现存的统治权。夏启攻伐有扈氏发布的军令中便宣称："天用剿绝其命，今予惟恭行天之罚。"[5] 商汤在攻打夏桀时也以"有夏多罪，天命殛之……尔尚辅予一人致天之罚"[6] 来誓师。此外，《汉书·刑法志》和《尚书·大禹谟》中提出的"故圣人因天讨而作五刑"，"皇天眷

[1]《周易·师卦》。
[2]《汉书·刑法志》。
[3]《辽史·刑法志》。
[4]《汉书·刑法志》。
[5]《尚书·甘誓》。
[6]《尚书·汤誓》。

命，奄有四海，为天下君”，则把君主的立法权和统治权统统说成是天所赋予。因此，出现了“天工人其代之”[1]的观念，而且贯穿于古代社会。

刑源于苗民说。苗族是中原以外的一个先进部落，它最早摆脱了神权的束缚，制定了肉刑。《尚书·吕刑》说：“苗民弗用灵，制以刑。惟作五虐之刑，曰法，杀戮无辜。”按蔡氏《吕刑》注解：“苗民承蚩尤之暴，不用善而用制以刑。”可见，苗民刑的发明当在蚩尤盛时。苗族的肉刑有四种：劓、刵、椓、黥。至于大辟，可能非苗人独创。先进的苗族之所以被战败，是由于恃刑不道，因而削弱了自己的力量。夏在征服苗族以后，为了统治沦为种族奴隶的苗民，遂袭用了苗族原有的肉刑，所谓“灭其意而用其法”。

刑以定分止争说。所谓“定分”，即确立上下贵贱的名分。商鞅曾经指出：“古者未有君臣上下之时，民乱而不治。是以圣人列贵贱，制爵秩，立名号，以制君臣上下之义。……民众而奸邪生，故立法制为度量以禁之。”[2]持此说者，古代、近代均大有人在。韩非说：“古者，丈夫不耕，草木之实足食也；妇人不织，禽兽之皮足衣也。不事力而养足，人民少而财有余，故民不争。是以厚赏不行，重罚不用，而民自治。今人有五子不为多，子又有五子，大父未死而有二十五孙，是以人民众而货财寡，事力劳而供养薄，故民争；虽倍赏累罚而不免于乱……是以古之易财，非仁也，财多也。今之争夺，非鄙也，财寡也。”[3]荀子说：“物不能澹则必争，争则必乱，乱则穷矣。先王恶其乱也，故制礼义以分之，使有贫富贵贱之等。”[4]唐杜佑说：“夫人有生万物之最灵者也，然而爪牙不足供其欲，趋走不足避其害，无羽毛以御其寒暑，必役物以为养，任智而不恃力者也。故不仁爱，则不能群；不能群，则不能胜物；群而聚之，是为君矣；归而往之，是为王。人既群居，不能无喜怒交争

[1]《尚书·皋陶谟》。

[2]《商君书·君臣》。

[3]《韩非子·五蠹》。

[4]《荀子·王制》。

之情。乃有刑罚轻重之理兴矣，刑于百度，其最远乎？”[1]

刑源于人性恶说。荀子主“性恶论”，并从人性中寻找国家和法律产生的根源。他说：“古之圣人以人之性恶，以为偏险而不正，悖乱而不治，故为之君上之势以临之，明礼义以化之，起法正以治之，重刑罚以禁之，使天下皆出于治，合于善也。”[2] 与荀子认为人的本性可以通过教化改变，因而将“刑罚之禁”与“礼义教化”并提的主张不同，韩非则认为，“人人皆挟自为心”的自私自利的本性是无法改变的，因而暴乱和争夺是不可避免的，空泛的教化更纯属徒劳，因此“禁暴止乱”的刑法在“当今争于气力”的时代必然产生。

西方法制史学对于刑法的起源有以下论述：

罗马在公元前6世纪塞尔维乌斯·土利乌斯（约公元前578至公元前534年）改革后，按照财产的多少将罗马居民分为五个等级，并按财产等级确定权利和义务，标志着国家的形成和法律的产生。所以，罗马法律（包括刑法）的产生与当时罗马经济文化的发展、阶级分化有密切的关系。这一特点决定了罗马刑法的高度发达，罗马一系列刑法原则的确立即是佐证。

在希腊，据史学家考证，需克洛氏在纪元前16世纪由埃及而至亚推雷城，改变游牧生活，进入农业时代，法律乃随而产生，创立爱耶洛把施法院，发布简单法令，将全国分为十二区，确定贵族、战士、商人、劳动者四个等级。在政治上，创立民主制度，将一切立法权、司法权及行政权，均归人民会议行使，遂后约于公元前624年制定亚推雷法律，确立了威吓主义，施行了擅断主义和刑事连带责任。

在古埃及，统治者更凭借神权执行其刑罚，认为是天罚之，而非人罚，更非法罚。所以，神明裁判盛行，刑罚即为天罚，神权法色彩浓厚。

---

[1]《通典》卷百六十三。

[2]《荀子·社论》。

由此可见，虽然私有制产生和阶级的出现是法律产生的前提条件，但是各国刑法的产生过程都各有其特殊性。

（四）司法制度史研究

司法制度的历史源远流长，从夏朝起，中国古代司法制度历经数千年的历史发展，无论制度建设、活动原则、理论指导、法律规定，都基于中国国情而形成了独有的一些特点，积累了丰富的经验，产生了深广的影响，是中华法制文明的重要组成部分。1981 年，我发表了《试论中国封建审判制度的特点》一文，是研究司法制度史的开端。

我和另外两位同志专门编写了《中国民事诉讼制度史》，于 1999 年 4 月在巴蜀书社出版。

进入 21 世纪，我组织法律史所的同事开展中国司法制度史的研究工作，并于 2004 年由人民法院出版社出版了《中国司法制度史》。这是新中国成立后第一部论述从古至今的司法制度史。该书以历史朝代为线索，叙述了不同朝代的司法制度，并且总结出中国古代司法制度七个特点：其一，儒家学说是古代司法制度的指导原则；其二，专制君主掌握最高司法权；其三，强调司法官援法断罪；其四，初步区分民事诉讼与刑事诉讼；其五，罪从供定，拷囚合法；其六，重视司法官的责任与司法监察；其七，司法与行政不分。对近代司法制度的转型和新中国司法制度的建设与发展，也都做了阐述。

近年来，我注意研究中国古代司法文明问题。2014 年《法制与社会发展》杂志发表了我撰写的《中国古代司法文明与当代意义》，表现了我最近的思考：

中国古代司法文明是法制文明的重要组成部分，它的发展是与法制文明同步进行的，而司法文明又是与社会的发展、政治文明的状态以及法文化的进步密切联系的。从社会发展的角度看，法制的形成是人类社会由野蛮进入文明的重要标志。马克思在考察中国古代社会时，曾经指出中国是早熟的文明。[1] 中国古代司法制度也具有早熟性，西周司法制度中定罪量刑的区别对待、无罪推定的初步论断以及三刺三宥三赦之法就是明白的例证。唐朝是封建社会的发

[1]《马克思恩格斯全集》（第 2 卷），人民出版社 1957 年版。

展形态，由此也决定了司法制度的定型。宋朝是封建商品经济最为发展的时期，不仅促进了法、理、情三者的结合，而且推动了民事法律与民事诉讼制度的发展。可见，社会的发展对于司法文明起决定作用。司法文明又与政治文明息息相关，密不可分。凡是政治开明的王朝，司法制度的运行也正常有序，一旦政治混乱，司法腐败也随之呈现，这在中国是史不绝书的。政治文明对于法制文明同样起着支配性的甚至决定性的影响。除此之外，司法文明又是奠基在法文化的基础之上的，法文化是司法文明的源头活水，没有法文化基础的司法文明是苍白的，缺乏规范的依据。因此，考察中国古代的司法文明，要与法制文明、政治文明、法文化等联系在一起，综合分析其内在的一致性与相互的关联性，从而揭示中国古代司法文明发展的规律性。

一

法庭是国家机器的基本构件，司法活动是国家性的活动，其影响超出个人与家庭的范围而直接关系到社会的稳定与国家的兴衰。在中国历史上，司法不公、刑罚滥施常常激化社会矛盾。这就是为什么农民起义往往从劫牢反狱开始，尤有甚者，因重刑辟招致亡国者也历历可数。正因为如此，历代开明的统治者、政治家、思想家都极为重视司法且多有论述。

孔子曾说“礼乐不兴，则刑罚不中”[1]，所谓“中”既有刑罚宽猛适宜之意，也有司法公平公正的内涵。因此，他才说“刑罚不中，则民无所措手足”[2]。人民手足无措，必然招致社会的动荡不安，以此可见司法的重要性。孔子在任鲁司寇期间，主张先教后刑，以德服人，以达到司法的效果。

汉宣帝元康二年五月诏书中指出：“狱者万民之命，所以禁暴止

[1]《论语·子路》

[2]《论语·子路》。

邪，养育群生也，能使生者不怨，死者不恨，则可谓文吏矣。”[1]所谓“文吏”，即指司法官而言。

唐初以法治相尚，《贞观政要》卷五载魏征曾经向太宗进言，“且法，国之权衡也，时之准绳也。权衡，所以定轻重，准绳，所以正曲直”，身为“万乘之主”，如果“任心弃法”，无异于“舍准绳以正曲直，弃权衡而定轻重”，“不亦惑哉？”[2]魏征的进言得到太宗的肯定，他多次表示，“法者非朕一人之法，乃天下之法”，不可以因私“挠法”[3]。

宋初为指导全国司法活动，太祖于开宝八年制定“推状条样”三十三条，要求各级司法机关“鞫狱，即录一本付之”，“悉大字揭于板，置听事之壁”。[4]此推状虽已佚失，但却反映了宋初统治者对司法的重视。

南宋著名思想家、政治家真德秀将“断狱不公”、“听讼不审”、“淹延囚系”、“惨酷用刑”等列为“十害”。他说：“狱者，民之大命，岂可少有私曲。”“讼有实有虚，听之不审，则实者反虚，虚者反实，其可苟哉！”“一夫在囚，举室荒业，囹圄之苦，度日如岁，其可淹久乎！”“刑者，国之典，以代天纠罪，岂官吏逞忿行私者乎！不可不戒。”[5]

明朝建立以后，朱元璋以亡元为鉴，极为重视司法。他亲自“录囚”，“有大狱必面讯”，“多亲鞫，不委法司”。[6]至永乐元年（1403年），成祖“命法司五日一引奏罪囚”[7]，并于死刑案犯决前，建立复核制度。

清朝不仅建立从地方到中央的完备的审级制度，而且详定司法官的责任与对司法渎职者的惩罚，特别是皇帝直接掌握死刑的勾

[1]《汉书·宣帝纪》

[2]《贞观政要·公平》。

[3]《贞观政要·公平》。

[4]【宋】李焘：《续资治通鉴长编》（第二册），中华书局1979年版，第356页。

[5]【宋】真德秀：《西山政训》，中华书局1985年版，第2页。

[6]《明史·刑法志》。

[7]《明史·成祖纪》。

决权。

综括上述，可见中国古代历朝统治者对于司法的重视。正因为如此，从汉朝实行的录囚制度一直延续到清朝，而司法监察又成为监察制度最主要的方面。历代推崇良吏、循吏，贬斥酷吏、恶吏，主要依据的就是官员在司法中的表现。

二

中国古代司法文明的表现，择其要者概述如下：

（一）人本思想与明德慎罚的司法原则

以人为本是中国古代司法的重心，由此而形成了明德慎罚的司法原则，既重视人的生命权，又对社会弱势群体——老幼妇残、鳏寡孤独实行恤刑，体现了人道主义的精神。

人本思想早在周初的思想家中已经开始酝酿。周公旦鉴于庞大的商王朝由于重刑辟丧失民心，招致军队阵前倒戈，终于被小邦周所灭的教训，深感人心的向背决定着国家存亡的命运，发出了“民情大可畏”，“人无于水监，当于民监”[1]的警示。从而将关注的焦点由天上转移到地上，由神转移到人。这可以说是人本思想的最初发端。由此出发，确立了明德慎罚的司法原则：明德在于敬德保民，以德化民；慎罚在于谨慎用刑，防止滥杀无辜。这个刑法基本原则，经过汉儒对刑德关系的论证，最终将明德慎罚发展为德主刑辅，一直延续到清朝。这个刑法原则源于对人心向背的重视，是人本思想的重要体现。

春秋时期发生的争霸战争中，凸显了人的作用。对此，儒家进行了充分的论证。儒家认为，在自然界的万物之中，人是最尊贵的，“惟人万物之灵”[2]，“天地之性人为贵”[3]。尤其是孔子传承和

[1]《尚书·酒诰》。
[2]《尚书·泰誓》。
[3]《孝经·圣治》。

发展了周初萌发的人本思想，充分肯定人的地位、价值和尊严，创立了“仁者，爱人”的学说，以“仁”作为调整人际关系的基本准则。孔子的仁学不仅是具有特殊历史意义的人本哲学，也为理政、司法、治世提供了人道主义的基本原则。

人本思想除推动了“德礼为本，刑罚为用”的司法原则外，还表现为以下两点：

其一，从重视生命的价值，或者说重视人的生命权出发，实行死刑复审制度。经过儒家对于人本思想的论述，人为邦本、人的生命的价值逐渐为统治者所认同。因此，早在南北朝时期，州县的死刑案件基本上要上报朝廷，不得自行处决。唐太宗曾经诰谕群臣：“死者不可再生，用法务在宽简。”[1] 为了避免造成冤案，刑及无辜，在隋朝已有的死刑复奏的基础上，《唐律疏议·断狱》“死囚复奏报决”规定，“死罪囚，谓奏画已讫，应行刑者，皆三复奏讫，然始下决”，如果“不待复奏报下而决者，流二千里”[2]。清朝除罪大恶极的罪犯实行立决外，一般死刑监候案件须经秋审复审之后，再分别决断，如须执行死刑，须由皇帝御笔勾决。康熙皇帝曾在多种场合下指出最令他感到厌恶的事情莫过于勾决死刑。雍正帝还颁布上谕，死刑决前实行三复奏。但是乾隆十四年（1749 年）九月十五日，上谕废止秋审死刑案三复奏，他特别加以说明：“各省秋审亦皆三复奏，自为慎重民命，即古三刺三宥遗制，谓临刑之际，必致详审不可稍有忽略耳，非必以‘三’为节也。朕每当勾决之年置招册手傍反复省览，常至五六遍，必令毫无疑义。至临勾时，犹必与大学士等斟酌再四，然后予勾、岂啻三复已哉！若夫三复，本章科臣匆剧具题，不无亥豕，且限于时日，岂能逐本全览？嗣后刑科复奏，各省皆令一次。”[3]《秋谳辑要》记载从乾隆朝到光绪朝皇帝对秋审的批示，有的多至千余言，非常具体。如，康熙二十二年

[1]《贞观政要·刑法》。

[2]《唐律疏议·断狱》。

[3]《钦定台规·六科分掌》。

（1683年）曾下谕："人命事关重大……情有可原，即开生路。"[1]康熙四十年（1701年）诏书中再次表露了康熙帝对秋审的重视和对刑部的批评："朕详阅秋审重案，字句多误，廷臣竟未察出一二，刑部尤为不慎，其议罚之。"[2]雍正十一年（1733年）也谕刑部："此内有一线可生之机，尔等亦当陈奏。"[3]乾隆、嘉庆二朝也有类似的上谕。其所以如此，就在于通过秋审"大典"，渲染重视民命、公平用法、敦礼远祸，所谓"明刑所以弼教，关系甚大"[4]。此外，统治者也深知，处决死刑如不允当，往往会引起社会骚乱。正是从稳定政治秩序着眼，才要一再宣示死刑复审的必要性。

其二，对社会弱势群体实行恤刑。所谓"社会弱势群体"，主要指老幼妇残、鳏寡孤独。此类人犯罪，法律应予以宽宥。早在《周礼·秋官》中便有以下记载："壹赦曰幼弱，再赦曰老旄，三赦曰蠢愚。"[5]《礼记·曲礼上》也说："八十、九十曰耄，七十曰悼。悼与耄，虽有罪，不加刑焉。"[6]《礼记·礼运》篇描绘的大同世界的景象，就是"使老有所终，壮有所用，幼有所长，鳏寡孤独废疾者，皆有所养"[7]。

汉时，矜恤老幼妇残的恤刑已见诸法律。至唐代，此项法律已经定型。《唐律疏议·名例》中规定："诸年七十以上、十五以下及废疾，犯流罪以下，收赎。（犯加役流、反逆缘坐流、会赦犹流者，不用此律；至配所，免居作。）八十以上、十岁以下及笃疾，犯反、逆、杀人应死者，上请；盗及伤人者，亦收赎。"[8]"诸犯罪时虽未老、疾，而事发时老、疾者，依老、疾论。若在徒年限内老、

[1]《清史稿·刑法志》。
[2]《清史稿·刑法志》。
[3]《清史稿·刑法志》。
[4]《大清律例通考·世宗宪皇帝上谕》。
[5]《周礼·秋官》。
[6]《礼记·曲礼上》。
[7]《礼记·礼运》。
[8]《唐律疏议·名例》。

疾，亦如之。犯罪时幼小，事发时长大，依幼小论。”[1]唐律中还规定：“诸妇女犯死罪，怀孕，当决者，听产后一百日乃行刑。若未产而决者，徒二年；产讫，限未满而决者，徒一年。失者，各减二等。其过限不决者，依奏报不决法。”[2]

上述矜恤老幼妇残的法律一直延续到晚清修律。这种根据法律主体的行为能力确定其法律责任的原则，体现了明德慎罚的司法原则和人道主义的精神。

综括上述，中国传统司法中的人本思想，是中华法制文明的突出表征，显示了对司法人权的重视，起到了良好的社会效应。中国古代的人本思想虽然有其历史的局限性，但其在司法实践中所起到的支配作用是不宜抹杀的。

（二）公平与引律断罪是中国古代司法文明的亮点

公平是司法文明的价值取向，引律断罪是保证司法公平的制度和司法官的责任，二者的结合凸显了古代司法文明的特质。

在古代文献中多以“中”、“中罚”来形容司法的公平公正，所谓“不偏不倚谓之中”[3]。周公在赞美司寇苏公执法公平时说：“司寇苏公，式敬尔由狱，以长我王国，兹式有慎，以列用中罚。”[4]所谓“列用中罚”，一者执行宽猛合一之法，再者做到司法公平公正。“中罚”含有用法持平与司法公正的双重性。《尚书·吕刑》载“哀敬折狱，明启刑书胥占，咸庶中正”[5]，说明周初统治者对司法公正的高度重视。

古人对司法公平的重要性多有论述。荀子在《王制篇》中认为，“公平”为“职之衡也”，“中和”为“听之绳也”[6]，即以公平来衡量官吏的职守，以中和作为听讼即司法的准绳。在《君子》中又

[1]《唐律疏议·名例》。
[2]《唐律疏议·断狱》。
[3]《中庸》。
[4]《尚书·立政》。
[5]《尚书·吕刑》。
[6]《荀子·王制》。

说："刑当罪则威，不当罪则悔。"[1]墨子认为，"刑当贤，罚当暴，不杀不辜，不失有罪"[2]，只有刑当其罪，"轻重各服其诛"，才称得上是"司法中"，才能使"民不怨"[3]。董仲舒还运用阴阳五行之说来阐明刑罚不中所带来的后果："刑罚不中，则生邪气，邪气积于下，怨恶蓄于上，上下不和，则阴阳谬戾而妖孽生矣，此灾异所缘而起也。"[4]

汉、唐、明、清诸朝在立国后一段时间里之所以缔造和维持了相对稳定的社会秩序，就是和司法公平分不开的。时任汉朝最高司法官即廷尉的张释之曾通过"廷尉，天下之平也，一倾，天下用法皆为之轻重，民安所措其手足"[5]说明司法持平的重要性，使文帝打消了欲舍法重处犯跸罪犯的念头。诸葛亮治蜀时，"尽忠益时者虽雠必赏，犯法怠慢者虽亲必罚，服罪输情者虽重必释，游辞巧饰者虽亲必戮；善无微而不赏，恶无纤而不贬，刑政虽峻而无怨者，以其用心平而劝诫明也。"[6]贞观盛世的"志存公道，人有所犯，一一于法"[7]，也值得大书一笔。

为了做到司法公平，古人强调依法断罪，因为法本身具有公平性，依律断罪可以增强法律的效力和国家的权威。慎到说："法者，所以齐天下之动，至公大定之制也。"[8]唐太宗李世民也说："法者，非朕一人之法，乃天下之法。"[9]贞观朝大理寺少卿戴胄更指出："法者，国家所以布大信于天下。"[10]

援法断罪是法家法治学说的核心内容，至汉以后，开明的官僚

[1]《荀子·君子》。
[2]《墨子·尚同》。
[3]《盐铁论·周秦》。
[4]《汉书·董仲舒传》。
[5]《汉书·张释之传》。
[6]《三国志·诸葛亮传》。
[7]《贞观政要·公平》。
[8]《慎子·逸文》。
[9]《贞观政要·公平》。
[10]《旧唐书·戴胄传》。

和律学家力图把它制度化。如，汉宣帝时，涿郡太守郑昌便提出："律令一定，愚民知所避，奸吏无所弄矣。"他把这看作是"正本"之举，可以避免司法之官擅断。[1] 东汉桓谭也鉴于"法令决事轻重不齐，或一事殊法，同罪异论，刑开二门"，因而建议"令通义理，明习法律者，校订科比（科谓"事条"，比谓"类例"），一其法度，班下郡国，蠲除故条，如此天下方知，而狱无冤滥矣"[2]。晋惠帝时，三公尚书刘颂在上疏中提出："律法断罪，皆当以法律令正文，若无正文，依附名例断之，其正文名例所不及，皆不论。法吏以上，所执不同，得为异议。"[3] 这可以说是中国古代的"罪刑法定论"。在晋律的影响下，北周宣帝在宣下州郡的诏制九条中，"一曰决狱科罪，皆准律文……三曰以杖决罚，悉令依法。"[4]

隋初，"诸曹决事，皆令具写律文断之"[5]，体现了罪刑法定的发展。唐律在此基础上进一步规定："诸断罪皆当具引律令格式正文，违者笞三十。"[6] 这条规定可以说是中国封建时代援法定罪、罪刑法定最简明、最典型的概括。它标志着中国封建时代司法活动的规范化，同时也严肃了司法官的司法责任，维护了封建社会的法制秩序。虽然唐律中明载"事有事宜，故人主权断"，但是"制敕量条处分，不为永格者，不得引为后比"[7]，这对于人主权断的无限适用，未尝不是一种限制。明清律皆准唐律而略有增减。

封建时代断罪引律令与西方资产阶级革命时期提出的罪刑法定主义相比，在原则规定上具有一致性，而早于西方一千四百余年。这雄辩地说明了中国古代司法文明的早熟。但在唐代仍允许类推适用，唐律规定："诸断罪而无正条，其应出罪者，则举重以明轻；

[1]《汉书·刑法志》。

[2]《后汉书·桓谭传》。

[3]《晋书·刑法志》。

[4]《周书·宣帝纪》。

[5]《隋书·刑法志》。

[6]《唐律疏议·断狱》。

[7]《唐律疏议·断狱》。

其应入罪者，则举轻以明重。”[1] 直到晚晴修订刑律，才明确取消了类推。这又说明了中国封建时代罪刑法定的局限性。

（三）执法原情，调解息争

执法原情力求做到法情允协，减少推行法律的阻力；调解息争重在化解矛盾，减少讼累，二者均期望通过司法促进社会和谐、稳定社会秩序。这样的司法传统体现了中国特有的重情理、敦伦常，对相邻的东方国家极有影响。

中国进入阶级社会以后，在国情因素的影响下，宗法制度覆盖于整个社会，伦常关系成为最重要的社会关系。儒家关于人伦的一系列说教，不仅形成了一整套的道德哲学，也缔造了颇具特色的伦理法传统。执法原情的“情”，就是体现这种被公认的伦理道德规范的“情理”。至于“原”，按《管子》书中解释，“原，察也。”[2] 所谓“执法原情”，就是希望司法官在具体案件的处理上，既依法断案，也要考察流行于社会而被广泛认同的情理、人情，做到“法情允协”，从而既减少了推行法律的阻力，又宣传了明刑弼教的立法宗旨。唐律之所以被推崇为“于礼以为出入”，说到底，也就是执法准礼、原情而已。在《名公书判清明集》中载有许多执法原情的案例，如胡石壁在判决中提到“揆之法意，揆之人情”，[3] 又如范西塘称“祖宗立法，参之情理，无不曲尽。倘拂情乎，违乎理，不可以为法于后世矣”[4]。

明太祖朱元璋是以厉行法制著称的，但有时也针对特定案件屈法原情。例如，洪武八年正月，山阳县民其父有罪当杖，请以身代之。太祖特别谕刑部官：“父子之亲，天性也……今此人以身代父、出于至情，朕为孝子屈法，以劝励天下，其释之。”[5]

[1]《唐律疏议·断狱》。

[2]《管子》。

[3]《名公书判清明集》，中华书局 2002 年版，第 125 页。

[4]《名公书判清明集》，中华书局 2002 年版，第 448 页。

[5]《明太祖宝训·厚风俗》。

但原情一般不适用于重大犯罪。

调处息争也是和中国的国情分不开的。在自给自足的自然经济条件下，加上宗法关系的影响，自古就形成了稳定的血缘、地缘关系，使得通过家族、邻里调处息争成为可能。孔子所提倡的“必也使无讼乎”，对于官民都有长久的影响。特别是对以“讼简刑轻”为考课标准的官员说来，更是追求调解息争，“囹圄常空”。

早在汉朝已经有调解和息争讼的史例。据《汉书·循吏传》载，刘矩为县令时，“民有争讼，矩常引之于前，提耳训告，以为忿恚可忍，县官不可入，使归更寻思，讼者感之，辄更罢去。”[1]唐朝礼法结合进入新阶段，司法官多以儒家之礼为依据调解争讼。宋时司法中提倡法、理、情三者的统一，因而重视调解，称为“和对”。元朝调解结案以后，严定不许再起讼端，违者治罪。至清朝，调解息讼案件的形式已经多样化和规范化，分为州县官堂上调解与宗族邻里的堂外调解两类。调解达成，准予甘结；调解不成，准予起诉。康熙时，陆陇其任河北灵寿县知县，每审民事案件，则传唤原告、被告到庭，劝导双方说：“尔原被（告）非亲即故，非故即邻，平日皆情为至密者，今不过为户婚、田土、钱债细事，一时拂意，不能忍耐，致启讼端。殊不知一讼之兴，未见曲直，而吏有纸张之费，役有饭食之需，证佐之友必须酬劳，往往所费多于所争，且守候公门，费时失业. 一经官断，须有输赢，从此乡党变为讼仇，薄产化为乌有，切齿数世，悔之晚矣。”[2]

调解息争的司法传统反映了中华民族重和谐的民族精神。他们在生产生活的斗争中体验到人与人之间只有和睦相处、互相帮助，才能取得生存发展的机会。

总括上述，无论是执法原情，还是调解息争，都有其生成与发展的历史条件，尽管在实践中还存在种种局限性与缺失，却毕竟发展成为古代司法的传统之一，显示了司法对于促进社会和谐的正能

[1]《汉书·循吏传》。

[2]【清】吴炽昌：《续客窗闲话》，文化艺术出版社 1988 年版，第 306 页。

量。这在世界司法制度史上也是少有的。

（四）“以五声听狱讼”的审判方法

“以五声听狱讼”是司法心理学的一大创造，在中国古代的影响极为深广。西周初期，在摒弃商朝神断法的基础上，经过对司法经验的认真总结，形成了“五听”的审判方法。《周礼》记载：“以五声听狱讼、求民情”。所谓“五听”，“一曰辞听，二曰色听，三曰气听，四曰耳听，五曰目听”。[1] 对此，东汉的郑玄注释如下：“观其出言，不直则烦；观其颜色，不直则赧然；观其气色，不直则喘；观其听聆，不直则惑；观其眸子视，不直则耗。”[2]“五听”是在总结大量司法实践经验与研究犯罪者心理变化的基础上所形成的司法心理学，或称“司法的心理观察”。根据犯罪心理学，犯罪者在犯罪前的心理活动，常常是形成犯罪行为的内在动因。因此，通过观察与研究犯罪者的心理活动，进而判断其行为是否属于犯罪，具有一定的科学根据。在物证技术不发达的中国古代，司法官逐渐以人的心理状况为观察对象，借以发现案情事实的真相，而不是简单地一味诉诸占卜或神判。这种远神近人的做法为中国古代的司法烙上了人文精神的鲜明印记。现代司法中所应用的测谎仪器，也不外乎是用现代的科学仪器侦测犯罪者的心理反应而已。

“以五声听狱讼”的影响甚为深广。西晋张斐论证说：“夫刑者，司理之官；理者，求情之机；情者，心神之使，心感则情动于中而形于言，畅于四肢，发于事业。是故奸人心愧而面赤，内怖而色夺。论罪者务本其心，审其情，精其事，近取诸身，远取诸物，然后乃可以正刑。仰手似乞，俯手似夺，捧手似谢，拟手似诉。拱臂似自首。攘臂似格斗，矜庄似威，怡悦似福，喜怒忧欢，貌在声色。奸真猛弱，候在视息。”[3] 此论以心理学为依据，对“五听”作了进一步诠释。

[1]《周礼·秋官·司寇》。
[2]【汉】郑玄：《周礼注疏》。
[3]《晋书·刑法志》。

北魏李惠每次断案，必“察狱以情，审之五听”[1]。另据北魏《狱官令》记载：“诸察狱，先备五听之理，尽求情之意。”[2]《唐六典》引《唐令》规定：“凡察狱之官，先备五听，又稽诸证信，有可徵焉而不肯首实者，然后拷掠，二十日一讯之。”[3]

宋朝郑克在《折狱龟鉴》中结合审判实践对“五听”作了进一步的阐明：“夫察奸者，或专以其色察之，或兼以其言察之。其色非常，其言有异，必奸诈也，但不可以逆疑之耳。见其有异，见其非常，然后案之，未有不得其情也。”[4]“奸人之匿情而作伪者，或听其声而知之，或视其色而知之，或诘其辞而知之，或讯其事而知之。”[5]

综上可见，早在公元前 11 世纪左右，司法制度已经摆脱了神断的约束，而集中到对人的观察。“五听”不是唯心主义的主观臆断，而是以充分的经验和心理观察为基础所总结出的审断方法，它与现代的司法心理学基本吻合。现代心理学创始人之一，奥地利精神病学家阿德勒曾经提出：“按照个体心理学的理解，个体的行为是由个体的整体人格发动和指引的，因此，个体心理学关于人的行为的所有陈述都精确地体现了这些行为之间的相互关系，个体的行为反映了个体的心理活动。”[6]

“以五声听狱讼”是司法官断案初期的一种方法，仅据此还不足以剖白案情，简单地凭察言观色断案有时也会造成司法官的主观臆断。要达到司法公平公正的要求，更重要的还在于证据充分和用法得当。中国古代经过漫长的司法历程，最终形成了一套较为完整的证据制度，对于证据的收集、采择、辨析、运用都作了较为详尽的规定，从而又将“五听”置于可靠的物质材料之上，弥补了“五

[1]《北史·李惠传》。

[2]《魏书·刑罚志》。

[3]《唐六典·刑部尚书》。

[4]《折狱龟鉴·荀攸》。

[5]《折狱龟鉴·孙长卿》。

[6]【奥】阿尔弗雷德·阿德勒著，彭正梅、彭莉莉译：《儿童的人格教育》，上海人民出版社 2011 年版，第 33-34 页。

听”的不足。

（五）在司法运行中顺天行罚、顺天理讼

顺天行罚，顺天理讼（指民事案件），使人与自然和谐，体现了天人合一的理念。

所谓“顺天行罚”，就是指司法活动合乎天象、顺乎时令，并与阴阳相对应。如同《周易·乾卦》中所云：“与天地合其德，与日月合其明，与四时合其序。”[1]《礼记·月令》记载：“仲春之月……命有司省囹圄，去桎梏，勿肆掠，止狱讼……孟夏之月……断薄刑，决小罪，出轻系。……孟秋之月……命有司修法制，缮囹圄，具桎梏，禁止奸，慎罪邪，务搏执。命理瞻伤，察创，视折，审断。决狱讼，必端平。戮有罪，严断刑……仲秋之月……乃命有司，申严百刑，斩杀必当，勿或枉挠。”[2]《后汉书·五行志》也有记载：“天有阴阳，阴阳有四时，四时有政令。春夏则予惠布施宽仁，秋冬则刚猛盛威行刑。赏罚杀生各应其时，则阴阳和，四时调，风雨时，五谷生。”[3]上述记载，体现了儒家所倡导的天人合一的理念。天，泛指自然界；天人合一，就是人与自然的和谐。它对司法的影响就是刑杀要顺时令、合阴阳，否则就会有灾难降临。因此，秋冬行刑是顺天，顺天方能应人。唯有如此，才能民安国泰。随着法律儒家化的不断深入，顺天行罚也不断制度化、法律化。《唐律疏议·断狱》“立春后不决死刑”规定：“诸立春以后、秋分以前决死刑者，徒一年。”该条疏议解释说：“依《狱官令》：‘从立春至秋分，不得奏决死刑。’违者，徒一年。若犯恶逆以上及奴婢部曲杀主者，不拘此令。”[4]明清律中不仅有类似的规定，而且还确定了应乎时令的热审和秋审。除非特大重案实行立决，不受秋冬行刑的约束外，一般死刑案件秋冬复核后执行成为固定的制度。

[1]《周易·乾卦》。

[2]《礼记·月令》。

[3]《后汉书·五行志》。

[4]《唐律疏议·断狱》。

除此之外，在民事案件的审理上，也要与时令节气相合。所谓“顺天理讼”，就是农忙时节不受理民事案件。唐代的务限法就是顺天理讼的司法观念的产物，农忙时节入务，不受理民事案件，以免有误农时。《唐令》规定：“诉田宅婚姻债负，起十月一日，至三月三十日检校，以外不合。若先有文案，交相侵夺者，不在此例。”[1]《宋刑统·户婚律》“婚田入务”条规定：“所有论竞田宅、婚姻、债负之类。债负，谓法许征理者。取十月一日以后，许官司受理，至正月三十日住接词状，三月三十日以前断遣须毕，如未毕，具停滞刑狱事由闻奏。如是交相侵夺及诸般词讼，但不干田农人户者，所在官司随时受理遣断，不拘上件日月之限。”[2]元朝《通制条格》载：“自十月一日受理至三月一日接住词状，事关人众不能结绝，候务开日举行。”[3]《大清律例·刑律·诉讼》“告状不受理”条的条例中规定：“每年自四月初一日至七月三十日，时正农忙，一切民词，除谋反、叛逆、盗贼、人命及贪赃坏法等重情，并奸牙、铺户骗劫客货，查有确据者，俱照常受理外，其一应户婚、田土细事，一概不准受理；自八月初一日后方许听断。若农忙期内，受理细事者，该督抚指名题参。”[4]

综上所述，顺天行罚、顺天理讼是人与自然和谐的自然主义观念在司法运行中的体现，是理性思维的结果。中国古代思想家泛论的“天”与西方充满宗教色彩的“天”是不同的，天人合一重在发挥人的主观能动作用。唐代刘禹锡在论证天人之分时说得好：“天之道在生植，其用在强弱；人之道在法制，其用在是非……壮而武健，老而耗旄，气雄相君，力雄相长，天之能也……义制强讦，礼分长幼，佑贤尚功……人之能也。”[5]当然，顺天行罚、顺天理讼也反映了中国古代专制政治的某种要求，或者说以天来辩护刑杀的

[1]【日】仁井田陞著，栗劲、霍存福译：《唐令拾遗》，长春出版社 1989 年版第 788 页。

[2]《宋刑统·户婚律》。

[3] 郭成伟点校：《大元通制条格》，法律出版社 2000 年版，第 59 页。

[4] 田涛、郑秦点校：《大清律例》，法律出版社 1999 年版，第 479 页。

[5]【唐】刘禹锡：《刘禹锡集》，上海人民出版社 1975 年，第 51 页。

必要性。

（六）以注释律学指引司法实践

注释律学体现了法文化对司法的支持，使得司法具有理性的色彩。注释律学是以律为载体的，它起源于商鞅“改法为律”。律学又称“传统律学”，是注释国家刑典的一门学问。它对于司法官职掌司法起着重要的指南作用，甚至成为定罪量刑的依据。

出土的公元前4世纪左右的《云梦秦简》，其中所载“法律答问”就是先秦官方注释秦律的主要成就。它对于概念术语的解释、疑点难点的辨析、定罪量刑的提示等都做出了解释，从而有助于司法官理解秦律、运用秦律，提高司法应用的水平。

汉朝由秦时的官方注律转为私家注律，由于汉律条文粗疏，为注释律学提供了较大的空间。但随着汉律的儒家化，律学也逐渐成为经学的附庸，汉儒既疏经也解律，聚门传授，流派纷呈。春秋经义决狱就是流传至今的汉律学成果。

晋时，注释律学获得较大发展，对于刑法的概念、名词做出规范的解释。如：“其知而犯之谓之故，意以为然谓之失，违忠欺上谓之谩，背信藏巧谓之诈，亏礼废节谓之不敬，两讼相趣谓之斗，两和相害谓之戏，无变斩击谓之贼，不意误犯谓之过失，逆节绝理谓之不道，陵上僭贵谓之恶逆，将害未发谓之戕，唱首先言谓之造意，二人对议谓之谋，制众建计谓之率，不和谓之强，攻恶谓之略，三人谓之群，取非其物谓之盗，货财之利谓之赃：凡二十者，律义之较名也。”[1]上述律学成果对于指导司法实践具有重要的意义。刘颂提出的“律法断罪，皆当以法律令正文”，是和律学所达到的成就分不开的。至此，司法彻底摆脱了神断的遗痕和儒家经义决狱的主观臆断，是司法理性化的重要发展阶段。

至唐朝，《永徽律》是代表性的国家立法。高宗鉴于“律学未有定疏，每年所举明法，遂无凭准”，下诏“宜广召解律人条义疏奏

[1]《晋书·刑法志》。

闻”[1]，并令长孙无忌、李勣、于志宁等人主持。他们根据“网罗训诰，研核丘坟”[2]的原则，对《永徽律》逐条逐句进行注解，既阐明律义、揭示源流，又审定理论原则与概念。上述对律文的统一解释称为“律疏”。律疏经皇帝批准，于永徽四年（653年）颁行天下。律疏附于律文之后，与律文具有同等效力。“自是断狱者皆引疏分析之”[3]，说明它对司法所起的重要指南作用。

清朝为了在广大疆域内统一适用法律、提高司法效果，同时也为了满足官吏“讲读律令”的需要，提倡官私注律。一时律学家倍出，律学著作也层出叠现。对于司法起着指南作用的是律例文义注释，以王明德所著《读律配觿》为代表。例如，他在开篇解释“律分八字之义——以、准、皆、各、其、及、即、若”的“以”字时说：“‘以’者，非真犯也。非真犯，而情与真犯同，一如真犯之罪罪之，故曰‘以’。”[4]“律分八字之义”对司法官而言，相当于司法的一根拐棍。关于律义解释的代表，是沈之奇所著的《大清律辑注》。例如，他对《大清律例·名例·流囚家属》的解释：“流罪者之妻妾，非应流之人，而俱令从之，欲其有家而安之也。父祖子孙，非应随之人，而愿随者听之，顺其就养之情也。迁徙安置，与流相同，故应从愿随之家口，亦准此例。若本犯死于流徙之所，家口虽已附籍，而愿还乡者，准与削籍，给引照回。此为寻常流徙之人言也。其中若有谋反、逆叛等项，其亲属家口，在常赦不原之数，即会赦犹流之人，自不在前项听还之律。”[5]此外，成案注释和司法勘验论著的注释，有些也成为司法的依据。成案是司法实践中应用法律进行审判的真实记录，具有示范、借鉴与解律之用，受到清廷重视。故许多官员，尤其是刑部官员，热衷于编订成案并加注释，如《例案全集》、《刑案汇览》、《学案初模》、《驳案新编》

[1]《旧唐书·刑法志》。
[2]《全唐文·进律疏议表》。
[3]《旧唐书·刑法志》。
[4]【清】王明德撰、何勤华等点校：《读律配觿》，法律出版社2001年版，第4页。
[5]【清】沈之奇注，怀效锋、李俊点校：《大清律辑注》，法律出版社2000年版，第43–44页。

等。对于司法勘验论著的注释，主要是对于宋代宋慈所著《洗冤集录》的厘定、校注与增补，其集大成者为许梿所著《洗冤录详义》。除此之外，重历史考据的吴坛著《大清律例通考》和以比较视角的薛允升著《唐明律合编》，其学术价值更重于实践意义。

以上可见，中国古代的律学是以注释国家的刑法典为目的的一门学问，既是中国古代法学的表现形式，也是刑法学与司法学的主要成就。它给予古代司法以法文化的支持，并赋予它以鲜明的理性色彩。夏商时期一度出现的神断法很早便丧失了存在的价值，至于近代西方世界的宗教法庭在中国是不存在的，这也充分说明了中国古代司法文明的文明特质。

（七）以司法监察防范法官渎职

为了保证司法公正、防止官吏司法渎职，古代的司法监察起了重要的作用。监察制度是产生于中华民族文化土壤上的具有鲜明特色的一种制度。监察的门类涉及行政、经济、教育、军事等许多方面，而以司法监察为重点。司法监察，一是通过三司推事、九卿会审等制度进行司法监察。唐高宗时，为了发挥司法监察的作用，建立三司推事制度。据《唐会要》：“有大狱，即命中丞、刑部侍郎、大理卿鞫之，谓之大三司使；又以刑部员外郎、御史、大理寺官为之，以决疑狱，谓之三司使。”[1] 再者，也是更经常的，就是朝廷派出御史巡按地方，就便进行司法监察。《唐六典》卷十三“御史台”载：“监察御史，掌分察百僚，巡按郡县，纠视刑狱，肃整朝仪。凡将帅战伐，大克杀获，数其俘馘，审其功赏，辨其真伪；若诸道屯田及铸钱，其审功纠过亦如之。”[2] 御史巡按，一般是“持有制命”，“奉制巡按”[3]，因而具有较高权威。监察御史韦思谦说：

[1]《唐会要》卷七八“诸使中·诸使杂录上奏荐附”，上海古籍出版社 2006 年版，第 1703 页。

[2]【唐】李林甫编，陈仲夫点校：《唐六典》卷一三“御史台”，中华书局 1992 年版，第 381-382 页。

[3]《唐会要》卷六〇“御史台上”。

“御史出使，不能动摇山岳，震慑州县，为不任职。”[1] 宪宗时，元稹为监察御史出使东蜀，劾奏故节度使严砺“违制擅赋”，严砺“虽死，其属郡七州刺史，皆坐责罚”[2]。唐高宗在仪凤二年（677年）十一月十三日颁发《申理冤屈制》，制中要求巡按地方的监察官：“所有诉讼冤滞文案，见未断绝者，并令当处速为尽理勘断，务使甘服，勿使淹滞。若处断不平，所司纠察得实者，所由官人，随即科附。”[3]

元朝不重视法制，但对于监察机关的作用却极为重视。世祖曾郑重宣示：“中书朕左手，枢密朕右手，御史台是朕医治两手的。”[4] 在至元十四年（1277年）七月颁布的《行台体察等例》三十条中，属于司法监察几乎占一半，而且在最后一条，还明确规定：“其余该载不尽，应合纠弹事理，比附已降条画，斟酌彼中事宜就便施行。”[5] 这就赋予提刑按察使以法律内和法律外的监察权。

明朝洪武十六年（1383年），遣监察御史往浙江等处录囚进行司法监察。终明之世，派遣巡按御史巡按地方司法，成为常态，起到了振肃的作用。如嘉靖时期海瑞巡按应天府时，力摧豪强奸顽，赈抚穷弱黎民，“豪有力者，至窜他郡以避。”[6]

司法监察以司法官渎职为监察重点，主要涉及七个方面，即“断罪不如法”、“出入人罪”、“受赇枉法”、“请托枉法”、“挟仇枉法”、“滥用刑罚”、“淹禁稽迟”。经监察官纠弹属实，按律治罪。以《唐律疏议·断狱》“官司出入人罪”为例，故入人罪，“若入全罪，以全罪论”，“从轻入重，以所剩论”；“出罪者……谓增减情状之徒，足以动事类。或从重出轻，依所减之罪科断，从死出至徒、流，从徒、流出至笞、杖，各同出全罪之法”；“失于入者，

[1]《新唐书》卷一一六“韦思谦传”。

[2]《唐会要》卷六二“御史台下”。

[3]《唐大诏令集》卷八二“政事·刑法·申理冤屈制”。

[4]【明】叶子奇：《草木子·杂制篇》，中华书局1959年版，第61页。

[5]《元典章》卷五“台纲一”。

[6]《明史·海瑞传》。

各减三等”；“其失于出者，各减五等。”[1]《唐律疏议·职制》“监主受财枉法”条规定，受绢一尺杖打一百，每一匹加一等，十五匹处绞刑；“监主受财不枉法”条规定，赃一尺杖九十，每二匹加一等，三十匹加役流。[2]请托枉法，请托是指以私事相托，通关节，以求曲法减免罪犯的处刑。按《唐律疏议·职制》“有所请求”条：“诸有所请求者，笞五十；谓从主司求曲法之事。即为人请者，与自请同。主司许者，与同罪。主司不许及请求者，皆不坐。已施行，各杖一百。”[3]《唐律疏议·断狱》中规定，拷讯不如法者，或杖六十或杖一百，或徒二年[4]； “徒流送配稽留”条规定，“诸徒、流应送配所，而稽留不送者，一日笞三十，三日加一等；过杖一百，十日加一等，罪止徒二年。”[5]《大明律·刑律·断狱》中规定：“凡官吏怀挟私仇故禁平人者，杖八十；因而致死者，绞。提牢官及司狱官、典狱卒知而不举首者，与同罪。至死者，减死一等。”[6]

由于监察御史是皇帝的耳目之司，因而巡按地方司法时具有较大的权威，小案立办，大案奏裁，对于纠正地方上的冤假错案、纠弹贪赃枉法的官吏，起到了一定的作用。监察制度是中国特有的制度，体现了中华民族的伟大创造力。监察官对于维持国家的纲纪、整肃官僚队伍、加强兵刑钱谷等各方面的政务，都起了积极作用。但是，监察官的职权是附着于皇权的，其发挥作用的大小是和皇帝本身密切相关的。总的说来，司法监察是遏制司法渎职的一道防线，也是体现司法文明的一项措施，它所积累的经验值得研究。

[1]《唐律疏议·断狱》“官司出入人罪”条。
[2]《唐律疏议·职制》“监主受财枉法”条。
[3]《唐律疏议·职制》“有所请求”条。
[4]《唐律疏议·断狱》。
[5]《唐律疏议·断狱》“徒流送配稽留”条。
[6]《大明律·刑律·断狱》“故禁故勘平人”条。

三

综上所述，中国古代的司法文明不是任何个人的臆造，而是客观的存在。它不但是以深厚而又优秀的法文化为基础的，而且是经过了漫长的发展过程不断地总结而成的。同时，它也反映了中华民族历来求实务实、厚德亲伦、和谐和睦的民族精神，正是优秀的中华民族的民族精神构成了司法文明的中华魂。当然，在四千多年的司法制度史中，文明与糟粕是并存的，历史科学的任务就是要善于剔除其糟粕，弘扬和传承优秀的传统，并且以规律性的知识和历史的借鉴丰富人们的头脑。古人所说“以史为鉴，可以知兴替”，道出了历史学生命力之所在。在不断地完善社会主义法制和改革、改善司法制度的今天，研究中国古代的司法文明，其意义自不待言。

五、由中国法制史到中华法制文明史——研究重心的变化

从人类社会发展的历程来看，由野蛮进入文明是以法制的出现作为重要标志的，法制文明是社会文明的一面重要窗口。除此之外，马克思在论及古代中国时曾说“中国是早熟的文明小孩”，法制文明也同样是早熟的，公元前 11 世纪周朝的立法建制雄辩地说明了这一点。在中国古代，不论是制度建构，还是立法的理论基础与指导原则以及某些法律规定，都表现了中华民族的智慧和创造力，有些具有穿透时空的价值，成为当代法制建设极为难得的文化资源。基于以上三点考虑，我将中国法制历史研究的重心转移到中华法制文明史上来。1999 年 11 月，由中国政法大学出版社出版了《中华法制文明的演进》，全书九十万字。

这是我研究中华法制文明的第一部著作，此书受到了读者的欢迎并获得了“国家图书奖”。2009 年初法律出版社拟将此书以修订版的形式再次出版，我根据去芜存菁的原则，突出文明的主线进行修改，字数压缩至八十二万七千字，于 2010 年 10 月出版。此书获得教育部“哲学社会科学专著二等奖”。

在《中华法制文明的演进》第一版出版后，我便开始酝酿撰写中国近代的法制文明史。1999 年元旦，我在访问日本期间，拟定了《中国近代社会与法制

文明》的撰写提纲，回国后开始写作，并于 2003 年 12 月由中国政法大学出版社出版，字数五十八万五千字。

从 1997 年开始编写《中华法制文明的演进》，到 2013 年《中华法制文明史》出版，历时十六年。此书是我法史研究的代表作之一。为了说明书中的基本观点，我将“古代”、“近代”、“当代”三卷的序言附录如下：

《中华法制文明史（古代卷）》绪论：

一、中华法制文明的起源及主要特征

早在文献中的黄帝时期，中华法制文明的曙光便已投射在中国的土壤上。史载黄帝战败三苗之后灭其族而用其刑，传承了三苗的领袖蚩尤创制的“五虐之刑”，揭开了中国法制史的序幕。至公元前 21 世纪左右的夏朝，已经形成了比较稳定的统一国家，并在“五虐之刑”的基础上发展成具有三千条之多的“夏刑”或称“禹刑”。自夏以后经历了四千多年的发展，中华法制文明的历史代代相传，从未中断。它的连续性、系统性、完整性是世界上其他文明古国所不具备的，而且汉、唐、宋、明各以其先进的法制文明影响着相邻的国家，使得中华法系傲然自立于世界法系之林。

中国古代农本主义的经济形态、专制主义的政治制度、宗法家庭本位的社会结构、稳定的血缘地缘关系、统一多民族的国家构成、儒家思想为主导的意识形态等，构成了中国特有的国情，进而又决定了中华法制文明的主要特征。

（一）引礼入法，礼法结合

礼起源于氏族社会末期的宗教仪式，由于它适应于宗法伦理笼罩社会的古代国情，并且具有“因俗制宜”的功能和精神威慑力量，因而进入阶级社会以后，便被统治者改造成体现等级秩序的行为规范和有效的统治手段。礼作为一种社会现象，不仅起源早，而且贯穿于整个古代社会，影响着社会生活的各个领域，调整着人与人之间、人与社会之间、人与国家之间的行为关系。特别是礼与法的相互渗透于结合，构成了中华法制文明最主要的特征。

由于礼的主要功能在于“别贵贱，序尊卑”，确定“尊尊、亲亲、长长、男女有别”的宗法等级秩序，因而得到国家的认可和保证，并在儒家思想指导下进行着礼法结合的系统工程。如果说汉儒通过说经解律、注律和引经断狱等途径引礼入法，是礼法结合的发端，那么至唐朝，礼与法已发展成密不可分的“本”、“用”关系，如同《唐律疏议》所说：“德礼为政教之本，刑罚为政教之用，犹昏晓阳秋相须而成者。”礼的纲常原则指导着法律的制定，礼的规范也不断法律化、条文化，成为强制人们遵行的行为规则和评判是非的准绳。

礼的等差性与法的特权性是一致的，二者互补，是国家长治久安所要求的。以礼为主导，以法为准绳；以礼移民心于隐微，以法扬善恶于明显；以礼渲染恤民的仁政，以法昭彰治世的公平；以礼行法，减少推行法律的阻力，以法明礼，使道德法律化，出礼而入于刑。凡此种种，都说明了礼法结合可以有效地推动国家机器的运转、维持社会的稳定。正因为如此，礼主刑辅，综合为治，成为历代封建王朝一项既定的政策。它所体现的道德与法律的结合、亲情义务与法律义务的统一，产生了深远与广泛的影响。

（二）以人为本，明德慎刑

人本主义是中国古代法制文明的哲学基础。早在西周初期，统治者便从商亡的教训中发现了民心、民情对于国家统治的重要性，提出了“人无于水监，当于民监”的千古不朽命题[1]，并将敬天与保民联系在一起。先秦儒家发展了人本主义的理论，孔子“仁者，爱人”的学说，肯定了人的地位、价值与尊严，强调以“仁”作为调整人际关系的准则。孟子发展了孔子的仁学，提出重民的仁政思想，宣扬“民为贵，社稷次之，君为轻”[2]。

儒家人本主义在法律上的体现：一是德主刑辅，注重教化；二

[1]《尚书·酒诰》。

[2]《孟子·尽心下》。

是矜恤老幼妇残；三是重视民命，实行死刑复核。

人本主义的法律化，历代相沿，迭有发展，是中华法制文明的又一特征。

（三）恭行天理，执法原情

汉儒董仲舒从天人感应出发，主张“王道之三纲，可求于天”，从而将“天”也纲常伦理化了。宋儒进一步将“三纲”推崇为“天理”。天理体现为国法，从而赋予国法以不可抗拒的神秘性。执法以顺民情，使法情允协，又使国法增添了伦理色彩，使得国法在政权的保证推行之外还获得社会舆论的支持，因而更能发挥其作用，而这正是天理、国法、人情三者统一的出发点和归宿。天理、国法、人情三者的协调一致，互补互用，构成了中国古代法制文明的基本内涵。这不是偶然的，它是由中国古代宗族法社会结构与长久的文化积淀、民族心态、政治法律意识所决定的。

天理、国法、人情三者的和谐一致，以及它所体现的天理人情的交融、道德与法律的结合、亲情义务与法律义务的统一等等，不仅对中国古代法律的发展产生深远的影响，而且也对同在儒家文化圈的东方各国如古代朝鲜、日本、越南有着十分宽广的影响。

（四）家族本位，伦理法制

中国古代法律维护家庭本位的社会结构，确认家长制度。这不仅是国家稳定的基础，也是封建自然经济存在与发展的要求。同时，还将父权引入行政与法律领域，鼓吹皇帝上为皇天子、下为黎庶父母，是全国父权的化身。地方州县官也被称为“父母官”，借以强化皇权和行政权。

在伦理立法中，最核心的内容是亲情义务法律化与尊卑同罪异罚。至于调整家族关系的家法族规，在封建法律体系中虽居于从属地位，却是国法的重要补充。凡属违犯国法的行为，必定为家法所严禁，而抗拒家法的族属成员，也必定为国法所不容。这种以国法为后盾、具有广泛调整功能的家法的存在，是中国古代所独有的。

由于以家族为本位，而有族诛之法；由于重伦理亲情，而有侵犯亲权加重之刑。特别是悠久的宗法制度，为家族本位的伦理法治提供了深厚的土壤。此外，儒家的礼学教条为家族本位的伦理法治奠定了理论依据，专制主义的政治制度又向父权家长制提出了特殊的要求。这种家国相通以及由服制所表现出的法定的权利义务关系，也是中华法制文明所特有的。

（五）无讼是求，调处息争

在专制主义统治下的中国，法律以维护公权即国家的统治权为首要任务，为此以惩治侵犯国家利益为主要任务的刑法被特别强调。至于私权观念则较为淡薄，私人之间的财产纠纷，被视为“细故”，缺乏必要的法律调整，以致民事法律处于零散状态，没有形成体系。

不仅如此，中国古代个人的价值决定于他们在伦常秩序中的尊卑和在国家中的贵贱，既没有广泛的契约关系的发展，也很少有为身份的自由而进行的运动。至于为私权益而进行的诉讼，在统治者看来不外是细事争端，缺乏应有的重视。官员所追求的是息讼、无讼，这也是他们良好的官声政绩的表现。

从孔夫子起，便以“必也使无讼乎”作为施政目标[1]。“无讼”不仅是官僚们的价值取向，也在群众中具有广泛的影响，这也是由中华传统文化深厚的积淀所致。聚族而居的血缘关系，世代为邻的地缘关系，追求和谐的民族心态，特别是农业社会的经济结构，使得社会成员之间枝蔓相连，以和睦无争为准则，如发生争执则寄希望于族长邻右的调解。中国古代的民事调解制度达到了相当完备的程度，是世界所仅有的。由于调解所依据的不仅是法，也有礼和习俗，因此调解制度的盛行，也发展了礼法结合的法文化，减少了民间的讼累，有助于形成良好的社会风气。但是，推行堂上与堂下互相配合的调解制度，也带来了民众缺乏诉讼权利观念的消极后果。

[1]《论语·颜渊》。

二、中华法制文明的世界地位

在世界法制的历史上，中国古代法制不仅起源早，而且长期居于发展的前列。《云梦秦简》的出土证明了公元前4世纪左右，秦国已经达到了“皆有法式”的地步。以秦律与西方早期封建法典相比，秦律在时间上早于西方法兰克王国的《撒利克法典》一千多年，在内容上，更是停留在习惯法阶段的《撒利克法典》所无法相比的。

特别是作为中国封建法典典范的《唐律》，长期为周边国家或地区所取法，起到了母法的作用。例如，日本天智天皇时期制定的《近江令》和天武天皇时期制定的《天武律令》，便以唐贞观前后的“令”为蓝本。至于在日本法制历史上具有划时代意义的《大宝律令》，无论篇目与基本内容都仿自《唐律疏议》，只是做了一些删并而已，如将“八议”中的“议勤”、“议宾”删去，成为“六议”。《大宝律令》之后制定的《养老律》，也同样是如此。日本法制史学桑原骘藏博士曾经指出：“自奈良朝至平安朝吾国王朝时代之法律，无论形式上与精神上，皆依据《唐律》。”[1]穗积陈重博士还指出，明治三年（1870年）十二月颁布的《新律纲领》，“系以中国之唐明清律为蓝本”[2]。

除日本外，高丽王朝在四百七十四年统治期间，就法律制度而言，也多取自唐律。《高丽史》卷八四“刑法志”说：“高丽一代之制，大抵皆仿乎唐。至于刑法亦采唐律，参酌时宜而用之。”唐律对越南的封建法典，也有着重要影响。越南李太尊时期颁布的《刑书》和陈太尊时期颁布的《国朝刑律》，都脱胎自唐律而成。19世纪越南学者潘辉注所著《历朝宪章类志》卷三三“刑律志”说：“按李、陈刑法……当初校定律格，想亦遵用唐、宋之制，但其宽严之

[1]【日】桑原骘藏：《中国法制史论丛》，第213页。转引自杨鸿烈：《中国法律对东亚诸国之影响》，中国政法大学出版社1999年版，第4页。

[2]【日】穗积陈重：《日本新民法》，第274页。转引自杨鸿烈：《中国法律对东亚诸国之影响》，中国政法大学出版社1999年版，第4页。

间辰（时）加斟酌。”[1]

明时，明律成为继唐律之后对周边国家影响较大的中国律例。朝鲜太祖李成桂时代的《经国大典》、《大典续录》、《续大典》中的“刑典”和“刑法大全”，都援用了《大明律》的主要条文。安南（越南）阮世祖时的《嘉隆皇越律例》、宪祖时的《钦定大南会典事例》，以及日本明治时期的《新律纲领》、《改定律例》等，也都受明律的直接影响。

由于周边国家的法律长期归属于中国法律的系统，加上中国法律自身的特点以及法律文化上的先进性，而被世界公认为一大法系——中华法系。

综上，可见中国古代法制在世界法制文明史中所具有的重要地位，显示了中华民族对于世界法制发展的伟大贡献。

《中华法制文明史（近代卷）》绪论：

中华法制文明经过四千多年的发展过程，不仅形成了独树一帜的鲜明特色，而且积淀了丰富的法文化内涵和坚实的人文底蕴。它滋润着古老的中华帝国和相邻的国家与地区，在相当长的时间里居于世界法制文明的前列。

中国封建时代的法制是根植于小农经济基础之上的，加之封闭保守的政治环境和不断强化的专制政权，以及由血缘纽带相维系的家族制度的支撑，使它具有稳定性、排他性、包容性和综合性。

但是在漫长的历史发展过程中，只有纵向的传承，没有横向的比较与吸收，中国与周边国家的法律交流实际是中国法律的单向输出。统治者在这方面，严格遵循“夷夏之防”和“以夏变夷”的政策传统。尤其是清朝坚持奉行闭关锁国的政策，使得以农为本的自然经济结构继续占统治地位，政治与文化的双高压仍在桎梏着人们的思想与行为，统治集团中傲慢自大的心理和顽固与保守的态势依然很少改动。因此，清朝法制不可能超越封建法制的藩篱，清朝统

[1] 转引自杨鸿烈：《中国法律对东亚诸国之影响》，中国政法大学出版社 1999 年版，第 420 页。

治也不可避免地从康乾盛世的顶峰滑落下去。

1840 年鸦片战争前夕，西方殖民主义国家已经把侵略的触角伸进这个古老的东方大国。当时，除林则徐痛感睁眼看世界、了解外国情势的紧迫性之外，整个朝野上下依旧沉浸在闭目塞听、因循旧章、歌舞升平的氛围之中。1840 年第一次鸦片战争爆发，腐朽昏聩的清朝被英国侵略者打败。此后，西方殖民主义国家一次次发动侵华战争，一次次强迫清政府签订不平等条约。曾经以“天朝大国”自诩的清朝，逐渐沦为丧失主权的半殖民地国家。

如果说维持与外界的隔绝状态是保存清朝固有的经济、政治、文化机构的必要条件，那么在西方殖民主义国家以炮火轰开闭关锁国的国门以后，不仅西方的商品如潮水般涌入这个广大的市场，西方的文化（包括法文化）也迅速涌入中国。在这样的历史背景下，因循守旧的局面随着封闭环境的破坏，而遭到尖锐的冲击。

面对西学东渐的新形势，一部分爱国士大夫与开明官僚也在思考：庞然大物般的清朝为什么会如此不堪一击？西方国家战胜中国难道仅仅源于船坚炮利？在国家管理体制上究竟出了什么毛病？中国要雪耻图强，在思想文化上应该如何准备？等等。经过不断地、痛苦地反思，逐渐把思路集中到采西学以变革图存上。

在中国近代史上救亡图存是一条主线，就内部而言，矛盾的焦点集中在国家体制上。随着西学东渐的深化，资产阶级上层代表的改良与维新派逐渐懂得了西方国家的强盛之由不仅在船坚炮利、科学技术的先进，更重要的是在民主与法治学说指导下建立的资产阶级民主法律制度的优胜。以儒家学说为基石的传统法律文化已经不能适应时代的发展和满足人民救亡图存的需要，因此先进的中国人把希望寄托在采用西方的民主政治上。当中国的各种译书机构广泛翻译介绍西方人文科学的时候，西方的法学著作和各种法律也进入了人们的视野。以严复为代表的维新派翻译的西方法学著作，不仅成为维新派变法维新的理论武器，也使得人们从中看到了西方法治文明，看到了改革中国传统法制的走向。

义和团运动以后，清朝已经不能照旧统治下去了，被迫宣布变法革新，后实行预备立宪。在这个背景下，变法修律、改革司法也提上了议事日程，由此开始了中国法制的近代化。中国法律的发展开始与世界法律的发展接轨，中国的法制文明也与传统决裂，进入了向近代法制文明的第一个历史阶段。中国法制的近代化有其历史必然性，它所追求的目标是富国强兵、救亡图存，这与西方国家法制近代化的目标有所不同，可以说是特殊的动因。在中国法制近代化的历程中，西方的民主法制思想起了先导的作用，而初步掌握了西方民主法制思想的中国政治家与思想家则起了鼓动进步的历史潮头的作用。此外，晚清预备立宪革新政治所造成的环境无疑是一个有利的政治条件。中国法制近代化的路径是外源式的，这在当时也是不二的选择，因为西方的民主制度与法治为我们树立了可资学习的先进范式。在当时的中国，法制近代化基本上等同于西方化。移植来的西方法律改变了中国固有的法律体系，但缺乏与本土密切结合，使有些法律成为与社会生活无关的纸片。晚晴时人还缺乏解决这个问题的智慧，而留待民国时人甚至今人去解决。

进入20世纪以后，以“民主共和国”为奋斗目标的资产阶级民主派，作为一支新的政治力量，在中国历史舞台上扮演着重要的角色。他们提出了资产阶级共和国的纲领，喊出了“中华共和国万岁”、“中华共和国四万万同胞的自由万岁”的口号，奏响了中国近代史上伟大的乐章。作为民主派领袖的孙中山，坚定地指出推翻帝制建立共和国是世界的潮流、历史的必然。

1911年10月10日，在孙中山思想的指导下发生了辛亥革命，推翻了清朝的统治，建立了南京临时政府，选举孙中山为临时大总统，并于次年3月11日公布了《中华民国临时约法》。由此，开始了中国法制近代化的第二个历史阶段。

在北洋军阀控制下的北京政府继续着晚清未竟的法制近代化事业，在立法上和司法制度改革上取得了一定的进展。由于民国政府为法学家的活动提供了平台，使得王宠惠、江庸等一批著名的学者在立法上发挥了重要的作用。但是，由于北洋军阀肆行毁法（指《中华民国临时约法》）专制，因而出现了法统之争和孙中山领导的护法运动。随着北洋军阀统治势力的消灭，蒋介石集团在南京建立了国民政府。在国民政府统治期间，完成了仿大陆法系的六法体系和较为完备的司法机关体系与诉讼审判制度。但是，蒋介石集团以孙中山学说为掩护，建立了一党专政的国家制度。为了抵制新民主主义的革命，迫害共产党人和民主进步人士，其法律日趋于反动，所建立的特种刑事法庭与审判制度成为司法法西斯化的标志，终于在政治、经济、军事全面大崩溃中终结了其统治。

由于南京国民政府与北京政府有着蝉联交代的关系，因此，将南京国民政府的法制部分放在“近代篇”中。

与南京国民政府对立并存在的革命根据地的民主政权与法制，是新民主主义的开端。它的发展过程不断趋于成熟，发挥了动员民众参加革命、打败日本帝国主义侵略和争取全国胜利的积极作用，在民主制度建设和立法、司法活动中积累了丰富的经验。这为新中国成立后的政权与法制建设提供了宝贵的借鉴。

《中华法制文明史（当代卷）》绪论：

中华民国建立以后经历了北京政府和南京政府三十七年的统治，最终为新民主主义革命所推翻，建立了中华人民共和国，从而开始了中国法制近代化的第三个历史阶段。

新中国的法制建设是马克思主义社会观、国家观、法律观与中国实际相结合的成果，并在总结社会主义法制建设经验教训的基础上不断发展提高。新中国的法制既是对中华法制文明优秀成果的继承，又带有鲜明的时代特色，开辟了中国法制文明史上的新纪元。

新中国法制珍视中华民族的历史基础和法文化底蕴，注意吸收人类社会关于法制的伟大创造，正在建设中国特色的社会主义法制文明。这是一项前人从未经历过的伟大事业，因此在这个过程中出现前进与倒退、成功与挫折都是不可避免的。经历了许多年艰难曲折的历练，中国共产党和中国人民在法制问题上逐渐成熟起来，深刻体验到法治的重要性，也初步领悟了社会主义法制的规律性，从而更加增强了自信心和自觉性。

社会主义法制建设虽然取得了辉煌的成就，但还是初步的，与社会主义民主与法治的要求还相去甚远，还存在着种种不尽如人意的现象，需要继续解放思想，开拓创新，全面落实依法治国的基本方略，在科学发展观指导下建设中国特色社会主义法制的伟大事业。

中国近代法制文明经历了由封建主义向资本主义的转型，又经历了由资本主义向社会主义的转型，这中间充满了震古烁今的剧变。法治文明的历史也和人类文明的历史一样，都是不断前进的、生机勃勃的。当我们回顾这段历史时，既含有对艰难历程的慨叹，也洋溢着对中华民族创造的伟大业绩的自豪。一百多年来争取法制文明的历史，给予我们深刻的启迪，使我们在认真的反思中，体验历史发展的必然性；在总结各种经验教训中，探索通向自由王国的途径，增强建设社会主义法治国家的主动性与预见性。如果说晚清时期改革法制总是和富国强兵、民族复兴联系在一起，显示出人们已经认识到法制的状况和国家富强之间的关系，那么经过了一百多年的历史洗礼，使我们更加体验到法制兴则国兴、法制废则国危的道理。我们有责任肩负起建设社会主义法制国家的历史使命，使中华法制文明更加辉煌。

2013 年 4 月 13 日，法律出版社与中国政法大学法律史学研究院联合举办了此书的首发式。中国政法大学黄进校长做了书面发言，他说：

欣闻您的大作《中华法制文明史》首发，感欣铭佩。这部鸿篇巨著是您六十年法史研究的呕心之作。在此，我仅代表学校并以我个人的名义，向您致以最诚挚、最热烈的祝贺！

中华法制文明灿烂悠久，是中国特色法律体系的思想源泉，是我们依法治国、建设社会主义法治国家的宝贵思想财富。您的《中华法制文明史》的出版，必将进一步推动中华法制文明的发展与进步，必将进一步推动中华法系的重塑与复兴，必将成为中华民族走向伟大复兴历史征程中浓墨重彩的一笔。

我们倡导在法大建立以质量与创新为导向的科研评价机制，号召我们的老师，尤其是功成名就的教授们，沉心面壁，研究自己专业领域内的大问题，出自己的精品力作，出自己的代表作，出自己的传世之作，在自己的学术生涯与学术专业内有所作为。

先生您不畏高龄，克服眼疾，坚韧不拔，完成《中华法制文明史》的创作，就是对我们全体教师和后进学人最好的教育与激励。再次向您表示衷心的祝贺！

会上，有九位专家教授代表不同的单位进行了发言。现摘引法律出版社黄闽社长、董必武法律研究会常务副会长孙琬钟先生、中国人民大学孙国华教授、中南财经政法大学法律文化研究院陈景良教授的发言如下。

法律出版社社长黄闽致辞：

重塑中华法系，弘扬中国传统法律，是张先生一生的心愿。张先生以耄耋之年仍笔耕不辍，《中华法制文明史》就是张先生从事法史研究六十年的心血之作，也是其所开创的教育部文科重点研究基地——中国政法大学法律史学研究院的一项标志性成果。正如张教授在这本书中所说的，中华法制文明的历史历经数千年而从未中断，其文化底蕴是深厚的，法律发展的延续性、系统性、完整性均为世界文明古国所罕见，它既是中华民族智慧与创造力的结晶，也为世界法文化宝库做出了重要贡献。

出版此书是法律出版社的光荣，出版的全部功能和价值就在于传承和传播文明。本书分为上、下卷，分别为古代卷和近、当代卷，上溯夏商法制，下达清、中国社会主义法制文明，对了解悠悠中华法制文明有极大的意义。作为出版者，我们希冀中华法律思维、法律智慧、法律理性乃至法律方法能够对依法治国、建立社会主义法治国家继续发挥作用，以实现传承和传播法治文明的价值与功能。

董必武法律研究会常务副会长孙琬钟先生致辞：

非常高兴有机会出席这样一个盛会，首先对张先生、法律出版社、中国政法大学法律史学研究院表示热烈的祝贺。

张先生的《中华法制文明史》的出版发行，是对我们中华法制文明传承的一件大事。最近中央领导同志提出领导干部要学点史，要懂得国史，要懂得党史，我想我们法律人更要懂得法制史。董必武老先生曾经提出：说到文明，法制文明是重要一项。我们正在建设中国特色的社会主义法治国家，我们就需要认真地研究中华的法制文明、中华的法治文化、中华的法律。

张先生的巨著集六十年研究的精髓，而恰恰是在我们要进一步推进依法治国的时候，来呈现给全国的读者，呈现给我们法学界、法律界。实际上，这也是向我们学界的同仁们提出了一个更高的要求，希望我们在认真研究法学的时候，要特别注意研究中国，研究中国的法律文明史。我们是在中国搞社会主义建设，是在中国搞依法治国，研究的是中国的法律，我们研究法律史要为了中国的伟大复兴，因此，我们需要更好地了解我们自己，了解我们前人，了解我们现在。张先生的这部著作恰恰是这样的一个非常的典型之作。

中国人民大学教授孙国华先生致辞：

张晋藩先生的这本著作有这么几个特点：

第一个特点，把法制与文明紧密地联系。法制文明好像是他第一次提出，这是很深刻的一个思想。文明的发展离不开法制，法制的发展史也是文明的发展史，法制的发展也离不开文明，或者可以说法制的发展是文明的集中体现。中国是文明古国，中华法制文明凝结着中华各族人民治国理政的经验和智慧，是世界文明的重要组成部分，对世界各国的法制，特别是东亚、南亚等国的法制产生过很大的影响。它也是我们今天坚持中国特色社会主义道路、建设出不断完善的中国特色社会主义法治国家所必须认真研究并可以借鉴的宝贵财富。我觉得这是他的特点，他将法制与文明相联系，克服了我们过去研究法律往往不注意法律文化的文明的一方面，往往讲政治方面多，而讲文明方面少。

第二个特点，我觉得这部著作利用了马克思主义的立场观点方法，特别是马克思主义的社会历史唯物主义的方法分析问题，不是就法制谈法制，而是把法律制度作为社会的上层建筑与上层建筑的另一部分——法律历史、法律文化和在它们指导下的法律实践放在一起的。他都先谈法律思想、代表人物，他们怎么反应出来，法律实践上怎样做的，这样的一种思路来叙述的就是马克思唯物主义方法。他借鉴过去法制的精华，是一部马克思主义的法律史，体现了马克思主义法学的最新成就。

第三个特点，这部著作把当代的中国法制史列入了，篇幅不多，但分析很深刻，坚持了马克思主义、毛泽东思想和以邓小平理论、“三个代表”重要思想、科学发展观构成的中国特色社会主义理论。在“后记”中，用简洁的语言从法制史的角度总结了中国特色社会主义法律体系形成的经验和教训。我看了几点，讲得很深刻，这是难能可贵的。

第四个特点，本著作结构完善明确，文字生动流畅准确，真正做到了言简意赅，体现了晋藩教授一向踏实、严谨、认真负责的学风和深厚的文字修养。

因此，我认为这部《中华法制文明史》的出版和发行是有重要的理论现实意义，对于贯彻十八大的精神、全面推进依法治国、进一步完善中国特色社会主义法律体系、提高干部群众的法律文化水平、增强干部的法治思路和依法办事能力、实现司法公正、加快建设中国特色的社会主义法治国家、促进祖国的和平统一和世界的和平发展必将起到重大的作用。

中南财经政法大学法律文化研究院陈景良教授致辞：

张先生的《中华法制文明史》分三编，古代编十四章，近代编十一章，当代编三章。张先生这本书是“截断众流汇新说，传统悠悠到现实”。说其新有两点意思：

一个是说，先生这本书叫“法治文明史”，它摆脱了以往我们在70年代、80年代以阶级斗争和五个社会意识形态为指导的研究。《中华法制文明史》这本书把法制与文明紧密地联系起来，这不仅对以往教科书和科研著作在体例上有所突破，也回答了法律史学界对中华法制文明的看法和理解，提出一些新颖的观点。

第二个说它新，第一点是说，在《中华法制文明史》这本书中饱含着先生多年来矢志不渝的追求。法制作为文明的一项指标，它暗含的前提就是中华法制文明悠悠数千年，曾经独立于世界民族之林。对如今的中国法治来说，西方法治引进中国，落实到中国百姓生活中去，这个法治尤未独立。我觉得先生在进行着他的思考。第二点，说它新，钱穆先生曾经讲过“学贵通方而业须专一”。所谓“学贵通方”，是说作为一个研究本学科领域的专家，他的学问要通要博，但是只有博和通还是不够的，还必须在专业上面有所突破。张先生的这部书是在主编了《中国法制通史》以及在2000年之后再版的《中国法律的传统与近代转型》的基础上出版的，他既有原来通的基础，又在专的基础之上，把悠悠数千年的中华法制文明一直写到近代、当代。尤其是近代的蜕变以及当代在现实生活中怎么样来对待自己国家的法制文明，先生进行了很好的思考。第三点，我对先生的敬意主要来自于两个方面：一方面，我一直以为对中华法制文明既要抱有一份敬意和温情，但是又不能故步自封，这也是先生一直坚持的观点，甚合我做宋代法律史研究的心意；另一方面，先生一直在坚持的观点与我内心的一个想法也很相合，我一直认为西方法律从理论上可以寻求共识，但是在实践中必须主张差异。西方法治之林、中国传统法文化之原理以及现代国家法律之实践三者结合，才能使所谓一些学人宣传的西方的法治落实到百姓的生活中来。法治如果不跟中国百姓生活相结合，不寻求中国百姓过日子的规则与逻辑，那么它永远是在纸面上的空谈。

2013年4月26日《人民法院报》还发表了中国政法大学陈煜副教授撰写

的《走向历史深处的中华法制文明——张晋藩著＜中华法制文明史＞读后》。原文如下：

> 张晋藩先生的近著《中华法制文明史》已于2013年1月由法律出版社出版，该书为两卷本，上卷为古代卷，字数七十九万余字；下卷为近、当代卷，字数近七十万字。如此一部皇皇巨著，道尽数千年法制文明，却成于一人之手，已令人感叹作者学力之厚。而如若得知此书作者是在年逾耄耋、目力衰弱的情形下，犹每日伏案六小时、字斟句酌而成此巨著时，则令人无法不惊叹其学术勇气之坚之毅。笔者在此不揣寙劣，对该书作一简短探讨，意在使读者对此书有一大致了解，更希望通过此文，让读者对先生隐藏于文字之外的苦心孤诣，有一番“同情之理解”。
>
> 先言此书的写作主旨。这个主旨就是：文章为谁而作？通读此书，我们可以感受到，张先生笔下的读者乃是最广大的希望知道、希望理解中华法制文明的普通读者。对于一个想要整体上了解中国法制发展历程的读者而言，他当然希望能够在较短的时间内就能“贯通”领会，而不是得到一些法制文明史的知识碎片。知识碎片的考古，自有专人进行。而该书作者的意图，则在于弘扬法制、传承文明，而为了达此目的，必得对古往今来的整个中华文明进行细心梳理、精心剪裁，然后以一种严谨、平实的文字传达给读者。如果卷帙过于浩繁，不唯作者能力不够，也使读者在如山的篇幅之前丧失了一步向前的勇气，所以虽然先生已经主持编纂过《中国法制通史》煌煌十卷本的巨著，还是不厌其烦地自著这部《中华法制文明史》，实际上内心隐藏着深意，是要让更多人知道和理解悠久灿烂的中华法制文明。所以仔细阅读本书会发现，作者写作注意突出重点（如对于“春秋决狱”、《唐律疏议》的释评等），兼及一般（如对于五代、辽金法制的介绍），并且自我克制，尽量减省笔墨，最大限度地做到言简意赅。在材料的选择上，作者并没有一味求新求偏求全，而是用最有代表性最基本的法制史料，这同样也是为了不让读者太费思量；在文风上，则避免使用生涩冷僻的字眼，绝不

用佶屈聱牙语句。所以这样的作品绝对不是作者自矜其能的“炫博”之作，相反它比较平实流畅。一些学力深厚的研究者也许会将之当作一本资料集或教研素材，但对于最广大的读者而言，这实在是一本不可多得的入门之钥。

次言此书的框架结构。这实际上是一个撰写体例问题，该书上下两卷体例并不一致，笔者暂且将之名为“由纵到横，纵横交错”。所谓“由纵到横”，是指在上卷“古代卷”中，整体是按照年代分章，从文明起源的夏商，历西周、春秋战国、秦、两汉、魏晋南北朝、隋唐、两宋，一直到中华法制文明最后形态之明清，其间的法制一路写来，与整个古代历史相始终，基本是纵向的；而到了下卷“近代卷”时，前十章则分别叙述了改制和更法思潮、西方法文化、洋务法制、宪法思潮与维新、预备立宪、晚晴修律情形、近代刑事立法、民事立法、商事立法、司法改革，虽然其中也大致有先后之分，但是并不明显，而更多是专题式的，基本按照部门法式样铺开，故而“由纵到横”。所谓“纵横交错”，一则以章下的节而论，古代卷基本上是按照立法、行政法律、刑事法律、民事法律、司法制度这个层次展开，而辛亥革命之后的法制叙述，基本也是按照此展开；二则从近当代卷的叙述而论，晚晴法制变革之后，在分章时，又回到了纵向的层次，所以便是“纵横交错”。难道作者不愿意体例一致吗？这实际上是中华法制文明固有的历程使然。古代的法制历史保持了一个高度的稳定性，虽然各代都在改革创新制度，然而其承继的轨迹是一目了然的，所以形成了很好的法制传统，正所谓“传而统之”。但这一格局到清末，因受国际国内形势的催逼，不得不艰难转型，于是废弃原有“皇统”体制下的礼乐政刑，一举改行西方部门法体系，数千年灿烂的法制文明一朝之间似乎“崩盘”了，刑事民事藩篱至深，事事都用源自西方的“分析法学”模式立法。这不值得人深刻反思吗？所以这样的篇章结构，恰好能反映中国法制文明史上的最深刻变革，甚至带有一种惨痛的“自我革新”的味道。所以这样的谋篇布局既自然，又体现出作者的深思。否则就清末改革而言，实际上法律上的深刻变革，仅十年而已，而作者却用十章的篇幅去讨论，且一举打破了原有的纵向结构，却是能给读者很深的启迪。

再言此书的思想内涵。这从法制文明一语上可得以深刻体现。在文明的框架下谈中国法制的演进，将法制与文明紧密相结合，我们不敢说张先生是第一人，但至少他时国内较早这样提出者。这一用语并不是只是法律制度史的换一说法而已，而是代表了一种学术范式的转换。因为建国后很长一段时间，受“左”倾思想的影响，传统法制史受到猛烈批判的，被认为是封建糟粕，必须弃之如敝屣。而先生在当年严酷的“斗争形势”下，尚且作文以表明旧法是可继承的。说明传统法制，包括国民党统治时期的“六法全书”，在先生看来，不乏文明之价值，其中蕴含着先人治国理政的智慧和对理想秩序的追求。故而谈及法制文明，绝非仅仅限于静态的制度阐述，而是需要走向历史的深处，探索先人如何在该书中阐述了许多立法者的思想与行为，如沈家本的立法主张、清末五大臣的政治考察等。还交代了一项法制改革的来龙去脉，如清末礼法之争及预备立宪的背景等。这一切都将法制文明“点”活了，从而使得我们能够既知道法制之然，还知道其所以然。这样的眼光，突破了旧有的狭隘观念，从而使作品具备了一种立体化和全景式的关照。

最后对此书的现代意义赘述几句。一本书要有意义，在于其内容对现实生活有所关照，对世道人心有所匡正。而历史之所以对当下有意义，在于它是人类各种经验的总结。严格说来，我们每时每刻都在感悟历史，经过历史。指导我们人生的，影响我们判断的，主要还是过去的经验，而过去的经验要想对现实和未来发生作用，其前提是要客观冷静地回顾历史，不能因一己之私或者心灵脆弱，而故意抹杀或者歪曲历史，所以第一位的就是要求真实。而张先生此书，一个最大的优点就是非常全面，不仅述及古代辉煌灿烂的法制文明，对于近代的转折与创痛，以及新中国建立之后经历的曲折乃至错误行为，都秉笔直书。这些内容，无论于今具有正面意义还是反面教训，我想都是一笔不可多得的宝贵的思想财富和理论资源。而且，中华之伟大，在于它是历史上唯一一个没有断裂过的文明，即使我们现在的法制已经因其近代化历程而与古典法制面貌迥异，然而因为整体中华文明不坠，作为其中重要组成部分的法制文明，也不可能与过去截然“切割”，而必定会带有许多文化基因。如果我们能破译其中的基因密码，那么，我们才能真正地建设“自己的”法制。如此看来，以往的法制文明并不是与我们渐行渐远，而是正在走向历史深处。

中国法制史博士生杨静也在《中国政法大学学报》2013年第6期上发表书评。她说：

全书以法制文明发展为线索，展示了法制文明发展在横向的恢宏格局——在纵向上的绵延一脉、在内容上的全方位演变，结构宏伟，脉络清晰，重在突出中华法制文明的根基在于悠久的法文化积淀和中华民族创造精神的智力结晶。

……

书中将中国传统社会的固有国情归纳为封闭的自然地理环境、农本主义的经济形态、专制主义的政治制度、宗法家庭本位的社会结构、稳定的血缘地缘关系、统一多民族的国家构成、儒家思想为主导的意识形态等表现形式，进而总结了中国古代法制文明的主要特征：（1）引礼入法，礼法结合；（2）以人为本，明德慎刑；（3）恭行天理，执法原情；（4）家族本位，伦理法制；（5）无讼是求，调处息争。

近代卷根据变化的社情、国情论证了由固守成法到师夷变法、由维护“三纲”到批判“三纲”、由以人治国到以法治国、由义务本位到权利追求、由司法与行政不分到司法独立、由以刑为主到诸法并重的新的法制文明特征。

……

在中华法制文明的主体性问题上，作者认为法制文明主体具有多元性，是“多元一体”的法文化。首先，法制文明的主体是汉民族为主多民族共同创造的“多元一体”格局。为了论证这个观点，书中运用了大量的史料来予以说明，给出了史实依据。这一观点在维护各族人民的利益与保障民族团结和共同发展上，起到了积极的历史作用。其次，法制文明起源具有多元性。“如果说黄帝是人文初祖，蚩尤也当之无愧的是人文初祖。”[1] 法制文明的缔造并非华夏一族之功，而是多民族的共同贡献。最后，法制文明的多元性，不限于起源时期，也贯穿在整个古代社会。

……

《中华法制文明史》作为法律史领域的新著，视野开阔，逻辑严谨，法意精准，由史发论，读罢给人以启迪。

……

张先生曾言：“时间对于我来说实在是太紧了，我还有许多事情要做，要珍惜时间来完成最重要的事情。”在耄耋之年、视力不济的情况下完成这部一百五十万字的学术专著，着实需要持之以恒的精神与自强不息的性格作支撑。在养怡之福的年岁里继续治学，其间甘苦唯有自知。

张先生的学术生涯几乎伴随了法律史在新中国发展的整个历程，六轶年华用来治史论著。这部书可以说是张先生学术生涯的积淀。书中有些观点的提法与修正突破了张先生自己原有的观点，说明张先生秉持“活到老，学到老”的心态，恪守“不偷懒，不自满”的自省、自觉。书中有些新观点、新见解的提出更是发前人所未发，若非勤于思考、志在千里，断难保有这种可贵的科学攀登精神。

六、主编《中国少数民族法史通览》——一项前人尚未开拓的领域

还在1983年8月，我在中国法律史学会年会上提出研究少数民族法制史，之后由于集中力量编写《中国法制通史》而无暇顾及。1998年《中国法制通

[1] 张晋藩：《论中华法制文明的几个问题》，载《中国法学》2009年第5期。

史》出版后，我开始将部分精力转移到筹划编写少数民族法制史上。1999 年 12 月，在云南召开了编写少数民族法制史的研讨会，形成了以下共识：其一，全书应该有一个明确统一的指导思想，这是组织队伍、建立共识、齐一行动的保证；其二，明确全书的研究对象，是中国少数民族在其历史发展过程中的法律制度、法律文化、法律习惯等等；其三，按族别立卷，五十五个少数民族一个也不能少；其四，从少数民族的衍生、形成、发展的实际出发，注意创建中国少数民族法制史的科学体系。这次讨论会得到与会专家的支持，使我增加了开展这项前人从未做过的工作的信心。但我也深知民族无小事，所承担的责任远比主编《中国法制通史》为重，因此临事而惧，强调聘请少数民族专家承担相关的编写工作。云南会后，由云南省政法研究所负责申报社科基金并获得批准，随即展开工作。

编写《中国少数民族法史通览》意义重大，但工作难度也极大，需要大量的田野调查工作和充实的经费支持。但社科基金只批准六万元，这样只编成“苗族”、“瑶族”、“彝族”、“羌族”四卷，由中央民族大学出版社出版。此后，这项工作一度停顿。后经中国政法大学法律史研究院向教育部申请编写《中国少数民族法史通览》获得批准，得到十万元经费支持，工作重新展开，改由陕西人民出版社出版。在这期间，陕西人民出版社获得出版基金资助，有力地推动了工作。预计今年（注：2014 年）将有十卷问世，涉及苗、瑶、侗、彝、羌、黎、土家族、回族、蒙古族、满洲族，以及云南省的几个少数民族。

屈指算来，由云南召开首次编写会议迄今已经十四年了。随着工作的进展，越来越感到此项工作不仅有利于中华民族大家庭的团结，而且还起着抢救史料的作用。我在云南发现，有些很有价值的碑文只剩下拓片，原物已经不知踪迹了。这项工作的全部完成还需时日，还会遇到各种困难，但我一如既往地保持韧性精神，和同志们一起最后完成这部具有历史价值的著作。我为全书撰写了前言《中华法系凝结少数民族的法律智慧》，也附于下，以明我主编此书的心志。

中国早在公元前 2 世纪就初步形成了统一的多民族国家，不论是国家疆域，还是社会的物质文明和精神文明，都是由各民族共同开发、共同创造的，其中也包括辉煌的法制文明。在 20 世纪 80 年代中国法律史年会上，我首次提出了研究民族法史的想法和建议。

在我的倡导与主持下，集合了一些专家，开始纂修一部信而有征的中国少数民族法制史，希望借此传承与弘扬各族法文化的优秀传统，展示少数民族的法律智慧，保护尚存于少数民族地区的珍稀法制史料，进一步巩固以汉族为主体的中华民族大家庭，同时也可以充实中国法制史学的内容，提高中国法制史学的世界地位。

一、中华民族是由多民族构成的统一体

在世界一些文明古国中，由于种种原因，或已失去独立自主的民族生命，或已沦丧其固有的文化传统，唯有中国历经四千多年的历史发展过程，始终延续其独立的民族生命与文化传统。这是和以汉族为代表的先进文化为基础所形成的统一的中华文化分不开的。虽然古代有过华夏文化中心论的“华夷之辨”，有过“非我族类，其心必异”的狭隘民族观，也有过按民族划分社会等级的民族等级观，但并没有妨碍自秦汉以来中华民族便已形成了稳定的共同体。中华民族发源于一个共同的文化传统，尽管血缘上有异，地域上有别，但不存在严格对立的民族隔阂与阻碍交流的壁垒。

中华民族作为一个整体，不仅有着同源的文化，而且在漫长的发展过程中，不同程度地进行着相互渗透、相互亲和、相互同化，只是由于所处的地域不同、习俗不同、生产过程与方式不同，表现出族的特有形式而已。

数千年来，各民族经过不断的迁徙、杂居、通婚、互市，在文化上相互学习，在血统上相互融合，你中有我，我中有你，民族畛域逐渐消弭，统一的民族精神日益凸显。这种民族精神，早已超越了一族的界限。正是这种超越一族的开放的、包容的心态，以及各民族在文化同源的背景下的多样性发展，才形成了绚烂多彩的中华文明，凝聚成厚重的“中华魂”。

法律作为中华文化的一部分，也有其源与流、干与支的相互关系及内在联系，并形成了多样性的统一。这是我们在探究中华少数民族法制历史时首先应该注意到的。

二、中华法系是集各族法律智慧共同缔造的

中国是世界法制文明的古国，具有四千余年从未中断的法制历史。中华法系是世界公认的特色鲜明的一大法系，其中也汇聚了中华各族的法律智慧，早在法律形成时期便表现出了民族间的相互吸收与传承。根据史书记载，上古时期，华夏族以外的苗民，便已开始制定法律，所谓“苗民弗用灵，制以刑……爰始淫为劓、刵、椓、黥，越兹利刑并制，罔差有辞”[1]。其后黄帝灭其族而用其刑，使苗民的刑制成为整个夏、商、周三代通行的奴隶制五刑，即墨、劓、刖、宫、辟，并沿用至汉初。

特别需要指出的是，战国末期至秦汉逐渐兴盛的匈奴族，是中国历史上第一个建立统一军事政权的北部游牧民族。其政权根据游牧民族调整内部生活与秩序的需要，设范立制。史书说：“其法，拔刃尺者死，坐盗者没入其家；有罪小者轧，大者死。狱久者不过十日，一国之囚不过数人。”[2]

自秦汉至南北朝，中华民族大家庭又融入匈奴、鲜卑、氐、羌、羯等诸民族。从西晋末年开始的“五胡内迁”，到东晋时期与江南东晋政权抗衡的北方十六国，再到南北朝时期的北方五朝，少数民族相继在广大的中原地区建立了政权。同时，根据统治广大地区的需要，结合本民族的习惯，制定了适用范围不同的法律，丰富了中华法文化的内容，甚至创造了为隋唐时期所直接取法的法律范本——《北齐律》。

鲜卑族统治的北魏时期，自道武帝拓跋珪至孝文帝拓跋弘，都较为注重法制建设，经历了从习惯法过渡到成文法，再发展到引礼入法的几个阶段。在儒家思想的引导下，并通过汉族律学家的具体帮助，以“齐之以法，示之以礼”[3]为指导思想，终于在太和五年（481 年）颁布了著名的《太和律》。这部律典既融会了汉魏晋以

---

[1]《尚书・吕刑》。

[2]《史记・匈奴列传》。

[3]《魏书・刑罚志》。

来法制建设的成果，同时也保留了某些元魏旧制，可以说是这个时期游牧文化与农耕文化大融合的产物。从程树德先生辑录的北魏律遗文中可以看出儒家人本主义对北魏律的影响："世祖定律，妇人当刑而孕，产后百日乃决，盖本元魏旧制。"[1] 至于鲜卑后裔建立的北齐王朝，其在法制上的贡献具有承前启后的历史地位，程树德先生评论说："南北朝诸律，北优于南，而北朝尤以齐律为最。"[2]《北齐律》开创的新体例，与隋唐律的传承关系十分明晰："盖唐律与齐律，篇目虽有分合，而沿其十二篇之旧；刑名虽有增损，而沿其五等之旧；十恶名称，虽有歧出，而沿其重罪十条之旧。"[3] 由于各民族坚持不懈地进行法制的创造和法文化的交流，才有隋唐时期中华法系的定型。历史雄辩地说明了：中华法系是以汉族为主体各族共同缔造的。

隋唐时期，中国的法律文化、典章制度远播海外，中华法系成为相邻国家和地区的母法。而建立在祖国边陲的吐蕃、突厥、南诏等地方民族政权，各自有着一套行之有效的法律体系。尽管这些法律带有浓厚的地域色彩，并杂有民族习俗和宗教规条，但是不可否认，它们都包括在中华法文化的大法苑中，都是中华法制文明的重要组成部分，都体现了当时少数民族对法制的重视和思考。

唐朝统治者对少数民族的法律和习俗持认同态度，《唐律疏议》在处理化外人相犯时就提出这样的原则，"诸化外人，同类相犯者，各依本俗法，异类相犯者，以法律论"。在此条的疏议中特别提出："'化外人'谓蕃夷之国，别立长君者，各有风俗。制法不同。其有同类自相犯者，须问本国之制，依其俗法断之。"[4] 由此开创了在统一多民族国家中不同的民族在特定条件下可以适用本民族法律的先河。这条规定也从一个侧面反映了各族法律的发展状况，以及在互相交流中不断地得到演进的原因。近年来考古发现的隋唐时期

[1] 程树德：《九朝律考》，中华书局2003年版，第383页。
[2] 程树德：《九朝律考》，中华书局2003年版，第391页。
[3] 程树德：《九朝律考》，中华书局2003年版，第391页。
[4]《唐律疏议·名例·化外人相犯》。

各少数民族政权的法律文献，为我们认识这一时期少数民族法制状况提供了第一手资料。

由于唐朝对边疆少数民族实行“恩惠抚和”的政策，使众多的少数民族相继内附，而且由于统治者开明的民族观念，使得各民族关系更为和谐。唐太宗曾提到：“夷狄亦人耳，其情与中夏不殊。人主患德泽不加，不必猜忌异类。盖德泽洽，四海可使如一家。”[1]以致有唐一代，在内附的民族区域建立的羁縻府州县多达八百五十六个，“羁縻，犹言维系也。”[2]在这些羁縻府州县中，政权事务由当地少数民族首领世袭管理，原有风俗一概保留，中央政府不加过问；地方仅在军事上“奉征调”，在赋税上纳贡；许多民族还制定了地方性法规。

宋朝是面对民族问题最多的朝代，宋朝统治者运用法律的手段调整与西北蕃族的关系，制定了《蕃官法》、《蕃兵法》、《蕃丁法》、《茶马法》等法规。在宋朝统治期间，契丹族、党项族、女真族先后崛起，建立了辽、西夏、金等国，分别制定了既吸收中原地区传统法律文化又具有本民族特色的辽《重熙新定条例》、金《泰和律义》、西夏《天盛改旧新定律令》等。辽金律已佚，只有西夏国天盛年间制定的《改旧新定律令》保存完好。[3]《天盛改旧新定律令》是中国历史上第一部用少数民族文字印行的法典，其详细程度为现存中古法律之最，其内容包括刑法、诉讼法、民法、经济法、军事法，多方位地反映了西夏社会生活的各个方面。[4]

至元代，在蒙古族的统治下，天下又合而为一。元朝统治的疆域空前辽阔，其法制也带有明显的创造性。如独具特色的刑罚体系、平反律目的创立、民事诉讼的程序化、监察法律规范的细化等等，都反映了法制的民族性与创新性。目前存留的《大元通制》，

[1]《资治通鉴》卷一九八。

[2]《纲鉴易知录·唐纪》卷四十三。

[3]《天盛改旧新定律令》（史金波、聂鸿音、白滨译注，法律出版社2001年版），该法典从俄国引至国内，原文献藏于俄国科学院东方研究所圣彼得堡分所写本部。

[4] 史金波、聂鸿音、白滨译注：《天盛改旧新定律令》，法律出版社2001年版，第3-4页。

既是中华民族法制史上重要的一部法典，又是蒙古族法制文化所达到的高度的表征。

综上可见，隋唐以来各民族的融合和文化上的交流，为封建后期法律体系的趋于完备和法律制度的不断改进创造了条件。至清代，民族立法已臻于完备和成熟。

发源于白山黑水的满洲族早在关外开国肇基时期，便通过颁布《盛京定例》的形式，与蒙古结成巩固的联盟，并促进蒙古族对社会关系的法律调整。此外，满洲族还采用“参汉酌金”的立法路线，创造了民族特色鲜明而又迅速封建化的关外法制。1644 年入关以后，更将“参汉酌金”的立法路线推向全国。顺治三年（1646 年）的《大清律集解附例》，基本上是大明律的翻版。随着汉满法文化交流的深化，至乾隆五年（1727 年）修订的《大清律例》已经成为与唐明律相同的正统封建法典。

清朝统治者为了统治疆域辽阔的统一多民族国家，实行“因族制宜，揆俗而治”的民族政策，一方面确认各族的习惯法在该民族地域内继续发挥效力，另一方面，为了巩固统一多民族国家，制定了一系列民族立法，如《蒙古律例》、《理藩院则例》、《回疆则例》、《青海蕃夷成例》、《西藏章程》以及适用于苗疆地区的条例等。《大清会典》中也汇编了有关适用于少数民族的诉讼、审判、定罪、量刑等方面的律例近百条。这都标志着民族立法进入了前所未有的发展时期。

以上可见，自从中华民族进入文明时代起，在中华大地上便孕育了包括汉族在内的众多民族。尽管他们在不同的时代由于文化、经济、政治发展的差别而处于不同的历史地位，对于缔造中华法系所起的作用也有所不同，但无论如何，中华法系是各族人民共同缔造的，凝聚了各族人民的法律智慧，是各民族法律文化与法制经验相互交流与吸收的综合结果。

三、习惯法和民间法是少数民族法律体系中的重要组成部分

在悠久的历史长河中，建立独立政权的少数民族毕竟是少数，而建立全国性政权的少数民族也仅有元清两朝而已，绝大部分的少数民族依然固守在世代生活的一隅之地，遵循着传统的习俗和共同推崇的权威，维持着社会的秩序。在政治、经济和文化发展不平衡的统一多民族的中国，这种状况是较为普遍的。这些民族的生产与生活如何维持、相互间的矛盾与纠纷如何解决、对于财产的侵犯与人身的伤害如何制裁等，都需要依靠约定俗成的规则。这些规则有些是成文的习惯法，有些是不成文的习俗，虽然简陋，但却具有很高的权威性与约束力，发挥着对该族内部生活的调整作用。这是我们研究与撰写少数民族法制史所不可忽视的。事实上，在国家大法难以完全覆盖到的角落，家族法、习惯法、民间法，或者其他风俗习惯都对建立与维持一定的秩序起了重要的乃至主要的作用。在乡土中国，确实存在王法难以达到的真空，何况在少数民族聚居的边远地区。所以，在研究与撰写少数民族法制历史的时候，需要探究在该民族地区起着实际作用的法源，需要了解在该民族生活秩序中法与情、法与理是如何统一的，尤其是需要掌握具有共同性的法律意识的生成、发展及其作用，毕竟一部法典的生命力是有限的，而内蕴在少数民族心里的法律意识是世代相沿的，在相对闭塞的角落中更是如此。

在20世纪50年代以前，独龙、怒、傈僳、德昂、阿昌、景颇、阿瓦、拉祜、纳西、基诺、黎、布朗、赫哲等十几个民族及这些民族所在的部分地区，原始社会色彩还相当浓厚，不仅不可能拥有成文法，甚至连本民族文字都没有，它们的法律还处在世代相传的祖先训谕与原始宗教规条以及部落首领的训诰层次上。

正如前文所阐明的，各少数民族之间的发展是不平衡的。例如，景颇族的“通德拉”，即属于早期习惯法的范畴。对于这些习惯法的解释和执行，由部族头人和巫师负责。再如，凉山的彝族在新

中国成立初期还处于奴隶社会，头人作为奴隶主行使着处罚大权，运用习惯法（彝语称“节威”）来维护奴隶主的特权和对奴隶的剥削压迫。较之彝族发达的西藏的藏族、云南西双版纳的傣族，在当时已经处于农奴制社会。

藏族是一个具有悠久历史的古老的民族，从吐蕃初期制定的教法戒律，到松赞干布根据佛教“十善”制定的《法律二十条》，被称为吐蕃成文法的母法，无论是《王朝准则之法》还是《伤人赔偿律》、《盗窃追赔律》，都以它为基准，逐渐形成了在历史上典型的地方少数民族的成文法体系与法律内容。至清朝统治时期，清政府还通过制定“则例”、“章程”、“条例”等部门法的形式对西藏进行全面的管理。与中央立法相对应，西藏地方政府也制定了一些重要的法规，主要有五世达赖时期的《十三法》、青海果洛地区的《红本法》，德格土司的《法律十三条》，毛垭土司的《十三条禁令》等。藏族法律形成的多样性以及宗教戒律、道德规范与法律规范的结合，构成了藏族独具特色的多元的法律文化。

聚居在西南边陲的傣族，长期以来就适用本民族习惯法。早在12世纪，首领叭真统一各部建立孟泐政权，随后历代宣慰司和孟泐土司为了维持封建领主的地位，颁布了一系列封建法规，如西双版纳傣族的民刑法规、礼仪规程和孟连宣抚司法规等。

此外，壮、布依、侗、苗、瑶、土家、畲、白、回、维吾尔、蒙古、满等三十多个民族则处于封建社会的中前期。如在苗族地区，基本上是按宗支建立自己的社会组织，即所谓“立鼓为社”，各鼓社均有自己的民主议事制度，并根据古礼和传统习惯制定规约。明清时期，苗疆各民族的习惯法经过长期的演化，逐渐丰富起来，成为具有普遍约束力的“苗例”。它涉及社会生活各个方面，内容相当广泛。经过历代中央政府的认可，苗例在苗疆地区长期适用。

再如侗族，其习惯法为“约法款”，其中的法律条文成为“款词”。款词原本是靠侗族人民口耳相传，后来采用汉字记录语音的方式辑录下来，成为现在成文形式的侗族习惯法。

总之，少数民族习惯法和民间法的数量是众多的，形式是多种多样的。其内容主要是对贼盗犯罪的惩治和以罚牲畜作为刑罚的主要手段，在审判上运用多种形式的神明裁判。[1]这些少数民族的习惯法与民间法，历史悠久，特色鲜明，密切联系社会生活，服务于社会生活，具有深厚的群众基础和较高的权威，起着相当有效的调整作用。它们的存在有其必要性与合理性，是需要以理性的态度对待的。

需要指出的是，有些少数民族经过了与中央政权的一番斗争，才获得了适用本民族习惯法的法定权利。以苗疆为例，苗疆各族人民多次进行争生存、反压迫的武装起义，迫使清政府在立法中确认苗疆少数民族习惯法的法律效力。据《清高宗实录》卷一三九载："若苗与苗非聚众而自相杀伤、偷盗，苗人愿照苗例完结者，免其相验解审。""一切（苗人）自相诉讼之事，俱照苗例完结，不治以官法。"《大清律例》卷三七"条例"还规定："苗人与苗人自相争讼之事，俱照苗例归结，不必绳之以官法，以滋扰累。"

随着社会的发展进步，少数民族间的习惯法与民间法也处于由粗俗趋向细密、由野蛮趋向文明的进步过程。正因为如此，整理少数民族固有的习惯法、民间法，对于保存传统的法文化资料是十分紧迫的。

四、"通古今之变"是研究少数民族法制史应有的态度

由于历史的发展具有连续性，所以研究少数民族法制史时不能只局限于特定的历史时期，还需要纵向地考察法律内容的嬗变与联系、法律思想的传承与发展，总之要"通古今之变"，但这绝不意

[1] 民族志研究者根据田野调查，发现时至今日，在我国一些少数民族地区，对一些纠纷仍然保留传统神判方法。如景颇族，村里的仲裁者在证据不足又不能排除犯罪可能的情况下，就运用神判，目的是借助于神的意志来判定告发人和嫌疑者谁是谁非。其常用的办法有闷水、捞沸油锅、煮米、鸡蛋清卦、斗田螺、捏鸡蛋、诅咒、叫天，等等。

味着仅仅是为了叙述其发展过程，厘清其发展轮廓。

首先，是为了抽象各少数民族法制历史发生发展的规律性。例如，秦汉以降在统一多民族的中国，各个民族大小不同，强弱不同，语言不同，居住环境不同，经济类型不同，文化和社会发展程度不同。这些都必然反映在各族的实际生活与思想意识当中，由此形成了不同民族的法观念和立法的特点。它们在共同性中，又存在着明显的差异性。又如，少数民族在取得政权以后（不论是全国性的还是地方性的），法制建设都会出现跳跃式的发展，往往从简单、落后的习惯法跃进到封建性的成文法，《北齐律》可以看作是一个最明显的典型。这不是偶然的，是适应先进的汉族生产方式与社会生活借以存在的需要，同时也和法文化的交流融合分不开。恩格斯说："文明较低的征服者，在最绝大多数的场合上，也不得不和那个国度被征服以后所保有的较高的经济情况相适应；他们为被征服的人民所同化，而且大部分甚至还采用了他们的语言。"[1] 法律的发展也是如此，中华民族内部法文化的交流与融合一直未曾停止过。

其次，是为了总结中央政府在处理民族关系上的历史经验与借鉴。例如，在汉族中原王朝"大一统"思想的主导下，从少数民族政治、经济、文化的差异性以及与内地发展水平的不平衡性出发，采取一定的因族因俗制宜的自治方式或原则，强调"修其教不易其俗，齐其政不易其宜"[2]，"以其故俗治"[3]，"各依本俗法"[4]，"天子之于夷狄，其义羁縻勿绝而已"[5]，"临时制宜，略依其俗，防其大故，忍其小过。"[6] 既强调因俗制宜，赋予一定的民族自治权，又强调中央政权的管辖与法律的统一适用，这两者结合，是中国古

[1]《马克思恩格斯选集》（第3卷），人民出版社1972年版，第222页。
[2]《礼记·王制》。
[3]《汉书》卷四二。
[4]《唐律疏议·名例》。
[5]《史记·司马相如传》。
[6]《后汉书·西羌传》。

代治理少数民族地区成功的经验，对于今天加强民族关系的法律调整都有历史的借鉴意义。

除此之外，为了维护和巩固统一的多民族国家，中央政府还采取必要措施保证国家对少数民族地区的立法权和司法管辖权，从而形成了中国各民族多元一体的法律发展格局。如何发掘和利用民族法文化的本土资源，使民族的习惯法与国家法律有效地衔接并逐渐一体化，将会促进以法治国的方略在广大疆域的实施。

最后，通过深入挖掘整理民族法文化遗产，将会极大地丰富中华民族的法律文化宝库，繁荣民族法学。由于少数民族发展本身具有不平衡性，无论法律意识、法律思想、法律实践、法律表达在不同的少数民族间存在很大的差距，有的少数民族没有自己的文字，民族的形成又比较晚，而有的民族虽然显赫一时，如契丹族，却早已经消亡以致难觅其踪迹，所以要编写出少数民族法制史，必须要进行广泛的田野调查，收集散失在民间的珍稀法律史料，由今及古复原出少数民族最真实的法制发展进程中的图景。法国史学家马克·布洛赫提到历史学家的技艺时曾谈到："史学家所要把握的正是它在每个阶段中的变化，但是在历史学家审阅所有的画面中，只有最后一幅才是清晰可辨的。为了重构已经消逝的景象，他应该从已知的景象着手，由今及古地伸出掘土机的铲子。"[1]

系统地编纂中国少数民族法制史是一项前无古人的事业，它的出版必将深化已有的民族法制史研究成果，全面弘扬中华民族的法律文化，使原先隐藏在历史烟尘中的明珠能够在世界法制舞台上熠熠生辉！由于中国少数民族传统法律文化内容极其丰富，而且处于不断发展变化之中，所以编纂这套《中国少数民族法史通览》并不意味着对少数民族法制史研究的结束，而只能说是一个阶段性成果。"路漫漫其修远兮，吾将上下而求索"，屈子的吟唱同样适用于我们对于少数民族法制历史的探求。

[1]【法】马克·布洛赫著，张和生、程郁译：《历史学家的技艺》，上海社会科学出版社 1997 年版，第 38 页。

早在1983年，我于中国法律史学会西安年会上第一次提出编写中国少数民族法制史的意见，其后在论及中华法系的特点时，也一再强调中华法系是由汉族为主体的中华民族共同缔造的，但是编纂少数民族法制史的想法一直未能落实。直到1999年岁末，在时任中共云南省委常委、政法委书记秦光荣的支持下，我于昆明召开了全国相关学者参加的编写《中国少数民族法史通览》研讨会，后又争取到多项基金的支援，才使得这个计划得以逐步实现。

编写这样一部卷帙浩繁的著作，是一项极其复杂的文化工程，困难是很多的。我们虽然勉力以赴，但限于水平，缺点与不足之处甚至错误都难以避免。敬请读者批评指正。

2014年1月17日，《中国社会科学报》记者霍文琦撰写一篇题为《十卷本中国少数民族法制通史即将出版——中华法系由各民族法律融汇而成》的报道。报道内容如下：

中华法制文明历经四千年未中断，这在世界文明史上是仅有的。中华法系是由以汉民族为主体包括少数民族在内的民族大家庭共同创造。但在以往研究中，各少数民族的法制建设之功或未得到应有重视，或被历史尘封。

中国政法大学终身教授张晋藩主持的一项研究将改变这一状况，他带领的研究团队经过十三年艰辛努力，将于2014年上半年推出十卷本、三百多万字的《中国少数民族法制通史》。法学界认为，该成果将深化已有的民族法制史研究，填补某些研究空白。

习惯法与民间法是少数民族法制特色

中国大部分少数民族固守世代生活的一隅之地，历史上，其生产生活如何维持，相互间的矛盾与纠纷如何解决，又如何制裁对财产的侵犯与人身的侵害行为？

“鲜卑、党项、契丹、女真、蒙古、满族等创建过政权的民族，有内容丰富的法律，且有一定体系。而在国家大法难以完全覆盖到的角落，有数量庞大、形式多样的家族法、习惯法和民间法。宗教戒律、道德规范与法律规范相结合，是少数民族法制的一大特色。”张晋藩表示，“这些法制具有深厚的群众基础和较高的权威，有其必要性和合理性，需要以理性态度加以认识和研究。比如探究它们在该民族地区起实际调整作用的法律渊源，了解情与法、法与理是如何统一的，梳理法律意识的生成、发展及其作用。”

据张晋藩介绍，在20世纪50年代以前，独龙、怒、傈僳、德昂、阿昌、景颇、佤、拉祜、纳西、基诺、黎、布朗、赫哲等民族或这些民族的部分地区，原始社会色彩相当浓厚，不可能拥有成文法，其法律体现在世代相传的祖先训谕和原始宗教规条以及部落首领训诰当中。佤族的“阿佤理”、景颇族的“通德拉”等，均属早期的习惯法形态，其解释和执行由部族头人和巫师负责。

长期从事黔东南少数民族法制研究的凯里学院副院长徐晓光是《中国少数民族法制通史》的主要撰稿人之一，他做了大量田野调查，记录了苗族、侗族“活法”（社会实在法）在少数民族生产、生活中的体现。他说，苗族村寨对纵火、偷鱼、随地大小便者往往罚米、肉、酒等，供全寨分享，以示惩戒；有的在特定地点埋特定石头作为法律权威符号；有的以歌唱进行审判……“苗族各地习惯法的形式、称谓不尽相同，但总体来说，其立法、审判和执行过程以及法律符号系统等都自成体系。”徐晓光表示。

不同民族的发展也是不平衡的。新中国成立前大小凉山的彝族处于奴隶制社会，家支头人作为奴隶主代表行使刑赏大权，运用习惯法来维护奴隶主的等级特权和对奴隶的剥削压迫。同一时期的藏族则已处于农奴制社会。从吐蕃初期制定的教法戒律，到赞普松赞干布制定的《法律十二条》、五世达赖时期的《十三法》、毛垭土司的《十三条禁令》等，藏族逐渐形成了中国历史上典型的地方少数民族成文法体系。

各民族法律智慧交融缔造了中华法系

少数民族法制带有明显的民族、地方特点，反映出各民族在不同社会发展阶段的经济形态、政治组织、管理手段、文化习俗等。中华法系不仅包括中原王朝法律，还应包括少数民族法律。

自上古迄先秦，是民族融合统一基业的发端，而民族融合的成功，出现了秦汉时代统一强盛的封建帝国。在这个过程中各族法律智慧开始了最初的交融。在我国各历史时期，少数民族在国家的法制建设中都起过重要作用。

徐晓光介绍，史载上古时期，苗民便开始制定法律。《尚书·吕刑》中记载："苗民弗用灵，制以刑。……爰始淫为劓、刵、椓、黥，越兹丽刑并制，罔差有辞。"其后，黄帝灭其族而用其刑，使苗民的刑制发展成夏商周三代通行的奴隶制五刑，即墨、劓、刖、宫、辟，并沿用至汉初。

张晋藩表示，从西晋末年"五胡内迁"到东晋"十六国"，再到南北五朝，少数民族相继在广大中原地区建立政权，制定了适用范围不同的法律，丰富了中华法文化的内容，甚至创造了为隋唐律所直接取法的法律范本。例如，北魏颁布的《太和律》，在保留过去拓跋政权法律基础上融汇儒家法律思想，是游牧民族与农耕民族大融合的产物。隋唐以来各民族的融合与文化交流，为封建后期法律体系的完备和法律制度的新发展创造了条件。至清代，民族立法已臻于完备和成熟。

清华大学法学院教授高其才告诉记者，历史证明中华法系是以汉族为主体各民族共同缔造的。

随着少数民族的发展进步，与汉族交往的日益增加，参与全国政治、经济、文化生活意识的不断加强，其传统法律文化的意义与地位越发显著。

学界认为，探索少数民族法制文化遗产有助于拓宽法制史视野、弘扬中华民族的法律文化，使隐藏在历史烟尘中的"明珠"在我国乃至世界法制舞台上熠熠生辉。同时，这对我国统一多民族国家的巩固、发挥少数民族建设社会主义国家的积极性将起到重要作用。

然而，这一项目研究难度极大，前期确定编撰体例就耗时不少。据高其才介绍，“有的民族历史悠久且延续性好，有的民族则聚合演变历程复杂，因此，从时间点上对各民族法制进行梳理难度太大。最后决定分民族梳理，但从史学角度看，这样的体例又有不足—不能横向进行整体对照。当前的工作主要是对少数民族法制史进行全面梳理，后续要随着史料及考古发现的进展不断完善，同时继续对其法理渊源及发展、各民族法与中央王朝法的关系、法制文化与经济社会生活的相互影响等角度进行深入研究。”

少数民族法制史研究是涉及法学、史学、民族学、人类学等多学科的跨学科研究，但缺乏这方面的复合人才。同时，许多少数民族文献史料甚少，考古资料也少，法律文化主要靠口头传承，需要大量田野调查做支撑，资料的搜集、记录、翻译、整理工作量极为庞大。

“这套通史是阶段性成果，并不意味着民族法制史研究的结束。相反，这只是开始。”虽已是耄耋之年，张晋藩告诉记者，他会带着年轻人继续研究，编撰出版余下的少数民族法制史著作。

百年宪政与中国宪法史研究

百年宪政与中国宪法史研究

研究百年宪政的历史，是我从事教学工作以后的第一个课题。在 1954 年宪法颁布前，理论界展开了关于中国近代宪政运动的讨论，借以证明 1954 年宪法的来之不易。当时，《光明日报》、《中国青年》、通俗读物出版社、人民出版社、学习杂志纷纷向我约稿撰写宪政运动历史的文章。从那时起，直至今天，这个课题都在不断地完成中。

1954 年 8 月 6 日，我应约在《光明日报》上发表《中国旧民主主义宪政运动的破产》一文。这是我从事法制史学研究以来正式发表的第一篇文章。文章从经济基础、政治基础、思想基础三个方面论证了宪政运动的历史必然性，然后从地主阶级改良派、资产阶级维新派、资产阶级革命派的宪政运动的过程及其局限性；论证了旧民主主义宪政运动破产的原因，就在于违背了中国的国情。“在旧中国存在着根深蒂固的封建军阀官僚制度，同时又在帝国主义压迫剥削之下，如果没有一个无产阶级领导的人民大众的反帝、反封建的新民主主义的革命的胜利，就不能实现民主政治。”[1]

与此同时，应《中国青年》杂志的约请，我和教研室两位同志以史话的形式阐述了：“只有工人阶级领导的人民民主革命，而不是资产阶级领导的革命，才能彻底推翻帝国主义的统治；只有建立起工人阶级领导的、以工农联盟为基础的人民共和国，而不是资产阶级的共和国，我们才能制定出来真正民主的宪法；只有这样的宪法才能够把我国引向社会主义，只有这样的宪法才是适合于我国最广大人民的利益，才能受到广大人民热烈欢迎和衷心拥护”。[2]

1955 年，我与杨堪、鲁柏两位同志一起，编著了《旧中国反动政府制宪丑史》一书。该书是为学习和讲授中华人民共和国第一部宪法作参考之用，由通俗读物出版社出版。

---

[1] 张晋藩：《中国旧民主主义宪政运动的破产》，载《光明日报》1954 年 8 月 6 日第 3 版。

[2] 张晋藩、杨堪、鲁柏：《旧中国反政府制宪丑史》，通俗读物出版社 1955 年版，封二。

在这期间，人民出版社还约我撰写一部中国宪政运动史。我撰写了提纲，出版社将这份提纲送给历史学家范文澜审阅。范老讲了一点意见，我至今尤记在心头。他说："在旧中国，民主宪政好像一支利箭，而反动政府也搞假立宪，那是一个盾牌，是抵挡利箭的盾牌。从盾牌不断的花样翻新也可以看出箭的力量的增长。"后来人民出版社认为我当时驾驭不了这部著作，遂终止了约稿。我还应约给《学习》杂志写了一篇文章，但没有刊发。

1961 年，时值辛亥革命五十周年。为了纪念辛亥革命，同时也延续宪政运动史的研究，我撰写了《剖析＜中华民国临时约法＞，吸取历史的经验教训》一文，发表于《政法研究》（即今《法学研究》的前身）1962 年第 1 期上。该文首先剖析了孙中山先生的民主思想——它是《临时约法》的理论基础，其次分别叙述了约法的主要内容及其制定程序，最后从约法的制定到被撕毁给予我们的经验教训进行总结。

1979 年，打倒"四人帮"以后，人民出版社出版了我与曾宪义教授合著的《中国宪法史略》一书。该书是新中国第一部宪法史学术专著，在当时具有较大的影响。该书不仅总结了从戊戌维新到 1954 年制定宪法过程中宪政思想的演变、宪法文本的变迁，而且还提出了许多富有新意的观点。为了方便读者，该书还用很大篇幅列了一个附录，附录一是"中国宪政运动大事记"，附录二则为"宪法文献选"。但是，此书由于写作时间较早，又受政治环境的约束，写到 1954 年宪法即告结束。

2003 年，中国政法大学出版社出版了我的《中国近代社会与法制文明》一书。该书主要是阐述中国近代社会的巨变所引起的法制文明的演变过程、规律性与历史借鉴。因篇幅所限，对于近代宪政与宪法问题，只在第七篇和第十三篇作了论述。[1] 具体而详尽的叙述，则留待翌年出版的《中国宪法史》专著来完成。

2004 年，吉林人民出版社出版了我的专著《中国宪法史》。该书对近百年来中国从"争取独立富强宪法"到"社会主义小康宪法"的演进的历史进程进行了分析论证。全书共八章，主要探讨了中国宪政思想的萌发和近代中国早期的宪法文化、晚清的预备立宪与颁布的宪法性文件、近代中国民主共和的宪政

[1] 张晋藩：《中国近代社会与法制文明》，中国政法大学出版社 2003 年版，第 203-238、422-449 页。

目标、北京政府与南京国民政府的制宪活动以及新民主主义宪政运动和中华人民共和国的制宪历程。该书“以丰富的历史史料阐释和论证了百年来中国人追求宪政的历史，还运用现代宪法理论，探讨了近代中国的宪法价值与中国宪法文化史所展示的历史性规律，并从理论与实践结合方面论证分析各个时期的制宪活动与重要宪法及宪法性文件。此外，还运用历史唯物主义的观点从正反两方面对各部宪法进行研究、品评，总结了立宪经验和教训。”[1]

该书还与西方宪政运动和宪法作比较，认为西方宪法所追求的价值和目标是通过制度的设计来实现对政府权力滥用的控制，并充分保障人权，而中国宪法理念则是从中国国情实际出发，摆在首位的是追求中国国家的独立富强和民族的振兴。这不是说中国制定宪法的提倡者和实践者不注重人权的保障和权力的制约，而是说为了救亡图存、摆脱民族的危机，只能把追求国家的强大放在第一位，它给近代中国的宪法文化打上了爱国主义的深深的烙印。

此书出版后，曾获得吉林省许多奖项。2007 年评选首届“政府图书奖”时，曾被评议小组推荐为法学唯一的获奖图书。但当时我是唯一的法学评审委员，故而坚拒将自己之书评为获奖图书，只同意评为提名奖。当时吉林出版社的负责人和责任编辑郭美英都找到了我，希望我服从大家的意见，但我总觉得这样不好，还是接受了提名奖，只能向吉林出版社和郭美英表示深深的歉意。

此后，凤凰出版社于 2012 年 2 月出版了《中国百年宪政历程》。这是一本论文集，第一篇收录了我撰写的长文《中国百年宪政回顾》。最近，在《学思欣录》的论文集中还收入了近作《宪政思想的萌发与晚清政府的预备立宪》一文。可见，我对中国百年来宪政运动与宪法历史的研究虽断断续续，但不绝如缕。我常对学生们说：“博士论文的选题既不要大而无当，也不要过于狭窄，应当具有长期钻研的价值，这既便于学术积累，也会使研究的主题深入。正像学术研究永无止境一样，我对宪政历史的研究仍然在继续中。”

我的学生王人博曾撰文评价《中国宪法史》。其文如下：

就 1949 年以后的中国宪政史的研究，张晋藩先生不但是开拓者，也是少有的大家，是这一领域的舵手与领航人。

---

[1] 刘广安、高浣月、李建渝：《中国法制史学的发展》，中国政法大学出版社 2007 年版，第 161-170 页。

张先生于2004年出版了自己的专著《中国宪法史》。在该书中，张先生在“中国”、“近代”这些特有的语境下对于宪法文化的发生作了一个追本溯源的解读。同时，由于中国的近代化过程中一个无法绕开的问题是来自西方的强势影响，因此在对西方的宪法文化进行了一定研究的基础上，张先生深刻地理解了发端于西方成熟于西方的宪法在中国经历痛苦的本土化植入过程后所形成的特有概念，进而揭示出了中国宪法历史的发展规律。本书写作的一个最大特色，也是最具有开创性意义的地方，在于虽然并未对于马克思经典著作做多少直接的引用，但是字里行间都闪烁着马克思主义各种观点和方法的光辉，渗透着马克思主义的精髓，可谓是“于无声处听惊雷”。具体来说，张先生将阶级斗争当作探讨中国宪法发展历史规律的出发点和线索，把马克思辩证唯物主义和历史唯物主义的分析方法贯穿其中。这种分析方法的理论视角和理论思维，为我们揭开历史的面纱透视复杂的社会现象、认识到历史问题的根源和本质提供了清晰正确的思路，其科学性和有效性是毋庸置疑的。马克思和恩格斯在《共产党宣言》中说：“到目前为止的一切社会的有文字记载的历史都是阶级斗争的历史。自由民和奴隶、贵族和平民、领主和农奴、行会师傅和帮工，一句话，压迫者和被压迫者，始终处于相互对立的地位，进行不断的、有时隐蔽有时公开的斗争，而每一次斗争的结局都是整个社会受到革命改造或者斗争的各阶级同归于尽。”列宁在谈到这个问题时也曾说过：“一个社会中一部分人的意向同另一部分人的意向相抵触，社会生活充满着矛盾，历史告诉我们各民族之间、各社会之间以及各民族、各社会内部经常进行斗争……这些都是人所共知的事实。”这种种的矛盾斗争，中国自然不能幸免。自从“宪法”这个概念传入，吹捧和抵制的大戏轮番上演，承受了种种斗争和隐忍到最后脱胎而出，这期间既有春风得意又不免经历黯然失色，在时间的源远流长中留下一连串跌跌撞撞的痕迹。这些痕迹是如此复杂多变，我们究竟应该怎样去认识它们，又应该从哪里入手去认识它们呢？列宁明白地告诉我们说：“马克思主义给我们指出了一条指导性的线索，使人们能在这种迷离混沌的状态中发现规律性。这条线索就是阶级斗争的理论。”张先生引领着后学之人，以这条线索为进入，在对历史的探讨过程中深入挖掘个人因素背后的社会根源以及决定个人活动的社会历史规律。这样就抓住了各种社会关系的本质要素，从而揭示出看似纷繁复杂的历史现象的各个层面，把握住了历史发展的清晰脉络。

张先生这部洋洋五十万字的鸿篇巨制，包括了从1840年开始，一直持续到2003年对1982年宪法的第四次修改，这一百多年来中国各个时期的宪法思想与宪政运动的历史，并对其进行了全面的评价。“中国百年宪政的历史，在人类社会发展的长河中，不过是弹指一挥间。但是，它所经历的艰难曲折的过程和复杂的斗争，它所积累的丰富的经验与教训，却是弥足珍贵并具有重要的借鉴意义。”[1]对于中国宪法百年沉积下来的经验教训进行梳理和总结，如此艰辛而伟大的工作需要丰厚的学术积淀、宽广的学术眼界、巨大的学术耐心与责任心以及对于宪法史研究的热情，张先生完成了，因为“中国宪法史是对全民进行爱国主义教育、法制教育的最好课本。中国宪法史也会使人们了解宪法问题发展的规律性，深刻领悟它所提供的历史经验和教训，从而更有信心地建设法治中国的今天和明天。”

一、历史的娓娓长卷

综观本书，一个最鲜明的特点便是写实。书中俯拾皆是的大量历史文献和文稿按照时间的流向串连起来，仿佛一幅悠长的历史画卷在读者面前徐徐展开，真实而又精致。这就使我们惊叹于张先生对于史料的占有和把握的能力。由于历史事件的发生是不可逆转的，我们不可能再重回到事件发生的那一时那一地来还原某一幅画面，因此要研究历史，掌握尽可能多的第一手材料以再现历史的真实原貌是非常重要的，然后再对所占有的材料进行艰苦而又细致的

[1] 张晋藩：《中国宪法史》，吉林人民出版社2004年版，第368页。

研究分析工作，而不能置史实于不顾随心所欲地空发议论。马克思主义就告诉我们，研究历史应当从历史实际出发，从客观史料出发，而不能从固有的结论出发，或从抽象的概念出发。正确的理论是研究历史的指导原则，而不是出发点，只有史料才是研究历史的出发点。史学工作者应当在马克思主义理论指导下，认真地掌握充分的史料，对这些史料进行科学的分析，然后再得出自己的结论。马克思主义经典作家都十分重视对史料的占有，并把史料看成研究历史的前提和依据，反对不研究史料而先有结论的空谈。恩格斯指出："即使只是在一个单独的历史实例上发展唯物主义的观点，也是一项要求多年冷静钻研的科学工作，因为很明显，在这里只说空话是无济于事的，只有靠大量的、批判地审查过的、充分地掌握了的历史资料，才能解决这样的任务。"[1] 先贤孔子也赞同这样的方法，他曾说过："我欲载之空言，不如见之于行事之深切著明也。"[2] 本书正是将大量翔实真切的史料以缜密的逻辑和有力的观点串联起来，向我们展示了近代中国宪法发展的完整历史及其逻辑过程，揭示出个中的潜藏规律，为后学对中国宪法史的研究奠定了基本的思路和基础，指引了前进的方向。

史料的极大丰富翔实是本书一个最大的闪光点。这样的例子不胜枚举，在本书的几乎全部章节都有体现。仅以本书的第二章为例，作者详细讲述了戊戌变法的始末，首先介绍了维新思潮的兴起。在民智未开、保守闭塞而又危机重重的中国，维新派的理论学说无疑起到了一个思想启蒙的作用。这是宪政思潮在中国萌芽的背景。这一部分的写作中大量引用了维新派主要代表人物如康有为、梁启超、严复的政论文章和言论。在这其中我们可以看到维新派对于宪法这一陌生的舶来物的理解和内化。该书列举并分析了康有为的《忧时七上皇帝书》和《请告天祖誓群臣以变法定国是折》、《敬谢天恩并统筹全局折》、《请定立宪开国会折》、《请君民合治满汉

[1]《马克思恩格斯选集》(第2卷)，人民出版社1972年版，第118页。

[2]《史记·太史公自序》。

不分折》、《谢赏编书银两乞预定开国会期并先选才议政许民上书言事折》等百日维新期间上奏的一系列奏章的思想内容，并指出制定宪法问题是19世纪90年代一个崭新的课题，康有为对于宪法的作用已经从总结西方国家宪政历史的经验中有了新的体验，有其积极的部分，比如他的宪法思想中含有宪法是最具有权威的法律、君民同受其位的内容，但是他对于宪法本质的认识依然是模糊的，并未深入理解西方近代的宪政精神。[1] 在戊戌变法时期，师从康有为的梁启超也是制定宪法的鼓吹者。该著作研究了梁启超的《变法通议》、《立宪法议》、《立宪政体与政治道德》、《论立法权》等诸多关于定宪法伸民权的政论，挖掘了梁启超对于三权分立的政治体制的独立认识及其对于民权、法治这些基本概念的理解，其中着重引用了《立宪法议》的精华部分，用这些原始资料向我们清晰地展示了梁启超的立宪思路。张先生认为，梁启超的认识比起康有为要深入一步，已经觉察到宪法在国家政治生活中的作用和在法律体系中的重要地位——他所强调的“法治”，是以制定宪法为前提的；他所主张的君主立宪政体，也要依宪法来确定权限。[2] 书中还引用了维新派中严复的很多言论和著作，指出严复所想“为民而立”的法律虽然是抽象的，但是是他建立新法制主张中最为闪光的部分，在中国宪法历史上具有不容忽视的价值。[3] 总的来说，书中的这一章中通过大量历史资料力证了维新派所设计的一个比较完整的在中国实行君主立宪的蓝图，这是中国近代宪政运动史上重要的一页。

二、敏锐的阶级视角与厚重的实证分析

19世纪70年代中后期宪法思想作为一种全新的意识形态的出现，并不是一个偶然的现象。“自从鸦片战争以后，中华民族遭受西方列强的不断侵略，面临着瓜分豆剖的威胁，以致救亡图存、争

[1] 张晋藩：《中国宪法史》，吉林人民出版社2004年版，第51页。

[2] 张晋藩：《中国宪法史》，吉林人民出版社2004年版，第52页。

[3] 张晋藩：《中国宪法史》，吉林人民出版社2004年版，第59页。

取国家富强，成为中华民族的仁人志士为之奋斗的目标，也是贯穿中国近代历史的一条主线。近代宪法思想的产生与发展，同样也是以救亡图存作为动力的。”[1]这样清晰的认识，正是张先生秉持着马克思主义研究方法的坚定立场，采用阶级分析这个有力而精准的工具总结出来的。阶级分析的方法也是历史学的研究方法之一，当然也可以运用于中国宪法史的研究。马克思主义认为，自从人类划分为阶级，一切社会的历史都是在阶级对立中运动的。因此，研究历史现象就必须揭示他们的阶级内容和阶级实质。马克思在他的著作中提到：“运用这一方法应该做到：重视研究历史上阶级和阶级斗争赖以存在的经济关系，揭露隐藏在政治思想斗争背后而最终起决定作用的阶级物质利益，注意从经济上阐明阶级斗争的特点和规律；对于重大的历史运动、历史事件的研究，要从当时社会经济关系的分析着手，去认识参与其中的各个阶级的政治面貌、立场态度及其力量对比，从而认识该历史运动、历史事件独特的历史风貌；分析一个阶级或社会集团，要从它所代表的经济关系的特点的分析着手，去认识这个阶级或社会集团的政治面貌、思想特点，从而准确把握它的立场、言论和行动；分析一个历史人物，必须从具体的历史事实出发，考察他们的活动对哪个阶级有益；分析一种社会意识形态现象，则也应将其置于当时的生产力状况、经济关系状况和阶级状况中去观察。”基于这种阶级分析的方法和视角，张先生指出，19 世纪 70 年代中后期中国近代宪法思想的萌发和当时中国特殊的经济政治环境是分不开的。在全书总纲性的“绪论”中，张先生就旗帜鲜明地提出中国的制宪目的与西方的不同之处，“西方的宪法所追求的价值和目标是，通过制度的设计来实现宪法对政府权力滥用的控制，并充分保障人权”，中国的宪法理念则不同，中国的宪法倡导者和实践者从中国的国情实际出发，摆在首位的是追求中国国家的富强和民族的振兴，而把西方宪法所追求的民主、人权等价值降到第二位。如果说近代西方的宪法是“人权宪法”、“民主宪

[1] 张晋藩：《中国宪法史》，吉林人民出版社 2004 年版，第 25 页。

法”，那么近代中国的宪法则是“富强宪法”。[1] 这个观点准确地把握了中国整个宪政运动的经线。正是以此为历史线索，著作推演出了中国宪法文化演进的基本逻辑。这种马克思主义的视角，也使我们更加容易理解中国宪法历史上各种纷繁复杂的思潮和运动。而在书中，这样的精辟见解俯拾皆是。比如谈及戊戌变法最终的失败之时，张先生指出，主导这场变法运动的维新派的阶级本质，乃是从地主官僚中转化而来的资产阶级上层。正是基于这样的阶级基础，决定了维新派的经济地位、政治地位以及所受的教育，从而决定了他们不可能超越改良主义的界限。他们把全部政治期望寄托在皇帝身上。他们没有也不可能依靠群众性的斗争，去改良政治、制定宪法、实行法治。[2] 维新派不仅乞求光绪皇帝恩赐宪政，而且幻想取得帝国主义的支持，实现宪政……这种指导思想除了说明维新派对帝国主义的本质认识不清以外，也暴露了他们阶级基础的脆弱。[3] 张先生进而总结出了戊戌变法的本质：戊戌变法不是在中国民族资本主义充分发展、民众的民主觉醒较为普遍的条件下发生的。它是迫于帝国主义亡国灭种的威胁，而由少数先知先觉的官僚士大夫发动的。其基础的薄弱，决定了政治上的软弱，而只能是奉行以君权变法为纲。不仅如此，张先生还看到维新派的阶级利益和政治目标决定了他们对于民主革命是敌视的，因此他们的实质是改良主义。然而，旧事物终将灭亡，新事物必将诞生，随着资产阶级民主革命的发展，民主革命的历史潮流是不可抗拒的，改良主义的君主立宪运动在阶级斗争的大浪冲击下，必然会被淹没。再比如说，在讲述晚清第一个宪法性文件——《钦定宪法大纲》时，著作通过阶级力量的对比分析得出：当时民族资本主义还很微弱，民族资产阶级的阶级力量还处于相对的劣势[4]，因此大纲的内容当中虽然不乏一些积极的方面，比如某种程度上对皇帝绝对权力的否定和对臣民权利

[1] 张晋藩：《中国宪法史》，吉林人民出版社 2004 年版，第 11 页。

[2] 张晋藩：《中国宪法史》，吉林人民出版社 2004 年版，第 69 页。

[3] 张晋藩：《中国宪法史》，吉林人民出版社 2004 年版，第 70 页。

[4] 张晋藩：《中国宪法史》，吉林人民出版社 2004 年版，第 123 页。

自由的明确规定，但它的实质仍然是贵族、地主阶级意志的体现，是维护清朝统治的重要工具。作为中国特定历史条件下的产物的《钦定宪法大纲》，反映了急遽变化中的阶级力量对比关系，和处于危殆的统治者的自救策略，也反映了改良维新与固守传统之间的矛盾与妥协，以及中国本土法文化与外来的西方法文化之间的冲突与融合，因而具有突出的特点，在中国近代宪法史上是首创的第一章。就某些方面而言，也体现了近代宪政的时代要求。[1] 而综观其与之后的《重大信条十九条》所构成的整个晚清立宪的发生，正反映了世界进步历史潮流的推动和国内社会关系的发展，是具有某种必然性的。

这是本书在方法论上所体现的第一个特色。第二个引人注目的特色即是历史实证的方法。本书在占有丰富翔实的史料的基础上，以阶级分析为视角，同时通过实证的方法予以诠释，这样就避免了单纯史料的机械罗列和堆积而没有形成自己的见解，缺乏深度这样一个境况。只有史料的铺陈和编排，最多只能把一个个史实弄清楚，而只有找到各种史实之间的相互联系，才能发现和掌握历史发展的规律性。本书的第七章和第八章采用了直接把一些宪法规范作为叙述和研究的重点的实证方法，来分析新民主主义革命时期的宪政运动。如，书的第七章列举了《中华苏维埃共和国宪法大纲》全文十七条的主要内容，以及《宪法大纲》第二条所规定的“中华苏维埃所建设的，是工人和农民的民主专政国家。苏维埃政权是属于工人、农民、红色战士及一切劳苦民众的……自由的权利的。”对此，作者指出，这一方面是根据地民主政权本质的体现，另一方面也反映了第一次国内革命战争后期，民族资产阶级和上层小资产阶级在帝国主义和国民党政权双重压力下，退出了革命营垒，革命的动力只剩下了工人阶级、农民阶级和小资产阶级的特定的阶级关系。[2] 第八章对于1975年宪法更是本着马克思主义实事求是的精

---

[1] 张晋藩：《中国宪法史》，吉林人民出版社2004年版，第122页。
[2] 张晋藩：《中国宪法史》，吉林人民出版社2004年版，第268页。

神，立足于宪法规范本身进行评价。如，1975年宪法第十五条第二款“中国共产党中央委员会主席统帅全国武装力量”的规定，书中指出这是体现党的一元化领导的极端例证；第十五条第三款规定的“中国人民解放军永远是一支战斗队，同时又是工作队，又是生产队”，书中指出这种严重缺陷不属于立法技术问题，而是表现了浓厚的文革时代的特色。[1]对于1975年宪法正式取消了国家主席的设置这一状况，书中指出：“一个世界上人口最多的泱泱大国，竟然没有自己的国家元首，这说明文革时期的国家政治生活完全处于极不正常状态，在中外宪法史上也是绝无仅有的。”[2]在论述中，还采用了将其与1954年宪法进行比较研究的方法，从规范分析的角度来体现极“左”的路线对于宪法发展所造成的影响，使我们能从中总结出宝贵的经验教训。比如，关于两部宪法对于公民权利规定的比较分析，1975年宪法将其由1954年宪法的十三条缩减为两条，取消了“公民在法律上一律平等”的原则和国家对公民享有的基本权利的保障性规定，却相应地规定了“无产阶级必须在上层建筑其中包括各个文化领域对资产阶级实行全面专政”等，以此充分说明了在那个时代公民的权利是没有任何保障的。书中还从宪法的形式、整体结构和体例、文字的运用等方面，实证地分析了1975年宪法最终落到“这个荒唐时代的荒唐宪法只能被扫进历史的垃圾堆”的下场的深刻原因。这种比较分析的方法还见诸于本书很多地方。比如，在研究抗日战争时期新民主主义理论的时候引用了根据地制定的宪法性文件，将《陕甘宁边区施政纲领》与苏区《宪法大纲》作了比较研究，重点论述了两个宪法性文件在政权建设、民族政策、人民权利保障、经济制度等方面的不同，展现了前者对于后者是一个继承和发展的关系，从而揭示出抗日民主政权制宪成果的历史地位和作用。由上可见，书中自始至终坚守的阶级分析和实证分析的方法，正体现了马克思主义实事求是的精神。

[1] 张晋藩：《中国宪法史》，吉林人民出版社2004年版，第342页。

[2] 张晋藩：《中国宪法史》，吉林人民出版社2004年版，第341页。

三、观点和逻辑的激荡

本书在精致的历史描绘和厚重的实证之外，亦有观点和逻辑的激荡。“绪论”就已明确提出，中国近代宪法文化的发生，可以说是西学东渐的结果，当西方的宪法文化与中国的传统文化和特定的时代要求相交汇以后，不可避免地出现某种程度的变异，因此通过中西宪法文化的比较，把握近代中国对宪法概念的独特的理解，以及宪法的价值追求和基本过程，进而揭示中国宪法历史的发展规律，是十分重要的。[1]那么，这个规律究竟是怎样的呢？它到底与西方有着怎样的区别？本书从宪法的源起开始分析这一逻辑过程，认为从宪法的实质性内涵分析，真正具有近现代意义的宪法是资本主义经济关系、民主政治和法律体系获得一定程度发展之后的产物，因此近代意义的宪法是从西方文明的土壤中生长起来的。[2]虽然“宪法”这个词语在中国古代的典籍中早有出现，但是张先生指出，其语义与近代的宪法概念有着质的区别。这就引出了宪法的核心问题之所在。近代意义上的“宪政”的精髓，乃是制定一部宪法来限制国家权力、保障公民权利，而通过对《尚书》、《管子》、《韩非子》、《墨子》等典籍的考究，得出结论：除了在形式上包含了某种“根本法”的意义以外，中国古代“宪”的语义中与“民主”、“人权”等宪法概念没有任何的内在关联。[3]近代中国被封闭的土壤里，并没有宪法的种子。鸦片战争之后在中国大地上出现的宪法概念，纯粹是西方的舶来物，对于中国则是一个全新的事物。种子生长的土壤不同，结出的果实自然就不一样。用张先生的话来说，西方的宪法文化输入中国以后，便被近代中国知识分子置于中国社会背景下进行了某种改造，才形成了中国自己的宪法思想和追求宪政的实践。特定的历史条件决定了中国的宪法文化有着不同于西方的性质。这种差别主要不是表现为法制文明的程度，而是中国有着

[1] 张晋藩:《中国宪法史》，吉林人民出版社 2004 年版，第 1 页。
[2] 张晋藩:《中国宪法史》，吉林人民出版社 2004 年版，第 1 页。
[3] 张晋藩:《中国宪法史》，吉林人民出版社 2004 年版，第 7 页。

自己的宪法价值追求。[1]近代中国所追求的宪法价值是富强。本书按照时间顺序详细分析了近代各个时期的立宪活动以及出台的宪法性文件，总结说，近代中国出现了三种突出的取向各不相同的宪法，分别是以预备立宪为代表的君上大权、以孙中山为代表的民主共和以及军阀特权的政治取向，表现了近代中国不同历史时期阶级力量对比关系所呈现的差异。但是，差异不能掩盖一个共同特征，那就是近代中国的制宪者都将推动和促进中华民族的富强和独立作为立宪的首要目标。[2]这就区别于西方宪法所追求的民主、人权等价值目标。这是受救亡图存、摆脱民族危机的国情所决定的。近代中国的宪政运动，摆在第一位的必须是张国权，摆在第二位的才是伸民权，而且前者是实的，后者是虚的。[3]新中国成立之后，第一位的目标已经实现，立宪的指导思想需要与时俱进，随着党和国家方针政策的转变，新的时代需要的是将近代以来制宪者所追求的富强梦想与实现民主、文明的现代需要结合起来，制定新时期的宪法，可称之为“小康宪法”。[4]综观中国宪法发展的历史，即从“富强宪法”到“小康宪法”的逻辑演进过程。

事物发展的规律被探索出来之后，如何利用这个规律来认识世界进而改造世界、创造未来，这是一个崭新的课题。“往者不可谏，来者犹可追。”研究历史的意义不仅仅在于历史本身，更重要的是如何以史为鉴。这也是本书的一个核心的问题意识。宪法的价值，主要在于适用，而不是形式上的完美。历史的经验证明，制定一部在条文上较为完美的宪法并非难事，而要把它变成适用于国家活动中的“真正的宪法”，却是难事。[5]制定宪法固然为宪政所必需，但更重要的是行宪。从某种意义说来，行宪是建立宪政的基本途径，是加强民主政治的必由之路。通过行宪，才能将国家的民主制度和

[1] 张晋藩：《中国宪法史》，吉林人民出版社 2004 年版，第 7 页。
[2] 张晋藩：《中国宪法史》，吉林人民出版社 2004 年版，第 10 页。
[3] 张晋藩：《中国宪法史》，吉林人民出版社 2004 年版，第 369 页。
[4] 张晋藩：《中国宪法史》，吉林人民出版社 2004 年版，第 14 页。
[5] 张晋藩：《中国宪法史》，吉林人民出版社 2004 年版，第 369 页。

> 人民的民主权利落到实处，才能发挥宪法在指导、规范和充分推进社会主义现代化建设中的重大作用。[1] 而宪法的核心价值在于它为人权提供基本的保障，正如列宁所说，它是“一张写着人民权利的纸”。因此，行宪的核心问题也正是在于切实地保障人民的权利。张先生认为，必须使民主、人权等成为现代中国立宪的基本指向。[2] 而这样的观点也是符合时代发展的潮流和趋势的。
>
> 综上所述，张先生的两本著作在逻辑上一脉相承，内容上层次分明地反映了中国立宪运动的演进过程和内在规律，无论从材料的极尽丰富、方法论的科学抑或观点的深刻方面来说，都无愧于中国宪法史研究的一部巨著。尤其是书中一以贯之的阶级分析方法的运用，首次开启了以马克思主义的研究方法治宪法史的时代，在中国宪法史研究的领域里开辟了一条马克思主义的新路径，对于后学的继续研究提供了广阔的视野和科学的思路，在中国宪法史的研究方面具有极为重大的意义。在中国宪法史研究发展的道路上，每个时代都有一个无法超越的巅峰，而张先生既是开创以马克思主义的方法研究中国宪法史这个时代的奠基者，同时又是领航者。

2011年，为纪念辛亥革命百年，我撰写了《辛亥革命百年话法统》一文，其中论述了《中华民国临时约法》确立了民国的法统，由此而产生了毁法与护法的法统之争。文章最后强调了1949年建国前夕通过的《中国人民政治协商会议共同纲领》和1954年《中华人民共和国宪法》奠定了人民民主专政的法统，向全世界昭告了中国共产党领导国家的合法性的依据。

---

[1] 张晋藩：《中国宪法史》，吉林人民出版社2004年版，第370页。

[2] 张晋藩：《中国宪法史》，吉林人民出版社2004年版，第11页。

中华法系研究的承接与开拓

中华法系研究的承接与开拓

一、中华法系形成的社会历史根源

新中国成立以后，在左的思想影响下，认为只就法律形式上的差异而简单划分成若干系统的法系，未能触及法律的实质，是不科学的，故而很长一段时间无人涉猎中华法系问题，更遑论著述。1980 年厦门大学陈朝碧教授发表了《中华法系特点》一文，刊载于 1980 年《政法研究》第 1 期，重新开动了中华法系的研究。1980 年，《法学研究》第 4 期发表了我撰写的《中华法系特点探源》一文。此文的重点不在于阐述中华法系的特点，而在于阐明形成中华法系的社会历史根源。我认为，形成中华法系的特点的社会历史根源：

首先，与中国所处的自然地理环境有关。地理环境虽不是社会发展的决定性因素，但却是社会存在与发展的必要的和经常的条件之一，它对某个民族社会制度和政治历史特点的形成，有着不可忽视的意义。这就是为什么恩格斯写《爱尔兰史》一书，把地理环境列为第一章的原因。中华民族所处的地理环境，一方面，使得文明发达较早，规定了中国奴隶制国家形成和发展的途径；另一方面，也深刻地影响着封建社会的经济和政治。中华法系之所以长期未受外来因素的影响而改变或中断，以及它在陈陈相因的缓慢发展中所表现出来的保守性、连续性和特殊性，都是与中华民族所处的地理环境分不开的。

其次，与生产方式的特点有关。任何一种法律关系都植根于社会物质生产的方式。中国奴隶制时代最主要的生产资料——土地采取国有形式，所谓“溥天之下，莫非王土；率土之滨，莫非王臣”[1]。中国奴隶制解体和封建社会形成的过程，就是从打破土地国有制、确立土地私有制开始的。封建的生产关系对中华法系有哪些影响呢？第一，封建生产方式的封闭性决定了法律纵向传承的保守性。第二，在自然经济占主要地位的封建社会里，“一家一户就是一个

[1]《诗经·北山》。

生产单位”，从而决定了家长制家庭的长期存在，他们是专制政治制度的重要支柱。

最后，与宗法血缘纽带的作用有关。在宗法制度下，调整伦常关系的伦理法是主要的法律形式，它带有礼法结合的特点。

二、中华法系特点再议

1984 年，我在《政法论坛》第 4 期上发表《再论中华法系的若干问题》一文。此文分四个部分：（1）中华法系的概念；（2）中华法系的断限，亦即起讫年代；（3）中华法系的特点；（4）研究中华法系的意义。此文重点在探究中华法系的特点上。经过几年的研究与思考，我将中华法系的特点概括为以下六点：（1）以儒家学说为基本的指导思想和理论基础，但也融合了法道墨释的某些思想因素和教义；（2）“出礼入刑”，礼刑结合；（3）家族本位的伦理法占有重要地位；（4）立法与司法始终集权于中央，司法与行政合一；（5）法典编纂体例上的诸法合体、民刑不分与法律体系上的诸法并存、民刑有分；（6）融合了以汉民族为主体的各民族的法律意识和法律原则。[1]

我在此文中，提出了中华法系在文化上的多源头，区分了法典的编纂体例与法律体系的不同，论证了中华法系是以汉族为主体各民族共同缔造的。这三点，是民国时期中华法系论著中没有提到的。

三、重塑中华法系的思考

在进入 21 世纪前的世纪之交，中国共产党发出了“中华民族伟大复兴”的号召。在这样的历史背景下，我于 1999 年在《南京大学法律评论》第 11 期发表《重塑中华法系的几点思考》，后又于 2001 年在《政法评论》发表《重塑中华法系与中华民族的伟大复兴》。此二文的中心思想在于论证中华民族的伟大复兴首先是文化的复兴，在文化复兴中中华法文化的复兴又是重要的一部分，而中华法文化的复兴又以复兴中华法系为集中体现，故而提出重塑中华法

[1] 张晋藩：《再论中华法系若干问题》，载《政法论坛》1984 年第 4 期。

系问题。但重塑绝非复旧，“而是将现实性与历史性相结合、世界性与民族性相统一，特别是复兴中华法文化固有的超越时空的理性思维成果与伦理道德精神，以显示中华民族的伟大创造力和中华法制文明的杰出价值。”[1]

“中国是一个具有深厚法文化底蕴的国家，在中华法系形成的过程中，很少融合外来的法文化。中华法系的变异是内部各派法文化相互排斥、吸收与融合的结果，因而带有十足的民族性、本土性。”

“重塑的中华法系绝不是保守的、排斥外来文化的，相反，只有融入现代优秀的法文化，才能使重塑的中华法系具有现代的特点。”

“如果说中华民族曾经以其优越的法文化长期滋润过东方世界，它也必将以其所拥有的更加丰富的法文化，而傲然自立于世界进步的法制之林。”[2]

四、民国时期中华法系研究成果评介

2007年，为了使年轻学者了解民国时期法学家关于中华法系研究的成就与得失，我撰写了《中华民国时期中华法系研究述评》一文，后做了一定的修改。摘要附后：

> 中国学者研究中华法系，首推梁启超。戊戌变法失败以后，梁启超亡命日本，潜心研究日本出版的世界法律著作，并于1904—1905年撰写了一系列法学论文。其中，最著名的有《中国法理学发达史论》、《论中国成文法编制之沿革得失》两篇长文。在《中国法理学发达史论》一文中，第一次从中国学者的角度提出了法系问题。该文说：“近世法学者称世界四法系，而吾国与居一焉，其余诸法系，或发生蚤于我，而久已中绝；或今方盛行，而导源甚近。然则我之法系，其最足以自豪于世界也。夫深山大泽，龙蛇生焉，我以数万万神圣之国民，建数千年绵延之帝国，其能有独立

[1] 张晋藩：《重塑中华法系的几点思考》，载《南京大学法律评论》1999年第11期。

[2] 张晋藩：《重塑中华法系与中华民族的伟大复兴》，载赵相林主编：《政法评论》（2001年卷），中国政法大学出版社2001年版。

伟大之法系，宜也。”[1]而在《论中国成文法编制之沿革得失》一文中，又提到“我国之法系，其中一部分，殆可谓继受苗族之法系而来”[2]，以及“故高丽日本安南诸国，皆以彼时代继受我之法系”[3]。

至20世纪30年代中期，在民族文化复兴的热潮中，中华法系的研究成为讨论的热点，遗留下数本研究中华法系的专书以及十数篇专门论述中华法系的论文。以下，对民国时期中华法系主要研究成果加以评介：

民国时期学者除程树德在《中国法制史》（商务印书馆1934年版）中列专章叙述中华法系外，丁元普著《中国法制史》（上海法学编译社1930年版）、杨鸿烈著《中国法律发达史》（商务印书馆1930年版）、秦尚志著《中国法制及法律思想讲话》（重庆史学书局1944年版）中也都自觉提及中华法系。其中，以杨鸿烈《中国法律对东亚诸国之影响》和居正《为什么要重建中国法系》两书可为代表。

杨鸿烈（1903—1977），云南晋宁人。毕业于国立师范大学外文系，后入清华大学国学研究院研究历史，师从梁启超，又受教于王国维等，国学素养深厚。先后任教于天津南开大学、上海中国公学、北京师范大学、云南大学、河南大学。1934—1937年，留学日本东京帝国大学，获博士学位。杨氏通晓多种外文，游历甚广，这使他的眼界和中西文功底要高于其他学者。他撰写的《中国法律对东亚诸国之影响》，集中阐述了他对中华法系的见解。他希望东亚法家均能回顾数千年来我祖宗心血造诣之宝贵财产，不惟不至纷失，且能更进一步力采欧美之所长，斟酌损益，创造崭新宏伟之“中华法系”。杨氏在叙述了中华法系的巨大影响之后，呼吁珍惜祖宗遗产，发扬光大，创造一崭新东洋法系。

[1] 范忠信：《梁启超法学文集》，中国政法大学出版社2000年版，第69页。
[2] 范忠信：《梁启超法学文集》，中国政法大学出版社2000年版，第124页。
[3] 范忠信：《梁启超法学文集》，中国政法大学出版社2000年版，第147页。

居正（1876—1951），湖北广济县人。早年赴日本留学学习法政，并参加同盟会，追随孙中山先生开展革命活动，后任南京国民政府代理司法院院长，并兼任最高法院院长。他曾撰写《为什么要重建中国法系》一书，成为民国时期研究中华法系的重要著作。他针对社会上以及法学界对待法制言必称欧美、崇洋媚外的风气，试图纠正偏颇，不使国人数典忘祖，为此振臂高呼重建中国法系。他深情地说："我们生于斯，长于斯，聚国族于斯，数典而忘其祖，怀宝而迷其邦，是殆不仁不智之甚。"[1]他认为，中华法系以儒家学说为指导或者说以儒家学说为哲学基础，这是整个东亚古代文明的特点，由此而形成了蔚为世界一大法系的中华法系。居正提出的"重建中华法系"的主张，几乎成了民国时期研究中华法系的学者内心共同的呼声。为了避免与"提倡复古"相提并论，居正特别指出，此重建是"要以革命的立法，进取创造，为中国法系争取一个新的生命，开辟一个新的纪元"。[2]他提出四点意见：其一，由过去的礼治进入现代的法治；其二，由农业国家进入农工业社会国家；其三，由家族生活本位进入民族生活本位；其四，以三民主义为最高指导原则。此书就学术性而言，不如杨鸿烈之书，但他着眼于现实，他的复兴中华法系的见解，在当时的法律界具有一定的代表性。

有关中华法系的论著，除以上两本专著外，还有一系列论文问世，如丁元普著《中华法系之成立与将来》。

丁元普（1888—1957），浙江萧山人。早年曾赴日本早稻田大学研习法律，毕业回国后曾做过法官，1933年9月任上海复旦大学中国法制史教授、大夏大学法学教授，解放后任上海文史馆馆员。在20世纪30、40年代中国文化复兴浪潮中，他是比较积极的一位。"复兴中华法系之精神"的口号，就是他最早提倡的。为此他写了

[1] 居正：《为什么要重建中国法系》，载《居正文集》，华中师范大学出版社1989年版，第468页。

[2] 居正：《为什么要重建中国法系》，载《居正文集集》，华中师范大学出版社1989年版，第492页。

一系列研究中华法系的论文，除《中华法系之成立与将来》外，还撰写《中华法系与民族复兴》一文，载于《中华法学杂志》1937 年 1 卷 7 期。《中华法系之成立与将来》刊载于《现代法学》1931 年第 1 卷第 4-5 期，作者着重从两个方面进行叙述：其一，“法律哲学之原理原则”；其二，“历代法典之因革”。丁氏认为，阐明中国古代法律哲学之原理原则，正是为了从根本上传承中华法系之精神，只有如此才有复兴的可能。他还认为，影响我国固有法律的变革观念是“礼刑一致”，“要之吾中华法系传统之精神，固由于礼刑一致之观念，而其进展之途径，实由宗法而扩大为国法（观刑律服制图及婚姻户役诸篇可见）。”[1] 本文较之其他中华法系研究者最大的区别在于它已经超越罗列史料的做法，重点不在于描写中华法系发展的过程和其间出现的现象，而是注入了法哲学思辨的色彩，比起纯粹描述性的中华法系研究，不能不说是一大进步。

程树德（1877—1944），福建闽县人。清末获举人功名，后留学日本，毕业于日本法政大学法律科，回国后曾任晚清授翰院编修。民国时期，历任北京大学、北平大学法学院以及清华大学政治系教授。一生从事国际法、宪法、中国法制史研究。他曾撰写《论中华法系》一文，载于《法律评论》1934 年第 11 卷第 19 期。作者在文中阐述了写作的缘由：1933 年秋，美国哥伦比亚大学教授毕格氏来华向作者询问中国旧律要旨，认为：“你们中国人自己也有治理国家的良法，何必一一模仿外国人呢？”受此启发，作者决定撰文以讨论旧律特征。作者虽称此文“拉杂简单，都无条理”，但实际上言简意赅、条条切中肯綮，尽显法史学大家之风范。文章首先纠正一种认识，即中国法系的衰弱是由法系本身的问题所造成的，并认为“法系之盛衰，与国家之强弱为正比例。中国国运不振，故法系随之而微，非必其法系之果不善也”[2]。因此，作者相信随着中国国力的恢复，中华法系必有复兴的一天，并认为一味崇洋媚外、丢弃

[1] 丁元普：《中华法系成立之经过及其将来》，载《现代法学》1931 年第 1 卷第 4-5 期。
[2] 程树德：《论中国法系》，载《法律评论》1934 年第 11 卷第 19 期。

祖宗遗产而习西法的做法是弃琬琰而宝赋砆。为了说明中华法系是“琬琰”，作者总结了中国法系的特点，如立法目的根据道德礼义、缺乏缜密的诉讼法、以家族为本位等。程树德此文最大的特色，在于他没有以欧洲中心论的观念来审视中国旧律，也没有因为中华法系暂时的挫折而意冷心灰，而是将法律规定紧密联系中国旧时社会现实，指出其法律规定的合理性。最后，他表达了光大中华法系应负的责任。

陈顾远（1896—1981），陕西三原人，是中国法制史学不可绕过的人物之一，也是一位比较全面的法学大家。陈顾远 1923 年毕业于北京大学，之后从政，公务之余先后在复旦大学、中央大学、上海大学法学院等校兼授法学课程；1949 年随国民党政府去台，著有《中国法制史》、《中国文化与中国法系》等作品。陈顾远所撰《儒家法学与中国固有法系之关系——关于中国固有法系回顾之一》一文，载于 1936 年《中华法学杂志》新编第 1 卷第 3 号，是作者研究中华法系的代表作。作者在文中对中华法系昔日的辉煌表示肯定态度，既而对民国政府立法抄袭西方亦表示不满。为了建立中国本位新法系，作者认为必须研究中国法系之制度及思想，即儒家思想。作者围绕着儒家法学的核心观念“礼刑合一”展开论述。这个观点是当时法制史学者共同的认识，但他就礼法关系作了较为细致的分析。他认为，中国民法的不发达和儒家法学重“礼治”观念相关。他强调，儒家法学的贡献不在于表面现象，而在于其内在的对于世道人心的影响力。如果离开儒家思想文化，中华法系何以成为世界一大法系而卓立于世？！他认为，今天的法律改革不必要全部肃清儒家思想之影响，而应当继承之，发扬之，就形式方面多加改造可也。除本文外，陈氏还发表了《家族制度与中国固有法系之关系——关于中国固有法系回顾之二》和《天道观念与中国固有法系之关系——关于中国固有法系回顾之三》，论证了家族制度和天道观念对中华法系的影响。

除上述杨鸿烈、居正、丁元普、程树德、陈顾远等诸家论述外，当时撰文探讨中华法系相关问题的还有高维廉、薛祀光、李次山、马存坤、王汝琪、蒋澧泉、刘陆民、陈鹏、李景禧、张天权、曹德成等学者。

民国时期，关于中华法系研究的成就，主要表现为三点：其一，界定了中华法系在世界法系中的地位。民国时期中华法系研究者们立场不同、角度各异、成就不一，但是有一点却是共同的贡献，就是界定了中华法系在世界法系中的地位。原来中华法系只是外国学者为将世界法系分类而提及，并未专门撰文研究中华法系。传到中国以后，立刻成为法学研究中的热点，不断有作者撰文讨论，使得中华法系问题越辩越明，也使得中华法系研究超越法律史学领域，而成为法学界、思想界乃至整个文化界共同关注的热点。这些研究振奋了国人的志气，也冲击了原本在法学界存在的崇洋媚外的习气。更重要的是，它使国内知识界都知道中华法系的存在，并且曾影响到整个东亚世界，从而振奋了民族自信心和自豪感。其二，梳理了中华法系的源流演变。民国时期中华法系研究者们不仅仅是法律史学研究者，也包括了部门法学研究者以及司法实务界精英。正是这许多人的参与，使得中华法系的源流演变被梳理得异常清楚，使得世人对中华法系的了解更为全面。这些成果无论是对司法实务、世道人心，都不无启迪作用，可以说是中华法系研究的一大成就。其三，为重建中华法系提供了思想模板。民国时期中华法系研究者们大都有着很强的现实关怀，他们中的许多人并不是为学术而学术，而是期望学术研究能促进法律的改革和进化。他们研究旧中华法系，苦心孤诣地找出旧中华法系与新中华法系对接的可能之处。他们分析中华法系的特质，找出导致中华法系滞后的因素，使得中华法系能够革除弊端，焕发新生，裨使其立于当今世界法系之林。这是研究者们最伟大的贡献。

至于存在的问题，主要有三点：其一，简单比附。这是研究中普遍存在的现象。民国时期，大部分学者接受的已经是新式法学教育，他们所用的教材、名词、术语都已经属于现代法学；不少作者还求学于海外，受现代法学熏陶甚深，而国学功底则相对欠缺，对古词古文难免望文生义，所以简单地将古法规定与欧美新学加以比附。例如，用《周礼》中的一些制度对比现在的民主制度，然后宣称这些制度中国古已有之。又如，用西方自然法学派来比附古代儒道诸家。这些做法当时就引起了一些研究者的反感，李景禧就专门撰文批驳。从学术角度来看，的确是民国时期中华法系研究的一大弊端。其二，内容重复较多。不论是史实，还是观点、思想，都有重复之处，以至降低了民国时期中华法系研究的整体质量。其三，受政治影响较大。中华法系研究之所以成为热点，是与当时的政治形势密切联系着的。民族情感凝聚的文章，备受欢迎，也鼓舞了研究者加入到这个领域中来。但是也带来了负面效应，就是将中华法系的研究当作政治思想的载体。其中，有的宣扬三民主义，抵制甚至贬损其他的思想。更有甚者，还在文章中将共产主义思想摆在了爱国主义思想的对立面[1]，大有只要不信奉三民主义者，均是卖国贼的味道。这样的政治气氛，不利于研究工作的开展。

尽管存在着某些不足，但就民国时期中华法系研究整体而言，依然是瑕不掩瑜。就学术质量本身而言，杨鸿烈《中国法律对东亚诸国之影响》、陈顾远关于固有法系的三篇论文，堪称是中华法系研究的高峰。就学者的爱国热情而言，那种“位卑未敢忘忧国”、为中华法系的复兴殚精竭虑的赤子之心，也足以为后学所景仰。

我撰写《中华民国时期中华法系研究述评》的目的是便于年轻的学子了解前人研究中华法系的艰辛历程，限于篇幅，许多学者不能一一介绍，因此难免有挂一漏万之处。

五、中华法系的价值与研究的意义

中华法系之所以长期屹立于世界著名法系之林，就在于：

（一）中华法系体现了中华法文化的博大精深，可以看作是中华法制文明的集中代表

[1] 尚爱荷：《新中国法系的重建与三民主义》，载《中华法学杂志》1948年第7卷第6期。

中华法系在漫长的形成与发展的过程中，不仅积淀下深厚的法文化底蕴，也表现出不同历史阶段法制文明的进步。它的惊人的感染力和渗透力，不限于国内，也影响着周边的国家和地区。从唐朝起至明清，反映中华法系的制度、思想文化笼罩了朝鲜、越南、日本、琉球等国家和地区，使得这些国家和地区的法律制度、社会风气乃至生活习惯都带有中华法系的烙印，从而形成了一个儒家学说为主导的法文化圈。所以，中华法系不仅是中国法文化宝库中的财富，也被世界公认为体现人类社会进步与法制文明的瑰宝。正因为如此，中华法系不仅具有民族性，也具有世界性。真实的历史发展过程，雄辩地说明了中华法系的价值。

（二）中华法系是中华民族理性与智慧的结晶和伟大创造力的体现，包含了许多跨越时空的合理性与民主性的制度因素和丰富的思想资源

中华法系虽然是中国古代的法系，但其主流却是中华悠久文化中的民主性精华，不因时代久远而淹没其光彩。所谓“重塑中华法系”，说到底，就是将中华法系的优秀成果有机地融入到现实的法制建设中来。因此，重塑不是复旧，而是创新，是走中华民族自己的路，同时也吸收世界优秀的法制文化。清末以来照搬照抄外国法律，不是建设中国本位新法系的可行之道。如果以理性的态度重新审视固有的中华法系，可以发现其中确有为新时代价值取向的内涵，不仅可以提供当前的社会主义法制建设所需要的宝贵思想文化资源和历史借鉴，而且可以增强中华民族的自信心和自豪感。

（三）中华法系是生成于中国本土上的一个法系，源远流长，具有强大的生命力

世界上曾经出现过许多法系，但在漫长的发展过程中或者因汇入其他法系而慢慢地消弭，或者因国家的灭亡而灭亡，或者因许多复杂的原因而中断。只有中华法系，经过数千年的发展，始终不曾中断。这种悠久性、完整性、系统性、典型性，是世界上其他法系所不具备的，是研究东方文明古国法系的最具代表性的范例。

（四）中华法系的命运是和古代中国的命运紧密联系在一起的

国家的存在与持续发展是中华法系的强大支持力量，而中华法系又对国家

的稳定与兴盛发挥着重要的作用。例如，中华法系对于维护国家的统一发展、保持社会的和谐稳定、调整基于国情民风而形成的民族文化心态、构建体现民族特性和文化特征的制度与措施、确立政令畅通的管理体制与吏治机制、实现以礼为主导的综合治理的管理模式与社会控制工程等，都是统一多民族的中国的强盛之由。由此可见，中华法系之所以具有强大的生命力，不是偶然的。

研究中华法系，就是要揭示传统法律在保持国家的统一发展与社会和谐稳定方面的积极作用，总结传统法律在发挥上述作用中的规律、经验和教训，论证中华法系中代表民族特性和文化特征的理念、精神和制度。这对于建设当代中国和谐社会具有重要的历史借鉴意义。

研究中华法系，还显示一种导向，即珍视历史遗产，珍视中华民族的智慧、理性与伟大创造力，从而增强民族自豪感与建设一个伟大中国的自信心。历史是客观的实在，是任何人都不能抹杀和改变的。历史又是现实的源，没有历史的中国就不会有今天的中国，历史的长河是任何人也斩不断的。从中华法系所展示的中华法制文明的真实进程，足以使中华民族子孙感到骄傲。

研究中华法系，需要理性的态度，实事求是地剥离出中华法系中的优秀成果，并在此基础上加以改造更新，使之与法制文明的时代发展相契合。重塑的中华法系，是历史的，也是现实的；是民族的，也是世界的。复兴中华法系将是中华民族伟大复兴的重要组成部分，并对构建现代和谐社会发挥积极的影响。和谐社会是古人的理想，也是今人的追求，因为它是利益协调、公平正义的社会，是安定有序、民主法治的社会，是诚信友爱、充满活力的社会，是各种关系处于融洽稳定状态的社会。历史充分证明了中华法系对构建古代和谐社会的重要价值。例如，以人为本，肯定人的价值的法理念与法律规定；人与社会、人与自然和谐的社会观、天道观、法律观；以礼为核心，礼、乐、刑、政综合为治的政治导向；法与道德相互支撑，法、理、情三者统一的伦理法制；事断于法、援法断罪、赏当其功、罚当其罪的法律平等观与法治观；法治与治吏互补，明职课责，严格官吏的法律责任；保护鳏寡孤独、老幼妇残等社会弱势群体的恤刑原则；依法调整经济关系，使经济运行有序；以法定权力抑制习惯权力，限制官僚贵族的特权，防止社会矛盾激化；以调处息讼，减少讼累，维持社会的稳定与家族邻里的和睦。等等。由此可见，中华法系的复兴与和谐社会的构建有着密切的联系。

倡议和推动中国法文化史研究

倡议和推动中国法文化史研究

一、研究中国法文化的提出

20世纪80年代末90年代初，“文化热”席卷神州大地。1984年10月，梁漱溟和北京大学的冯友兰、张岱年、季羡林等几位教授发起，联合海内外数十位著名教授、学者，共同创建了一个民间的学术研究和教学团体——中国文化书院。我被聘为书院的教授。在书院中，我首倡开展法律文化史的研究，认为法律文化是中国文化中不可或缺的一支奇葩，但长期以来似乎一直未受重视，而实际上，“中国法律文化同样是源远流长、丰富多彩，是世界法律文化史上闪光的一页，其上限可以追溯到舜禹时代。在漫长的发展过程中，不同时期虽各有不同的特点和时代的烙印，但总的说来一脉相承，历经数千年而绵延不绝。这在世界法律文化史上也是少有的。”[1]

在文化书院一次会议上，我作了《简谈中国法律文化》的一个报告，从此开启了研究中国法文化史的风气。这篇报告后来发表于1991年3月19日的《人民日报》海外版上。我在该文中，概括了中国法律文化的主要特色：

其一，中国古代以农业立国，因此历法、田律较为发达，很早便构成了中国古代法律的重要内容，而且不断地丰富；

其二，在宗法制度与观念的统治下，家与国相通，亲与贵合一，因此中国古代的法律构成，于国家制定法外，还存在着适用于家族内部的家族法；

其三，礼与法结合，礼由敬神祈福的意识发展成阶级社会的统治手段；

其四，中国古代著名的学派——法、儒、释、道的学说，从法律文化的角度看，逐渐由分立对抗而趋于融合混一，形成了一种综合性的法律文化；

其五，中国自古以来就是统一的多民族国家，在丰富的法律文化中也融合了各民族的贡献；

[1] 张晋藩：《简谈中国法律文化》，载《人民日报》（海外版）1991年3月19日。

其六，中国古代的法律文化曾经在相当长的时期处于领先地位；

其七，在汗牛充栋的古文献中，蕴藏着辉煌多彩的法律文化资料；

其八，中国古代法律文化在大一统的专制主义中央集权的政治制度与闭关锁国政策的影响下，既有统一性、包容性的一面，又有孤立性、排他性的一面，随着封建专制主义中央集权制度的长期延续，又不可避免地带有保守性。

后来我所论述的法律文化，很大程度上都是在这八个方面的基础上进一步深化、阐发、归纳总结而已。我研究法文化的目的不在于钻故纸堆，而是有其强烈现实意义，“对于中国传统的法律文化既要批判，也要继承，要从浩瀚的法律文化资料中吸取精华，为当前的法制建设和精神文明建设服务。”[1]

1991年5月，我在《政法论坛》上发表了《中国古代法律文化论纲》一文。此文是《简谈中国法律文化》的“详版”，其特点在于为上述的观点提供论据。例如，关于农业文化反映在法律文化上的特点，概括为以下几点：通过法律的形式确认长期推行的重农抑商的政策；追求大同与小康的理想境界，寄希望于圣君贤相的出现。该文还有一大补充，就是增加了中西法律文化发展进程比较。这是法学界较早进行中西法律文化比较的一个尝试。首先，从思想基础来看，中国法律文化是以大一统的封建思想为基础的，而西方法律文化的思想基础是个人主义；其次，从经济基础来看，中国法律文化是以自然经济为基础的，而西方则是以商品交换为基础的；最后，从社会基础来看，中国法律文化重视血缘伦常关系，带有某种排他性，而西方法文化具有开放性。尽管这样的比较并不全面，但是却显示了一种比较法文化的思路。

1995年，我在《政法论坛》第3期上再次发表了《论礼：中国法文化的核心》一文。该文和1998年发表在《社会科学战线》第3期的《论礼》，可视为我研究古代礼的代表作。两文主旨大略相同，但后者较前者有较大的深化和补充。

首先，讨论礼的产生。礼最初体现为原始社会习俗的带有宗教性质的仪式，后来随着原始民主制的解体、阶级社会的形成，礼逐渐发展为以国家权力为后盾的由法律强制实施的行为规范。

其次，讨论礼的作用。认为其作用不外乎一者为人与禽兽、文明与野蛮的

[1] 张晋藩：《简谈中国法律文化》，载《人民日报》（海外版）1991年3月19日。

分异点；二者为别贵贱、序尊卑，确定秩序；三者为经国家、定社稷，提供方略；四者为规范人们的行为提供指南和评判是非的标准。

再次，讨论了引礼入法的实践。例如，先秦由儒法对立到汉代的儒法合流的过程；论述引礼入法的途径：从总结秦亡的教训中为引礼入法制造舆论；通过参与立法和注释现行法律，输入儒家礼的精神；“春秋决狱”将儒家的礼适用于司法实践。

最后，讨论礼法结合问题。从汉末至隋唐，这个过程一直在延续，至《唐律疏议》最后定型。从而得出结论：“可见，礼的等差性与法的特权性是一致的，礼法互补。以礼为主导，以法为准绳；以礼为内涵，以法为外貌；以礼移民心于隐微，以法扬善恶于明显；以礼渲染恤民的仁政，以法昭彰治世的公平；以礼行法，减少推行法律的阻力，以法明礼，使礼具有凛人的权威；以礼入法，使道德法律化，法由止恶而兼劝善，以法附礼，使道德法律化，出礼而入于刑。凡此种种，都说明了礼法互补可以推动国家机器有效地运转，是中国古代法文化的传统，也是中华法系最鲜明的特征。”[1]

此后，我继续对法律文化进行探索与研究，表现在《综论独树一帜的中华法文化》一文中（该文收录在中国文化书院建院二十周年纪念文集《中国文化的传承与创新》，北京大学出版社 2006 年版）。该文论述了五个观点：

其一，礼和法的相互渗透与结合构成中国古代法律文化的核心；

其二，以宗法家族主义为本位的伦理法文化是中国古代法律文化的基本构成因素，在宗法血缘伦常关系长期强劲影响下的法律文化是融法律、政治、伦理、哲学为一体的特殊的法律文化，这种体现宗法精神的悠久的法律文化在世界上是独一无二的；

其三，自然和谐与天人合一思想是中国古代法文化的又一特色，它影响着中国古代的某些立法和司法；

其四，综合性和包容性体现中国古代法律文化的内涵的丰富，综合性体现在三教合一上面，而包容性则体现在文化的共存上；

其五，民族性和世界性反映中国古代法律文化的地位，中国法律文化融合胡汉，立足本国，放眼世界，从而曾经产生过世界影响。

---

[1] 张晋藩：《论礼》，载《社会科学战线》1998 年第 3 期。

现将文章附后：

中国是世界上文化发达很早的国家之一，法文化的历史也同样是源远流长、丰富多彩。它不仅是博大精深的中华传统文化的重要组成部分，在世界法律文化发展史上也占有相当重要的地位，显示了中华民族对于世界法文化宝库的伟大贡献。

早在公元前三千年左右的舜禹时期，伴随着社会阶级的分化与国家的出现，传统法文化也在习俗文化的基础上得以产生。之后，历经数千年的历史发展，逐渐形成了自己所独有的一些特征。虽然不同时期的法文化带有特定时代的烙印，但总的说来，一脉相承，绵延不绝。这在世界法律文化史上是极为少有的。

由于中国是一个地处东北亚大陆、资源丰富的内陆性国家，以农业为立国之本的自然经济结构，以宗法家长制家庭为社会的基本构成单位，以儒家纲常伦理学说为统治思想，以皇权神圣的专制主义为基本政治制度，这些因素构成了中国古代的基本国情，也决定了饶有特色的中华法文化的内涵与历史传统。

一、礼和法相互结合与并用是中国古代法律文化的核心

礼是古代中国特有的一种社会文化现象，它不仅起源早，而且贯穿于中国古代社会。礼原是氏族社会敬神祈福的一种宗教仪式，许慎在《说文解字》中说："礼，履也，所以事神致福也。"进入阶级社会以后，作为氏族社会祀神祈福仪式的礼，顺应社会发展的需要，成为一种统治手段，有关礼的观念与学说构成了国家的一种精神。

礼的主要作用是确认尊卑贵贱的等级秩序，调整以亲亲、尊尊为指导原则的社会关系。礼的规范涉及家、国、社会各个领域，是"经国家，定社稷，序民人，利后世"的大经大法。正如《礼记·曲礼》中所说："夫礼者，所以定亲疏、决嫌疑、别同异、明是非也。

道德仁义，非礼不成，教训正俗，非礼不备；分争辩讼，非礼不决；班朝治军，莅官行法，非礼威严不行；祷祠祭祀，供给鬼神，非礼不诚不庄。”由于礼是等级的标准、伦理的支柱、法律的准则、修身的规范，因而具有治国、理家、律己的特殊功能，是独特的社会整合理论。了解中国古代法律文化的内涵及特点，比较中外法律文化的差异，首先要从礼与法的相互关系入手。

礼以“别”为本，以差等著称；法以“齐”为本，以公平闻世。礼的差等式的规范与法的公平性的衡量是矛盾的，但二者又具有统一性，因为礼与法不仅同源，而且都以维护等级特权秩序为目的。所谓：“天秩有礼，天讨有罪，故圣人因天秩而制五礼，因天讨而作五刑。”[1]正由于法合于礼，也才有可能引礼入法，最终导致礼法结合。

汉初确认儒家思想为统治思想以后，不仅在法律的制订上引礼入法，而且在司法实践中也创造了“春秋决狱”，说经解律之风盛行一时。魏晋时期法律迅速儒家化的过程，也就是进一步引礼入法的过程。唐代以礼为修律的原则，礼的基本规范取得了法律的形式，构成了封建法律的基本内容，并且影响着法律的实施和司法的判决。在著名的《唐律疏议》中，礼与法的内在联系和密切关系被说成是如同“昏晓阳秋”的自然现象一样协调和永恒不变，“德礼为政教之本，刑罚为政教之用，犹昏晓阳秋相须而成者也。”可以说，礼与法的结合至此已经臻于成熟和定型，一整套体现封建宗法等级思想和制度的礼基本上法律化了。

自宋迄清，礼与法的作用虽有消长，但统治者从来没有只重法而轻礼。相反，作为礼的最高体现的纲常礼教被推崇为“天理”，并逐渐化为整个社会都接受和认同的意识形态。由于礼被赋予一种神秘色彩，违礼即违天，使得礼具有比法更强的感召力量，这是历代统治者以礼之名行法之实的策略上升为治国方略的重要原因。翻开明清时期的律典，首先映入眼帘的不是具体的刑名规定，而是确

[1]《汉书·刑法志》。

认亲疏尊卑关系、宣扬德礼教化的八礼图、五服图。此类规定不见于任何外国法典之中，反映出中华法文化的特质和中国固有的民族文化传统。

总之，礼的等差性与法的特权性是一致的，礼法互补。以礼为主导，以法为准绳；以礼为内涵，以法为外貌；以礼移民心于隐微，以法扬善恶于明显；以礼渲染恤民的仁政，以法昭彰治世的公平；以礼行法，减少推行法律的阻力，以法明礼，使礼具有凛人的权威；以礼入法，使法律道德化，法由止恶而兼劝善，以法附礼，使道德法律化，出礼而入于刑。礼法的结合和互补可以推动国家机器有效地运转，从而构成中国古代法律文化的核心。

二、以宗法家族为本位的伦常立法是中国古代法律文化的基本构成

中国在迈向阶级社会的过程中，原始的民族血缘纽带并未被打断，反而为新兴的统治阶级所利用，成为构建国家的基本组织原则。因此，由家而国是中国奴隶制国家形成的重要途径，宗法血缘关系对于社会的许多方面都有着强烈的影响，尤其是宗法与政治的高度结合，造成了家国一体、亲贵合一的特有体制。家是国的缩微，国是家的放大。国家的组成、政治结构与国家活动，都以血缘与政治的二重原则为依据。国家之主就是最大家族之长；国家的结构就是王族的骈枝；国家的大事除去以武力征服异邦和保护本国之外，就是祭神、祭祖的“祀”，所谓“国之大事，在祀与戎”。这种奴隶制宗法一长制与世袭制所加给法律文化的烙印，就是确认“亲贵合一”的等级制度以及国法与家法的相通。

早在商朝末期，王位的继承和宗法关系已经糅合在一起，从而赋予宗法关系以明显的政治性质。周朝建立以后，为了在广大统治区内巩固奴隶制的统治秩序和适应大规模的封邦建国的需要，遂建立起一套远比商朝完备的宗法制度。进入封建社会，虽然在土地私有权得到承认的经济基础之上形成了官僚制度和郡县制度，使得宗

法制度的直接政治作用大为削弱，但是宗法制度的精神与原则不仅传承下来，而且更加广泛地渗透于社会，以致从至尊的国君到普通的百姓，无一不被束缚于宗法的网罗之内。国君也要依赖宗法父权来巩固和强化君权。以族长、祠长为首领的家族统治系统，既是独立的，又同地方基层官府互相支持、互相依存，体现了族权与政权的密切结合。

在家国相通的历史条件下，除国家制定法外，还存在着另一个系统，即家族法。发展至宋朝，社会上广泛流传“族规”、“家训”之类的家法族规。理学家朱熹亲自撰写“家训”、“家规”，号召百官君子都来修一家之政，并称“家政不修，其可语国与天下事乎？”[1] 至明清，家族法已经形成独立的得到国家确认的体系，以致有人认为中国古代法律具有“二元”性。在实践中，家法族规是适用于家族内部用以剖析是非、判断曲直、调处纠纷、处治忤逆的重要根据。它是对国法的重要补充，凡属违反国法的行为必定为家法所严禁，而违反家法的行为也必定为国法所不容，表现了家族系统所承担的巩固国家统治的特殊作用。正因为如此，家族法规才在中国封建法律体系中占有重要的地位。

为了执行家法，还形成了“室老”、“宗官”一类的家族内组织。清人刘献庭在《广阳杂记》中记载，镇江赵氏宗族共有二百余丁，“其族有总嗣一人，族长八人佐之，举族人之聪明正直若四人为评事，复有职勾摄行杖之役者八人。祠有祠长，房有房长。”这套宗族统治组织与国家的行政组织何等相似！

中国古代以宗法家族主义为本位的伦理法，形成早，经历久，影响宽，作用大。它所调整的血亲伦理关系具有高度的稳定性，几乎和封建专制制度相始终。中国长期以来占统治地位的自然经济结构，是家族本位伦理法形成的基本经济条件。由于自然经济的闭塞性和保守性，使得封建家长制家庭得以长存，并逐渐发展成为稳固的社会共同体。而调整家族关系，维护家长和族长特权的法律，也

[1]《朱子语类》卷六八。

就成了封建法律体系的主要组成部分。但是，家族法并不具有国家制定法那样大的强制性，有些家族法规定也与国家制定法存在着矛盾。在这种情况下，家法服从于国法，以示国重于家。

此外，儒家思想也为封建伦理法提供了牢固的理论基础。早在先秦时期，儒家便推崇宗法制度，为家长权和家国相通进行论证。所谓“天无二日，国无二君，家无二尊”，“天下之本在国，国之本在家”，“家齐而后国治”，“修身、齐家、治国、平天下”，等等，是儒家一整套的治国兼治家的方案。至汉武帝时期，由于实行“罢黜百家，独尊儒术”政策，使儒家学说一跃而为社会的统治思想，指导着封建法制的建设。在汉代，以“尊尊，亲亲”为核心的儒家思想，进一步发展为三纲：“君为臣纲，父为子纲，夫为妻纲。”君权、父权、夫权的神圣不可侵犯性被宣扬得无以复加。儒家学说还论证了君权和父权的统一性，竭力渲染父权的尊严，并把父权引入行政领域，鼓吹君权是全国父权的化身，借以加强君权。《汉书·鲍宣传》说：“陛下上为皇天子，下为黎庶父母。”同时强调，“其为人也孝悌，而好犯上者未之有也”，“君子之事亲孝，故忠可移于君”，“故以孝事君则忠”。正因为如此，国家也用父权来加强地方行政长官的统治权，如作为“亲民之官”的州县长官，被渲染为民之“父母官”。

在普遍重视伦常关系的中国古代社会，家长、族长同管家政的家内相互关系，变成以权利和义务为基本内涵的法律关系。如，法律赋予家长对子女婚姻的决定权、惩戒权以及财产的支配权，使家长在家庭中处于支配地位，而其他家庭成员处于从属地位。随着儒家思想被确定为国家的统治思想，遂开始了道德法律化与法律道德化的交融发展过程。儒家的纲常学说不仅是指导法制建设的理论基础，也是封建法典的主要内容，从而形成了中国特有的法律与道德密切结合的伦理法。它是中国古代法律文化的基本构成因素，也是最足以反映中华法系特征的部分。

家族本位的伦理法造成了道德的泛化，使得道德成为国家立法和司法的基本依据和最终价值选择，法律至上的观念难以形成。同时，也造成了民众权利自觉意识的缺失和非讼司法传统的形成。

总之，在宗法制度长期强劲影响下的法律文化是融法律、政治、伦理、哲学为一体的特殊的法律文化。这种体现宗法精神的悠久的法律文化在世界上是独一无二的。

三、和谐与天人合一思想是中国古代法律文化的基本精神

中国古代社会以一家一户为生产单位，规模是狭小的，基础是脆弱的。为了维持简单的再生产，不仅力求按天时耕种，保持与自然的和谐，更注意与社会的和谐，而血缘地缘关系提供了和谐相处的社会基础。儒家"和为贵"的思想也起着某种导向的作用，强调对立面的均衡与统一的观念。这种观念所追求的不在于形式，更强调它的社会伦理道德的意义。《礼记·中庸》说："发而皆中节谓之和"；"中也者，天下之大本也；和也者，天下之达道也。"圣人之所以制礼作乐，其目的是就在于实现社会和谐。和谐的观念在孔子仁学体系中发展为中庸之道，即人们的言行举止必须"中立而不倚"——就要节度人心，不使欲念泛滥，所谓"礼之用，和为贵，先王之道斯为美"[1]；就是通过礼的功用使社会臻于和谐统一。可见，儒家的道德评价深入到社会政治领域。儒家讲求和谐与中庸之道的哲学思想，对于古代无讼法律意识的形成起到了直接的促进作用。

西周以来，在神权不断动摇的情况下，统治者开始利用天地、阴阳、五行等自然现象和事物来论证维护尊卑贵贱等级秩序的合理性和永恒性。周人讲求"以德配天"、"明德慎罚"，这是天与人相通相合思想的体现。《孟子·尽心》说："尽其心者，知其性也；知其性，则知天矣。"[2]此后，天人合一思想不断理论化、系统化。汉儒董仲舒以《公羊春秋》为主干，兼采阴阳、法、道、名等诸家

[1]《论语·学而》。

[2]《孟子·尽心》。

学说，并以“天人感应”为哲学基础，构建了完整的“德主刑辅”的新儒学体系，影响中国社会达千余年之久。而其思想的核心，是“圣人副天之所行，以为政”[1]，即为现实的统治寻找来之于天的合理性。

天人合一的宇宙观、秩序观在宋代经过程朱理学的论证，进一步系统成了一种高度哲理化的思想体系。钱穆先生认为，天人合一观念是整个中国文化的归宿，也是中国传统文化对人类的最大贡献。这种中国人独特的根深蒂固的观念的核心是自然和谐，它重视的是自然秩序与社会人事之间的紧密联系，并进而影响到人们的政治和法律生活。在法律的制订方面，遵循“则天立法”原则，以“天”为制定法律的最终依据，所谓“天垂象，圣人象之；河出图，圣人则之”[2]。在法律的实施方面，实行“刑狱时令”、“在意赦宥”制度。古代法律的这种自然主义的特征，使其自身披上了一件神秘的外衣，而在执行中，不可避免地增加了随意性。

按照传统的自然天道观和阴阳五行论，法律是经世治国“刑德二柄”中“不善”和“不德”的手段。它代表着“阴”的力量，与自然界的雷霆、闪电以及秋冬时节的肃杀相联系。法律之所以不可或缺，不在于它本身如何，而在于它是消极制恶的必要手段，是维持社会秩序、实现自然和谐的必要工具而已。在这里，统治者自觉地充当了自然秩序的维护者的角色，他们通过“顺天”的行为方式，维护天上与人间的和谐统一。个体的地位、价值被社会、自然所整合吸纳，泛自然主义的结果使得人的价值得不到应有的尊重，而屈从于自然，服从于社会。尽管天人合一思想具有神秘主义的威慑力，但从实质意义上讲，维护自然和谐秩序的根本力量仍是礼义道德和法律。

[1]《春秋繁露》卷一三。

[2]《二程集》卷二十“遗书”。

四、综合性和包容性体现中国古代法律文化内涵的丰富

从中国古代法律文化的形成渊源来看，具有明显的综合性和包容性。法、儒、道、释等家的学说，从法律文化的角度看，是其基本组成因子和元素，它们经历了从分立对抗而趋于混一的过程。法家的“刑无等级”、“一断于法”，儒家的“德主刑辅”、“礼刑并用”，道家所主张的道法自然、“无为而治”、“绝仁弃义”，释家所主张的是“六道轮回”以及修持戒、定、慧三学，等等，其间虽各有所侧重，但在预防犯罪与导民顺从既定的秩序和实行精神威慑方面又具有共同性，因而才可能形成以儒家为主、杂糅法道释各派学说的综合性的法律文化。

儒家所鼓吹的君主至上，与法家所主张的君权主义是完全合拍的，因此礼法结合有其历史的必然性。西汉中叶，武帝接受董仲舒“独尊儒术”的建议，确立了儒家学说的正统地位。但同时，他也是“外儒内法”的最早实行者。后人评论汉武帝说，“虽好儒，好其名而不知其实，慕其华而废其质”[1]，是“叶公之好龙”。宣帝还曾经斥责重用儒生的太子说：“汉家自有法度，以霸王道杂之。”然而，这位太子即位为元帝以后，便重用儒生，讲求儒术，“任温良之人，退刻薄之吏”，“览六艺之意，察上世之务”，从此儒家的正统地位才趋于巩固。从汉初崇尚黄老之学，至罢黜百家、外儒内法，再发展为独尊儒术，一方面标志着休养生息的政策取得了积极的成果（但随着政权的巩固以及最高统治者“外事四夷之功，内盛耳目之好”，黄老思想已经失去了存在的基础）；另一方面，儒家的大一统学说有助于建立封建专制主义中央集权的政治统治，并从精神上禁锢广大人民，使专制主义的统治得以深入到思想领域。

儒家对道家的思想同样经历了由对立到吸收的过程。道家学说的主要内容是以自然天道观为本体，强调人们在思想行为上应效法

[1]《司马温公集》卷十二。

"道"的"生而不有，为而不恃，长而不宰"，反对儒家的"德礼仁义"之说。著名的法家代表人物韩非曾经汲取道家的自然主义，作为其法治理论的基础。汉初的黄老之学便杂有法家刑名法术的因素。魏晋时期王弼、何晏以老庄的思想解释儒家经典，从而促进了儒道的融合。尤其是宋明理学家，在力倡儒家的道统、排斥佛老的同时，却对道家思想中的"宇宙是自然的存在，而自然与人是合一"的观点有所吸收。理学家所奉行的"天序与人秩合一"说，就来源于此。

佛教自东汉明帝永平十年传入中国，经过南北朝至隋唐，取得了显著的发展。佛教主张依经、律论三藏，修持戒、定、慧三学，以断除烦恼修身成佛为最终目的。由于佛教重心识，讲求性悟功夫，因而与理学家所主张的内省主静具有共同性，遂被理学家所吸收。

总之，西汉董仲舒创立新儒学的体系中，便吸收了道家、阴阳家、杂家的思想与法律文化。至宋明理学的产生，进一步体现了儒、道、释学说内涵的融合，即道家的本论、佛教的方法论和儒家的实践论。宋真宗曾说："三教之设，其旨一也，大抵皆劝人为善。"[1]

中国古代法律文化的综合性和包容性还突出地表现为中国大陆两大地域性文化——中原地区的农耕文化和西北地区的游牧文化之间长期的冲突和交融，也表现为中华民族与外部法律文化之间的融合和兼容。当然，中国古代法律文化在大一统的专制制度与闭关锁国政策的影响下，既有统一性、包容性的一面，又有孤立性、排他性的一面。随着封建专制主义中央集权制度的长期延续，又不可避免地带有保守性。

在漫长的历史进程中，无论是以汉族为主体的王朝，还是少数民族为主体的政权，在立法和适用法律上都奉行"夷汉并用"的原有的法律文化，在中国虽然是崭新的，却不再是世界之林中独树一帜的。这使得人们在有感于超越旧时代的欣喜之余，又情不自禁地

[1]《资治通鉴长编》卷六一。

产生某种怅惘。但这绝不意味着对孤立、保守、陈腐的传统法律文化的留恋，而是渴望创造出真正具有中国特色的新的法律文化，并能像过去有过的那样推动世界法制文明的进步。

中国古代法律文化是世界法律文化宝库中不可多得的瑰宝。对于这份历史遗产，我们应该认真地总结、反思，客观地予以评价，从中吸取当前法制建设所需要的可资借鉴的历史资源。

二、关注传统律学

传统律学是中国古代“法学”的一种特殊表现形式。然而法学界却长期对律学缺乏关注，以致研究成果寥寥无几。从 20 世纪 90 年代开始，我指导博士生何敏撰写清代律学的博士论文，我自己也对传统律学予以关注并进行研究。

2005 年，我在《政法论坛》第 6 期上发表了《中华法文化苑中的奇葩——律学》。该文将视角从四千年法制文明中律学的发展写起，将律学的发展阶段分成秦汉、魏晋、唐代、宋元、明清五期，然后分述每一期律学的研究成果及特点。文章不长，可视为研究律学历史的一个导论。

2003 年，我承接了一项国家级课题，即主持编纂青史中的法律志。为了撰写有关律学的内容，我组织博士生收集清代律学作品，并对每一部收集到的作品作介绍和评论，最后汇编为《清代律学名著选介》一书，2009 年由中国政法大学出版社出版。该书对于了解清代律学概貌，并以此为线索进行律学的研究颇有意义。

2011 年我在《中国法学》第 4 期上发表的《清代律学兴起之由的探析》一文，可视作我研究清代律学的代表作。附全文如下：

清代律学是中国古代传统律学发展的最后阶段，也是官私并举极一时之盛的发展阶段。它兴起于顺、康朝，发展于雍、乾、嘉、道朝，直至晚清引进西法大规模修律，始为西方法学所取代。在专制主义高度发展的清朝，在文字狱思想高压的氛围中，清律学何以取得发展且绵延二百余载而不衰，其原因颇值得探索，或有某些值得借鉴之处。

一、传承明律学，奠下新发展的基石

中国古代注释律学之书，始见于官修的《云梦秦简·法律答问》。“法律答问”对于术语、概念的解释，疑点、难点的回答，以及定罪量刑的论证，均已呈现规范化的趋势。这说明，在“法律答问”成书之前，注释法律之学当有一发展过程，但其详情迄今尚不得而知。秦以后，历代律学纵向传承，因革损益，代有新篇。

至清代，律学之书官私并举，转趋繁盛，并延续两百余年。其兴起并非偶然，首先是在传承明律学基础上的新发展。如同恩格斯所说，在文化的发展史上，总是“由它的先驱者传给它，而它便由以出发的特定的思想资料作为前提”[1]。

明初，大明律制定以后，朱元璋唯恐“小民不能周知，命大理卿周桢等取所定之律令，自礼乐、钱粮、制度、选法外，凡民间所行之事类，取类成编，训释其义”[2]，名为《律令直解》。《律令直解》是明初官方注律的成果，是为便于小民知法而作，对明代律学的发展极有影响。明朝中叶以后，条例日繁，律例之间牴牾百出，为司法官统一适用法律造成困难。此时，宦官专权，政治腐败，国势衰微，官府既无力也无意组织官方注律，而委之于私家。由于得到官府的认可和鼓励，遂使私家注律兴起，且多有成果。私家注律既源于司法之所需，因此司法解释遂成为律学的主流。在私家注律中，雷梦麟所著《读律琐言》受到推崇。雷梦麟，江西进贤人，嘉靖进士，历任无为知州、刑部主事、员外郎、山东按察使等职，曾参与刑部《问刑条例》的制订。除雷梦麟《读律琐言》外，著名的尚有王肯堂的《律例笺释》、张楷的《律条疏议》、彭应弼的《刑书据会》、唐枢的《法缀》等。其中，以王肯堂所著《律例笺释》最具代表性。王肯堂，明江苏金坛人，万历十七年（1589 年）进士，历任南京行人司副、福建参政等职。王氏博览群书，通晓经学、律学、医学，在律学上尤以家学渊源著称，其父王樵著有《读律私

[1]《马克思恩格斯选集》（第 4 卷），第 485 页。

[2]《明史·刑法志》。

笺》二十四卷。王肯堂著《律例笺释》三十卷，以补《读律私笺》之不足。《律例笺释》对律文的解释，被时人奉为解律的圭臬之作。王肯堂对“以、准、皆、各、其、及、即、若”八字的解释，起到了开清律学风气之先的作用，清初律学家多以读王氏之书作为律学的起步。清律学对明律学的继受，体现了法文化上的传承吸收与发展的规律性。

至清康熙朝，王明德撰《读律佩觿》，始逐渐摆脱明律学的影响。正如王明德所云：“兹刻所笺，止缘在公同志，偶为指难，共证互参，退而笔之，非若王君因时详考，备为足法也。是以凡于王君所已者，概不剿袭。”[1]

清律学之所以以明律学作为起步，又是和清初详译明律、参以国制的立法特点分不开的。

顺治元年（1644年）六月，顺天巡抚柳寅东上书陈言，“请速定律令，颁示中外”。睿亲王遂令在刑书未定之前，问刑衙门准依明律治罪。八月，刑科给事中孙襄条陈刑法四事，其一曰定刑书。内云：“刑之有律犹物之有规矩准绳也。今法司所遵乃故明律令，就中科条繁简，情法轻重，当稽往宪，合时宜，斟酌损益，刊定成书，布告中外，俾知画一遵守。庶奸慝不形，风俗移易。”[2]就此，睿亲王谕令法司官会同廷臣详译明律，参酌时宜，集议允当，以便裁定成书，颁行天下。[3]九月，刑部右侍郎提桥启言：“修明律令，需人甚急，请令内院酌议遴选各衙门官为总裁，为分校，刻期刊定，颁式天下。”疏上，睿亲王谕：“各衙门中有才识通明，熟谙律令者，著堂官开送内院，酌派具启。”[4]十月，世祖入京，即皇帝位，刑部左侍郎党崇雅奏：“在外官吏，乘兹新制未定，不无凭臆舞文之弊，并乞暂用《明律》，候国制画一，永垂令甲。”得旨：“在

[1] 王明德：《读律佩觿·自叙》。

[2]《清世祖实录》卷七。

[3]《清世祖实录》卷七。

[4]《清世祖实录》卷八。

外依照《明律》行，如有恣意轻重等弊，指参重处。”[1]

顺治二年（1645 年），开律例馆，特简王大臣为总裁，以各部院通习法律者为提调、纂修等官，以刑部尚书吴达海主其事。[2]

顺治四年（1647 年）三月，颁行详译明律、参以国制而成的《大清律集解附例》。律文四百五十九条，附例四百三十四条。原《大明律集解附例》中所增小注多保留，其中不乏明人王肯堂的注律观点。

顺治四年律定后，迄至康熙朝，期间十余年，社会情势变更甚大，新例亦不断增加。原仿明律而成之顺治律若干条文渐不应时，加之条例新旧杂成，法司无所适从。故康熙三年（1664 年）八月，刑部题请将现行条例添入律内，通行直隶各省，并写清字本发江南、浙江、陕西、满洲将军。帝从之。[3]

康熙七年（1668 年）八月，帝命刑部酌定《现行则例》，详晰分款，陆续进览[4]，谓将尚未入律之条例，汇集成册。

康熙十八年（1679 年）九月谕刑部："国家设立法制，原以禁暴止奸……乃近来犯法者多、而奸宄未见少止、人命关系重大……其定律之外所有条例，如罪不至死而新例议死，或情罪原轻而新例过严者，应去应存，著九卿詹事科道会同详加酌定，确议具奏。"[5]刑部奉旨，"遂将刑部现行条例内罪不至死者新例议死，或情罪本轻而新例过严，或律虽有正条情罪可恶因时事斟酌所定之例，或应照律者将例删去照例遵行，逐件详核，分别应减应留，除不便改者不题外，其所更定条例，缮具成册，进呈御览。"康熙帝"依议"。[6]遂刊刻《刑部现行则例》单行，未附于律文之内。《刑部现行则例》共计二百六十四条。此后则例之纂定，一秉于此。

[1]《清史稿·刑法志一》。

[2] 张德泽：《清代国家机关考略》，学苑出版社 2001 年版，第 108 页。

[3]《清圣祖实录》卷十三。

[4]《清圣祖实录》卷二六。

[5]《清圣祖实录》卷八四。

[6] 参见《刑部现行则例》卷前奏议，载《中国珍稀法律典籍集成》（丙编第三册），科学出版社 1994 年版，第 488 页。

《刑部现行则例》是顺治四年律后根据近三十年司法实际所制定的，所谓“因时著定”。其所举名目，均为此前顺治律所无，为大清自创之例，是因时事之需所作之修改。刑部则例的制定，显然摆脱了清初“详译明律，参以国制”的框架，以新的经验或增补或删改顺治四年律的内容，由此明律学逐渐失去了载体，而压缩了其影响的空间。与此相适应，康熙朝受到重视的律学家是清人沈之奇而不再是明人王肯堂，受到推重的律学著作是沈著《大清律辑注》而不是王著《律例笺释》。

沈之奇，浙江秀水人，曾于淮徐皖司、府、州、县衙门任刑幕三十余年。所著《大清律辑注》，是他潜心名法、“屡佐烦剧之幕”的经验总结，又是精研明人注说与清初各家注释成果的心得体会。自序有云：“解律之书，如《管见》、《琐言》、《折狱指南》、《刑书据会》、《读法须知》、《辩疑疏义》、《法家裒集》、《律解》、《笺释》诸家，各有发明，尚未详尽，且多穿凿附会，奇采辑诸家者十之五，出于鄙见者半焉。其有诸家谬误之处，为世所遵信者，间为指出，请正法家。”[1]

《大清律辑注》涉及律文四百五十八条、条例四百八十条，可谓全面细致。刻印后即被奉为私家释律权威之作，被执法者广泛应用，对雍乾两朝立法亦有一定影响。

乾隆五年（1740 年）《大清律例》告成，律文作为成法不再修订，而以增例弥补律文的不足，有例则不用律，例有新者则不用旧者。由此，大清律与例成为清律学家注释的主要对象，清律学真正走向独立发展的道路。

前明律学不仅在内容上为清律学的发展奠下基石，而且所采取的以裨益司法为目的，就律例释律例，就疑案释疑案，就刑罚释刑罚，不涉及国家大政，不评论政治事件与人物的注律方法，也对清律学家深有影响。实际上，清律学也是在远离政论是非的前提下专研注释之学，因而能够在推行文字狱的政治与文化的高压下得以存

[1] 【清】沈之奇：《大清律辑注·自序》。

在和发展。清代律学在传承明律学的基础上，注释的内容更加丰富，涉及历史考证、刑案汇编、司法勘验等诸多领域，创造了歌诀、图表等多种形式，而且形成了庞大的注律学家群体，造就了传统律学的辉煌成就。其中所蕴藏的司法经验的升华与法理方面的探究，显示了它在法学上的价值。清律学的兴起与发展，反映了文化思想史上传承与创新的规律性。

二、重视司法，兼及律学

有清一代统治者极为重视司法活动，历代皇帝均亲自掌握大案要案的判决权与死刑的决定权。这不仅是一贯的传统，而且建立了一系列制度保证。为督励司法官统一、准确地适用法律，也支持官私注律，由此促进了律学走向兴盛。

早在明万历十七年（1589 年）后金政权建立之始，努尔哈赤便命主管军政的扎尔固齐审决法律争端。万历四十三年（1615 年），努尔哈赤遴选四十名审事官，“每五日集诸贝勒、大臣入衙门一次，协议诸事，公断是非，著为常例。”[1] 重大案件“……须送汗城理事大衙门……审断”，努尔哈赤握有最高司法权。据《满文老档》记载，天命时期的案件经由法司分别审拟奏闻后，由努尔哈赤亲自裁决，为终审判决，付诸执行。

皇太极即位以后，天聪五年（崇祯四年，1631 年）七月癸巳颁谕，确认牛录为基层司法机关。凡窃盗、斗殴等小事，“俱令各该牛录额真，即行审结；事有大于此者，送部审理。”[2]

同年七月八日，建立刑部，以贝勒济尔哈朗管刑部事，下设满洲承政二员、蒙古承政一员、汉承政二员，另设参政八员、启心郎一员。[3] 天聪六年（崇祯五年，1632 年）八月甲午，“谕八固山额

[1]《满文老档·太祖》（第四册）。
[2]《清太宗实录》卷九。
[3]《清太宗实录》卷九。

真，于所属各旗，察问民间贫乏疾苦，并悉心审断罪犯。”[1]

刑部审理的案件一般需奏闻取旨，因此崇德元年（崇祯九年，1636 年）五月十四日汗谕，“每月初五、十五、二十五等日，自和硕亲王、多罗郡王、多罗贝勒以下牛录章京以上，于日出前齐集崇政殿，所依编班次排列毕，圣汗出御宝座，听臣工奏报所办之事及所断之案。”[2]

据崇德三、四年《盛京刑部原档》所载案例，凡比较重大的案件刑部审理后，均奏请皇太极裁决。

除刑部外，理藩院会审的案件，最后也需请旨裁断。不仅如此，皇太极还派遣各固山额真分赴地方审理冤狱。“崇德五年（崇祯十三年，1640 年）闰正月癸未朔，谕各固山额真曰：今遣尔等往各处地方，稽察穷民，审理冤狱。尔等须各亲至分属屯堡，巡行料理，毋使民间冤抑，不得上闻。”[3]

崇德以后，皇太极已经建立起凌驾八旗诸王、贝勒之上的权威。因此，遇有大案，法司多揣摩上意，故为轻重。皇太极对此已有所感。崇德七年（1642 年）七月，就诸王贝勒大臣压制阿桑喜首告一事谕刑部大臣：“朕因诸王贝勒等，以力战之阿桑喜，及冲敌步队之俄罗塞臣，反坐以罪，至败奔投壕之两白旗、正蓝旗护军参领宜成格，巴雅等反袒护之，深用痛恨。朕虽于此事格外宽免，诚恐凡事审理差谬。尔等须详加复审来奏。若以轻为重，以重为轻，滥及无辜，人民怨憾，无有过于此者。嗣后尔等宜秉公审理，勿妄揣合朕意，疑朕先有成见也。”[4]

皇太极躬亲善断的作风，一直继续到晚年病重时期。崇德七年（1642 年）十月，皇太极接受都察院诸臣“以圣躬为重”、“息虑养神”的奏议，下谕：“今后诸务，可令和硕郑亲王、和硕睿亲王、

[1]《清太宗实录》卷一二。

[2]《满文老档·太宗》（第十二册）。

[3]《清太宗实录》卷五〇。

[4]《清太宗实录》卷六一。

和硕肃亲王、多罗武英郡王会议完结。”[1] 此日为十月二十七日。此后二日（二十九日），据《清太宗实录稿本》卷三十八记载，刑部共审理十二案，只有两件未奏闻请旨，而经皇太极断结的九案也不尽是大案。这说明皇太极逝世前仍尽可能地控制司法权。

努尔哈赤和皇太极认真对待和处理司法案件的言与行，反映了他们从建设政权的实践中体会到司法是否公正关系到社会的稳定和政权的巩固。努尔哈赤曾经指出明王朝之所以每况愈下，就在于“法令不公平，不严明”[2]。他还利用满洲族人的迷信心理，从天道观上加以论证。他说，“四季不相违，风雨日月运行，大道永存”，就是“公正信守（天的）法度”[3] 的结果。后世史官称颂努尔哈赤确实做到了“有罪者，虽亲不贳，必置之法；有功者，虽仇不遗，必加之赏”[4]。

皇太极统治时期为了做到司法公正，对刑部上奏的案件或者加以宽宥，或者指出畸轻畸重的错误，以及科刑的原则和误判的缘由，很少简单地“依议”断结。这表明了皇太极对司法所持的慎重态度。

努尔哈赤与皇太极重视与亲自掌握司法的传统，对入关以后的清朝皇帝是很有影响的。

清朝统一政权建立以后，由皇帝直接控制大案要案、复核死刑的传统继续保留，并创造了京控的诉讼程序与会审的审理制度。

京控是民间上控的法定渠道。凡内外官民遇有冤抑之事，原审衙门不理或审断不公时，可赴通政使司击鼓诉冤，先由通政使司讯供，如确属冤枉，奏报皇帝交刑部查办。《大清会典》记载：“有击鼓之人，由通政使司讯供，果有冤抑确据，奏闻请旨，交部昭雪。”[5]

[1]《清太宗实录》卷六三。
[2]《满文老档·太祖》卷十一。
[3]《满文老档·太祖》卷十六。
[4]《清太祖高皇帝实录》卷四。
[5]《钦定大清会典事例》卷六九。

为防止越诉，各省民人京控之前，应在本籍地方及该上司先行具控并经审断结案。嘉庆五年（1800 年）定例：“军民人等遇有冤抑之事，应先赴州县衙门具控。如审断不公，再赴该管上司呈明，若再有屈抑，方准来京呈诉。如未经在本籍地方及该上司先行具控，或现在审办未经结案，遽行来京控告者，交刑部讯明，先治以越诉之罪。”[1]《大清律例》中还特别规定，“或有冤抑审断不公，须于状内将控过衙门审过情节开载明白，上司官方许受理”，“如审断不公再赴该管上司呈明，若再有屈抑方准来京呈诉。”[2]

京控案件由都察院、通政使司、步军统领衙门受理，有些案件由刑部、户部、兵部、理藩院、八旗都统衙门等分别受理。

京控案件如原审审理正确、定罪量刑恰当，则维持原审判决，驳回诉讼。原审审理不清，案情重大或案关伦纪，有待确情，则发回重审。原审审理错误，则直接依法改判，并追究原审官吏司法责任。原审审理结果正确，但审理过程中存在违法行为，也要追究相关官吏司法责任。

除京控外，还有通过邀车驾等形式直接向皇帝呼冤的叩阍之诉。叩阍案件除个别案情简单的由皇帝直接裁决外，多发交刑部等中央各部院衙门或各省督抚审办，或钦派大臣前往审办，完结之后，奏闻皇帝，听候裁决。

清朝还沿袭明朝的会审制度，形成了朝审、热审、秋审，而以秋审最为重要和最具代表性。

按照《大清律例》，斩、绞死罪的执行有立决与监候之别。监候之犯，留待秋后复审。经秋审的案件，分为情实、缓决、可矜、留养承祀四类。

鉴于秋审时“与议者即有不行到班，或到班后随例公坐，不发一言者”，雍正六年（1728 年）规定：“秋审、朝审，民命攸关，九卿、詹事、科道有紧要公事不能到班者，即知会刑部不必列衔。请

[1]《钦定大清会典事例》卷八一五。

[2]《大清律例》卷三十“刑律·诉讼·越诉”。

派满、汉御史各一员到班稽查。其无故不到者，指名题参。”[1] 雍正七年（1729 年）谕，九卿会审时“傥九卿所议未当，或伊等别有所见。准其（列席的宗人府府丞，太常寺太仆寺光禄寺正卿少卿）密奏”[2]。

九卿审定后，由刑部缮进黄册和题本进呈，奏请皇帝裁决。死刑犯由皇帝勾决后执行，康熙帝曾谕，“此等虽皆当死。然朕于伊等情罪当死之中曲求可生之路，不忍轻毙一人也。”[3] 康熙四十年（1701 年）在上谕中再次表达了他对秋审的重视和对刑部的批评，“朕详阅秋审重案，字句多误，廷臣竟未察出一二，刑部尤为不慎，其议罚之。”[4] 雍正三年（1725 年）五月二十七日，雍正帝在上谕中自称：“临御以来，钦恤刑狱，每遇法司奏谳，必再三复核，惟恐稍有未协。”[5] 雍正十一年（1733 年）再谕刑部：“此内有一线可生之机，尔等亦当陈奏。”[6] 乾隆十四年（1749 年）谕中说：“朕每当勾决之年置招册于傍，反复省览，常至五六遍，必令毫无疑义，至临勾时，犹必与大学士等斟酌再四，然后予勾，岂啻三复已哉。”[7]

除死刑外，秋审拟议的缓刑、可矜、留养承祀均需题奏皇帝裁决。《秋谳纪要》一书记载了从乾隆直到光绪朝皇帝对秋审的批示，有的多至千余言，非常具体。

以上可见清朝皇帝对于司法是何等重视。

由于重视司法，进而重视执法之官。雍正元年（1723 年）七月上谕中说：“但天下事有治人无治法，得人办理则无不允协，不得其人，其间舞文弄法正自不少，虽条例划一，弊终难免。”[8] 雍正

[1]《大清会典事例·有司决囚等第三》。
[2]《大清会典事例》卷九十五。
[3]《清实录·圣祖仁皇帝实录（二）》卷一九五。
[4]《清史稿·圣祖记二》。
[5]《大清律例通考》卷首“世宗宪皇帝上谕”。
[6]《清史稿·刑法志》。
[7]《钦定台规》卷一四“六科分掌”。
[8]《清实录》“雍正元年七月巳未”。

三年（1725年）七月，雍正帝再次于谕中指出："凡立法行政，孰可历久无弊，从来有治人无治法。文武之政，布在方策，其人存则其政举，正谓有治人无治法。"[1]

为了培养"治人"，使之"治法"，并克服制艺入仕之官对于法律知识的不足，《大清律例》仿《大明律》专列"讲读律令"条："凡国家律令，参酌事情轻重定立罪名，颁行天下，永为遵守。百司官吏务要熟读，讲明律意，剖决事务。每遇年终在内、在外，各从上司官考校。若有不能讲解、不晓律意者，官罚俸一月，吏笞四十。……若官吏人等挟诈欺公，妄生异议，擅为更改，变乱成法者，斩（监候）。"[2]《大清律例通考》对此律条考证为：前明成化四年旧例内开，"各处有司，每遇朔望诣学行香之时，令师生讲说律例及御制书籍，俾官吏及合属人等通晓法律伦理，违者治罪"，"雍正三年议准，嗣后年底，刑部堂官传集满汉司员，将律例内酌量摘出一条，令将此条律文背写完全，考试分别上、中、下三等，开列名次奏闻。"[3]

雍正年间由封疆大吏河东总督田文镜和浙江总督李卫遵照皇帝旨意撰写的《钦颁州县事宜》中，列有"讲读律条"一项。其文曰："弼教在于明刑，陈法因而布令。律例一书乃本朝之定典，万世之成宪也。蒙我皇上圣明鉴定，归于允协，特赐颁发，以昭遵守，仰见治益求治之圣怀，刑期无刑之至意。百司官吏士庶，均应熟读讲明。而在州县中之初任，尤其须臾不可释手者。盖州县亲民之官，百姓诉讼，既听其剖断以辨是非，上司批发，更藉其审定以成谳狱。若胸中茫然，并不谙晓律意，则事由之轻重，案情之出入，不能识其端委。而奸胥猾吏，得以高下其手。曲直莫分，颠倒任意，民间将有覆盆矣。如曰署中延有幕宾，是固熟谙律例者，何必官又读之讲之也。不知幕中之友，佐理簿书以分其劳，而刑名钱谷，

[1]《清实录》"雍正元年三月丁未"。

[2]《大清律例·吏律》。

[3] 马建石、杨育棠：《大清律例通考校注》，中国政法大学出版社1992年版，第373、374页。

我为官守，若不能明白于胸，了然于口，□□于首尾，斟酌于情理，而梦梦焉徒听于入幕之宾，此即谓尸位而素餐也，又何以堪。况当听断之际，哓哓讦讼。摘奸发隐，止须片言，即足以折其心，而俯其首。所谓老吏断狱者，盖其得于讲读也深矣。故初任牧令，其于办事之暇，即应将《大清律例》，逐篇熟读，逐段细讲，务必晓畅精意，而于轻重疏密之间，以会其仁至义重之理，然后胸有定见，遇事可决，而民无冤狱。上佐祝网之仁，下有明允之誉，不亦美乎？但人之心思才智，多不善用，每见少年州县，喜恃聪明，或于无事时，学书学画，讲弈讲诗，津津然自诩为能。而问之以律例，则呐呐不能出诸口。夫书画诗弈等类，家居文人之余事也；律例者，出仕治人之大纲也。既已出仕治人，而乃效彼家居者，挥毫拈韵，子声铮铮然，以侈得意，是何异于舍已芸人者之可笑也。夫居官之贤否，视乎吏治。若经济无闻，纵其笔墨入妙，而已无当于国计民生之要，况必至于废时，必至于误公。是以有用之精神，施于无用之游衍，方且足以引累而招尤，岂不甚可惜哉。若以此副心思，而于退食之下，究心律例，所谓学问中实际也。故圣人有云：君子思不出其位。又云：君子素其位而行。初仕者之讲读律例，正所以靖共尔位也，可不勉欤。”[1]

“乾隆初吏部以内外官员各有本任承办事例，律例款项繁多，难概责以通晓为由，奏请删除官员考校律例一条，上不允，诚以律例关系重要，非尽人所能通晓，讲读之功不可废也。”[2]

清朝讲读律令的规定，在康、雍、乾、嘉时期确认真执行，由此而推动解释律例条文的律学著作大量涌现，《大清律例提纲》、《读律心得》、《大清律例便览》等简明读本以及图表歌诀类的律学著作也应运而生——此类著作无异于官吏应对讲读律令的参考书。道光中叶以后国情陡变，统治者穷于应付内忧外患，已无力顾及讲读律令之法的贯彻。但是适应讲读律令的需要，特别是为在司法中

[1]《官箴书集成》（第三册），黄山书社 1997 年版，第 680-681 页。

[2] 沈家本：《历代刑法考》卷四“大清律例讲义序”。

准确适用《大清律例》而兴起的注释律学，已然成为一种专门的学问，继续沿着自己的发展轨道前进。

三、执法者注律蔚成风气

清代律学家在长期的发展中形成规模可观的群体。此群体由官员律学家与私人律学家构成。

（一）官员律学家

官员律学家分为二类：一为殿阁大学士及各部堂官及刑部各司官员；一为地方州县官以至督抚。

第一类官员或参与立法，或批答直省上报的案件，故其律学著作意在剖解律意，阐述立法的根据，指出某些律例适用时应注意之点。如：顺治时，左副都御史李柟撰《大清律集解附例笺释》；康熙时，刑部尚书对哈纳校解《大清律例朱注广汇全书》，吏部尚书朱轼撰《大清律例总类》、《大清律集解附例》；雍正时，兵部尚书鄂尔泰编撰《钦定京卫道里表》，户部尚书蒋廷锡撰《祥刑典》；乾隆时，户部尚书徐本编撰《三流道里表》，刑部右侍郎阮葵生撰《秋谳志略》；嘉庆时，兵部尚书明亮编撰《钦定五军道里表》；道光时，兵部尚书伊里布撰《学案初模》，刑部尚书桑春荣撰《秋审实缓比较汇案》；光绪时，刑部尚书薛允升撰《读例存疑》、《唐明律合编》。

至于刑部，为"直省刑名总汇"，所属十七省清吏司官员，对于各省题结案件或秋审核拟案件定罪量刑不当，可以奏准皇帝驳回，是为题驳。《大清会典》有云："外省督抚具题案件，内有情罪不协，《律例》不符之处，部驳再审。该督抚及司道等官虚心按《律例》改正具题，将从前错之处免其议处。"[1] 由于部驳案件涉及律意的理解、刑罚掌握的尺度以及适用律例是否得当，因此其所著律学之书，或从宏观视野进行剖析，或针对具体案例辨析疑难两可之处指

[1] 光绪《大清会典》卷五四"刑部"。

出应行驳正之点。故此类著作，具有较强的指导意义。如：康熙时，刑部郎中王明德撰《读律佩觿》；乾隆时，刑部郎中曾恒德撰《律表》，刑部主事全士潮等撰《驳案新编》；嘉庆时，刑部郎中杨澧中撰《大清律例根源》；咸丰时，刑部官蔡逢年、蔡嵩年撰《大清律例便览》；同治时，刑部司官宋邦僡撰《祥刑古鉴》。

第二类官员，因系地方临民之官或封疆大吏，故所撰多为读律与司法的经验心得，以及个人审结的案例汇编。由于州县官审理命案需亲自勘验，因此不乏《洗冤录》之类的著作。如：康熙时，州县官于琨撰《祥刑要览》，知县黄六鸿撰《福惠全书》；雍正时，知县蓝鼎元撰《鹿州公案》，河南总督田文镜撰《州县事宜》；乾隆时，江苏巡抚徐士林撰《守皖谳词》、《巡漳谳词》，江苏巡抚吴坛撰《大清律例通考》；嘉庆时，广东提刑按察使陈若林撰《大清律例重订统纂集成》，湖南布政司理问、瞿中溶撰《洗冤录辨正》；道光时，四川保宁府知府刘衡撰《读律心得》，州县官穆翰撰《明刑管见录》；同治时，湖广总督李瀚章撰《大清律例汇辑便览》；光绪时，湖北州县官江峰撰《大清律例略记》。

清朝注释律学以服务于司法应用为出发点与着眼点，因此此类著作数量最多、质量最高。其代表者之一为《读律佩觿》，此书为刑部陕西清吏司郎中王明德所撰。

卷一，载有《大清律例》中常见的“八字”（以、准、皆、各、其、及、即、若），亦称“律母释义”。王氏认为，“正律为体，八字为用”，不懂八字律母不足以言知法。以“以”字为例，大清律本注：“以者，与真犯同。谓如监守贸易官物，无异真盗，故以枉法论，以盗论，并除名刺字，罪至斩绞，并全科。”王氏注曰：“以者，非真犯也。非真犯，而情与真犯同，一如真犯之罪罪之，故曰以。乃律中命意，备极斟酌，有由重而轻，先为宽假而用以者，如谋叛条内所附逃避山泽，不服追唤，此等之人，未叛于君，先叛于所本管之主矣。与叛何异？而律则以谋叛未行论。若拒敌官兵，实有类于反，而律则以谋叛已行论，按其迹，似用以之意极严。而详其实，则实仁爱之至也。有由轻而重，示人以不可犯。而用以者，如私借钱粮条内，凡监临、主守，将官钱粮等物，私自借用，或转借与人，虽立有文字，并计赃，以监守自盗论。夫立有文字借用，及转借与人，非盗也。乃私自为之，则渐不可长矣。盖监守之人，易于专擅，非重其法，无以示警，故罪非其罪，而以其罪罪之。若以过失杀诸条，则又充类致义之尽，以行其权之妙也。”

卷二、三，将清律中常用之“例、减、杂、但、并、依、从、罪同、同罪、并赃论罪、折半科罪、坐赃论、收赎、缘坐、革、不言刺免”等词语，从文字学、音韵学和法律适用的角度进行解释，称为“律眼释义”。王氏注曰：“不知母固不可以读律，而不知眼更不可以用律。”以“并”字为例，“并，即日月并行不悖之并，与同字、俱字相似而实非。盖同对异言，义取乎恰合，因其所犯各异也。特为合论而罪之，以同如同强盗论是也。俱对独言，义取乎概括。因其事理散殊也，故特概言而统之以俱。如俱勿追坐，俱勿论之类是也。然律中凡用同字与俱字处，大约皆包有尊卑、上下、巨细、远近在内，若用并字处，则系平平合看，有横理而无竖义。盖缘事理本同一致，情罪无分大小，流品更不甚相悬绝，而准理执法，则罪应齐等，情应一视者，因一以并字该之。”“如监守自盗等各条内各云，并于右臂膊上刺字之类。总之，与皆字、俱字命意相同，而用皆字、俱字各律中，实有大小轻重，严急宽缓，及广狭横竖之各别。故前贤于用并字处，则不得不为之斟酌，以异其文。”

“读律八法”、“八字广义”与“律眼释义”三篇，为《读律佩觿》一书中最为重要之篇章，诸多观点得到官方认可，并对清代立法与司法审判实践产生影响。

卷四，分“金科玉律”与“五刑附闰”两部分，共三十二项解释。

卷五，“以准总类”。王氏注曰：“罪有真犯，律有明条。凡律所称依某项问及问某项者，皆真犯也。若冠之以‘以’‘准’字样于上，则皆非本罪之真，乃从其类而以之准之者耳。”并以对“以……论”、“准……论”等法律用语详加论注。

卷六，“罪止……”。王氏于“罪止总目”注曰：“律有加减各例，备载正律各条，其类甚夥，每一查阅，辄为目炫神迷……减者，就本罪上减轻……称加者，就本罪上加重……即或误减而至失出焉，其法固犹可及追也。若加罪，乃加而入乎重……则本犯业已身受而弗可追；如止就一人一事妄施焉，似亦无甚大为差谬。但比类递加，其有重乎此者，又将何以为地耶？得毋上干天和而下重不平之鸣欤？是以律中，即于一笞之微亦必各著以罪止之例，以重示夫刑之不可不慎……则廷鞫之下，或为肤诉所乘，喜怒所驱，其不幸而至肉飞气尽，立毙杖下者，恐亦不鲜。因于律中，凡言罪止各条，备检汇集，以备观览，庶乎偶为经心，寓目于平昔，自不至愤怒酷罚于临项。其于钦恤详刑之义，未必无小补，慎勿视为冗杂繁夥而忽之。然本卷所标虽以止云罪止，乃实所以著加律也，明乎其为罪止之加……"

卷七，"不准折赎总目"。王氏注曰："夫必有不准折赎之严，而后民始不敢犯，亦必有不准折赎之法而后准令折赎之恩。"本卷汇集"不准折赎"字样律文二十条，进行说解。

卷八，洗冤录补、辨周身骨脉等十三项为上，辨受毒伤、辨火炙伤等十二项为下，分别注解。

王氏还在潜心研读律文基础上，总结出"读律八法"，即"扼要、提纲、寻源、互参、知别、衡心、集义和无我"，成为司法者的"读律捷径"。《读律佩觿》一书名副其实的成为司法官断狱的"佩觿"。

王氏为刑部官，面对全国报送的大案要案，故其论著全面，涉猎广泛非专指一端。与之有所不同的州县官著律家，所面对的仅是本州县所辖之案件，其面虽窄，但具体深入，对州县官司法亦有借鉴意义。刘衡撰《读律心得》即为例证。

刘衡，嘉道时曾任广东、四川州县官，所撰《读律心得》三卷，内含理讼撮要、通用拟断罪名、通用加减罪例、祥刑随笔等四目。刘氏结合司法实践经验，从《大清律例》中节选律文四十四条、例文四十九条，进行评注。如其自序所云："皆所以示有司法所得为与所不得为。”[1] 他反对滥引成案，严防棍蠹，注意体恤民情，减轻讼累，所谓“衡尝谓律意忠厚，本之为治，求达爱民之心，然爱民必先去其病民者，故恒寓宽于严。官民之阻隔，皆缘丁胥表里为奸”[2]。

《读律心得》对初任执法者颇有引领入门之功，故被一再刊印，转相传阅。

稍晚于刘衡的穆翰，系道光年间州县官，时人称为“治狱有声”[3]。所著《明刑管见录》“述其在官经历所得”，于光绪六年首刻之后多次刊印，受到各级审判衙门的重视与推崇。全书共一卷二十九篇，依次为：审案总论、慎刑、讲求律例、相验、勘验受伤路尸、无干命案、共殴命案、自戕命案、邻封相验、开验、谋故斗戏误辨、办招、慎重钉封、告奸、本夫杀奸、奸杀本夫、子妇拒奸、审办窃案、查讯盗案、勘讯半路强劫、两界抢劫、缉凶捕盗、自理词讼、查办讼棍、勘办水冲地亩、奉委覆查、邻封委审、会审案件、面禀案件。

从上述篇目可知，该书主要在于阐述诉讼程序、审案要领以及司法检验等，借以提高官员处理司法实务能力与办案水平。如，“讲求律例”中提出，“每有新改之例，（官员）一经奉文，当即抄录，或令伺候签押，家人抄写粘于律例内本条之上，以使翻阅。可学而不用，不可不学。”

以上概述官员注律成果的大略。由于官员注律者的身份、地位、经历，使之有可能较全面掌握国家整体与地方某些地区法律适用的情况，明了立法的重心和法律适用的症结所在，故其律注多是经验的总结与升华。而执法之官又竞相注律，由此形成了蔚然壮观的经验主义的佳作。这不仅是清朝律学发展的原因之一，也是清律学价值之所在。此项经验颇具现实借鉴意义。

[1]【清】刘衡：《读律心得》，中华书局 1985 年版，第 2 页。

[2]《清史稿·循吏三》。

[3]《明刑管见录》，光绪十三年（1887 年）陕西县署重刻本。

（二）私人律学家

私人律学家以刑名幕友为主体，间有少数科场失意文人厕身其间。刑名幕友由来已久，迄至雍正朝已形成队伍庞大、家世相袭、门生众多的特殊社会阶层，直至清亡最终消失。幕友多为科举不第或仅取得生员之文人士子，各自以刑名律例、文书案牍、钱粮会计等专业知识襄赞主官治理政务，所谓“佐官为治”，“掌守令司道督之事，以代十七省出治者，幕友也。”[1]

刑名幕友在司法审判中的主要职责为拟律和批答案牍。拟律即根据案件选拟适用的律例以定罪量刑。按清律，“凡（官司）断罪，皆须具引律例。违者（如不具引）笞三十”，“承问各官审明定案，务须援引一定《律例》”。

然而，科举出身的官员于律例或茫然无知或知之甚少，而刑幕则多明习《律例》，明了律例条文的变化，因而不仅掌握了拟律之权，还代主官批答案牍。从州县至督抚，以主官名义批写的判词、批语、札饬等，多为幕友代笔，实际成为主官断案决狱的主宰。刑名幕友实际适用法律的需要，促使其钻研律例知识，总结审判经验，著书立说，聚徒传授。著名律学家沈之奇、汪辉祖、万维翰、沈辛田、王又槐、李观澜等人，均为一代名幕。其解释律意和应用律例的著作，既是学幕秘本，又是佐治司法的指南，在司法实践中被广泛援用。

刑名幕友的律例注释虽为无权解释，但却受到朝廷的关注，视为“备律所未备”[2]。在官府的支持下，幕友们纷纷以个人名义刊印发行其注律文本。著名的如：康熙时，江苏吴兴钱之清撰《大清律例笺释合抄》，沈之奇撰《大清律辑注》；乾隆时，浙江钱塘王又槐撰《办案要略》，江苏吴江万维翰撰《大清律例集注》，浙江武林鲁廷礼撰《律例掌珍》，浙江萧山汪辉祖撰《佐治药言》，江苏澄江夏敬一撰《律例示掌》；嘉庆时，浙江山阴李观澜撰《大清律例全

[1]《皇朝经世文编》卷二五“吏政一”。

[2]《大清律例汇辑便览·凡例》。

纂集成汇注》，浙江王又槐撰《办案要略》；道光时，山阴姚润、胡仰山撰《大清律例增修统纂集成》，江苏常熟邵春涛撰《读法图存》；同治时，会稽任彭年重辑《大清律例增修统纂集成》；光绪时，会稽陶东皋等撰《大清律例增修统纂集成》。

以刑幕为主的注律者，多从司法实践中发现律例中的难点、疑点以及适用上两可之处，因此除对律文作规范性的解释外，更关注如何适用条例。名幕夏敬一有言，“自汉唐递相沿革，至我本朝（清）百余年来，因时损益，条例极繁……各律目中所附条例，有律轻例重，律重例轻，律与例不符者，有此条例与彼条例重复浮赘者，有一事数款不隶一门而散见于他条者，有即附此条而不用之，旧例尚存彼条者，有旧例已更而至今尚未修入者，有本例已经删改而另条仍复援引入例者”[1]，故“若不为之旁参互证，剖析注明，初学方苦”[2]，通过注律“阐发律例中之精蕴，而听狱讼者得资以为观指”[3]。私家注律的成果着眼于实际应用，对司法审判颇有指导价值。

由于私家注律队伍庞大，因而形成了不同的流派，或以辑注擅长，或以考证名世，或以司法应用相标榜，或以图表歌诀为时人所称道，既丰富了律学的内容，某些注释方法和律例应用理论亦颇有可取之处。

私家注律著作中，以沈之奇所著《大清律辑注》为代表。

沈之奇深知“律文简严，意义赅括……必深思寻绎，始能融会贯通”，故“不揣浅陋，考据思索，谬为辑注”[4]。所谓“辑注”，按律学家万维翰解释：“辑，录也；注，著也。辑诸家之说，间申鄙见，疏其意，解其辞，析其同异，使断狱者准情以比例，依例以定律，互相证明，开卷了然。”[5]

[1] 夏敬一：《大清律目附例示掌序》。简称《律例示掌》。

[2] 夏敬一：《大清律目附例示掌序》。简称《律例示掌》。

[3] 万维翰：《大清律例集注·马腾蛟序》。

[4]【清】沈之奇：《大清律辑注》“自序”。

[5]《大清律例集注·叙》。

《大清律辑注》于康熙五十四年（1715年）刊印，共十册三十卷，分为上、下二栏。下栏辑录康熙五十四年以前行用之律文与条例，及律文中官方小注，并于每条律文后附官方评注和自注。为区别官注与自注，自注以略低于官注的格式排写，注文后辑条例。上栏为注释与论评，对下栏的律文、注解与条例作进一步阐述，内含律目历史源流、律文注解、术语及关键词解释、名家笺注、本人评注与按语等项。如，《刑律·贼盗·盗内府财物》规定："凡盗内府财物者，皆斩。（杂犯。但盗即坐，不论多寡，不分首从。若财物未进库，止依盗官物论。）"沈氏注曰："天子之库曰内府，在皇城禁地之中，但盗一切财物者，不论多少，不分首从，皆问杂犯斩罪。但有死罪之名，而无死罪之实，以其罪难免，而情可矜，故准徒五年以贷之。虽贷其死，而不易其名，所以示戒也。若财物尚未进库而盗之，则止依常人盗论。"

沈氏注解律文尤重阐明律意，自序有云："集解足发律之精意，兼补律之未备。"如，《名例·流囚家属》规定："凡犯流者，妻妾从之。父祖子孙欲随者，听。迁徙安置人（随行）家口，（妻妾、父祖、子孙）亦准此。若流徙人（正犯）身死，家口虽经附（入配所之）籍，愿还乡者，放还。其谋反逆叛及造畜蛊毒，若采生折割人、杀一家三人，（此等人恶极祸延，虽）会赦犹流者，（指家口，即使正犯身死，不得如前无罪之家属可还原籍也。），家口不在听还之律。"沈氏注曰："流罪者之妻妾，非应流之人，而俱令从之，欲其有家而安之也。父祖子孙，非应随之人，而愿随者听之，顺其就养之情也。迁徙安置，与流相同，故应从愿随之家口，亦准此例。若本犯死于流徒之所，家口虽以附籍，而愿还乡者，准与削籍，给引照回。此为寻常流徒之人言也。其中若有谋反、逆叛等项，其亲属家口，在常赦不原之数，即会赦犹流之人，自不在前项听还之律。"

《辑注》对于时下流行解律书中不妥之处，也提出己见。如，《刑律·贼盗·发冢》规定："凡发掘坟冢见棺椁者，杖一百，流三千里。已开棺椁见尸者，绞"。沈氏注曰："见棺椁见尸两'见'

字，音胡甸切，显也，露也，谓发掘坟塚，至于显露棺椁，已开棺椁，至于显露其尸也。开动曰发，穿地曰掘，二字亦有浅深之别。下未至棺椁者，若蒙上文发掘而言，则于掘字义不合，故复用发字另起。止曰发，不曰掘，谓虽开动，尚未掘穿至棺椁也。律文精密如此。《笺释》诸书，皆解见为视，意义俱谬。且以未至为未见，曰发掘坟塚未见棺、已见棺、已见尸云云，殊可笑也。夫所重于见棺、见尸者，谓暴露其棺与尸也，故塚必发掘，棺必开，方坐本罪。假如发而未至棺椁，仅于穴旁去指大一砖，便可窥见棺椁，即做见棺椁之罪乎？”一时难以辨明之歧见，则以“俟考”存之，审慎对待。如，《户律·钱债·违禁取利》规定，“若准折人妻妾子女者，杖一百”，律文后注“奸占即从和奸论”。沈氏注曰：“奸占即从和奸论。谓准折非同强夺，有奸亦系和同也。但本律准折即杖一百，而和奸止杖八十，俟考。”

《大清律辑注》涉及律例较为全面，评析允当，且多创见，被奉为私家释律之权威之作，被执法者广泛应用，直至同光时期仍不断有重编、重刻本问世。

稍晚于沈之奇，活动于乾隆中叶的王又槐，长期从事刑幕，所著《办案要略》是其丰富的司法实务经验的总结。此书侧重于诉讼与司法文书制作及现场勘验，内含《论命案》、《论抢夺》、《论犯奸及因奸致命案》、《论强窃盗案》、《论杂案》、《论批呈词》、《论详案》、《叙供》、《作看》、《论作禀》、《论驳案》、《论详报》、《论枷杖加减》、《论六赃》等十四篇专论。晚清律学家张廷骧将之刻印成册并为之作序，称此书：“议论精确，颠扑不破……与诸先辈幕学各书，合为全璧，亦足为初学准绳矣”。[1] 此书被列入《清史稿·艺文志》。

上述官私并举的注律活动，蔚成风气，是治狱经验的升华。但在清廷文字狱的氛围中，注律的自由度是有限的，凡与圣谕及注律宗旨相抵触的注律不仅无效，而且难免受到惩罚。

[1]【清】王槐：《办案要略·序》，群众出版社 1987 年版。

四、汇编成案，开启清律学的新路径

乾隆五年《大清律例》修订之后，律文不再修订，而以随时增修之例弥补律文之不足。例文是在成案的基础上纂修为例，所谓“采案入律”。由于成案是司法实践中应用法律进行审判的真实记录，具有适用法律的示范与借鉴作用，因而在司法实践中也出现了以案代例的现象。乾隆三年例规定：“除正律正例而外，凡属成案未经通行、著为定例，一概严禁，毋得混行牵引，致罪有出入。如督抚办理案件，果有与旧案相合，可援为例者，许于本内声明，刑部详加查核，附请著为定例。”但在五年后，乾隆帝删改前例，谕称：“司刑名者，偿引用律例，意为低昂，其弊亦不可不防。嗣后如有轻重失平、律例未协之案，仍听该督抚援引成案，刑部详加查核，将应准应驳之处，于疏内声明请旨。”[1]

至嘉庆朝，以案代例的情况已经十分普遍，以致习刑幕者皆从熟悉成案入手，而不读律例。[2]乾、嘉、道三朝刑案汇编之书不断问世，较重要的有《成案质疑》（洪弘等辑，八十册，乾隆十一年刊本），《成案续编》（乾隆二十年刊本，十九册），《成案续编二刻》（乾隆二十八年刊本，十册），《驳案新编》（乾隆四十六年全士潮等刊印本），《秋审比较条款》（乾隆四十九年本），《成案备考》（嘉庆十三年沈廷瑛原刻本），《刑部说帖》（有嘉庆十六年、道光五年、十一年、十三年、十四年等多种版本，计一百八十六卷、册），《加减成案新编》（道光十三年刊本），《刑部比照加减成案》（三十二卷，许梿等辑，道光十四年刊本），李馥堂辑《两歧成案新编》（二卷），等等。其中《刑案汇览》一书，以其资料源自档案、内容精确、案件收录多、时间距离长而备受推重。

《刑案汇览》由会稽名幕祝庆祺纂辑、歙（县）鲍书芸参订，于道光十四年刊行。祝氏曾任福建总督孙文靖刑幕多年，通晓清代司法状况，潜心收集刑部驳议之重大案件与有关资料，纂辑而

[1]《大清会典事例》卷八五二。

[2] 张廷骧：《入幕须知·赘言十则》。

成《刑案汇览》。全书分为二编，前编八十册八十八卷，辑录自乾隆元年（1736年）至道光十四年（1834年）九十九年间刑案五千六百四十余件；续编二册十六卷，名为《续增刑案汇览》，辑录道光三十年（1850年）间刑案一千六百七十余件。从刑部官鲍书芸为该书所撰写序文中，可以了然纂辑此书的背景、目的与构成。

"夫抶狱断刑，必衷律例，垂邦法为不易之常经，例准民情，在制宜以善用。

我朝钦定《大清律例》，节经修纂，至当至精。而其用之也，要在随时随事比附变通，期尽乎律例之用，而后可以剂情法之平。

《易》曰：君子以明慎用刑而不留狱。至哉是言！不穷其理于律例之中，未足为明慎也；不通其意于律例之外，亦未足为明慎也。

天下刑名，汇于刑部，凡值省题达各案，刑部详加核义，苟有可疑，必援彼证此，称物而类比之，剖析毫厘，律例之用于是乎尽。情与法皆两得矣。

岁癸未余奉职西曹，见历年成案，顜（jiang，又读jiao，直，明）若画一，而文牍浩如渊海，每思分门别类，裒（pou，聚集）集一书以便检阅。自维研究未精，未遑从事。洎居母忧归扬州，晤会稽祝君松庵，读所录例案一编，窃幸与鄙见同也。爰馆之家属成全帙，而君虚怀雅抱，与余商榷是非，悉心对勘，昕夕忘疲。编次未竟，会祀君应闽督孙文靖公幕府之聘，壬辰复至扬州，重加研究，阅三寒暑而始蒇（chan）事，得书六十卷。于广搜博采之中，寓共贯同条之义，胪陈案以为依据，征说帖以为要归，一切谨按通行，无不备具。散见者会之，繁称者简之，其有未尽，更缉拾遗以备参考，门分类别，条理秩然，以是征祝君刑名之精而用心之苦也。既成，谋付剞劂，名曰《刑案汇览》。盖以穷源竟委，俾阅者一览无遗，汇而通之，可以无不明，无不慎。荟萃之功洵深矣哉！"[1]

[1]《刑案汇览·序》。

《刑案汇览》主要辑录说帖、通行与成案。

刑部“说贴”，“始自乾隆四十九年，因各司核覆外省题奏咨文并审办词讼各案，逐一拟稿呈堂阅画，遇有例无专条，情节疑似者，经批交律例馆核覆，于核定时缮具说帖，呈堂酌夺，再行交司照办。”[1]

“通行”，按刑部解释：“各直省通行，系律例内所未备载，或因时制宜，或随地立法，或钦奉谕旨，或奏定章程，均宜遵照办理者也。”通行为地方法司办案时必须参考之法律依据，部分通行于律例馆修例时作为新例编入《大清律例》。《刑案汇览》所收录通行，共计六百余件。

“成案”，按《刑案汇览·凡例》：“成案俱系例无专条、援引比附加减定拟之案”，“成案与律例相为表里，虽未经通行之案不准混行牵引，然衡情断狱，律无正条，准援他律例比附。”[2]《刑案汇览》共集入一千四百余件成案。如，《刑案汇览卷二·犯罪存留养亲》载嘉庆二十年（1815 年）案，“川督奏：沈现顺杀死一家二命，拟以斩枭，沈现宇从而加功，拟以绞候。该督奏称，该犯父母现存弟兄二人，俱拟正法，例得存留一人养亲等语。相应照例声明，请旨定夺。倘蒙圣恩，将加功拟绞之沈现宇准留养亲，臣部行文该督，将沈现宇照例枷号两个月，杖一百，准其存留养亲。奉旨：准其照例留养。”

此外，祝氏自录所见成案与《邸抄》例无专条之案，以及《坊本所见集》所载例无专条尚可比附之案、《平反节要》与《驳案汇抄》所载之案，均为资料来源，故而《刑案汇览》规模宏大，史料丰富，影响深远。同治时，吴潮、何锡俨续辑自道光十八年（1838 年）至同治十年（1871 年）间刑案一千六百九十六件，名为《刑案汇览续编》。光绪时，潘文舫、徐谏荃再辑自道光二十二年（1842 年）至光绪十一年（1885 年）间刑案二百九十一件，名为《新增

[1]《刑案汇览·凡例》。

[2] 李逢辰：《比引成案新编·序》。

刑案汇览》。《新增刑案汇览》四编共收刑案九千余件，历时长达一百五十年，其规模之大、资料之广均为历代所未有，而且附有刑部与律例馆审议案件时提出的说帖和皇帝就特定案件颁发的上谕及有关资料，使阅者了然案件的处理依据、量刑的弹性考虑以及司法审判制度的演变。

《驳案新编》系与《刑案汇览》齐名之一部驳案汇编，由乾隆时刑部官员全士潮、张道源、李大翰、怀谦、周元良、金德舆等纂辑。《驳案新编》初版共十二册、三十二卷，汇辑清高宗乾隆元年（1736 年）至四十九年（1784 年）间刑部历年奉谕旨驳改拟及大臣援案奏准永为定例之成案，并按律分类，分编于名例、吏律、户律、礼律、兵律、刑律、工律等目中，书后附续编七卷。继本书续辑至仁宗嘉庆二十一年（1816 年）历年驳案，内依律目分为名例、吏、户、礼、兵、刑、工等七部分，下各有细目。

凡各省题结案件或秋审核拟案件定罪量刑不当，为刑部奏准皇帝驳回，即为“驳案”。《大清会典》有云：“外省督抚具题案件，内有情罪不协，《律例》不符之处，部驳再审。该督抚及司道等官虚心按《律例》改正具题，将从前错之处免其议处。”“凡部驳案件，如督抚拟罪过轻而部议重者，应驳令再审，如外拟过重而部议从轻，其中尚有疑窦者，亦驳令妥拟；倘所见既确，即改拟题复，不必辗转驳审，致滋拖累。”[1]

按清律，徒、流案件由督抚咨达刑部知悉或复核，无须具题，故称“咨驳”。死罪案件由督抚具题皇帝，刑部奉旨核拟，如有异议，提请皇帝驳审，是为“题驳”。“凡钦奉上谕指驳改拟及内外臣工援案奏准永为定例者，均依次编辑。每案先叙该督抚原题于前，然后恭录谕旨。次叙及内外衙门原奏，俾阅者知某案因何驳正，并某条律例因何改定之处，一目了然，源委悉得。”“是编自乾隆元年至四十九年，凡遵驳改正者，十之八九。其中，照驳复审有始略终详，因疑得信，惟期详慎得当，虽仍照原议拟结者，亦所必

[1]《大清会典·刑部》卷五四、五五。

录。”“断罪依新颁律令，……其间有引用各条，稍与现行定例不符，俱详加考核，将增删修改之原委于卷端注明”。[1]

山西道监察御史、刑部律例馆提调阮葵生于书序中，对《驳案新编》的司法适用价值特作如下说明：“律一成而不易，例因时以制宜。谳狱之道，系于斯二者而已。至情伪百变，非三尺所能。该则上比下比，以协于中，此历年旧案亦用刑之圭臬也。……全君秋涛，偕同曹诸君子，取近年驳案，汇集成编。予读之数过，见其搏采广收，芟繁提要，按门排纂，具有手眼，极案情之变而为齐非齐，抉律例之精而有伦有要，斯其用意亦良深矣。司牧者得是编而读之，即一案而通乎情法之准，究心律令之源，庶与以礼制刑，以教祗德之微意肫然有合，而非第为引证比附之取资也。”[2]

由以案代例而发展起来的汇编成案，成为清中叶以后律学的新发展。此类著作不仅展示了清朝律例演变的轨迹，而且也表明清朝在重视制定法的同时也给予判例法以一定的空间。这是汉以来律、令、科、比相辅相成的传统在新的历史背景下的展现。《刑案汇览》可以说是编纂成案类律学著作的代表，不仅是中国古代所鲜有的，也是世界法学史上所仅见的。

总括上述，作为传统律学最后阶段的清律学，其发展不是偶然的。传承明律学使清律学获得了可靠的基石、国家对司法的重视以及择人而授之以法的政治需求，加之执法者积极著述，力求以其自身经验丰富律学著作有补司法实践，都构成了清律学发展的条件。

除此之外，律学释文纂为律注，使之法律化，无疑对律学家是极大的鼓舞。至于在司法实践中对于律学著作的依赖，更是清律学绵延二百余载而不衰的重要原因。清律学作为宏大的文化遗产，需要研究的问题是多方面的，本文只就其兴起之由稍作分析，希望从中获取某些镜鉴。

[1]《驳案新编·凡例》。

[2]《驳案新编·序》。

三、发起对沈家本法律思想的研究

我对明末清初以来的思想家如王夫之、黄宗羲、顾炎武、唐甄、冯桂芬、章太炎等人的法律思想进行了评介。其中，值得提出的是沈家本法律思想的研究与论述。早在20世纪70年代末，我开始研读沈家本的著作。1981年，在《法学研究》第4、5两期上刊登了我撰写的《论沈家本的法律思想》。文章第一部分，概括介绍了沈家本传统的法理学的认识，如他对于法律的概念、作用以及法律与国家政治的关系各方面的论断。文章第二部分，叙述了沈家本主持修律过程中的主张和作为，同时评价了在晚清法制走向近代化所起的历史性作用。对于在他支持下完成的新律的制定以及改良司法的一系列措施，也作了评价。这篇长文是建国以后评价沈家本的第一篇文章，在当时，确实起了一些开风气之先的作用。

此后，我主持了关于纪念沈家本的学术研讨会，也参加了纪念沈家本的一些学术活动。2003年，在沈家本的故乡——湖州，召开了沈家本与中国法律文化国际学术研讨会。我出席了会议，并做了"沈家本法律思想综论"的主题发言。这个发言，是我自70年代末研究沈家本法律思想的一个总结。全文附后：

沈家本（1840—1913），是晚清爱国忠君并具有改良维新思想的新官僚，也是博通古今、连贯中西的法学大师。他对中国法制的近代化、法学的繁荣和法律人才的培养，做出了彪炳史册的功绩。

沈家本生活在中国社会激烈动荡的时代，列强环伺、山河残破的局面使他从步入官场时起，便产生了维护主权、反对外国侵略、拯救清朝帝国的宿愿。光绪二十九年，刚刚擢升为直隶通永道的沈家本被侵略军关押和软禁了几个月，其间他保持了国格、人格，怒斥侵略者"铁甲金戈气正嚣"，"烟尘到处都成劫"，并为国家的被凌夷而感到痛心和悲愤。他在诗中说："楚囚相对集新亭，行酒三觞涕泪零；满目山河今更异，不堪说与晋人听。"[1]

作为一个自幼深受经史之教的宦门子弟，沈家本的爱国思想是和忠君思想紧密联系在一起的。他在脱出牢笼以后，便以一个臣子

[1]【清】沈家本：《枕碧楼偶存稿·稿十一》，载【清】沈家本：《沈寄簃先生遗书》乙编。

的赤诚日夜兼程奔赴西安护驾，由此而受到清廷的青睐，被接连任命为光禄寺卿、刑部侍郎，忝列部院，位跻公卿。两年后，又被委以修订法律大臣的重任，从此开始了他一生中最为辉煌的岁月。

一、传统法制批判总结的律学家

由于沈家本长期任职刑部，得以浏览历代的法典王章、刑狱档案，因而被公认为“久在秋曹，刑名精熟”。晚清时期由朴学转向实学的学风，对沈家本的学术思想很有影响。他把朴学的严谨学风与实学的经世致用有机地结合起来，以讲求经世致用为指导思想钻研律学，并对传统法制进行了批判地总结。

沈家本的代表作《历代刑法考》，将上起传说中的三皇五帝，下至明末的悠久而分散的法律史料，分门别类地逐条逐制进行考察。该书不仅史料丰富，而且在综合前人研究成果的基础上发挥了自己的创见。《历代刑法考》中往往从字义到音韵、从律条的沿革到法典的嬗变、从中国古代法律的源流到历代法律制度的得失优劣等，无不进行详细的考证与评述。他对中国古代法律典籍的作者、版本、流传的细致考证，为法史研究提供了重要基础。《历代刑法考》中除蕴涵乾嘉考据学风的遗痕外，更重要的是体现了道咸以来经世致用的实学学风。他是从鉴古明今的角度总结历代法制得失的，特别是为修改律令寻找理论及历史的依据。

以下，从五个方面阐明沈家本是怎样对传统法制进行批判总结的。

（一）法律的作用及其与国家政治的关系

沈家本说：“法者，天下之程式，万事之仪表也”[1]；“当故

[1]【清】沈家本：“新译法规大全序”，载【清】沈家本：《历代刑法考》，中华书局 1985 年版，第 2243 页。

不改，常也。”[1]他认为，“律，法也”[2]，“律者，一成不易者也”，[3]古时“律为万事根本，刑律其一端耳，今则法律专其名矣”[4]。对于法律的作用，沈家本赞同管子所说：“夫法，所以兴功惧暴也；律者，所以定分止争也；令者，所以令人知事也；法律政令者，吏民绳墨规矩也。”[5]为了阐明“为政之道，首在立法以典民”[6]，他引管子的话说，“立法典民则祥，离法而治则不祥。”由于“刑法乃国家惩戒之具”[7]，所以即使是“政得其道，仁义兴行，而礼让成俗”，“犹不敢废刑，所以为民防也。”如果“废常刑，是驰民之禁，启其奸”，譬如“积水而决其防”[8]。他强调，只有“法度立”，才能“朝政明”，“世未有无法之国而能长治久安者也”[9]。但与此同时，他反对治国用重法淫刑，认为徒用重法淫刑以求匡正动荡之世，是“治标之策”，只会使社会矛盾激化，秦隋之亡，“其淫刑者之龟鉴”[10]。

由此出发，沈家本提出政治是根本，“刑者，政之辅也。”[11]法律与政治既有主次之分，因此法律是实现政治的工具，所以“律学

[1]【清】沈家本：“律令一”，载【清】沈家本：《历代刑法考》，中华书局1985年版，第813页。

[2]【清】沈家本：“律令一”，载【清】沈家本：《历代刑法考》，中华书局1985年版，第811页。

[3]【清】沈家本：“通行章程序”，载【清】沈家本：《历代刑法考》，中华书局1985年版，第2220页。

[4]【清】沈家本：“律令一”，载【清】沈家本：《历代刑法考》，中华书局1985年版，第810页。

[5]《管子·七臣七主》。

[6]【清】沈家本：“旗人遣军流徒各罪照民人实行发配折”，载【清】沈家本：《历代刑法考》，中华书局1985年版，第2032页。

[7]【清】沈家本：“死刑惟一说”，载【清】沈家本：《历代刑法考》，中华书局1985年版，第2100页。

[8]【清】沈家本：“刑制总考四”，载【清】沈家本：《历代刑法考》，中华书局1985年版。

[9]【清】沈家本：“刑制总考三”，载【清】沈家本：《历代刑法考》，中华书局1985年版，第34页。

[10]【清】沈家本：“刑制总考三”，载【清】沈家本：《历代刑法考》，中华书局1985年版，第47页。

[11]【清】沈家本：“刑制总考三”，载【清】沈家本：《历代刑法考》，中华书局1985年版。

明而刑罚中，于政治关系大”[1]。他欣赏晚清“有志之士，探究治道之原，旁考各国制度”以“有补于当世”[2]。他在取法西方制定新律时，首先考虑的就是“深究其政治之得失”，力戒盲目袭用。[3]

（二）法须统一

沈家本在总结历史经验的基础上，从三个方面论证了法律必须统一：首先，是“立法宗旨一定不得两歧”。所谓“两歧”，就是既有“国家惩戒之意”，又存“私人报复之心”。[4] 如果“以刑为泄忿之方”，其流弊所至，将会使法“重之又重，更无穷已”[5]。其次，断罪之律必须统一。“犯罪不论新旧，断罪自当一律，不得再有参差，致法律失信用之效也。”[6] 最后，适用法律必须统一，不因犯罪对象的身份而有区别。他举汉朝为例，王章犯“非所宜言罪”，身死狱中，妻子徒刑，然而张寿、王匡衡犯同样罪，却有诏“勿劾”、“勿治”，“等级之不同如此，可谓无定法矣。”[7] 他尤其抨击南朝士族享有各种法定的和法外的特权，以致法废而不行，说：“凡人皆同类，……法之及不及，但分善恶而已，乌得有士族匹庶之分？士族之恶者戮之，苛当其罪，何至使人离心；匹庶之善者戮之，苛不当其罪，其嗟叹岂少也哉？”[8]“使人但知士族匹庶之分，而不

[1]【清】沈家本：“熙宁律学”，载【清】沈家本：《沈寄簃先生遗书》乙编。

[2]【清】沈家本：“政法类典序”，载【清】沈家本：《历代刑法考》，中华书局 1985 年版，第 2242 页。

[3]【清】沈家本：“政法类典序”，载【清】沈家本：《历代刑法考》，中华书局 1985 年版，第 2241 页。

[4]【清】沈家本：“死刑惟一说”，载【清】沈家本：《历代刑法考》，中华书局 1985 年版，第 2100 页。

[5]【清】沈家本：“刑法分考四”，载【清】沈家本：《历代刑法考》，中华书局 1985 年版，第 137 页。

[6]【清】沈家本：“明律目笺一”，载【清】沈家本：《历代刑法考》，中华书局 1985 年版，第 1807 页。

[7]【清】沈家本：“汉律拾遗三”，载【清】沈家本：《历代刑法考》，中华书局 1985 年版，第 1427 页。

[8]【清】沈家本：“刑制总考三”，载【清】沈家本：《历代刑法考》，中华书局 1985 年版，第 34 页。

知善恶之分矣，此大乱之道也。”沈家本正是从法须统一适用、化除满汉畛域出发，谴责清朝统治时期旗人犯遣军流徒各罪享有减等换刑等特权，主张化除满汉畛域，满人犯法“应照民人一体办理”。他说：“法不一则民志疑，斯一切索隐行怪之徒，皆得乘瑕而蹈隙。故欲安民和众，必立法之先统于一，法一则民志自靖，举凡一切奇衺之说，自不足以惑人心……若旧日两歧之法，仍因循不改，何以昭大信，而释群疑。”[1]

（三）法与教化互补互用

沈家本认为，“刑罚与教育互为消长”[2]由来已久，“盖犯罪之人歉于教化者为多，严刑厉法可惩肃于既往，难望湔祓于将来”[3]，因此教化之功绝不可忽视。他指出：“先王之世，以教为先，而刑其后焉者也。大司徒十二教而刑仅居其一，必教之不从而后刑之，则民之附于刑者而少矣。不教而诛，先王所不忍也”[4]；“孔子言道政齐刑，又言道德齐礼，乃为政刑之当进之以德礼，方臻郅治耳”[5]；“老子云：我无为，民自化，我好静，民自正。……惟善体感格之意，使人人于化导之中……而政本基焉。”[6]

上述广征博引的中心，在于说明“是刑者非威民之具，而以辅政教之不足者也”[7]。他在评价汉文帝废肉刑之后几度掀起的有关肉刑存废的争论时，指出：“止奸之道在于教养，教养之不讲而欲

[1]【清】沈家本：“旗人遣军流徒各罪照民人实行发配折”，载【清】沈家本：《历代刑法考》，中华书局1985年版，第2032—2033页。

[2]【清】沈家本：“修订法律大臣沈家本等奏进呈刑律草案折”，载《大清光绪新法令》（第19册），中华书局1986年版，第26—28页。

[3]【清】沈家本：“奏实行改良监狱宜注意四事折”，转引自李贵连：《沈家本年谱初编》，北京大学出版社1989年版，第141页。

[4]【清】沈家本：“历代刑官考上”，载【清】沈家本：《历代刑法考》，中华书局1985年版，第1960页。

[5]【清】沈家本：“四库全书提要政书类后”，载【清】沈家本：《历代刑法考》，中华书局1985年版，第2275页。

[6]【清】沈家本：“狱考”，载【清】沈家本：《历代刑法考》，中华书局1985年版。

[7]【清】沈家本：“刑制总考一”，载【清】沈家本：《历代刑法考》，中华书局1985年版，第9页。

奸之格也，难矣哉。”[1]

然而观于历史，每至王朝末世，社会矛盾尖锐，统治者总是更多地乞助于重刑，视为维护其统治的有效方法。因此，虽奉“德主刑辅”之说，而多不行其义。为此，沈家本慨然兴叹：“国家设官本以教养斯民，而后世之官皆不识教养二字，……下焉者则逞其刑威，肆其贪虐，而民生可知矣，教养云乎哉”[2]；“后世教育之不讲，而惟刑是务，岂圣人之意哉。”[3] 为了矫正积弊，沈家本大声疾呼：“居今日而治斯民，刑其后者也，其惟以教为先乎。”[4]

（四）持平用法，慎刑慎赦

沈家本从“有国家者非立法之难，而用法之难也”的认识出发，强调“法善而不循法，法亦虚器而已”[5]。

然而，如何用法才能有裨于治？沈家本的回答是：贵在持平。他说：“一代之法，不徒在立法之善，而在用法之得其平。”[6] 所谓“平”，就是公允平正，不以意废法。他曾以度量衡的公平、客观、准确来要求立法者，说：“度长短者，不失毫厘；量多少者，不失圭撮。权轻重者，不失黍絫立法者，皆应如是。”[7]

在立法与用法贵得其平的观点影响下，沈家本反对立法畸重、滥用刑罚。他在总结历史经验的基础上认为，刑罚当否直接关系到

[1]【清】沈家本：“刑制总考五”，载【清】沈家本：《历代刑法考》，中华书局 1985 年版，第 166 页。

[2]【清】沈家本：“历代刑官考上”，载【清】沈家本：《历代刑法考》，中华书局 1985 年版，第 1960 页。

[3]【清】沈家本：“书劳提学新刑律草案说帖后”，载【清】沈家本：《历代刑法考》，中华书局 1985 年版，第 2286 页。

[4]【清】沈家本：“历代刑官考上”，载【清】沈家本：《历代刑法考》，中华书局 1985 年版，第 1960 页。

[5]【清】沈家本：“形制总考三”，载【清】沈家本：《历代刑法考》，中华书局 1985 年版，第 47 页。

[6]【清】沈家本：“汉律摭遗自序”，载【清】沈家本：《历代刑法考》，中华书局 1985 年版，第 1366 页。

[7]【清】沈家本：“律令一”，载【清】沈家本：《历代刑法考》，中华书局 1985 年版，第 811 页。

国家的治乱存亡。因此，他力主“慎刑”，说：“夫刑者，古人不得已而用之，不可不慎。”并举汉史为例，认为“汉承秦苛法之后，慎狱恤刑，与民更治，高景之诏，尤于疑狱郑重言之，而以宽为先务”，因此才取得了“文景之时，几于刑措”的社会效果。他称赞汉时地方有疑狱“郡国主吏诣廷尉议”的制度，认为“此法极善”，是“慎刑之一端也”，希望“近世亦行之”[1]。沈家本不仅论证了慎刑的重要性，而且明确提出了对于慎刑的要求，那就是依法断狱，反对比附。他批评自明迄清实行的“断罪无正条，用比附加减之律”，说：“若律无正条而仍有刑，是不信于民也。”[2]他以文字狱为例，说：“比附之不得其平者，莫如文字之狱。”[3]他赞赏晋时律学家刘颂关于“律法断罪皆当以法律令正文，若无正文依附名例断之，其正文、名例所不及，皆勿论”的疏文，说：按颂所言，“今东西各国之学说正与之同，可见此理在古人早已言之，特法学之论说无人参究，故称述之者少耳。”[4]《周书》宣帝纪宣政元年八月诏制九条中也有“决狱科罪皆准律文”的记载，对此，他评论说：“科罪准律，则律无文者不得科罪，不待言矣。”[5]又针对金世宗时颁发的上谕“近闻法官或各执所见，或观望宰执之意，自今制无正条者皆以律文为准”，特加案语：“金代承用唐宋刑法而制无正条者一以律文为准，其不得用他律比附，灼然无疑。是中国本有此法，晋刘颂议之于前，金世宗行之于后，初不始于今东西各国也。世宗为金源一代令主，大定之世，其国人有小尧舜之号，而特颁诰

[1]【清】沈家本：“汉律摭遗六”，载【清】沈家本：《历代刑法考》，中华书局 1985 年版，第 1494 页。

[2]【清】沈家本：“明律目笺一”，载【清】沈家本：《历代刑法考》，中华书局 1985 年版，第 1810 页。

[3]【清】沈家本：“明律目笺一”，载【清】沈家本：《历代刑法考》，中华书局 1985 年版，第 1816 页。

[4]【清】沈家本：“明律目笺一”，载【清】沈家本：《历代刑法考》，中华书局 1985 年版，第 1813 页。

[5]【清】沈家本：“明律目笺一”，载【清】沈家本：《历代刑法考》，中华书局 1985 年版，第 1813 页。

戒如此，岂非深悉其弊哉。”[1]

沈家本在提倡慎刑的同时，也主张慎赦，反对滥赦。他认为大赦“自汉以后，遂为常法矣”[2]，“文帝在位二十三年，衹四赦。灵帝在位二十二年，凡二十赦，盖几于无岁不赦”[3]，其结果遂使人轻于犯法，而希冀于赦，造成了社会的动荡不安。沈家本说：“此事自汉以来论之者多，其弊则在于赦之数，赦数则犯法者多矣。已赦而得言是法不信也，不得言而人易犯法，是法害法也。赦之害如此，赦数何为哉。”[4]由此他得出结论，“大抵盛时赦少，乱时赦多”[5]，从而形成了恶性循环。

在中国历史上，赦愈滥，法愈坏，既不能邀仁政之名，更无以收缓和社会矛盾之效。沈家本所主张的慎刑慎赦，表现了他对于法制历史经验教训的洞察，也反映了他坚持法制原则的立场。

封建时代的开明政治家、思想家经常以用法畸重来抨击时政，这一方面是出于一定的政治需要，另一方面是为了更好地发挥法律的控制作用。由于沈家本处在一个新的历史时期，因此他所主张的执法持平和反对重刑，既是从历代兴衰中总结出来的历史经验，也反映了特定的时代色彩，是服务于“刑法之当改重为轻”的修律需要的。

（五）用法贵在得人

沈家本借用孟子“徒法不能以自行”的古语，论证说：“法之善者，仍在有用法之人，苟非其人，徒法而已。”[6]他举唐律为例，尽管这是一部封建时代宽严得体的著名法典，但仍然出现了置法于

[1]【清】沈家本：“明律目笺一”，载【清】沈家本：《历代刑法考》，中华书局1985年版，第1815页。
[2]【清】沈家本：“赦一”，载【清】沈家本：《历代刑法考》，中华书局1985年版，第526页。
[3]【清】沈家本：“赦三”，载【清】沈家本：《历代刑法考》，中华书局1985年版，第587页。
[4]【清】沈家本：“赦九”，载【清】沈家本：《历代刑法考》，中华书局1985年版，第732页。
[5]【清】沈家本：“赦三”，载【清】沈家本：《历代刑法考》，中华书局1985年版，第587页。
[6]【清】沈家本：“刑制总考四”，载【清】沈家本：《历代刑法考》，中华书局1985年版，第51页。

不顾的“武氏肆虐”，和李林甫用事以后制造的大量冤案。由此得出结论，“益可知有其法者，尤贵有其人矣。大抵用法者得其人，法即严厉亦能施其仁于法之中。用法者失其人，法既宽平亦能逞其暴于法之外。此其得失之故，实筦乎宰治者之一心。为仁为暴，联兆甚微，若空言立法，则方策具在，徒虚器耳。”[1]他反驳宋时马端临批评晋律“宽弛”，认为晋初“修律诸人讨论颇为详审”，时人称誉“为便”，至于晋朝法制的败坏，“非法之过，而用法者之过也”[2]，“晋之法岂宽弛之弊哉，亦用法者非其人耳。苟非其人，徒法而已。”由于“用法在人”，沈家本推崇周时对基层官吏进行法律教育的制度，说：“周礼地官之属，州长一岁三读法，党正一岁七读法，族师一岁十四读法，闾胥读法无定期。读即读其所掌之教法，以劝、以戒……”[3]特别是作为出令的中枢长官“皆宜知律”，唐宋时中枢机关发布的赦文竟与现行法律发生矛盾，其原因就是中枢长官不知法之所致。他说：“刑法定自刑官，而赦文出自中书省官，中书省未必有深明刑法之人，遇有赦事，或沿袭旧文，或意为轻重，而敦知事多变迁，不加参考，遂至抵牾。往往法已改于数十年之前，而仍列诸赦文之内，所司棘手，不得不思通变之方，以致赦书成为虚文，不足以取信于天下。”[4]

鉴于官吏司法直接关系到法律的贯彻、民命的安危、社会的治乱，沈家本主张严厉制裁枉法的官吏。他说：“夫法者，官吏主之，法之枉不枉，官吏操之，则其罪亦官吏任之。不论所枉者何事，皆应以官吏当其重罪，此一定之法也。以执法之人而贪利曲断、做法

[1]【清】沈家本：“刑制总考四”，载【清】沈家本：《历代刑法考》，中华书局 1985 年版，第 51 页。

[2]【清】沈家本：“刑制总考二”，载【清】沈家本：《历代刑法考》，中华书局 1985 年版，第 28 页。

[3]【清】沈家本：“与受同科仪”，载【清】沈家本：《历代刑法考》，中华书局 1985 年版。

[4]【清】沈家本：“赦十二”，载【清】沈家本：《历代刑法考》，中华书局 1985 年版，第 789 页。

而法坏，故问罪加严，尚是整饬官常之至意。”[1]

上述只是沈家本对于中国古代法制所作出的批判总结的一端。尽管他当时还不具备科学的世界观与方法论，但由于以法制历史的大量史例为根据，比较客观地剖析其利弊得失，不仅考证有据、沿革剖明，而且许多言论是前人所未发，具有较高的学术价值，又起到了鉴古明今的作用。在中国悠久的法制文明史上，不乏圣君、贤相、哲人对法制历史进行总结，但沈家本所作的批判总结，无论是广泛性、系统性，尤其是它所跨越的时空，都是前人所不及的。

二、近代法律体系的奠基人

法律体系是指由本国各个部门构成的整体。任何一种类型的法律体系中，都必然含有相对独立的法律部门，既有各种实体法，也有程序法；既融合诸法于一个整体，又分别作用于不同的领域。由于中国古代自然经济长期占统治地位，以及专制主义的国家制度不断地强化，由此而形成的重公权、轻私权，使得刑法成为国家的基本法典，其他的部门法或散见于单行条例，或容纳于刑法典中。这是中国封建法律体系的特点。在沈家本修律的过程中，深感以刑为主的法律体系已经不能适应海禁开放后的新形势，而急需建立近代化的法律体系。沈家本虽然是近代法律体系的奠基人，但却不是始作俑者。

鸦片战争以后，随着西方私法文化的输入，使得开明的官僚、士大夫的法观念发生了很大的变化。他们抛弃了重刑轻民的传统认识，力图打破沿袭两千余年的“诸法合体、民刑不分”的法典编纂体例，热切思考着制定独立的商律和民律。还在19世纪70、80年代，改良派的一些代表人物如王韬、马建忠、薛福成、陈炽、郑观应、何启、胡礼垣等人，便提出修改旧律例、制订商律的主张。至19世纪末，改良派集大成的人物康有为在光绪二十四年（1898年）

[1]【清】沈家本：“与受同科仪”，载【清】沈家本：《历代刑法考》，中华书局1985年版，第2057页。

年《上清帝第六书》即通称的《应诏统筹全局折》中，明确提出："今宜采罗马及英、美、德、法、日本之律，重定施行，不能骤行内地，亦当先行于通商各口。其民法、民律、商法、市则、舶则、讼律、军律、国际公法，西人皆极详明，既不能闭关绝市，则通商交际，势不能不概予通行。然既无律法，吏民无所率从，必致更滋百弊。且各种新法，皆我所夙无，而事势所宜，可补我所未备，故宜有专司，采定各律，以定率从。"[1] 虽然康有为关于民法、民律的概念还是笼统的，缺乏科学的界定，但他把建立新的法律体系作为维新变法的一部分的观点是鲜明的。沈家本只是把康有为的观点加以系统化、确定化，并付诸修律的实践。同时，他以深沉的笔触论证了通过修律建立新的法律体系的合理性与必要性。他说："法律之损益，随乎时运之递迁……推诸穷通久变之理，实今昔之不宜相袭也。"[2] 特别是从中国与世界的关系和进化的法制历史潮流中，阐述了"我中国介于列强之间，迫于交通之势，盖有万难守旧者"，"国家既有独立体统，即有独立法权，法权向随领地以为范围。……独对于我国藉口司法制度未能完善，予领事以裁判之权，英规于前，德踵于后，日本更大开法院于祖宗发祥之地，主权日削，后患方长。此毖于时局不能不改也。"又说："方今各国政治日跻于大同，如平和会、赤十字会、监狱协会等，俱以万国之名组织成之。近年我国亦有遣使人会之举，传闻此次海牙之会，以我国法律不同之故，抑居三等，敦架减色，大体攸关，此鉴于国际不能不改者也"；"教案为祸之烈，至今而极，……凡遇民教讼案，地方暗于交涉，细于因应，审判既失其平，民教之相仇益亟。盖自开海禁以来，因闹教而上贻君父之优者，言之滋痛。推原其故，无非因内外国刑律之轻重失宜，有以酿之。此又惩于教案而不能不改者也。"[3]

与此同时，鉴于世界各国经济、科学、交通的发展，沈家本认

[1]《戊戌变法》（第二册），神州国光社 1953 年版，第 200 页。

[2]《大清法规大全·法律部》，台清考正出版社 1980 年版，第 1985 页。

[3]"奏刑律草案告成分期缮单呈览文陈修订大旨折"，载《清末筹备立宪档案史料》（下册），中华书局 1979 年版，第 864 页。

为法律也出现了趋同之势，所谓“方今瀛海交通，俨同比伍，权力稍有参差，强弱因之立判，职是之故，举凡政令、学术、兵制、商务，凡有日趋于同一之势”[1]。因此，他力图通过修律改变中国固有的传统法律体系，以便“与各国无大悬绝”[2]，以符合“趣时之义”。如果继续墨守成规，泥古而不化，拒绝世界潮流的影响，那么，“以一中国而与环球之国抗，其优绌之数，不待智者而知之矣。”[3]

值得提出的是，中国在接受西方法文化时，开始受英美法系影响较多，而后逐渐以大陆法系为取向。这不是偶然的：首先，与法典化的传统有关。如前所述，中国古代法制是以法典为主干的，这个传统便于接受以法典化为特征的大陆法系。其次，在立法技术上，由于英美法系大多没有成文法典可供移植，而判例的数量又是巨大的，需要培养运用判例的高素质的法官，因此移植大陆法系更具有可行性。再次，日本明治维新的成功，给中国以很大的启示。中日两国有着相同的文化渊源，而且明治维新以前的日本同当时的中国也有着相似的政治、经济环境，因此通过日本的媒介更容易接受大陆法系。梁启超就曾经说过：“日本法规之书，至详至悉，皆因西人之成法而损益焉也。”[4] 由于中日两国文字上也有某些相通之处，因此翻译日本的法学著作的数量多、方面广，成为主流。最后，修订法律馆在起草新律的过程中，还聘请了熟悉大陆法系的日本法学家担任起草人，他们对中国接受大陆法系起着传导的作用。

[1] “奏请编订现行刑律以立推行新律基础折”，载《清末筹备立宪档案史料》（下册），中华书局1979年版，第852页。

[2]【清】沈家本：“奏虚拟死罪改为流徒折”，载【清】沈家本：《历代刑法考》，中华书局1985年版，第2029页。

[3]【清】沈家本：“重刻明律序”，载【清】沈家本：《历代刑法考》，中华书局1985年版，第2210页。

[4] 梁启超：“变法通议”，载《饮冰室合集·文集之一》，中华书局1989年版，第68页。

（一）制定单一的刑律草案

沈家本从“各法之中，尤以刑法为切要”[1]的认识出发，始终以制定新刑法为主要任务，前后历时近六年之久。在这个过程中，从删除原《大清律例》中“不适于时”的凌迟、枭首、戮尸、缘坐、刺字等酷刑入手。光绪三十一年（1905年）三月二十日，他向清廷奏上《删除律例内重法折》，阐述了大清律例内重法的野蛮性、残酷性、落后性，提出“凡律内凌迟、斩枭各俱改斩决”，“缘坐各条，除知情者仍治罪外，其不知情者悉予宽免”。同时，“拟请将刺字款目概行删除”。他举日本为例，认为“近日日本明治维新，……新律未颁，即将磔罪、枭首、籍没、墨刑先后废止”，如果对于“西人每訾为不仁”的酷刑“不思变通，则欲彼之就我范围，不犹南辕而北辙乎”[2]。

由于凌迟、枭首等酷刑凸显了《大清律例》的落后与野蛮，既和世界进步的历史潮流大相径庭，又与清廷所标榜的立宪改良的政策相矛盾，因此这个以“裁之以义”、“推之以仁”改重从轻的奏折得到清廷的首肯，下谕：“现在改订法律，嗣后凡死罪，至斩决而止，凌迟及枭首、戮尸三项，著即永远删除。所有现行律例内，凌迟、枭首各条俱改为斩决，其斩决各条俱改为绞决，绞决各条俱改为绞监候……至缘坐各条，除知情者仍治罪外，徐悉宽免。其刺字等项，亦著概行革除。”[3]废除《大清律例》中的酷刑，是中国刑法走向近代文明的重要一步。

在完成刑律草案的制订工作之前，沈家本奏请编订《现行刑律》，以作为新刑律的过渡形态。《现行刑律》删除了吏、户、礼、兵、刑、工六律律目，并将原《大清律例》中纯属民事的部分条款

[1] “奏刑律草案告成分期缮单呈览交陈修订大旨折”，载《清末筹备立宪档案史料》（下册），中华书局1979年版，第845页。

[2] 【清】沈家本：“删除律例内重法折”，载【清】沈家本：《历代刑法考》，中华书局1985年版，第2026页。

[3] 【清】沈家本：“删除律例内重法折”，载【清】沈家本：《历代刑法考》，中华书局1985年版，第2028页。

分出，不再科刑，以示民刑区分。在刑制上，除废除凌迟、枭首、戮尸、缘坐、刺字，以及枷号外，采用罚金、徒、流、遣、死，取代原有的笞、杖、徒、流、死。

光绪三十三年八月二十六日（1907年10月3日），完成了修订《大清新刑律草案》的工作。

《大清新刑律草案》采纳西方近代刑法原则——罪刑法定、罪刑相应、人道主义。这三大原则是资产阶级启蒙思想的产物，是构成西方近代刑法的柱石，也是新刑律之所以为新的重要标志。

17至18世纪之间，资产阶级启蒙思想家卢梭、伏尔泰、孟德斯鸠等提出罪刑法定，即“法无明文规定不为罪”的原则，意在反对封建司法专横。《大清新刑律草案》第十条第一项规定：“凡律例无正条者，不论何种行为不得为罪。”为了在实践中实施罪刑法定的原则，反对传统旧律中的比例援引、类推解释，沈家本指出：“本条所以示一切犯罪须有正条乃为成立，即刑律不准比附援引。”并认为，“断罪无正条，用比附加减之律，定于明而创于隋。国朝律法承用前明，二百数十年来，此法遵行勿替。近来东西国刑法皆不用此文，而中国沿习既久，群以为便，一旦议欲废之，难者锋起”[1]，以致汉唐以来“奸猾巧法，转相比况”，“罪同论异”，使无辜百姓遭受荼毒。沈家本根据西方三权分立学说，进一步论证说：“若许署法者以类似之文致人于罚，是司法而兼立法矣，其弊一。人之严酷慈祥，各随禀赋而异，因律无正条而任其比附，轻重偏畸，转使审判不能统一，其弊又一。”[2] 为了回答“人情万变，断非科条数百所能赅载者”的指责，沈家本指出：“不知法律之用，简可驭繁。例如，谋杀应处死刑，不必问其因奸因盗。如一事一例，恐非立法

[1]【清】沈家本：“明律目笺一”，载【清】沈家本：《历代刑法考》，中华书局1985年版，第1807页。

[2]“奏刑律草案告成分期缮单呈览交陈修订大旨折”，载《清末筹备立宪档案史料》（下册），中华书局1979年版，第848页。

家逆臆能尽之也。”[1] 为了使“不复袭用旧例”的立论更有说服力，他还介绍了“欧美及日本无不以比附援引为例禁”的法制现状。

沈家本立足于新的历史条件，对比附援引流弊的揭露可以说是明清以来审判弊端的总结。与此同时，他主张因时应势酌立新法，以弥补因删除比附而在法律上出现的空白。如，在《伪造外国银币设立专条折》中明确提出：“与其就案斟酌，临事鲜有依据，何如设立专条，随时可资引用。”[2]

罪刑适应亦即罪刑相当原则，是在西方资本主义等价交换原则的作用下罪与刑之间所形成的一种等价、相应的均衡关系，是资产阶级刑法的又一基本原则。

具体说来，就是对于犯罪行为人判处刑罚的轻重，应当与其所犯罪行和承担的刑事责任相适应。孟德斯鸠说：“惩罚应有程度之分，按罪大小，定惩罚轻重。”[3] 罪刑相应原则所体现的是对特权与滥刑的公开否定，是人们对刑法的公平与公正的渴求，是资产阶级法制的价值取向。意大利著名刑法学家贝卡利亚说过：“刑罚应该是公开的、及时的，必须要在既定条件下尽量轻微的、同犯罪相对称的，并由法律规定的。”[4] 根据罪刑相应的原则，沈家本首先向传统旧律中八议的特权收赎规定发起了攻击，认为“凡人皆同类，……法之及与不及，但分善恶而已，乌得有士族、匹庶之分？士族之恶者戳之，苟当其罪，何至使人离心；匹庶之善者戳之，苟不当其罪，其嗟叹岂少也哉”，因此“八议之条……实在可删之列，存之律中，徒滋疑惑而已”[5]。他在《明律目笺一》中再次强调：

[1] “修订法律大臣沈家本等奏进呈刑律草案折”，载《大清光绪新法令》第19册，中华书局1986年版，第26—28页。

[2]【清】沈家本：“伪造外国银元币设立专条折”，载【清】沈家本：《历代刑法考》，中华书局1985年版，第2031页。

[3]【法】孟德斯鸠：《波斯人信札》，商务印书馆1962年版，第141页。

[4]【意】贝卡利亚著、黄风译：《论犯罪与刑罚》，中国大百科全书出版社1993年版，第109页。

[5]【清】沈家本：“明律目笺一”，载【清】沈家本：《历代刑法考》，中华书局1985年版，第1791页。

"法律为人人所当遵守，既定而颁行之，则犯罪不论新旧，断罪自当一律，不得再有参差，致法律失信用之也。"[1]在他主持修订的《大清新刑律》（草案）中，终于取消了行之已久的"八议"规定，使封建等级特权性的法律向着近代的法律转变。他在进呈《修订刑律草案》折上，强调"立宪之国，专以保护臣民权利为主。现行律中，以阶级之间，如品官制使良贱奴仆区别最深，殊不知富贵贫贱，品类不能强之使齐，第同隶帡幪，权由天畀，于法律实不应有厚薄之殊"。他猛烈抨击传统旧律中良贱同罪异罚的规定，指出："官员打死奴婢，仅予罚俸，旗人故杀奴婢，仅予枷号，较之宰杀牛马，拟罪反轻，亦殊非重视人命之义。"[2]

特别是他提出，旗民犯法，应一体同科。根据《大清律例》，旗人犯法不归一般司法机关审理，如需处刑则依例享有"减等"、"换刑"之权——笞刑，可换鞭责；徒刑一年，可换枷号二十日；流三千里，可换枷号六十日；极边充军，可换枷号九十日；死罪斩立决，可减等为斩监候。等等。光绪三十三年八月初二日（1907年9月9日），沈家本奏上《旗人遣军流徒各罪照民人实行发配折》，鲜明地表示："现既钦奉明诏，化除满汉畛域，若旧日两歧之法仍因循不改，何以昭大信而释群疑？"因此，他建议："嗣后旗人犯遣军流徒各罪，照民人一体同科，实行发配。现行律例折枷各条，概行删除，以昭统一而化畛域。"[3]这个奏折得到清廷批准后，社会反响颇佳。

《新刑律草案》关于法律适用的主体平等，以及刑罚等级的设定，都体现了罪刑相适应的原则。

关于人道主义原则。西方资产阶级革命时期，启蒙思想家针对

[1]【清】沈家本："明律目笺一"，载【清】沈家本：《历代刑法考》，中华书局1985年版，第1807页。

[2]【清】沈家本："禁革人口买卖变通旧例议"，载【清】沈家本：《历代刑法考》，中华书局1985年版，第2039页。

[3]【清】沈家本："旗人遣军流徒各罪照民人实行发配折"，载【清】沈家本：《历代刑法考》，中华书局1985年版，第2033页。

封建刑罚的严酷性，举起了人道主义的旗帜，在刑法中提出了刑罚人道主义的原则。孟德斯鸠说："如果一个国家，刑法并不能使人产生羞耻之心的话，那就是由于暴政的结果，暴政对恶棍和正直的人，使用相同的刑罚。"[1] 刑罚人道主义原则，是以从人性论出发的自然法理论为基础的。霍布斯说："在凡是可以实行宽大的地方，实行宽大，也是自然法的要求。"[2] 除启蒙思想家对刑罚人道主义原则进行一般论述外，西方的刑法学家更进行了深刻的阐述。贝卡利亚说："人的心灵就像液体一样，总是顺应着它周围的事物，随着刑场变得日益残酷，这些心灵也变得麻木不仁了。……严峻的刑罚造成这样一种局面：罪犯所面临的恶果越大，也就越敢于规避刑罚。为了摆脱对一次罪行的刑罚，人们会犯下更多的罪行。"[3]

《新刑律草案》删除旧律内重法、禁止刑讯、酌减死罪、死刑唯一等，都体现了人道主义的原则。特别是光绪三十二年（1906年）沈家本奏上《禁革买卖人口变通旧例议》和《删除奴婢律例议》，集中反映了他的刑法人道主义原则。在《禁革买卖人口折》中，他指出《大清律例》"律文虽有买卖奴婢之禁，而条例复准立契价买"，不仅造成"法令参差"，而且使得蓄奴盛行。由于奴婢"律比畜产"，既没有独立的法权地位，人身权和生存权也缺乏法律的保护，因此他说："以奴婢与财物同论，不以人类视之，生杀悉凭主命。……贫家子女，一经卖入人手，虐使等于犬马，苛待甚于罪囚。呼吁无门，束手待毙，惨酷有不忍言者。"[4] 他指出"现在欧美各国均无买卖人口之事，系用尊重人格之主义，其法实可采取"[5]，应该"择善而从"，"嗣后无论满汉官员军民等，永禁买卖

[1]【法】孟德斯鸠：《论法的精神》，商务印书馆 1997 年版，第 85 页。

[2]【英】霍布斯著，梨思复、梨廷弼译：《利维坦》，商务印书馆 1985 年版，第 272 页。

[3]【意】贝卡利亚著、黄风译：《论犯罪与刑罚》，中国大百科全书出版社 1993 年版，第 43 页。

[4]【清】沈家本："禁革人口买卖变通旧例议"，载【清】沈家本：《历代刑法考》，中华书局 1985 年版，第 2037 页。

[5]【清】沈家本："禁革人口买卖变通旧例议"，载【清】沈家本：《历代刑法考》，中华书局 1985 年版，第 2039 页。

人口。如违，买者卖者均照违制律治罪。”[1] 为此，还酌拟了十条办法，即“契买之例宜一律删除”、“买卖罪名宜酌定”、“奴婢罪名宜酌改”、“贫民子女准作雇工”、“旗下家奴之例宜变通”、“汉人世仆宜酌量开豁”、“旧时婢女限年婚配”、“纳妾只许媒说”、“发遣为奴之例宜酌改”、“良贱为婚姻之律宜删除”、“买良为倡优之禁宜切实执行”。

在《删除奴婢律例议》折中，针对禁革买卖人口一事引发的反对意见，沈家本再次强调指出：“不知奴亦人也，岂容任意残害？生命固重，人格尤宜尊，正未可因仍故习，等人类于畜产也。”[2] 又说：“方今朝廷颁行宪法，叠奉谕旨，不啻三令五申。凡与宪法有密切之关系者，尤不可不及时通变。买卖人口一事，久为西国所非笑。律例内奴婢各条，与买卖人口事实相因，此而不早图禁革，与颁行宪法之宗旨，显相违背，自应由宪政编查馆速议施行。至于此事办法，则本馆前议具有，自可查照，酌核办理。”

这两个奏折虽然表现了改良的不彻底性，但无疑是重大的人道主义的变革，是沈家本思想中最具民主光彩的部分，也是中国近代人权思想史上的开篇之著。由于沈家本的主张符合世界进步的历史潮流和清朝预备立宪的政治需要，因而被《新刑律草案》所确认。

《新刑律草案》不仅融入了西方的刑法思想与原则以及基本规范和刑制，而且袭取了西方刑法的体系结构，分为总则、分则。沈家本解释说：“总则之义略与名例相似，往古法制无总则与名例之称，各国皆然。其在中国，李悝法经六篇殿以具法，汉律益户兴厩三篇为九章而具法列于第六，魏律始改称刑名居十八篇之首，晋律分刑名法例为二，北齐始合而为一，曰名例，厥后历隋唐宋元明于我朝，沿而不改。是编以刑名法例之外，凡一切通则悉宜赅载若仍

[1]【清】沈家本：“禁革人口买卖变通旧例议”，载【清】沈家本：《历代刑法考》，中华书局1985年版，第2038页。

[2]【清】沈家本：“删除奴婢律例议”，载【清】沈家本：《历代刑法考》，中华书局1985年版，第2046页。

用名例，其义过狭。故仿欧美及日本国刑法之例，定名曰总则。”[1]总而言之，《新刑律草案》无论内容与形式，都是中国传统刑法的质的飞跃，体现了新的刑法文明。

（二）完成与西方民法接轨的《大清民律草案》

晚清从现行刑律将民事部分分出，不再科刑。到《大清民律草案》的制订，是中国法制走向近代化的重要里程碑。沈家本虽然没有直接参与民事法律草案的起草，但却为此进行了有效的组织工作。光绪三十三年（1907 年）十一月，沈家本根据“民商各法，意在区别凡人之权利义务，而尽纳于轨物之中，本末洪纤，条理至密，非如昔之言立法者，仅设禁以防民，其事尚简也”，于修订法律馆开馆之初，便公同商酌，拟设二科，分任民律、商律、刑事诉讼律、民事诉讼律之调查起草[2]，从而表明了修订法律馆的主要工作方向。

为了完成三年内制订民法、商法、民事诉讼法、刑事诉讼法的任务，沈家本奏请：“一面广购各国最新法典及参考各书，多致译材，分任翻译；一面派员确查各国现行法制，并不惜重赀，延聘外国法律专家，随时咨问，调查明澈，再体察中国情形，斟酌编辑，方能融会贯通，一无扞格。”[3]从此，修订法律馆所译的外国法律和法学著作逐渐由以刑法为重点向着民法转移，所译大陆法系民法为起草民律草案提供了重要基础。与此同时，奏准聘用日本法学士松冈义正起草民律草案总则、物权、债权三编。至于亲属编和继承编，由修订法律馆会同礼学馆起草。由于修订法律馆“广罗英彦”，调进江庸、王宠惠、丁士源、陈箓、朱献文等留学各国的优秀人才，使得修订法律馆不仅完成了修订民律草案的工作，而且成为民法的研究中心。

特别值得提出的是，沈家本在《奏馆事繁重恳照原请经费数目

[1]《大清法规大全·法律部》，台湾考正出版社 1980 年版，第 1939 页。

[2]【清】朱寿朋：《光绪朝东华录》，中华书局 1958 年版，第 5803 页。

[3]【清】朱寿朋：《光绪朝东华录》，中华书局 1958 年版，第 5766 页。

拨给折》中明确表达了起草民商律需要以调查民商习惯为起点。他认为，“民商习惯，中外异同，因时因地之各殊，见异闻异之不一”，因此“中国现定民商各律，应以调查为修订之根柢”[1]，“而民事习惯视商律尤为复杂，非派员分省调查无以悉俗尚而资考证。”[2]根据沈家本的建议，修订法律馆制定了调查民事习惯章程十条，明确了调查的范围和地方上应予协助的义务。

晚清民事调查组织严密、规模宏大，各省成立调查局，各府县设调查法制科，地方知县、社会团体、乡绅很多参与其事。通过调查，使修订法律馆对地方民事习惯“洞澈无遗”，为起草民律草案提供了重要的资料，而且为以后的民法起草工作提供了值得借鉴的经验。

《大清民律草案》是晚清修律的重要组成部分，就总体而言，同样贯彻了“参酌古今，博辑中外”、“务期中外通行”的修律宗旨。但由于民事立法对象的特殊，以及固有民事法律渊源的多样性，所体现的礼教民情的广泛性，因此修订民律草案，如何使传统民法与西方民法加以整合是一个崭新的课题。这种整合，不是简单的汇合或形式上的变易，而是在共同的法律价值观念的基础上重新组成具有全新体系的、独立的近代民法。这种整合不仅表现在民律的形式与内容上，也表现在立法的指导原则上。民律草案在整合中国固有民法与西方近代民法的过程中是存在着矛盾冲突的，但由于立法者敢于面对变化了的新世界，他们的私法意识符合近代法制发展的潮流，因而在解决这二者的矛盾冲突时是较为理性化的。尽管还存在着这样那样的问题，最终还是完成了无论性质、形式、内容、体系都与中国固有的民事法律完全不同的中国近代第一部独立的民法典，从此揭开了中国民法独立发展历史的新的一页。在这项伟大事业中，沈家本同样是功不可没。

[1]《政治官报》“折奏类”第61号，第8页。

[2] 李贵连：《沈家本年谱长编》，台湾成文出版社1992年版，第330页。

（三）程序法的法典化

沈家本认为中国旧律中诉讼和断狱附于刑律，而无专门的程序法，这种体例已不适应法制发展的新形势。他参考西方各国法制的相关规定，提出了制订程序法典的主张。他认为，世界各国法制“大致以刑法为体，以诉讼法为用；体不全，无以标立法之宗旨；用不备，无以收行法之实功。二者相因，不容偏废”[1]，因此应该模仿西方国家，将诉讼之法分为民事、刑事两项，另辑专书，既可以使裁判、诉讼咸得其宜，又有助于收回治外法权。在沈家本的倡议和组织下，于光绪三十二年三月二十二日（1906 年 4 月 15 日）完成《刑事民事诉讼法草案》共五章、二百六十条，上奏清廷。沈家本在奏折中根据“法律因时制宜”的精神，阐述了编定《刑事民事诉讼法草案》的必要性。他说：“查中国诉讼断狱，附见刑律，……用意重在简括。揆诸今日情形，亟应扩充，以期详备。泰西各国诉讼之法，均系另辑专书，复析为民事刑事二项。……以故断弊之制，秩序井然，平理之功，如执附契。日本……维新而后，踵式泰西，于明治二十三年间，先后颁行民事刑事诉讼等法，卒使各国侨民，归其钤束，藉以挽回法权。……中国华洋讼案，日益繁多，外人以我审判与彼不同，时存歧视。商民又不谙外国法制，往往疑为偏袒，积不能平。每因寻常争讼细故酿成交涉问题。……若不变通诉讼之法，纵令事事规仿，极力追步，……于法政仍无济也。……然民事刑事性质各异，虽同一法庭，而办法要宜有区别。……谨就中国现时之程度，公同商定简明诉讼法，分别刑事民事，探讨日久，始克告成。”[2]

由于《刑事民事诉讼草案》引进西方国家的陪审制度和律师制度与传统的诉讼审判制度冲突较大，为了减少阻力，沈家本在奏折中借用周礼“三刺”之法中的“讯万民，万民皆以为可杀，然后施上服下服之刑”来为建立陪审制度辩护，说：“今东西各国行之，实

[1]【清】朱寿朋：《光绪朝东华录》，中华书局 1958 年版，第 5703 页。

[2]【清】朱寿朋：《光绪朝东华录》，中华书局 1958 年版，第 5504 页。

与中国古法相近。”同时，又阐述了“宜用律师”的理由：“盖人因讼对簿公庭，惶悚之下，言词每多失措。故用律师代理一切质问对诘覆问各事宜。”奏折最后强调“以上二者，俱我法所未备，尤为挽回法权最要之端”，希图获得清廷的允准。[1]尽管如此，仍遭到清廷地方大吏的反对。例如，湖广总督张之洞在光绪三十三年（1907年）七月二十六日的奏折中说：“综核所纂二百六十条，大率采用西法，于中法本原似有乖违，中国情形变未尽合，诚恐难挽法权，转滋狱讼。……袭西俗财产之制，坏中国名教之防，启男女平等之风，悖圣贤修齐之教。”由于反对者多，致使这个草案被迫搁置。但是编纂刑事诉讼法和民事诉讼法，已被列入《钦定逐年筹备事宜清单》，因此从光绪三十三年起，经过近三年的努力，至宣统元年（1910年）十二月二十四日完成了《大清刑事诉讼律草案》。沈家本在奏折中着重阐明了制订此法的重要性，说：“查诸律中，以刑事诉讼律尤为切要。西人有言曰：刑律不善，不足以害良民；刑事诉讼律不备，即良民亦罹其害。盖刑律为体，而刑诉为用，二者相为维系，固不容偏废也。”[2]

《大清刑事诉讼律草案》远法德国、近取日本，是以日本1890年刑事诉讼法为蓝本并经日本法学家冈田朝太郎的协助完成的，是一部单一的刑诉法典。它的制定，标志着中国古代重实体、轻程序的传统的终结。由于这部法典引进了西方近代的一系列诉讼原则和制度，如民刑分理、审判公开、原被告诉讼地位对等、陪审与辩护制度等，说明它已与世界先进的刑事诉讼法开始接轨，是中国刑事诉讼法走向近代化的重要开端。

在《大清刑事诉讼律草案》奏呈三天后，《大清民事诉讼律草案》告成。沈家本在《奏民事诉讼律草案编纂告竣缮册呈览折》中从“保护私权，实关重要”的角度，论证了制订民事诉讼法的必要性。他说：“中国民刑不分，由来已久，刑事诉讼虽无专书，然其

[1]【清】朱寿朋：《光绪朝东华录》，中华书局1958年版，第5506页。

[2] 李贵连：《沈家本年谱长编》，台湾成文出版社1992年版，第367-370页。

规程尚互见于刑律。独至民事诉讼因无整齐划一之规，易为百弊丛生之府。若不速定专律，曲防事制，政平讼理未必可期，司法前途不无阻碍。”他还举世界法制发达的国家为例，说：“东西各国法制虽殊，然于人民私权秩序，维持至周。既有民律以立其基，更有民事诉讼律以达其用，是以专断之弊绝，而明允之效彰。”这部根据“列国之成规”、“最新之学理”、“斟酌中国民俗，逐一研求”而成的民事诉讼法，是中国立法史上的创举，并为民国政府所沿用。

（四）《法院编制法》的制订

鉴于“审判官制诸多未备，非特辑专例，不足统一事权”，沈家本组织修订法律馆人员在《大理院审判编制法》的基础上以日本《裁判所构成法》为蓝本，“考古今之沿革，订中外之异同”，起草《法院编制法》。同时，令法律学堂日本教习法学博士冈田朝太郎帮同审查。光绪三十二年八月初二日（1906 年 9 月 19 日）编成《法院编制法》，经过宪政编查馆审核后，奏请颁行。

宣统元年二月二十八日（1910 年 2 月 7 日），清廷在允准颁行的上谕中说：“立宪政体必使司法行政各官权限分明，责任乃无委卸，亦不得互越范围。自此法之行政事务，著法部认真督理，审判事务著大理院以下审判各衙门各按国家法律审理。以前部院权限未清之处，即著遵照此次奏定各节，切实划分。其应钦遵逐年筹备事宜清单，筹办各级审判厅，并责成法部会同各省督抚，督率提法司切实筹设。应需司法经费，著该部会同度支部随时妥筹规划，以期早日观成。至考用法官，尤关重要。该部堂官务须破除情面，振刷精神，钦遵定章举办。嗣后各审判衙门，朝廷即予以独立执法之权，行政各官即不准违法干涉。该审判官吏等遇有民刑诉讼案件，尤当恪守国法，听断公平。设或不知检束，或犯有赃私各款，一经觉察，必当按律治罪，以示惩儆，而维法纪。其有关宗室案件，著另订细则办法奏明请旨。”[1]

[1]《大清法规大全·法律部》，台湾考正出版社 1980 年版，第 1817 页。

《法院编制法》是晚清制定颁行的一部较为全面、系统的法院组织法，体现了当时较为先进的西方近代法制原则，如审判独立、公开审判、民刑分理、审检分立、合议制等。封建的司法制度基本上被废除了，刑讯逼供被取消了，司法从属于行政的情况也有了极大的改变。尽管《法院编制法》有关机关之设备及其职掌、权限等规定并没有在全国普遍实行，司法独立原则也没有完全、切实地实施，而且还保留了某些案件仍需圣裁定夺的专制主义遗痕，但整个说来晚清的司法制度已经脱离了传统的轨道。这种改革无疑具有历史进步的意义。《法院编制法》也为民国政府所传承。

总括上述，中国近代法律体系的建立是晚清修律的主要成果，也是中华法制文明走向近代化的开端。在变法图强的过程中，鉴于一衣带水的日本经过明治维新一跃而成为世界强国，因此以日为师在当时几乎成为共识。康有为在《上清帝第五书》中便明确提出："闻日本地势近我，政俗同我，成效最速，条规尤详，取而用之，尤易措手。"[1]修律期间，通过翻译日本法律和聘请日本法学家参与起草新律输入了以罗马法为基础的大陆法系。由于大陆法系以宪法、民法、刑法、诉讼法等主要部门法为基本框架，从而为晚清分别起草诸法、改造中国传统法律提供了范式。沈家本说："窃维法律之损益，随乎时运之递迁，往昔律书体裁虽专属刑事，而军事、民事、商事以及诉讼等项错综其间。现在兵制即改，则军律已属陆军部之令责，民商及诉讼等律钦据明谕特别编纂，则刑律之大凡自应专注于刑事之一部。推诸穷通久变之理，实今昔之不宜相袭也。"[2]

晚清修律之所以取得了斐然的成就：

首先，是在开放的环境中进行的。开放的环境便于输入西方先进的法文化，从而为晚清修律提供了理论上的依据和各种部门法的蓝本，因而符合世界的潮流，是有生命力的。虽然在修律的过程出

[1]《戊戌变法》(第二册)，神州国光社1953年版，第195页。

[2]《大清法规大全·法律部》，台湾考正出版社1980年版，第1985页。

现了集权与分权、守旧与图新、成法与变制的各种斗争，但几经折衷之后，终于完成了一系列新法的制定，其数量之多、变动之大、速度之快均为前所未有。清朝的迅速覆亡

虽使已立之法成为具文，但它开辟的道路并没有被阻断，民国时期的法制建设基本上是沿着前路继续走下去的。这不仅体现在成文法的继受上，更体现在价值取向上。

其次，改良政治为修律提供了前提。晚清政府是在顽固的慈禧集团把持下的保守政府，虽然面对国是日非、江山凌替的险恶局面，却依然率由旧章，拒绝任何触及传统权力根基的改良。1898 年血腥镇压戊戌变法运动，就是一个明显的例证。然而 20 世纪伊始，拒绝一切变革的清朝统治集团也不得不举起改良政治与立宪的旗帜作为摆脱危机的出路，于 1901 年 1 月下诏变法，从此揭开了晚清最后十年变法新政的序幕。不久，又宣布："时处今日，惟有及时详晰甄核，仿行宪政。大权统于朝廷，庶政公诸舆论，以立国家万年有道之基。"[1] 晚清立宪总的来说是迫于形势的应变措施，但毕竟由极端专制走向某种改良。尽管这个改良十分有限，但却是近代中国政治史上的新事物，对于官制、法制、文化、经济、教育各方面的改革起了推动的作用。如果没有晚清的政治改良，就不可能出现修律与法制的近代化。

沈家本曾以修律实"预备立宪之要著"、日本明治维新也以"改律为立宪之基础"，向清廷进言。在他看来，修律是新政与立宪的重要内容，只有在新政与立宪的基础上才有可能取得修律的成功。事实正是如此，晚清政治改良与法制改革是互动的，但前者是前提。政治改良必然要求法律的确认与保证，也只有法律化的政治改良才是切实的、定型的、具有支撑点的。由于晚清政治改良的最终失败，使得修律与法制改革未能达到预期的结果，但不可否认中国法制的近代化是由此开端的。

再次，移植西方法律成为修律的捷径。晚清修律是一个急就

[1]【清】朱寿朋:《光绪朝东华录》，中华书局 1958 年版，第 5563 页。

章，是采用最便捷的翻译西方法律和聘请西方法学家参与立法来完成的。这种紧迫性，一是适应预备立宪期限将届的需要，二是急于建立新的仿西方的法律体系以期收回治外法权。由于晚清修律基本上是移植西方的，因此在速度与数量上较之日本明治维新时期的立法，有过之而无不及。

在人类文明的发展史上，法文化的移植无论东、西方都是屡见不鲜的，而且是促进法文化共同发展的必要途径。但移植不能作为适应某种政治的需要，更不能无视本土的实际情况而硬性嫁接、全面嫁接，否则便会流于形式。从晚清修律的历史背景来看，当时民族资本主义经济虽有明显的发展，但封建性的农业经济仍然占有较大的比重；封建主义的政治体制虽然发生某些改良，但其根基并未动摇；西方法文化虽然以其不可阻挡之势猛烈冲刷着中华大地，但真正理解、掌握并用于改造中国法律的人毕竟是少数。而传统的礼制与习俗作为一种惰性力量，仍然继续发挥着保持自我、抵制外来文化的作用。无视这样的国情条件，徒于形式上简单地移植西方法律，势将脱离中国的国情，降低立法的实施效果，使得已制定之法大都停留在具文阶段，没有发挥调整社会生活的实际效力。

如何解决西方法文化与传统法文化的矛盾关系，是一个贯穿百年法制历史的重大课题，也可以说是跨世纪的重大课题。悠久的中国法文化是以中华大地为摇篮，它体现了一个民族的历史发展和精神，它的发生和存在有其合理性与必然性，但又不可避免地具有因袭性和保守性。因此，为了打破传统的法文化而移植西方的法文化，同样有其合理性与必然性。传统法文化与西方法文化在既冲突又互动中开始了融合的过程。作为被移植来的西方法文化，只有扎根于中国的土壤、成为本民族总体文化的一部分，才是成功的移植。

最后，新生的法律思想和掌握新思想的人发挥了重要作用。1840年鸦片战争以后，国情条件迅速地不间断地恶化，推动了新的法律思想的产生。例如，由固守成法，到师夷变法；由维护三纲，到批判三纲；由专制神圣，到君民共主；由以人治国，到以法治国；由司法与行政不分，到司法独立；由以刑为主，到诸法并重。等等。可见，在社会发生巨变和进行救亡图存的艰苦斗争中，人们的法观念发生了明显的变化，由传统的一端开始转向近代化的一端。这种法观念的转变，是促进政治法律制度变革的积极力量，也是面临新世纪的挑战在思想上做出的切实回答。但是，新的法观念、新的法律思想是通过人发挥其积极作用的。从林则徐起，经过洋务派、改良派、维新派到沈家本，是一代人经过半个世纪之久不断探索、思考以至流血斗争才取得了修律的各种成果，是他们在掌握了西方法文化之后绘制了中国近代法制的蓝图并且组织力量加以实施的。

三、近代比较法学的开拓者

在中国四千多年的法制历史中，由于中华法制文明在相当长时期内居于世界的前列，所以如果说宗教、艺术、美术等领域还存在着夷夏交融、互补发展的问题，那么在法律上，则是不存在的。只是在鸦片战争发生以后西学东渐，西方的法文化才输入到中国，中国传统的法律、法学遭到了尖锐的挑战，“举朝竞言西法，无敢持异议者。”[1]沈家本继承了林则徐提倡的“睁眼看世界”的观点，热心探索西方国家的法律，接受了资产阶级法律思想的影响，逐渐摆脱了在法制上严夷夏之防和用夷变夏的陈腐观念，深感西方国家法制的先进，尤其是“研精政法者复朋兴辈作”，对于政体的改进、法制的健全起了重要的作用。所以，他主张“有志之士，当讨究治道之源，旁考各国制度，观其会通，庶几采撷精华，稍有补于当世”[2]。沈家本正是这方面的代表人物，他要从西法中寻求革新的根据和可资借鉴的因素。他说：“当此法治时代，若但征之今而不考之古，但推崇西法而不探讨中法，则法学不全，又安能会而通之

[1]【清】赵尔巽：《清史稿·于式枚传》，中华书局1977年版。

[2]【清】沈家本：“政法类典序”，载【清】沈家本：《历代刑法考》，中华书局1985年版，第2242页。

以推行于世。”[1]但与此同时，他也从非常务实的角度批评了一味盲目崇拜西法的倾向，指出：“方今世之崇尚西法者，未必皆能深明其法之原本，不过借以为炫世之具，几欲步亦步，趋亦趋。”至于他自己，从中外法学的比较中发现了二者的区别，“大抵中说多出于经验，西学多本于学理”，因而主张两者结合，不能只取一端，“不明学理则经验者无以会其通；不习经验，则学理亦无从证其是。经验与学理，正两相需也。”[2]他在主持修律的过程中以十分严肃的态度寻理求源，说：“若设一律，而未能尽合于法理……则何贵乎有此法也。”[3]

正是从理论和实践经验相结合的立场出发，沈家本阐述了会通中西法律的重要性。他说：“当此法治时代，若但征之今而不考之古，但推崇西法而不探讨中法，则法学不全，又安能会而通之以推行于世。”[4]又说：“余奉命修律，采用西法互证参稽，同异相半。然不深究夫中律之本原，而考其得失，而遽以西法杂糅之，正如枘凿之不相入，安望其会通哉？是中律讲读之功，仍不可废也。”[5]

为了贯彻“会贯中西”的修律宗旨，他力主取“彼法之善”，以补己法之“不善”。为此，他积极组织力量翻译外国法律及法学著作，建立法律学堂，聘请外国法学家担任教学和实际立法工作，派员出国考察法制，等等。

经过沈家本的倡行，在短短几年里，大开中西法制比较研究的风气。由于沈家本熟悉中国古代法律，深知其中的利弊得失，同时

[1]【清】沈家本：“薛大司寇遗稿序”，载【清】沈家本：《历代刑法考》，中华书局 1985 年版，第 2223 页。

[2]【清】沈家本：“王穆伯新注无冤录序”，载【清】沈家本：《历代刑法考》，中华书局 1985 年版，第 2215 页。

[3]【清】沈家本：“论杀死奸夫”，载【清】沈家本：《历代刑法考》，中华书局 1985 年版，第 2084 页。

[4]【清】沈家本：“薛大司寇遗稿序”，载【清】沈家本：《历代刑法考》，中华书局 1985 年版，第 2223 页。

[5]【清】沈家本：“大清律例讲义序”，载【清】沈家本：《历代刑法考》，中华书局 1985 年版，第 2233 页。

又积极探求西法，将中西法律进行全面比较，使他深知旧法如不加改革，已不能适应新的形势。因此，他强调："法律之为用，宜随世运而转移"；"我法之不善者当去之，当去而不去是之为悖。彼法之善者当取之，当取而不取是之愚。"这决定了他在贯彻"会通中西"的修律宗旨时，是坚定的、自觉的。他曾表示："夫吾国旧学，自成法系，精微之外，仁至义尽，新学要旨，已在包涵之内，……新学往往从旧学推演而出，事变愈多，法理愈密，然大要总不外'情理'二字。无论旧学、新学，不能舍情理而别为法也，所贵融会而贯通之。……旧不俱废，新亦当参，但其推行尽利，正未可持门户之见也。"[1]

就此时而言，沈家本对"西法"的理解还是肤浅的和不全面的。在《法学名著序》中，他概括地表述了对于中西法律的基本认识："抑知申韩之学，以刻劾为宗旨，恃威相劫，实专制之尤。泰西之学，以保护治安为宗旨，人人有自由之便利，仍人人不得稍越法律之范围。二者相衡，判然各别。"这里，沈家本只是大体上把握了封建专制法律与资产阶级民主法律的区别，没有也不可能对西方法制、法学作出系统的实质性的分析。不仅如此，沈家本对西法的解释往往比附中法，所谓"举泰西之制，而证之于古"[2]，"西法之中，固有与古法相同者。"[3] 如果说康有为托孔子以改制，沈家本又何尝不如此。他曾以《周礼》中的"三刺之法"比附西方的陪审制，以汉之读鞫乃论、唐之宣告犯状比附西法刑之宣告，甚至将"日本全国新制，萃于《法规大全》一书"说成是即《周官》、《通典》、《会典》诸书之流亚也。[4] 沈家本的这些观点毫无疑义存

[1]【清】沈家本："法学名著序"，载【清】沈家本：《历代刑法考》，中华书局1985年版，第2240页。

[2]【清】沈家本："监狱访问录序"，载【清】沈家本：《历代刑法考》，中华书局1985年版，第2238页。

[3]【清】沈家本："裁判访问录序"，载【清】沈家本：《历代刑法考》，中华书局1985年版，第2235页。

[4]【清】沈家本："新译法规大全序"，载【清】沈家本：《历代刑法考》，中华书局1985年版，第2243页。

在着认识问题，但也不乏借古喻今以减少修律阻力的思考。例如，在刑制问题上，他从中西横向比较中认为“中重而西轻”，因此力主“改重为轻”，删除凌迟、枭首、缘坐、族诛、刺字等酷刑，既能跟上时代的潮流，使中国法制文明迈进一大步，而且符合圣人立法的本意。他还在《重刻明律序》中明白地表达了这种意向：“方今环球各国，刑法日趋于轻，废除死刑者已若干国，其死刑未除之国，科目亦无多。此其故，出于讲学家之论说者半，出于刑官之经验者半，亦时为之也。今刑之重者，独中国耳，以一中国而与环球之国抗，其优绌之数，不待智者而知之矣。”[1]

尽管沈家本的法律思想还存在着这样那样的局限性，但他提倡中西法律综合比较研究，强调择善而从、中西互补，这种认识不仅在法学上开拓了中西法学比较研究的新领域，而且直接指导了修律实践，使西法融入到新制订的法律中去。

总括上述，沈家本继承了林则徐“睁眼看世界”的开放精神，并从世界法制发展的历史大潮中丰富自己的认识。为了适应“法典革新时代”，他积极研究西法、吸收西法，成为中国当时唯一学贯中西的法学家。在沈家本的法律思想中，不可避免地带有旧的法文化传统加给他的深刻烙印，但更主要的是中外法律文化碰撞的产物，代表了特定背景下的中国法律文化。他既是法学家，又是变法修律的主持人，集理论、实践于一身。因此，他对法律的见解比起单纯的法学家更实际。例如，他强调“然而有极善之法，仍在乎学之行、不行而已。学之行也，萧何造律而有文、景之刑措；武德修律，而有贞观之治。及其不行也，马、郑之学盛于下，而党锢之祸作于上；泰始之制颁于上，而八王之难作于下。有法而不守，有学而不用，则法为虚器，而学亦等于危言。此固旷观百世，默验治乱之原，有足令人太息痛哭者矣”[2]，比起专职的司法实践者更深刻、

[1]【清】沈家本：“重刻明律序”，载【清】沈家本：《历代刑法考》，中华书局1985年版，第2210页。

[2]【清】沈家本：“法学盛衰说”，载【清】沈家本：《历代刑法考》，中华书局1985年版，第2143页。

更系统、更理性。他说："律者，民命之所系也，其用甚重而其义至精也。根极于天理民彝，称量于人情世故，非穷理无以察情伪之端，非清心无以祛意见之妄。设使手操三尺，不知深切究明，而但取办于临时之检按，一案之误动累数人，一例之差，贻害数世，岂不大可惧哉。"[1]他以自己丰富的法学著作，对一系列法学基本理论和司法实践问题做出了自己的回答。

沈家本和同时代进步的思想家、政治家们一样都洋溢着爱国主义的激情，思考着救亡图存的出路。作为修订法律大臣，他念念不忘收回领事裁判权，这是他积极从事修订法律的工作动力。他在向清廷报告修律的奏折中，多次以"法权渐可挽回"自励自勉。尽管由于对外国侵略者缺乏本质的认识，使得通过修律收回领事裁判权成为不切实际的幻想，但却表现了一个新官僚的爱国主义情操。不仅如此，他还从制订新律这个重要的方面，促进清朝的预备立宪。他曾明确表示修律是立宪的基础，又从西方国家实行法治与立宪获得成功的事实反复向清廷进言。至于在修律过程中采取的各项措施，不仅有效地促进了修律工作，推动了中国法制的近代化，培养了董康、王宠惠、江庸等一代法学家，而且提供了极具借鉴意义的历史经验。

但是饱受传统文化的熏陶又奉行着忠君爱国的行为准则的沈家本，不可能割断与封建文化的联系。在他组织的修律实践中，既未能完全摆脱封建法律文化的羁绊，也未能完全西化。在传统的法律文化与西方的法律文化的冲突中，沈家本站在维护法制近代化的立场，对于守旧派进行了力所能及的反击，但也无可奈何地进行了妥协，这种妥协恰恰表现了他的局限性。这是不应苛求于古人的，即使是守旧的礼教派，面对法治派的说理斗争也同样进行了妥协。总而言之，历史现象是非常复杂的，不可以人为地加以简单化。十年前在纪念沈家本的杭州会议上，我曾经和过齐一飞同志一首诗，现

[1]【清】沈家本："重刻唐律疏义序"，载【清】沈家本：《历代刑法考》，中华书局1985年版，第2207页。

在就用它作为我发言的结语：

治法修律话沈公，枕碧楼前仰遗风；
书联中外开新史，盖棺千载有余名。

四、中国法律思想史结构的设想与尝试

由于我主张制度史与思想史不宜截然分开，而应见制度也见思想，因此我对中国法律思想史也极感兴趣。但我对于教材中的架构颇感不足，因为只简单介绍思想家法律思想内容易于简单化，不能使读者深入了解特定法律思想的时代性、特殊性。在1980年出版的《简明清史》中，我负责撰写该书第四章“17世纪后半期的唯物主义进步思潮”。在写作过程中，我设计了一个框架和体系，那就是首先阐述17世纪进步思潮兴起的历史条件，其次揭示构成这种社会思潮的学术团体或学派及其代表人物，再次着重阐述了代表人物的具体思想内容，最后作出历史的评价。

在“17世纪后半期进步思潮兴起的历史条件”部分：

首先，我指出17世纪后半期是中国历史上阶级矛盾、民族矛盾异常尖锐的时代，大斗争、大动荡的社会条件和瞬息万变的政治风云推动了思想领域斗争的开展，一些思想家认真思考着招致“社稷沦亡，天下陆沉”的原因，由此掀起了一种新的进步思潮。这种思潮还“具有由它的先驱者传给它，而它便由以出发的特定的思想资料作为前提”[1]，思想家们继承了中国古代历史上的朴素唯物主义传统。但由于他们经历了封建社会后期更为复杂尖锐的矛盾和斗争，因此，涉及的领域更宽广，占有的材料更丰富，所做的贡献也更为杰出。

其次，介绍了明清之际新思潮的学派和思想家。一种社会思潮常常包括若干个不同的学派，而每个重要的学派必有杰出人物为其代表。明末清初体现新思潮的学派主要有浙东学派和颜李学派。浙东学派以黄宗羲、王夫之、顾炎武为代表；颜李学派以颜元、李塨为代表。不同学派的代表人物由于其经历不同、活动地域不同、师承关系不同、治学方法不同、性情爱好不同，因此他们的理论观点、著作风格、造诣深浅、研究领域也有极大的差异。一种奔放前

[1]《马克思恩格斯选集》（第4卷）“恩格斯致康·施密特”，第485页。

进的社会思潮绝不仅仅是刻板单调、千篇一律的重复和模仿，而是在共同的倾向性中表现出丰富多彩的内容。各个学派和众多的思想家，他们同归而殊途，各有其专长和侧重，互相推动，形成了具有时代特色和相当群众基础的社会思潮。

再次，论证了17世纪后半期进步思潮的内容。共分七个方面：反对封建专制主义；民族思潮；经世致用的思想；均田说与“工商皆本”；反对宋明理学；唯物主义哲学思想；人性论和理欲说。其中，反对封建专制主义以黄宗羲的著作为主，反对宋明理学以王夫之的哲学思想为主，经世致用以顾炎武的实学为代表，各有侧重。

最后，在结论部分指出进步思想家们揭露和鞭挞了封建专制制度，冲破了封建理学统治下的万马齐喑的局面，使当时的思想界呈现一派生机。但由于当时经济上新的资本主义萌芽还很微弱、政治上市民的力量还没有勃兴，先进的思想家也就不可能超越当时经济和政治发展所能容许的范围探索到一条正确的道路，勾画出未来的明晰轮廓。但是，清初思想家有不可争辩的功绩，即他们是在自己的时代和从自己的立场上对当时现实问题作出了极其严肃认真的思索，揭露了封建制度的罪恶，批判了理学唯心主义，发展了中国进步思想的传统，丰富了我国思想历史的宝库。

需要指出，我的上述著作是在“文革”期间完成的，而且并不是法律思想的专著，但这个架构体系，我认为也适用于研究法律思想史。

1979年参加中国法律史学会成立大会后，在返京途中的列车上，我对杨堪谈了我关于撰写法律思想史的想法。他极表同意，并且决定先从编写中国近代法律思想史入手，然后再逐步扩大。于是，我、杨堪和林中便分头撰写中国近代法律思想史。1984年，中国社会科学出版社出版了我们撰写的《中国近代法律思想史略》一书，初步实践了我设想中的法律思想史的框架。该书第一章是“近代地主阶级改革派的法律思想”，第一节阐明地主阶级改革派法律思想产生的历史背景以及这个思潮的代表人物，以下各节分别介绍了龚自珍、包世臣、魏源等地主阶级改革派代表人物的法律思想。第二章概述了太平天国农民起义领导人的法律思想产生的历史条件及代表人物洪秀全、洪仁玕的法律思想。第三章论证了戊戌变法前后维新派的法律思想产生的历史背景，以及康有为、谭嗣同、严复、梁启超等人的法律思想。第四章论证了辛亥革命前后资产阶级民主派的法律思想产生的历史背景以及孙中山、章太炎、伍廷芳的法律思想。在结束语中，对近代法律思想做出评价：中国近代法律思想史反映了当时进步的社会势力为建立民主法制而奋斗的曲折历程和当时阶级斗争错综复杂的情景，也反映了西方资产阶级法律思想输入以后与传统的占统治地位的封建法律思想的冲突和一定程度的融合。这些情况决定了中国近代法律思想具有自己的鲜明特点，和颇为丰富的内容，同时也为我们提供了有着现实借鉴意义的历史经验和教训。

除以上两书外，我还对清太宗皇太极、洪仁玕、沈家本、冯桂芬、章太炎、伍廷芳等人的法律思想作了研究并发表了文章。其中，着力撰写了沈家本和冯桂芬的法律思想。沈家本的法律思想，本书前文已有专门论述。这里想着重介绍下我对冯桂芬《校邠庐抗议》的读后感。文章附后：

冯桂芬是中国近代史上开风气之先的思想家之一，《校邠庐抗议》一书是他的代表作。书中对改革清朝弊政、采取西学以达富国强兵之路，做了可贵的探索。此外，还提出了他的思想对于洋务派、维新派也有着重要的影响。他所提出的学习西方的目的在于“驾而上之”，其立脚点在于自强。这是很有借鉴意义的。

《校邠庐抗议》一书，是冯桂芬根据自己二十余年从政作幕的实际经验，并以十年读书所涉猎的天文、舆地、兵制、刑法、盐铁、河渠、钱漕、食货等多方面知识为基础，于1861年撰写而成的。冯桂芬以思想家的敏锐眼光，立足于古今之变、中外异势的时代背景，鞭辟入里地剖析了清朝统治的积弊，提出了采纳西学，向西方学习的主张。这不仅上承龚自珍、魏源的思想余绪，而且对洋务派和资产阶级改良派都有着不同程度的影响。

在冯桂芬的思想中虽有适应世界潮流采西学的一面，但此书的立论却仍不得不奉三代圣人之法为宗旨。这既反映了时代国情所加给他的思想烙印，也反映了披荆斩莽的先驱者所受到的羁绊和局限。如同他在该书《自序》中所说：“桂芬读书十年，在外涉猎于艰难情伪者三十年，间有私议，不能无参以杂家，佐以私臆，甚且羼以夷说，而要以不畔于三代圣人之法为宗旨。”

为了阐明此书“要以不畔于三代圣人之法为宗旨”，他从十二个方面论证了“三代圣人之法善，而今日之法弊”，实际是借圣人之法为名，抨击现实的弊政。稍早于冯桂芬的龚自珍、魏源也曾对晚清的行政与司法进行了猛烈的批评，这是以经世致用自诩的思想家的共同特点，只是涉及问题的层面龚魏不若冯氏之广泛，更缺乏冯氏的洋务色彩。

冯桂芬虽以不畔于三代圣人之法为全书的宗旨，却并非意在复古。他以明确肯定的语气说：“然则为治者将旷然大变一切复古乎？曰：不可。”理由就是：“古今异时亦异势，《论语》称损益，《礼》称不相沿袭，又戒生今反古。”他强调，治理国家要根据时代的变化和需要采取不同的方法和措施，不能一味拘于古法。同时，他也指出：“古法有易复，有难复；有复之而善，有复之而不善；复之不善者不必论，复之善而难复，即不得以其难而不复，况复之善而又易复，更无解于不复。”结论就是：“去其不当复者，用其当复者。”这种进化的历史观和在文化上既尊重传统又批判传统的矛盾统一观，是从实际出发的，是立足于改制更法的。

此书以“抗议”为名，是借用《后汉书·赵壹传》中语即“位卑言高之意”。这说明冯桂芬写作此书的心态是矛盾的：一方面，唯恐为当政者所忌，“固宜绝口不挂时政”；另一方面，经世致用思想的影响和民族自尊的爱国主义情操使他“明知有不能行者，不可行者”，仍然愤笔成书，餐之世人。如他所说：“夫不能行则非言者之过，而千虑一得，多言或中，又何至无一可行，存之以质同志云尔。”[1]

《校邠庐抗议》为正在兴起的洋务运动提供了理论根据和向西方学习的具体方向。因此，主持洋务的两江总督曾国藩致书冯桂芬，称赞此书：“足以通难解之结，释古今之纷。至其拊心外患究极世变，则又敷天义土所切齿而不得一当者一旦昭若发蒙，游刃有地，岂胜快慰。……天下之大，岂无贤哲窥见阁下苦心，而思所以

[1]《校邠庐抗议·自序》。

竟厥功绪，尊论必为世所取法，盖无疑义。”[1] 同时代的思想家王韬也称赞此书：“补偏救弊，能痛抉其症结所在，不泥于古法，不胶于成见，准古酌今，舍短取长，知西学之可行，不惜仿效；知中法之已敝，不惮变更，事事皆折衷至当”，确为“今时有用之书也，贾长沙（谊）、陈同甫（亮）逊此剀切矣。”[2]

一

《校邠庐抗议》连同附议共四十七篇。其中，属于抨击时弊、匡补缺失的篇章占绝大多数，如“公黜陟议”、“汰冗员议”、“免回避议”、“厚养廉议”、“许自陈议”、“复乡职议”、“省则例议”、“易吏胥议”、“折南漕议”、“利淮盐议”、“改土贡议”、“罢关征议”、“节经费议”、“筹国用议”、“杜亏空议”、“复陈诗议”、“变科举议”、“改会试议”、“广取士议”、“停武试议”、“减兵额议”、“严盗课议”、“重专对议”、“变捐例议”、“绘地图议”、“兴水利议”、“均赋税议”、“稽旱潦议”、“改河道议”、“重酒酤议”、“收贫民议”、“劝树桑议”、“壹权衡议”、“稽户口议”、“崇节俭议”、“复宗法议”、“重儒官议”、“裁屯田议”、“寓兵于工议”、“通道大江运米运盐议”、“垦荒议”、“用钱不废银议”、“以工巧为弊议”等。

从上述诸议中可以看出，冯桂芬的视野所及十分广泛，而且多是经验之谈，不仅言皆窘要，而且辅之以改革的具体措施。因此，受到极大的重视。曾国藩在复冯桂芬的信中说，此书“传抄日广，京师及长沙均有友人写去副本”。他自己在平定太平天国以后，曾就金陵召开乡试和苏松太地区减漕赋二事向冯桂芬请教，表示“弟不敢拘执己见，俟台旌至金陵之日，敬聆至论，以祛疑滞”[3]。

为了说明冯桂芬这位忧世愤俗的思想家对于清朝弊政的冷静观

[1]《曾国藩全集·书信七》“同治三年九月初五日”。

[2] 参见王韬为《校邠庐抗议》所作的“跋”。

[3]《曾国藩全集·书信七》，岳麓书社，第4736页。

察和透辟分析，以及他对于改革弊政的审慎思考，特举以下二例加以评介：

例一，汰冗员、变捐例、易吏胥。

冗员、捐例和吏胥三者的相互联系与孳生，是晚清吏治败坏的重要来源之一，也是封建社会后期专制统治与社会发展相悖的突出表现。自隋唐以来，为了防止冗官出现，曾经制定“署置过限”之法，违者治罪。但至清代，由于捐例大开，遂使署置过限之法成为具文。通过捐纳入仕之官的素质自不必言，即使科举人仕之官也只是精于八股制艺，而蠓懂于世事民情，由是而使吏胥擅权。晚清时期，有识之士对于冗员、捐例、吏胥的为害虽有所抨击，但将三者联系起来一并予以鞭挞的，当属冯桂芬。

冯桂芬在《汰冗员议》中说：“国家多一冗员，不特多一縻廪禄之人，即多一浚民膏之人，甚且多一偾国是之人，亦何苦而设此累民累国之一位哉！”如果说冗员“累民累国”是历代封建王朝步人晚期的共同特征，那么，清代的冗员还有其自己的特征，那就是冯桂芬所说的“冗于大”、“冗于要”、“冗于十百”。他痛心地说，“今之冗员多矣，不冗于小，冗于大；不冗于闲，冗于要；不冗于一二，冗于十百”，其结果必然造成行政效率低下、国家机器运转失灵、推诿之风笼罩官场。

根据《大清会典》记载，内外文武官员共二万七千余人，“于古不为多”，但是“大官之多，为汉以来所未有”。“国家鼎盛之时，物力丰盈”，冗官之害，常为“人所不觉”。随着国势衰微，冗官日益成为百姓不堪忍受的沉重负担。为“汰冗员”，冯桂芬提出，有些机关如监督织造必须全裁，有些机关如按察使司应与布政使司合并，而多数机关可以减员额之半。

清朝冗官之所以充斥朝堂上下内外，又是和捐例盛行分不开的。顺治初年，士子可以“纳粟入监”，已革职的官员“分别纳银，许其开复原系官职”[1]，尚无捐官之事。康熙十三年，为补充平三

[1] 叶梦珠：《阅世编》，参见：《上海掌故丛书》（第一集），第64页。

藩叛乱军费之不足，在“搜集异途人才，补科目所不及”的名义下实行捐纳制度。为了防止捐纳官滥用职权，曾经规定：“捐纳官到任三年，称职者具题升转，不称职者题参。”[1] 雍乾时期，道府、郎中、游击等文武官员均可捐纳，从而开辟了地主、商人进入官场的捷径，遂使“异途”冲击了科举入仕的“正途”。捐纳制度的实行，虽然对国家财政有所补益，但却使官僚机构急遽膨胀、冗官充斥、吏治败坏。尤其是嘉、道以后，捐纳多补实缺、要缺，许多根本无从政经验而以利禄相希求的人进入官场，其危害更加明显。冯桂芬说：“近十年来，捐途多而吏治益坏，吏治坏而世变益亟，世变亟而度支益蹙，度支蹙而捐途益多，是以乱召乱之道也。”[2] 在这里，冯桂芬非常深刻地揭示了晚清官场上的这个恶性循环的弊端，并且指出了形成这个恶性循环的不只是捐纳，更有其复杂的社会原因。他大声疾呼：“居今日而论治，诚以停止捐输为第一义。”[3]

通过捐纳进入仕途的官员，只以追逐得利为目的，完全谈不上道德文章、治国理政。即使是科举正途出身的官员，也只熟悉八股制艺之学，对于国计民生、社会民情、经济、司法大都茫然无知。因此，冗官不只是数量的多少，更重要的是素质的高低。由于冗官学识浅薄，从而为胥吏擅权提供了机会。

明末，顾炎武曾经痛斥明代吏胥之害，说：“今天下官无封建，而吏有封建。州、县之弊，吏胥窟穴其中，父以是传子，兄以是传弟，而其尤桀黠者，则进而为院司之书吏，以掣州县之权，上之人明知其为天下之大害，而不能去也。”[4] 至清代，无论部、院、司、省、道、府、县各有吏胥，以致流行着“清朝与吏胥共天下”之词，其为害也更甚于官，所谓“任你官清似水，难免吏滑如油”。虽然从顺治朝起便严定律例惩治吏胥玩法行私、舞文作弊，但收效甚微。嘉、道以后，清朝的政治明显下滑，吏胥虐民害政的弊端也

[1]《清史稿·选举志》。

[2]《校邠庐抗议·变捐例议》。

[3]《校邠庐抗议·变捐例议》。

[4] 顾炎武：《日知录》卷八。

更加凸显出来。

冯桂芬以深沉的笔触揭露说，清朝吏胥的社会地位虽然“等于奴隶”，但他们的权势却“驾于公侯矣”，“出于宰相大臣之上”，而且“但知搏噬，噬民不已，继以噬国”，国家养百万吏胥“不啻养百万虎狼者是也”。他谴责说：“今天下之乱谁为之，亦官与吏耳，而吏视官为甚。”如果再不思改变吏胥专权的现状，无异于“以国计民生全付之奴隶盗贼也”。他建议：首先，大大减少吏胥借以生存的繁琐案牍；其次，“外官可并其事于幕”，以幕代吏；再次，由诸生中选取有才行之人担任大吏及部院幕职；最后，设“幕职”一途，与科目、荐举二途并用。他认为，如此“则人知自重，舞文牍之风庶几少衰息乎”[1]。

然而，清朝吏胥的存在是有着深刻的社会历史根源的。开明的官僚和士大夫虽都痛诋它是败坏吏治的丛弊之薮，也提出过种种设法防范与惩治的措施，但由于它根植于封建社会末期的土壤，是腐朽的专制政治的产物，并和封建专制主义的考选制度、文书制度密切联系在一起，因此或议之而不能行，或行之而不能果，直到清朝覆亡才最终结束了吏胥为恶的现象。

例二，省则例，避免挟例牟利。

冯桂芬指出：“今天下有大弊三，吏也、例也、利也，任吏挟例以牟利，而天下大乱于乎尽之矣。”吏以利为目的、以则例为手段，这揭露是何等的深刻和犀利。它说明，晚清时期的吏治与法纪已经败坏到适以招致天下大乱的地步。

则例是清朝制定法的基本形式，不但各部院皆有则例，而且重要部、院的下属机构也有相关则例。本来，制定则例的目的按冯桂芬所说是为了“治天下也”，客观而言对完善行政立法、规范行政行为起过重要的作用，但是随着时间的推移，则例条文日益繁杂，以政各部则例多有不尽统一之处，即使一部之间的则例也因颁定有先后而存在着很大的差异。为了规避行政责任，各级官员往往避重

[1]《校邠庐抗议·易吏胥议》。

就轻、避实就虚，丧失了则例原有的积极意义。在为政者摇手触严、动辄得咎的情况下，为了规避行政责任，官员们只能依靠幕吏，使得官司之权下移吏胥。冯桂芬说，则例的大纲“尚不失为治天下宗旨”，则例的条目则“愈勘愈细，其始若离若合，其继风马牛不相及，其终则郑声谵语不知所云，遂于宗旨大相背谬”[1]。他举赋税则例为例，说：“凡则例等书‘关涉银钱’者尤如牛毛隙丝，令人不可猝幽，此皆舞弊之经传也。”又说：“赋役全书具在，骤阅之，但见款项之繁多，名目之猥琐，分合杂糅之离奇，非老于此事者无从得其每亩征税之数。”[2] 那些靠八股制艺起家的尚书、侍郎虽遍阅全书也不可能查知苏淞地区与其他省赋税的差异所在，只能听由钱谷吏胥窃夺国家财政的实际权力，任其中饱私囊。冯桂芬愤懑地说：“凡户工二部纪银钱之书，皆胥吏舞弊之书也。”

早在冯桂芬之前，龚自珍在抨击清朝法律制度的弊病时，便指出了苛细的条例使得官与民都遭受重重束缚，失去了思想与行动的自由，压制了才智的发挥。他说：“天下无巨细，一束之于不可破之例，则虽以总督之尊，而实不能以行一谋，专一事。”[3] 他希望“圣天子”“删弃文法，捐除科条，……内外臣工有大罪，则以乾断诛之，其小故则宥之，而勿苛细以绳其身”。[4] 冯桂芬也持相同的观点，说：“卿贰督抚大官而必束之以例案，且束之以无一定之例案，是疑大臣而转信吏也，慎孰甚焉。”他建议，如果援引新例不足以判明是非曲直，则“小事两可者，卿贰督抚以理断之”，而不必完全拘宥于例。

龚、冯上述观点，虽有其合理的一面，但也会导致君权与官权的膨胀，从而助长人治的倾向，而使对某种行为的判断失去了法律的依据。为了避免矫枉过正，冯桂芬下述编定简明则例的建议是可取的。他认为，应该采取果断的手段，对繁苛的则例“非一编管一

[1]《校邠庐抗议·省则例议》。
[2]《校邠庐抗议·省则例议》。
[3]《龚自珍全集》（第一辑）“明良论”。
[4]《校邠庐抗议·省则例议》。

秉秆拉杂摧烧之，则天下不治”。具体说来，“宜简谙习吏事大小员数人，纳绎会典则例等书，挈存其要，名之曰简明则例，每部不得逾二十万言，旧册存之，旧例旧案，无论远近一切毁之，以新例颁发大小官员……自今非新例不得援引。”同时，他也建议删去套语，颁定统一的上下行文书和呈状纸呈式等，以养成务实和规范的风气。他认为，例简则易知，便于掌握，是有效的抑制吏胥挟例牟利的良方。他说，二十万字的简明则例“不过两帙，纵中材暮齿不习吏事亦能通晓”[1]。冯桂芬的上述主张显然具有很强的可操作性，是革涂清朝拘于文法之弊的良方。

二

在《校邠庐抗议》中最具有价值和最足以反映冯桂芬思想中进步性、时代性的，莫过于他对西学的倡导。这在他的《制洋器议》、《采西学议》、《善驭夷议》和《上海设立同文馆议》等篇章中，都有详尽的阐发。

在《制洋器议》中，冯桂芬站在天朝大国的传统立场上认为，“中华幅员八倍于俄，十倍于米（美），百倍于法，二百倍于英”，而且“五洲之内，日用百需无求于他国而自足者，独有一中华”。正是这种带有盲目自负的心理，使他痛感鸦片战争后清朝的屈辱求和和资本主义侵略者肆无忌惮地劫掠，是“有天地开辟以来未有之奇愤，凡有心知血气莫不冲冠发上指者”。他认为，“广运万里”、“天时地利物产无不甲于地球的“第一大国”却“受制于小夷”、“砚然屈于四国之下者”，并非偶然。他总结说：“人无弃才不如夷，地无遗利不如夷，君民不隔不如夷，名实必符不如夷，……船坚炮利不如夷，有进无退不如夷。”在这里，冯桂芬已经朦胧地接触到君主专制与西方民主的优劣问题。但是，他或者没有真正认识到，或者有意避开这个要害问题，所以只是提出“然则有待于夷

[1]《戊戌变法》（第1册），第509页。

者，独船坚炮利一事耳”。他一方面批评魏源“以夷攻夷，以夷款夷”的观点是不现实的，因为“以疏间亲”，不但“万不可行”，而且“欲以战国视诸夷”，与“中西杂处”的时代已大为不合，无异于“胶柱鼓瑟”。另一方面，却也赞同魏源“师夷长技以制夷”的主张，并且提出“宜于通商各口拨款设船炮局，聘夷人数名，招内地善运思者，从受其法，以授众匠。工成与夷制无辨者赏给举人，一体会试。出夷制之上者，赏给进士，一体殿试”。通过以上种种措施，有着几千年文明的中国，就能迎头赶上，不被时代所遗弃。他充满自信地表述说：“始则师而法之，继则比而齐之，终则驾而上之，自强之道实在乎是。”冯桂芬的这些论断，使他成为中国近代史上第一个明确提出赶上和超过西方的进步思想家。他还举出日本等国仿造西洋船炮渐趋强盛为例，证明中华大国不能“纳污含垢以终古哉”。

冯桂芬还从时代的发展、科学技术的进步，来说明制洋器的必然性和必要性。他说：“夫世变代嬗，质趋文、拙趋巧，其势然也。时宪之历，钟表、枪炮之器，皆西法也。居今日而据六历以颁朔，修刻漏以稽时，挟弩矢以临戎，曰：吾不用夷礼也，可乎？且用其器非用其礼也，用之乃所以攘之也。”他批评反对师夷制夷的言论是“迂阔之论”，并指出空谈攘夷并不难，难在“试问何具以攘之”。对于器和礼的关系，冯桂芬在此议中只是提出师夷要在“用其器非用其礼”，而在另一议中则进而阐发了“中体西用”的理论原型。

冯桂芬不但把制洋器作为“雪耻”、“复强”的根本方术，强调通过自造、自修、自用洋器“内可以荡平区宇”，外可以“雄长瀛寰”，“雪从前之耻”，“完然为广运万里地球中第一大国”，而且从世界各国的力量对比关系和发展趋势来论证只有有了洋器，才能使中国“有隐然之威”，如遇外敌入侵，“战可必克也，不战亦可屈人也”，只有这样，“我中华始可自立于天下”。人类社会也同生物界的进化一样，充满了弱肉强食、物竞天择的斗争。有鉴于此，冯桂芬向当政者大声疾呼，如不及早为计，“不独俄英法米之为虑也，我中华且将为天下万国所鱼肉，何以堪之。”

对于西方国家“何以小而强，我何以大而弱”，冯桂芬以正视现实的坦然心境表示，“忌嫉之无益，文饰之不能，勉强之无庸”，重要的是知耻自强。他说，中国“人才健壮未必不如夷”，“九州之人，亿万众之心思才力，殚精竭虑于一器，而谓竟无能之者，吾谁欺。”他强调：“中华之聪明智巧，必在诸夷之上，往时特不之用耳。上好下甚，风行响应，当有殊尤异敏，出新意于西法之外者……不于此急起乘之，只迓天休命，后悔晚矣”。

在《善驭夷议》中，冯桂芬阐述了“国家以夷务为第一要政，而剿贼次之”，理由就是“贼可灭，夷不可灭也，一夷灭百夷不俱灭也，一夷灭代以一夷，仍不灭也，一夷为一夷所灭，而一夷弥强，不如不灭也”。既然夷不可灭，就需要讲求驭夷之道，否则夷务坏而国家危。他说：“驭夷之道不讲，宜战反和，宜和反战而夷务坏；忽和忽战而夷务坏；战不一于战，和不一于和而夷务更坏。”

上述议论，是从鸦片战争以来中外交涉均以清政府失败的实际教训中总结出的，是对清朝大员缺乏国际知识以致战和不定、举措乖张的批评。在此基础上，他提出了具体的驭夷之道：其一，不能一切曲从；其二，需要据理交涉。他说：“夷人动辄称理……理可从，从之；理不可从，据理以折之。”他特别指出，中国“原隰衍沃，民物蕃阜”为“百国所垂涎”，从英俄不断逼近中国边疆的事实中可知“诸夷不能无异志……而和不可以久恃”。在这种背景下，讲求驭夷之道，最重要的是自强，“不自强而有事，危道也；不自强而无事，幸也，而不能久幸也。”只有自强，无论发生何种事变，都能“有以待之”，立于主动的地位。由此可见，冯桂芬《善驭夷议》的根本着眼点在于自强。这是很有见地的，只有自强自立，才能发挥驭夷之道的作用。

在《采西学议》中，冯桂芬首先指出，今之天下，已非三代之天下，中国传统的某些文化知识已经落后于时代。他说，西方国家的算学、重学、视学、光学、化学等“皆得格物至理，舆地书备列百国山川，阨塞，风土物产多中人所不及”，这不能不是中华“学士之羞也”。他从“法苟不善，虽古先吾斥之；法苟善，虽蛮貊吾师之”的基本认识出发，提倡采西学，即向西方国家学习，而且采西学不限于“历算之术，格致之理、制器尚象之法，轮船火器”等。中国凡是现藏西方国家的书籍，应“择其有理者译之”，凡有益于国计民生者都应该广泛取法，而不应视其为奇技淫巧。

冯桂芬对于“采西学”不仅充满了信心，而且把它的落脚点置于“中国多秀民，必有出于夷而转胜于夷者”。他把这看作是采西学的“要务”，舍此便失去了方向和动力。

在《上海设立同文馆议》中，冯桂芬从“通商为时政之一”的角度提出，“既不能不与洋人交，则必通其志达其欲，周知其虚实情伪，而后所收称物平施之效。”他赞赏总理内阁事务衙门下设的同文馆“招八旗学生，聘西人教习诸国语言文字”的举措，“最为善法，行之既久，能之者必多……然后得西人之要领而驭之。”他提出，在上海广州洋人总汇之地“仿照同文馆之法各为一馆，募近郡年十五岁以下之颖悟诚实文童，聘西人如法教育……三年为期”，同时翻译西人擅长之书。如此，“安知不冰寒于水、青出于蓝”，使中国跻身于强国之列。

综括上述，近代中国自鸦片战争以后，国情发生了重大变化，由此而产生了以救亡图存、富国强兵为目标的新思想新文化。为了救中国而寻求新思想，再将新思想用于改革变法，这是近代中国历史发展的基本轨迹。因此，近代史上的爱国者、思想家和改革先驱基本上是三位一体的。

三

传统的封建文化发展至近代，也在特定的历史背景下发生了转型，在这个过程中西方的文化起了导向的作用。冯桂芬就是在封建文化向近代文化转型中的代表人物之一。在他的思想中不可避免地带有旧的遗痕和影响，但是他从中西对比中感到传统的封建旧文化已经不能适应时代的发展和振兴民族的需要，因而抛弃了以夏变夷的传统，转向师夷制夷。曾经被视为邪说的西学，成了救国的良方。尽管冯桂芬对西学的认识还是肤浅的，更多的是停留在技术层面，在他的整个思想体系中还没有摆脱旧文化的束缚，但是他所设计的“中学为本，西学为术”的方案较之魏源“师夷”的观点无疑前进了一步，不仅具有可操作性，更为可贵的是提出向西方学习的目的不是停留在“治夷”，而是“始则师而法之，继则比而齐之，终则驾而上之”。这说明，冯桂芬的眼界要比开风气之先的龚、魏高明得多。这种赶超西方的思想是在中国处于积贫积弱、遭受西方殖民主义者百般欺凌的条件下提出的，可以说是时代的最强音。正是在这种意义上，他所设计的试图使中国走向富强的方案，不仅受到了正在兴起的洋务派的礼赞，而且在此书出版三十年后仍然受到维新派的高度重视。大约在光绪十五年初，翁同酥就向光绪帝推荐了《抗议》一书，光绪帝对该书《采西学议》、《制洋器议》等有关洋务的内容极感兴趣，并令臣僚将此数篇“装订一册，题签交看”。

戊戌变法期间，充任光绪帝师傅的大学士孙家鼐也向光绪帝上《请饬刷印＜校邠庐抗议＞颁行疏》。他在慨叹该书主张未见实行之后，特别建议将《抗议》发交群臣讨论，并说：“岁月蹉跎，延至今日，事变愈急，补救益难，然即今为之，犹愈于不为也。……《抗议》书版在天津广仁堂，拟请饬下直隶总督刷印一二千部，交军机处，再请皇上发交部院卿寺堂司各官，发到后限十日，令堂司各官将其书中某条可行，某条不可行，一一签出，或各注简明论说，由各堂官送军机处，择其签出可行之多者，由军机大臣进呈御览，请旨施行。”[1]孙家鼐上疏的当天，光绪发出上谕：“着荣禄迅即饬令刷印一千部，克日送交军机处，毋稍迟延。”[2]不久，包括大学士、内阁学士、各部尚书侍郎、总理衙门等中央各部门及顺天府尹所属州县在内共三百七十二人在《抗议》上签注意见。戊戌变法期间涉及洋务、西学的许多措施，都与《抗议》有着直接或间接的联系。遗憾的是戊戌变法旋即失败，这部《抗议》的历史命运正

[1]《戊戌变法》（第2册），第430页。

[2]《戊戌变法》（第1册），第529页。

如冯桂芬《自序》中预言的那样只好“存之以质同志云尔”。

从《校邠庐抗议》一书可以看出，冯桂芬继承了地主阶级改革派抨击时政、改制更法的主张，而且涉及的范围更为宽泛，议论也更为具体。但由于他生活与活动的时代晚于龚、魏，而且面对着太平军对清朝的强烈攻击，和英法等殖民国家的深入侵略，在这样的背景下，作为地主阶级的官僚士大夫的冯桂芬完全站到敌对太平军的立场上，而且陷入了借洋助剿的泥淖。这不是偶然的。在太平军和西方侵略者两种威胁面前，清朝统治者认为“发捻交乘，心腹之害也”，而西方殖民主义者的侵略不过是“肘腋之忧也”、“肢体之患也”，故“灭发捻为先，治俄次之，治英又次之”[1]。这个观点在官僚士大夫中是很有影响的。冯桂芬就是在“贼可灭，夷不可灭”的形势下，作出了两害相权取其轻的上述选择。

耐人寻味的是，与冯桂芬同时代的太平天国后期领导人洪仁玕虽然出身经历不同，又处在敌对的营垒，但他们在采西法、仿行西制的问题上却是不谋而合。尽管他们的认识有深浅之分、方案有繁简之别、政治目的更是大相径庭，但却说明了一点，就是在中国社会沦为半殖民地半封建的过程中，一些先进的思想家的思路是带有某种共同性的。

[1]（筹办夷务始末）（咸丰朝）卷七一。

倡议开展比较法制史研究

倡议开展比较法制史研究

中华人民共和国成立以后，在“左”的思潮影响下，学术界基本上抛弃了比较法这一学科和方法。其理由有两点：其一，社会主义的法制是最高类型的法制，与一切资本主义法没有可比性，故比较法没有存在的基础；其二，就学术研究方法而言，分析和综合的方法是高级的方法，而比较方法不能揭露事物的本质，因此属于较低级的方法，没有必要运用这种方法研究问题。在这种情况下，比较法研究处于停顿状态。

改革开放后，“左”的思潮得到了纠正，比较法重新回到法律科学中来。对于法制史研究而言，比较法制史也应该突破禁区。在第一次中国法制史学年会上，我就提倡要开展比较法制史的研究，但此后很长时间，这一领域却一直无人问津。有鉴于此，1987 年，我在《光明日报》上发表了《开展比较法制史的研究》一文。该文很短，其用意不在于界定比较法制史的概念、对象和方法等学术问题，而更像是一篇学术研究倡议书。全文如下：

> 随着法制史科学的发展，开展中外比较法制史的研究不仅必要，而且也具备条件。在大学法律院校开设比较法制史课程，也应提到日程上来。
>
> 中国古代法制无论体系、形式、制度、原则、精神、经历、演变，都具有明显的特点。这些特点的形成是和中国古代的社会结构、民族习惯、文化历史传统、地理环境的特殊性分不开的。因此，开展比较法制史的研究，不仅可以了解中外法制历史的真实进程，而且可以更准确地掌握中华法系所具有的特点和发展的规律性。
>
> 中国是一个具有四千多年没有中断的法制历史的国家，这在世界文明古国中是仅见的。例如，埃及大约在公元前四千年就进入了奴隶制社会，但在公元前 525 年至公元前 332 年间，曾两度被波斯

国征服，以后又相继在亚历山帝国、罗马帝国的统治下灭亡了。因此，埃及的法制史和埃及的历史一样曾经中断过，甚至连古文字都废而不传。产生在公元前三千年的古国巴比伦的法制历史，也有类似的情况。中国由于法制历史从未中断，因此沿革清晰、源流明显，既完整又系统，成为中国文化遗产中的重要部分，也是研究东方法制史颇具典型意义的样板。

中国奴隶制时代，习惯法占主导地位，成文法是不发达的，而且不向全社会公布，以便于实现奴隶主贵族所期望的“刑不可知，则威不可测”的目的。与此相反，古希腊雅典于公元前621年出现了《德拉古立法》，其法虽以残酷著称，但却是在改革旧制中制定的成文法。公元前594年又产生了著名的《梭伦立法》，公布了代表新兴工商业奴隶主利益的成文法律，取代了曾经作为捍卫氏族奴隶主利益的重要手段的习惯法。这是新兴的工商业奴隶主向氏族奴隶主进行斗争的胜利成果。罗马早在公元前462年，平民保民官特兰梯留便在民众大会上提出编纂成文法；公元前449年，颁布了著名的《十二铜表法》，这是罗马第一部成文法。中国奴隶制时代，由于氏族社会解体时显贵的家族由家而国、由血缘宗法纽带而政治联结、由氏族公有制而国有制，因此最主要的生产资料——土地是禁止买卖的，工商业也由官府经营，氏族奴隶主贵族始终掌握着权柄，奴隶主没有也不可能形成一支可以和氏族奴隶主贵族相抗衡的社会力量。这是中国自给自足的经济结构从一开始就占统治地位、国家的存在与发展不依赖于海外贸易、群众的日常生活也不依赖于市场所致。中国制定和公布成文法是从郑子产铸刑书开始，这已是由奴隶制向封建制过渡的时代了，是新兴地主阶级为保护自己的经济政治利益，而在法制上所作的斗争。

此外，中国奴隶制的法律具有国法与宗法的两重性。这两重性体现了王权与族权的统一。奴隶主贵族极力利用氏族的宗法血缘关系将亲与贵、家与国联结起来，一者掩盖贵族与平民的矛盾，再者借助宗族、宗法来加强国王与国法的权威。这不仅是中国奴隶制法制的基本特点之一，而且对封建法制历史的发展也有深远的影响。

进入封建社会以后，中国的法律不仅特色突出、独树一帜，而且有在很长一段时期影响着东方世界，至今仍被公认为世界五大法系之一。中国封建法律的主要特点是：

（一）礼与法的渗透与结合

礼是氏族社会敬神祈福的一种仪式，进入阶级社会以后被奴隶主贵族改造成为确认奴隶制等级秩序的统治手段。礼以“尊尊”、“亲亲”为原则，广泛调整着社会关系，至汉代确认儒家思想为统治思想之后，礼的内容又为儒家纲常学说所丰富。汉儒通过说经解律，把儒家思想引进法律，开始了封建法典儒家化的过程。汉儒还论证了礼与法的关系，形成了“礼主刑辅”的观念，并被封建统治者确认为一项传统的治国理政的政策。儒家的三纲学说不仅是封建法律的理论基础，而且是封建法律的主要内容。用法律的强制力来维护君权、父权与夫权的统治，凡违背伦常之罪要加重处刑；尊卑之间有犯，同罪异罚；以致区别血缘亲疏的丧服制度，也被列为法典的重要内容。不仅如此，以礼为指导、以维护族权为目的的家法、家训、宗规，不仅得到国家的承认，而且是对国法的重要补充，在封建法律体系中占有特殊的地位。礼与法的相互渗透和结合，是中国封建法制所特有的。

与此相反，西欧中世纪特殊的历史条件决定了在法律体系中充斥神灵色彩的教会法规是重要的组成部分。教会法规对西欧法律的发展具有重要意义，在婚姻、家庭、继承方面的影响尤为深远。此外，历史悠久的阿拉伯法系是以《古兰经》为伊斯兰法的基本渊源。由于伊斯兰教影响广泛，因此凡信奉伊斯兰教的国家也都奉《古兰经》为基本法典。

（二）专制主义的强烈影响

中国自公元前221年秦统一王朝建立，直到20世纪初期清帝国崩溃，经历了两千多年的专制主义的统治。而以法兰克王国为首的西欧封建国家，直到5世纪才先后建立。其中无论是英国的都铎王朝，还是法国的波旁王朝，都只存在了二三百年的时间。当法国路易十四提出“朕即国家”、“法律出于我”作为加强封建王权的舆论时，已经距资产阶级革命不远了。

由于中国封建专制主义经历的时间长，而且沿着螺旋上升的轨迹不断强化，因此对封建法制的影响是多方面的。

在立法权方面，秦统一后便形成了“法令由一统”的局面，立法权高度集中于中央，所有重要立法都以“钦定”的名义宣布，地方没有立法权，城市也没有立法权。即使在魏晋南北朝、五代十国的短期分裂时期，立法权也是相对统一的。西欧封建国家由于长期处于分散状态，教会法、日耳曼法又互相交融，各具效力，以致出现了法律极不统一的状况，不同的封建领地各有自己通行的习惯法和成文法，城市也可以自行立法，教会则更是握有极大的立法权。

在司法权方面，从秦始皇起便“昼断狱，夜理书”，控制最高司法权。秦以后通过建立录囚制度、诏狱制度、复审制度，使司法权更趋于集中化。特别是在明代，随着专制主义高度发展，作为皇帝亲军的锦衣卫和宦官组织东西厂，控制了司法权，以致合法的司法机关——三法司失去了应有的作用，而非法的司法机关却掌握了实在的司法权。这是专制主义腐朽性在司法上的突出表现。西方在长时期的封建割据阶段，诸侯各自拥有与其地位相适应的独立的司法权，而由教会组织的宗教法庭也同样享有独立的司法权。

在行政权方面。封建法律全面确认皇帝制度。皇帝不仅是国家的最高首脑，而且利用神权和父权来为其至高无上的地位辩护，所谓“奉上天之宝命，作兆庶之父母。”皇帝全面控制了对官吏的任免、铨选、考绩、奖惩的权力。地方行政权也同样渗透了宗法父权的因素，地方官吏在其辖区内也都被看作是父权的代表。在封建专制主义的统治下，在族权、父权、夫权的束缚下，“古代日耳曼自由中的精华部分”的“个人自由、地方自治以及除法庭以外不受任何干涉的独立性”，在中国是不曾有的。

（三）充满保守性、孤立性和排外性

中国的法律起源虽早，但在漫长的发展过程中却陈陈相因，充满了保守性、孤立性和排外性，以致17世纪中叶以后，西方已经开始了资产阶级革命，以资产阶级法制取代了封建法制，而中国却停留在完整的封建法制的窠臼。与此相反，西欧封建时代从大陆国家到英国，罗马法、日耳曼法、教会法互相通用，互相渗透，互相补充。

中国封建法制之所以保守、孤立和排外，是和中国的特定历史环境分不开的。封建自然经济的闭塞性决定了中国长期是一个封闭的保守国家，而闭塞和保守恰恰是封建专制政权长期存在的重要基础。直到19世纪末20世纪初，传统的封建法系才逐渐解体，中国法制的发展才开始与世界法制的发展沟通。

以上意见很不成熟，只是希望法制史研究工作者注意开拓这一有待开发的领域。

在号召同道学人开展比较法制史学研究的同时，我自己也撰写了一篇长文——《中外法制历史比较研究刍议》，连载于《政法论坛》1988年第6期和1989年第1期。在该文中，我首先分析开展中外比较法制史研究的意义，随后举了古代用比较方法研究法制历史的事例，说明古代已经有人自觉地运用比较的方法来深入讨论法制的事实，进而检讨了中西方比较法制史研究者的不足。全文附后：

当前开展中外法制史的比较研究具有十分重要的意义，这是因为世界各国法制的发展既有共同性又有特殊性，并且在各自的发展过程中形成了既联结又冲突的相互关系和不同程度的相互影响。因此，开展中外比较法制史的研究，可以了解中外法制历史在其发展中的不同源流、进程和趋向；可以把握各国法制的体系、形式、制度、演变以及法律文化所具有的明显区别；可以更准确地概括中华法系的特点和规律；可以开阔法制历史研究的视野，推动研究工作的深化；可以从世界法制历史的发展中广泛寻求有利于我国当前法制建设的借鉴。

一

用比较的方法研究法制历史，在中国古已有之。

孔子所说的“殷因于夏礼，所损益可知也；周因于殷礼，所损益可知也”[1]，不仅指出了夏、商、周三代发展的联系性，而且也是从比较研究中提出的结论——因为只有在比较研究的基础上，才有可能瞭望所“损”者何、所“益”者何。由于古代的礼涉及国家的典章、法制、礼仪、秩序等许多方面，所以从某种意义上说来，孔子是比较法制史的创始人与鼓吹者。

至汉代，马融、郑玄既是经学家又是律学家，他们不仅说经解律、引礼入法，而且运用比较的方法考证三代以来的法律制度，为东汉的法制建设作出了重要贡献。史书说：“郑玄囊括大典，网罗众家，删裁繁诬，刊改漏失，自是学者略知所归。”[2]

晋初，鉴于汉末法令繁多不能遍睹，根据“蠲其苛秽，存其清约”的原则，将七百七十三多万字的汉律令及说解，精简为十二万六千三百字。这是从晋朝统治的现实出发，在比较汉律令得失的基础上完成的一项巨大的修律工作。著名律学家杜预从比较研究汉以来法制历史的演变中，得出了以下很有见地的结论：“故文约而例直，听省而禁简，例直易见，禁简难犯，易见则人知所避，难犯则几于刑措。”[3]杜预所注《春秋左氏经传集解》也同样运用比较分析的方法，去阐明先秦的典章制度。

在封建盛世唐朝产生了著名的《永徽律疏》，它是秦汉以来法制发展中最光辉的成就，它的完成显示了修律者在比较研究历代法制方面所付出的巨大努力。《永徽律疏·序》清楚地说明了这一点：“爰造律疏，大明典式，远则王皇妙旨，近则肖贯遗文，沿波讨

[1]《论语·为政》。
[2]《后郑书·郑玄传》。
[3]《晋书·杜预传》。

源，自枝穷叶，甄表宽大，裁成简久，譬权衡之知轻重，若规矩之得方圆，还彼三章，同符画一者矣。”

清代薛允升曾就中国封建时代中后期具有代表意义的两部法典——《唐律》和《明律》进行了比较研究，编成《唐明律合编》三十卷。该书针对唐明律文以及有关律令，剖析其异同，衡平其宽猛，论证其得失，鉴别其优劣。作者寓褒贬于比较之中，而意在书外。

在20世纪初期，沈家本主持变法修律，不仅详考古律，而且广译西法，以“博取中外，会通中西”为修律的方针，在广泛收集整理中国古代法律资料的同时，强调学习西方法律。他提出用西方“彼法之善”来补己法之“不善”，“撷其英华，弃其糟粕”，“取人之长，补吾之短”。为此，他不仅广译西法，而且聘请资本主义国家的法学家来华任教和参与修律，并创办了近代的法律学堂。沈家本主持制定的以《大清新刑律》为代表的一系列法律，都是运用比较的方法研究中西法律的成果。他既深悉中国法制的历史，又明白欧美日本的法律大概，这使他有可能突破中国古代律学家仅就中国法制发展作纵向比较的窠臼，第一次越出了国界，把中国的法制改革与世界法系联系起来，从中外法律的横向比较中寻求改革中国法制的途径。可以说，沈家本是中国近代比较法学的奠基人。

历史进入现代以后，比较法学在缓慢中发展，逐渐深化到部门法中去。钱端升、王世杰撰写的《比较宪法》就是一例。

在西方，运用比较方法研究法律制度，首推亚里士多德，他曾经对一百五十多个城邦的政治法律制度进行比较研究。至18世纪启蒙思想家孟德斯鸠撰写的《论法的精神》，则是近代比较法学具有伟大开拓意义的巨著。特别是当西方学者将“法系”的概念提出以后，各种比较法的著作和研究中心大量出现，并最终达到了比较法研究的高潮。

如上所述，中国的以及世界其他国家的律学家和法学家们，在比较法制史学及比较法学的领域中做了许多艰苦而卓有成效的工作，为我们积累了丰富宝贵的资料，提供了许多有价值的研究方法和成果。

中国古代的律学家们为了总结历代法制的得失，虽对具体的律文规定进行细致的分析比较和删并，但很少从理论的高度及文化结构与价值判断上进行反思，更没有从世界法律文化发展上着眼和体验，从本质上讲，他们的工作还属于服从统治者政治策略的短期行为。西方的比较法学者掌握了较为完善的逻辑思维工具，并处于较为宽松的研究环境，对比较法制史学从各个角度进行了研究，但囿于观点和分析能力，并未使这门学科发展到应有的高度。特别是涉及中国传统的法律时，一般都表现出缺乏深度，甚至出现许多错误。19 世纪的梅因是英国著名的文化人类学家和比较法学家，他所著的《古代法》一书被西方奉为比较法经典著作，但此书对于中国传统法律的认识就存在重大偏颇，比如他说中国古代“只有刑法而没有民法”就是一个例证。法国的勒内·达维德是当今比较法学的巨匠，但翻开他的代表作《当代主要法律体系》就能发现分析较薄弱，尤其在论述有关中国法律时更是显得浮光掠影。

当前，应该怎样在前人研究的基础上进行中外法制历史的比较研究呢？我认为，要以中国法制史为主，有选择地同世界其他国家的法制史进行宏观上、总体上的比较，并给予综合评论，但也不排除特定制度上的微观比较。中外法制史的比较研究，不仅要说明中外法制历史发展的异同，而且还要揭示造成这种异同的社会历史根源，包括经济、政治、思想、文化、地理环境、民族习俗和心理状态等各种因素，因而是一个十分艰巨的课题。

首先，我们应该注意从对几种不同传统的法律制度的比较研究中，找出人类法律文化发展的某些共同规律。中外比较法制史学有其特定涵义，它的研究对象是将自成传统与体系的中国法制历史与另一种传统与体系的法制历史进行比较、分析和综合。因此，它必须是在两个国家（如中国和印度）、两个地域（如东方和西方）、两个民族（如中华民族和其他民族）之间进行比较分析。当前比较学的研究方法大体有两种，即所谓“平行”（parallels）研究和“影响”（influence）研究。前者是指在两种互无影响但又有可比性的传统思想文化中进行比较研究，找出共同与不同之处，以说明一般规律或特殊性质；后者是指在两种互相影响（直接的、间接的）或单方面受到影响的不同传统思想文化中进行比较研究，找出其异同以揭示相互间的冲突和吸收。但无论哪一种比较方法，都不应是简单的类比，或仅是抽出两个孤立的现象进行比较，只有在全面研究基础上的比较研究，才可能找到某些规律性的认识。

中国、印度、阿拉伯和西方各国的法律文化存在着极其复杂的差异性，开展中外法制史比较研究的目的之一，就是把握中国传统法律文化的特殊性，了解这种法律文化在世界法律文化中的地位和贡献，并从比较研究中发现和提出新的研究课题。

二

中国古代的法制具有四千多年没有中断的历史发展过程，这在世界文明古国中是少有的。例如，盘桓在尼罗河两岸的古埃及虽然大约公元前四千多年就进入了奴隶制社会，但是在公元前525年至公元前332年间，曾经两度被波斯国征服，以后又相继被亚历山大帝国和罗马帝国所吞并，因此埃及的法制史不止一次地中断，以致埃及的古文字都废而不传。约公元前两千年发源于两河流域的古巴比伦，也有类似埃及的命运。以巴比伦尼亚法为代表的楔形文字法系被认为是世界上最早的成文法系，著名的《汉穆拉比法典》曾令世界法苑瞩目，然而随着帝国的迅速衰亡，它也与其创立者一起埋入了地下，直到20世纪初才重见天日。中国的西南邻国印度，有着古老的悠久历史和灿烂文化，古老的印度法就在这个土壤上生长、壮大，然而公元11世纪以后穆斯林征服者攻破了印度的北大门，从此伊斯兰法取代了至高无上的印度法，使印度法只能在印度教徒中间扮演习惯法的角色。只有中国的法制历史，首尾相衔，绵延未断，沿革既清晰，体系又完整，资料尤为丰富，对于研究世界古代法制史具有标本的意义。

中国奴隶制法制的主要特点之一，是习惯法占据主导地位。成文法虽有，但不发达，而且不向全社会公布，以便于奴隶主贵族实现“刑不可知，则威不可测”[1]的目的。只是在奴隶制社会末期，才将成文法铸在鼎上，予以公布。

古印度有着与中国相一致的传统，习惯法比重很大，成文法典的条文基本上由习惯法所组成。《摩奴法论》第一卷第一百一十八条说：“永恒的地方法、种姓法、家族法，异端的法和行会的法，摩奴在此论都已讲述。”[2]令人惊讶的是，古印度虽与中国有同样的观念，但认为法律是上流社会的宠物，由高贵的婆罗门所操纵，低贱的首陀罗和更为低贱的贱民无权接触，就连偶尔听到上等种姓诵读法律，也要被统治者滚油浇耳。但是，公元前3世纪印度著名的阿育王反传统地把法律刻在全国境内的石碑、石柱和崖壁上，以便国民了解和遵循法律。这些著名的“石刻法”成了印度法制史的珍贵资料。

比中国更早的两河流域诸王国，也拥有大量的习惯法，成文法虽少却也公之于众。《汉穆拉比法典》就刻在一块巨大的黑色玄武石上，立于巴比伦城。

古希腊雅典于公元前621年便出现了德拉古立法。德拉古立法虽以残酷著称，但它却是在改革旧制度中制定的第一部成文法。其后，公元前594年又产生了著名的梭伦立法。它是代表新必工商业奴隶主利益的法律，并且向社会公布，用以取代曾经是保护氏族奴隶主利益重要手段的习惯法。梭伦立法是雅典新兴工商业奴隶主向氏族奴隶主进行斗争的成果。梭伦立法适应了工商业发展的要求，又为工商业的发展提供了有利条件。

早在公元前462年罗马奴隶制时代，平民保民官特兰梯留便在民众大会上提出要编纂成文法。至公元449年颁布了由十人团制定的《十二铜表法》，这是罗马第一部成变法。此后，又相继制定公布了调整罗马市民权利义务关系的罗马市民法，以及调整罗马市民

[1]《左传·昭公十年》。

[2] 蒋忠新：《摩奴法论》，中国社会科学出版社1986年版，第14页。

与非罗马市民之间关系的万民法，还有解决平民土地问题的李锡尼—绥克斯图法案，等等。

两河流域诸王国公布成文法的主要原因是适应兼并战争、建立统一帝国的需要，只有公布成文法才能体现大一统的意愿，以取消各地零散的习惯法。古印度阿育王公布成文法，除了统一国家的需要之外，还为了将新的宗教思想输入国民的头脑以克服旧有宗教戒规的不适应性。

古希腊、古罗马之所以很早就公布成文法取代习惯法，也绝非偶然。前者是工商业奴隶主与旧氏族贵族长期斗争的结果，后者是平民阶层为保护私有财产和本阶层的利益所取得的巨大胜利。而所有这一切都是和希腊、罗马工商业的发展，特别是海上贸易发达分不开的。马克思主义经典作家曾经指出：罗马法是“简单商品生产即资本主义前的商品生产的完善的法”[1]，是“纯粹私有制占统治的社会的生活条件冲突的十分经典性的法律表现”[2]。

与此相反，中国奴隶制社会不存在印度式的宗教斗争。而更重要的是，中国由于氏族社会解体时显贵的家族集团由家而国、由血缘宗法纽带而政治联结，因此中国奴隶制国家的组织原则是亲贵合一、国与家相通的。作为国家重要生产资料的土地，也由氏族公有制转化为国有制，土地禁止买卖。工商业也由官府经营，所谓“工商食官”。特别是中国是一个地处东北亚大陆、资源丰富的国家，自给自足的经济结构从一开始就占统治地位，国家的存在与发展不依赖于市场，因而没有也不可能形成工商业奴隶主和其他社会力量，也不存在希腊、罗马那样为保护工商业奴隶主和平民阶层的利益而进行的制定与公布成文法的斗争。在中国为制定和公布成文法而进行的斗争，是在奴隶制向封建制过渡的时代。这个斗争的主角也不是工商业奴隶主或平民阶层，而是新兴地主阶级。从郑国子产铸刑鼎开始的各国为制定和公布成文法而进行的斗争，是新兴地主

[1]《马克思恩格斯全集》（第36卷），第168页。

[2]《马克思恩格斯全集》（第21卷），第454页。

阶级为打破奴隶主贵族的传统的特权、保护自己的政治她位和私有财产权而在法制上所作的斗争。

中外各国公布成文法所走的不同道路，显示了不同法律文化体系之间的巨大差异性，并在各国法制发展进程中持续地产生影响。

中国奴隶制法的主要特点之二，是以血统来确定社会政治地位，因此宗法制度与政权等级制度相结合，宗法制度是世卿世禄的基础，直接影响着奴隶制国家机器的运行。作为奴隶制的法律也兼有国法与家法的两重性。比如，“立嫡以长不以贤，立子以贵不以长”[1]，既是国法也是家法，王位继承和宗子继承都须遵守。这种两重性正是王权与族权的统一性在法律上的表现。如果说国法是进入奴隶制社会以后以国王的名义所制订的法律，那么家法基本上是以贵族家族为本位的传统的习惯法。掌握政权的奴隶主贵族，极力利用宗法血缘关系将家与国、亲与贵联结起来，以便掩盖贵族与平民之间的矛盾。同时，借助宗法来加强国王与国法的权威。这种宗法政治所造成的奴隶制法的两重性，是世界古代法律史上独一无二的。

古印度也有一种在起源上与宗法制度相近似的种姓制度，但后来的发展却与宗法制度相去甚远。种姓制度的两个显著特点是职业世袭和实行内婚制。种姓制度也与法律制度紧密结合，法律就是维护种姓制度的有力工具。翻开印度古代法典，几乎可以从每一个条文中看到种姓制度的痕迹。例如，《摩奴法典》说：“为将婆罗门的义务与其他种姓的义务以适当顺序加以区分，生于自存神摩奴特编纂了本法典。”[2] 所以，古印度法的本质即种姓法。如果说宗法制度的发展带来了中国奴隶制法律的两重性，那么，种姓制度的发展则直接使古代印度法变成了种姓法。宗法制度所带来的法律的两重性，使统治者可以得心应手地运用国法与家法，使王权全面法律化。然而，种姓制度却使王权与法律脱节，把本来可以由国法来调整的各种关系变成了种姓的内部关系和各种姓间的关系。

[1]《公羊传·隐公之年》。

[2] 马香雪:《摩奴法典》，商务印书馆 1985 年版，第 22 页。

中国奴隶制法律的这种两重性，在希腊罗马是没有或至少是不具有典型性的。公元前509至公元前508年，克里斯提尼任雅典执政官后进行的改革中有一项重要内容，便是以地域关系取代血缘关系。他下令取消原有四个部落，把全雅典分为十个选区。这些选区的基层单位是具有各种政治军事职能的村社——“德莫”，它是按居民的住所来划分的。仅此一项改革，便彻底改变了雅典社会的基本结构，使雅典不可能出现与中国类似的宗族法。与此同时，罗马王政时代第六代王塞维·图里乌进行的改革，也依财产多少将罗马居民分为五个等级。恩格斯曾经指出：罗马在所谓王政被废除之前，“以个人血缘关系为基础的古代社会制度就开始被破坏了，代之而起的是一个新的，以地区划分和财产差别为基础的真正的国家制度。”[1]

中国的奴隶制法制的主要特点之三，是债务关系不发达，没有出现债务人以自己的人身对债权人负责，如不能还债则沦为奴隶的现象。古籍中的“殷民六族”、“殷民七族”、“怀性九宗”等，是种族奴隶，不是财产分化的结果，而是被武力征服的结果。但在两河流域诸王国，奴隶的来源则是多渠道的，既有战俘、买卖奴隶，也有债务人奴隶。在汉穆拉比在位时，为了缓和阶级矛盾和保证军队的来源，对此加以限制，规定把债务人及其妻儿沦为奴隶不得超过三年，第四年即应恢复他们的自由。[2]古印度法律允许债权人将还不起债的婆罗门沦为债奴。古希腊罗马也都存在着大量债务奴隶。正是债务奴隶的反抗，公元前594年雅典的执政官梭伦才颁布“解负令”，废除平民的一切债务，恢复债务奴隶的自由。罗马于公元前326年也产生了以恢复债务奴隶的自由为主要内容的波利提亚法案。这样的法律在中国是从未有过的。当然，中国奴隶制时代也不可避免地发生了“债”，其主要表现形式是买卖契约，其中也包括作为商品买卖的奴隶，但他们并不是债务奴隶。

[1]《马克思恩格斯选集》(第4卷)，第126页。

[2]《汉穆拉比法典》第一百一十七条，参见《世界通史资料》(第1卷)。

三

中国自进入封建社会以后，法制的发展经历了两千余年的过程。由于中国封建的法制特色突出、独树一帜，无论从制度的建设、法律的体系，还是法律文化的内涵，都比较适合于中国相邻的一些国家，因而对之产生了明显的影响。日本的《大宝律令》、《近江令》，高丽的《高丽律》，越南李太尊明道元年的《刑法》和陈太尊建中六年的《国朝新律》，大都取法于唐律，基本上属于中国法律系统。因此，以中国封建时代的法律为母法的中华法系，被世界公认为五大法系之一。如以中国封建的法制与世界主要国家的封建法制相比较，则可见中国封建法制具备以下特点：

（一）礼与法相互渗透与结合

礼原是氏族社会敬神祈福的一种仪式，进入阶级社会以后被奴隶主贵族改造成确认奴隶制等级秩序的统治手段。礼以“尊尊”、“亲亲”为原则。“尊尊”，意在维护王权；“亲亲”，意在维护父权。尊尊、亲亲与齐家治国平天下是一致的，因此礼在确认和保护王权与父权的条件下，广泛调整着各种社会关系。早在中国奴隶制时代，礼与刑（法）就已经开始了相互渗透与结合的过程。这也反映了宗法政治的时代特点。由于礼对于社会具有广泛的、高度的控制力，而且是国家与宗（家）族相互关系的调解器，因此礼法的渗透与结合有利于封建社会的稳定和发展。自汉武帝确认儒家思想为统治思想以后，礼的内容又为儒家的纲常学说所丰富，从此封建的礼趋于定型。汉以后礼的发展，都是以汉为基础的。

汉儒董仲舒、马融、郑玄等人通过说经解律把儒家思想引入法律，从而开拓了封建法律儒家化的过程。汉儒较为全面地论证了礼与法的关系，形成了礼（德）主刑辅的观念，并被封建统治者确认为一项传统的治国、理政、立法、用刑的指导政策。以礼为主，以刑为辅，失礼入刑，说明了统治者把礼和法共同看作是对社会进行有效控制的工具，二者相辅相成。荀悦说：“德刑并用，常典也，或先或后时宣。”[1]《唐律疏议》不仅鲜明地提出了“德礼为政教之本，刑罚为政教之用”，而且把二者比喻为“昏晓阳秋”之不可偏废和割裂。礼的功能在于“驭民教化”，使得人们在“知耻”的基础上能够自我约束，如同孔子所说“有耻且格”。它比起单纯用法所获得的“民免而无耻”，更有利于社会的安定。礼还可以调动人们内在的反省之心，从而便于封建法庭调处息讼使当事人悦服。如果说以儒家三纲学说为主要内容的礼是封建法律的主宰，那么封建法律则是维护礼的强大力量。由汉迄清都以法律的强制力来维护君权、父权与夫权的不可侵犯，明文规定了违背伦常之罪加重处刑。自北朝起沿行的“十恶大罪”中，就有五项是属于此类犯罪。此外，还表现为尊卑之间同罪异罚；卑幼在法律上缺乏独立性，不享有自主的婚姻权和财产支配权，等等。

总括上述，礼与法的渗透与结合，一方面表现为引礼入法，把礼的精神、原则、规范、主要制度法律化；另一方面表现为国家赋予礼以强制力，违礼必违法，也要受到道德、行政和法律制裁。礼与法相互渗透与结合的结果，产生了中国封建时代特有的法律体系、法制传统和法律文化。不仅如此，以礼为指导，以维护族权、家长权为目的的家法、家训、家规之所以广泛流行，就在于它得到国家的承认，用以约束一族（家）之子弟，维护作为封建国家社会细胞组织的家长制家庭，起着国法所起不到的作用。因此，形形色色的家法、家训、家规也是礼法相互渗透与结合的产物，是对国法的重要补充形式，在封建法律体系中占有特殊的地位。我们还可以从晋时的服制入律和明清律典的首列丧服图，看出法律是如何维护着广布于整个社会的伦常关系的网络。

同时期世界其他国家的法制中就没有出现过这样的现象。西欧中世纪各国的历史条件，决定了它们的法律制度涂上了浓厚的神灵色彩。在基督教控制西欧各个领域的年代，教会法规成为西欧封建法律极为重要的组成部分，《圣经》、教皇圣谕、宗教会议决议、《教

[1]《审鉴》卷二“时事”。

会法大全》等是重要的法律渊源。通过教会法的具体规范，可以清楚地看到基督教的教义怎样贯穿于整个教会法体系，基督教的道德规范又怎样成为教会法规范。尤其是它的婚姻制度、财产制度、诉讼制度、刑事法律制度等，简直就是教义的翻版。

在西亚，另一个宗教法体系——伊斯兰法统治了整个阿拉伯世界，《古兰经》、"圣训"成为穆斯林的最高法律。这个法系同样散发着浓郁的神灵气息。例如，穆斯林必须履行的义务——"五功"，便是这个法系的核心内容。统治者借此把人民和安拉、宗教和国家、道德和法律紧密地结合在一起。

有人说儒家思想是一种宗教性质的学说，以儒家思想为法律的理论基础，同以《古兰经》、《圣经》为法律的理论基础是一样的。这里需要指出，考察中外法制异同的主要着眼点，是内容，而不是形式。在中国以礼教纲常为核心的儒家思想，始终和专制主义的政治制度结合在一起，而西欧的教会法虽然捍卫着封建制度，却又在相当长的时间里严重干扰着皇权。尤其在10世纪至11世纪，曾多次暴发教皇与世俗君主的斗争。11世纪以后，强大的教会已使世俗国家感到欲控而不能，教会法律已深入到社会生活的各个领域，就连国王的加冕典礼也常由教皇来主持。印度封建社会宗教与政治的关系，也大体如此。

不仅如此，儒家思想的社会基础十分深厚，经历两千余年的发展过程，形成了严整的体系、丰富的内容、悠久的传统和深远的影响。以儒家思想为理论基础的封建法律，也同样具有稳定性和保守性。然而，在西方中世纪的思想革命和农民战争中，已经对教会法作了全面的批判。特别是自然科学的发展，揭露了教会法的本质，扫荡了教会法的权威。在近代自然科学的冲击面前，西欧的神学和以神学为基础的教会法，较之中国的儒学和以儒学为基础的封建法律，要脆弱得多。

值得注意的是，西欧中世纪教会法虽是极为重要的法律制度，却不是唯一的法律制度。由于民族的差异和经济发展的不平衡等因素，不但日耳曼法和昔日的罗马法在许多领域中起着相当的作用，与教会法形成三足鼎立的局面，而且城市法、商法、海商法等也有着独立的发展历程和地位。尤其是中世纪后期，出现了与神学法律体系相抗衡的法学派，如注释法学派、人文主义法学派等。与此相联系，罗马法的复兴在欧洲大陆产生了强烈的影响，以致后来形成了以罗马法为基础的大陆法系。而在中国，既没有“异端”法学派的存在，更没有形成与儒家思想为基础的封建法律体系相对立的其他法律体系。

在中国的封建法律体系中，虽然渗透着儒家“天人感应”的观念，但统治者的着眼点是人事，而不是神灵；是君与父的实体，而不是超现实的偶像。

（二）专制主义的强烈影响

中国自公元前221年秦灭六国建立了统一的专制主义中央集权的王朝，直到1911年辛亥革命推翻大清帝国，专制主义的统治经历了两千多年。而西欧中世纪的法兰克王国，在著名的查理大帝的统治下，也只维持了半个世纪的统一。在他死后，帝国便一分为三，陷入了长期的分裂与混乱，直到829年才将对峙并立的七个王国结成一体。

由于西欧封建国家长期处于分裂状态，从而导致了严格的封建等级隶属关系和对王权的离心倾向，以及国家权力的分散性。阿拉伯民族虽曾建立过不可一世的大帝国，但也是非常短暂的。8世纪建起的真正专制统一的阿巴斯王朝，只存在了两个世纪，所谓的“阿拉伯帝国”的历史，主要是征战史。至于印度封建国家，由于外族的入侵、宗教的分散、地形的复杂和生产力的低下，更长期处于割据状态。即使16世纪建立的莫卧儿王朝，也谈不上是一个统一的封建制大国。然而在中国封建社会史上，统一是经常的现象。虽然占统治地位的封建自然经济使得统一中仍不可避免地出现政治上的割据自为，但自秦汉以来所形成的促进大一统的历史条件，不仅经常起作用，而且日益强化。因此，在短暂的分裂时期，仍存在着统一的发展趋势，所谓“合久必分，分久必合”。至宋以后，地方上没有再出现过公开的分裂割据。尤其是专制主义的政治制度，沿着螺旋上升的轨迹，一直不断地加强和趋于极端化。可是在西方，无论是英国的都铎王朝，还是法国的波旁王朝，其专制主义统治的时间不过二、三百年，其强度远不及中国。当法国路易十四提出“朕即国家”、“法律出于我”，以此作为加强封建王权的舆论时，已经距离欧洲资产阶级革命的兴起不远了。所以梁启超满怀愤懑地评论说：“专制政治之进化，其精巧完备，举天下万国，未有若吾中国者也。万事不进，而惟有专制政治进焉。”[1] 儒家思想之所以被统治者奉为统治思想，历久不衰，就在于它是为大一统的政治统治辩护的。由于专制主义是中国封建时代的基本政治制度，因此它不仅决定和制约着以皇帝为中心的政治结构的形成和国家机器的运转，而且对于封建法制的影响也是决定性的、多方面的和长久的。具体表现为：

1. 立法权高度统一

自秦始皇统一中国后，便形成了“法令出于一”、“法令由一统”的局面。立法权高度集中于中央，集中于皇帝之手。皇帝“命为制，令为诏”，出言为法，不存在拥有立法权或主管立法事宜的国家机关。法典的编纂均由皇帝遴选或指定官员主持，以致贯穿于整个封建时代的国家重要立法，都以“钦定”的名义宣布。直到清朝崩溃前夜，为推行君主立宪政体而颁布的宪法大纲，也还是定名为《钦定宪法大纲》。地方与城市没有独立的立法权，即使是在魏晋南北朝和五代十国的短暂分裂对峙时期，各个王朝依然是专制主义统治，立法权照旧集中于皇帝之手。由于皇帝总揽“作制明法”的大权，因此他所发布的诏令、敕、谕是最权威的法律形式，他所肯定的“钦定例”具有高于律之上的法律效力。

与此相反，西欧封建国家长期处于分裂分散状态，不同的封建领地各有自己通行的习惯法和成文法。不同等级的封建领主，各自掌握与其权力地位相称的立法权。城市也根据经济发展和市政建设

[1] 梁启超：《饮冰室合集》（第4册），上海大道书局1936年版，第59-60页。

的需要，而握有自行立法的权力。教会更是掌握着极大的立法权，教会法规必须由教皇颁布或批准。至教皇格利高利十三世，汇集各种教令编成《教会法大全》，起着很大的法律调整作用。因此，教会法是西欧封建法律体系中的重要组成部分。此外，西欧各国的封建法律还具有相互交通与适用的特点，如日耳曼法、教会法就通行于各国，因此出现了法律极不统一的状况。这种不统一是与立法权的分散分不开的。

在东方其他国家，立法权也没有像中国封建社会那样集中，印度的大部分立法权长期掌握在婆罗门手中。浏览一下被奉为最高法律经典的《乔达摩法经》、《述祀氏法经》、《摩奴法论》等古印度著名法律文献，便可以发现它们并非由国王或国家机关制订，而是多少代婆罗门学者共同努力编纂而成的，但至今也无法确定这些法典的编纂者到底是何人。当然，国王也有一定的立法权。但由于印度的宗教势力的强大，宗教法地位的至高无上，给国王立法留下的空间是相当狭窄的，通常只能涉及国家组织、警察制度等公法方面的内容。11、12世纪以后，虽然伊斯兰法逐渐成为印度的正统法律，但印度教法却仍然在相当的范围内通行。同样，阿拉伯帝国的立法是神启的，政教首脑哈里发没有立法权。穆罕默德作为政教首脑和真主的使者，虽借助安拉的名义颁布了许多经文作为最高法律，但同时也还有许多其他的法源。在他之后，实质上的立法权就更是分散在各种教派首领、著名教法学家和地方首脑的手中。特别是四大教法学派根据《古兰经》和“圣训”作出的解释，在伊斯兰社会的法律生活中起着极大的作用。

2. 司法权越来越趋向于集中化

秦统一后，秦始皇“昼断狱，夜理书”，控制了最高司法权。至汉代，建立了“录囚”制度，由皇帝本人或者派遣大臣审录囚徒，不仅审查冤疑，实行司法监督，更重要的是旨在加强皇帝对司法权的控制。至于所谓“诏狱”，更是由皇帝亲自掌握，不过汉代郡守也握有死刑的处决权。为了加强执法者的法律责任，秦时以“明法律令”作为区分“良吏”、“恶吏”的标准，汉代则以地方官的司法刑狱状况，作为官吏的考核、升迁的重要标准。然而至魏晋南北朝，地方长官已经失去死刑的处决权，而必须呈报中央，经皇帝批准才可执行，表现了司法权集中化的趋势。唐朝建立的“三复审”、“五复审”制度，进一步把死刑的复核权与处决权收归中央。特别是明、清两代，地方省级长官也只能判决徒以下案件，而且凡是涉及“八议”的案件以及现任地方长官的案件，均须“奏闻取旨”，不得“擅自勾问”，更谈不上判决。这项制度自汉以来严格实行，否则司法官就要受到刑法制裁。尤其是明代专制主义的高度发展，使得皇帝的亲军锦衣卫和宦官组织的东西厂也控制了司法权，以致正式的司法机关——三法司失去了应有的作用，而非法的“司法机关”——锦衣卫和东西厂，却掌握了司法权或司法监督权。这是专制主义腐朽政治在司法权上的突出反映。亲军和宦官作为皇帝的代表，他们所握有的司法大权是从附着于皇权而来的。

然而在西方，由于长期处于封建割据状态，诸侯各自为政，领主各有系统，所谓“我的附庸的附庸不是我的附庸”。表现在司法权方面，各级诸侯也各自拥有与其地位相称的司法权，而不是始终操纵在君主之手。当时，西欧各地遍布各种大大小小的领主法庭，处理自己领地内的法律纠纷，领主是领地内的最高执法者。至于由教会组织的宗教法庭，更是拥有独立的广泛的司法权，所谓的“异端裁判所”便是教会司法权最集中的体现。只要教会认为某人的行为甚至思想有悖于基督的正统教义，就可以不经国家司法机关的审判，秘密或公开地加以关押、处决。

在东方充满宗教色彩的印度，司法权很大程度上掌握在婆罗门僧侣手中，法律甚至规定国王亲自审理案件时，也必须有三个德高望重、知识渊博的婆罗门参加陪审。[1] 在印度各地设立许多种姓法庭、种姓大会，处理本种姓内部的纠纷。他们处理纠纷的依据大多不是国王的法律，而是他们自己认为最正统的经典。穆斯林统治印度时期，司法权力更加分散，国家司法机关只处理穆斯林及穆斯林

[1] 参见蒋忠新:《摩奴法论》，中华书局1986年版，第八卷第一节、第十节、第十一节。

与印度教徒之间的纠纷，或者统治者认为最严重影响帝国统治秩序的刑事案件，其余民刑纠纷则由各地的种姓大会自行处理。

中世纪阿拉伯的最高裁判权虽归属政教合一的哈里发，但由于诉讼制度，尤其是刑事诉讼法的不完备，而且由于帝国内部教派众多，征战不断，以致所谓的最高裁判权也失去了实际的意义。此外，各省总督也兼管审判事务，地方审判机关一般分“沙里阿”法院和听诉法院，各自具有独立性，呈现出比较分散的局面。

3. 将神权、父权引入行政领域，以加强皇帝的专制权威

自秦始皇建立皇帝制度，由于它最能代表封建地主阶级的根本利益和长远利益，最能体现地主阶级的共同意志，因而延续了两千余年。而封建的法律不仅全面确认皇帝作为国家最高首脑的无上权威，而且还以法律的形式将神权和父权引进行政领域，使皇权与神权、父权紧密结合，三位一体。从秦始皇时起，皇帝便被神秘化了，法律规定有言皇帝居住处所者处以死罪。至汉代，汉儒鼓吹“天人感应”学说，宣布皇帝“父天母地”，为“天之子也”；皇权的来源是“受之于天”；皇帝的一切作为都是“天意之所予也”，如不遵行就是违反天意。唐朝在《唐律疏议》中明确肯定皇帝是“奉上天之宝命”君临于普天下臣民之上的。宋以后理学家把三纲学说逐步提升到“天理”的高度，凡违背皇帝的意志就是“违天”，而要受到“天罚”、“天谴”。清太祖努尔哈赤进入辽沈地区建都沈阳之后，便改都城为“奉天”，以示天意所归。直到伪满洲国溥仪即位发布的诏书中，还侈谈他是“奉天承运”。

除此之外，也用父权来维护皇帝至高无上的地位。汉儒所宣扬的伦理学说，主要是以家喻国，以孝喻忠，求忠臣于孝子之门，借父权以加强君权。可见，这种伦理学说有着明显的政治目的。至唐朝，《唐律疏议》以最重要的法典形式宣布皇帝是“兆庶之父母”，天下百官和人民都为臣为子，皇帝则为君为父。皇帝既掌握了政治上的统治权，又掌握了伦理道德上的统治权，这双重支柱使得皇权无限膨胀。中国封建专制时代，法律之所以严格维护父权家长制，固然在于这种家长制家庭是维持社会再生产的基层单位和社会构成

的细胞组织，同时也含有“天下之本在国，国之本在家”的意义。即使在地方政权中，也同样引入了父权因素，地方临民之官被称为“父母官”，他们在行使行政管理权时也紧紧掌握着父权的权柄。在君权、政权、神权、父权重重绳索束缚下，人民大众几乎谈不上个人的权利与自由。

而在西方，早在古罗马时期，法律便逐渐渗透到家庭内部，使个人从家庭的血缘纽带中挣脱出来，取得了独立的法律人格。虽然早期罗马法中也有一些关于父权、夫权的规定，但这些规定已经具有了近代民法上的意义，而与中国封建法律中的规定具有本质上的差异。就是这些有限的父权与夫权，有些也被逐渐取消，如成年儿子享有独立的权利能力，家长不得滥用权力，并且出现了“无夫权婚姻”，妻子对丈夫没有绝对服从的义务。罗马法在长期发展中形成了尊重个人自由、严格保护私有财产的原则。罗马私法的三个组成部分之一的“人法”，专门规定了人的权利能力和行为能力、人的法律地位等。这在中国古代法律中是没有的。可以说，罗马法之所以获得如此成功，原因之一就是存在着法律上“私人的平等”。

日耳曼法是中世纪西欧封建法律的重要组成部分。在日耳曼社会，虽然家长握有很大权力，但它是一种团体本位主义的法律，重要的法律行为，如处置不动产时，须征得成年儿子的同意。恩格斯曾就古代日耳曼说过这样的话，“古代日耳曼自由中的精华部分”是“个人自由、地方自治以及除法庭以外不受任何干涉的独立性”。[1]

基督教似乎是“父权”思想的“拥护者”，认为：上帝是“全能之父”，基督是上帝的儿子；教皇是基督在世的代表，世人皆应服从于他；一般神职人员称“神父”（新教除外），是上帝和教徒之间的联系人。但是，基督教运用“父”这一名词，只是为了增加亲切感，并无严格的“父权”意义。相反，由于深受罗马法的影响，更为了吸引民心，它宣称所有人在上帝及其法律面前不分贫富贵贱一

[1]《马克思恩格斯选集》（第3卷），第215页。

律平等。

伊斯兰教的创始人穆罕默德既是“安拉”的使者，也是世俗国家的最高统治者。他可以凭借“安拉”的名义来表达自己的意志，创立伊斯兰法，但他的权力并非无限，因为在他之上还有一个真主。就像教皇之上还有耶稣、还有上帝一样，这些神灵都是形象化的，具有真实感，不像中国封建统治者心目中的“天”是抽象化的和虚无的。穆罕默德之后的继位者们由于社会地位和宗教地位相对低下，不可能把中国意义上的神权和父权观念引入政治法律领域。

4. 培植专制主义的经济基础，视民众的利益为“细故”

从《睡虎地云梦秦简》中可以看出，当时对于官手工业、官商业、官畜牧业已经有了较为细密的法律调整。汉初，武帝实行盐铁官卖，违者重刑。这是汉武帝加强专制主义中央集权的一项重大经济措施。汉以后，官营工商业的范围越来越扩大，种类越来越繁多，盐铁之外扩及茶、酒、矾和重要的丝织品等。官工商业不能简单被看作是“与民争利”，而是加强专制主义的财经基础。为什么自商鞅变法以来历代都推行“重农抑商”的政策，就因为这二者有利于维护和加强专制主义制度。至于民间的经济利益，则被统治者视为“细故”。民间涉及财产方面的纠纷，多数用调处的方法解决，即使经官府审判，也是一审终结，很少因民事纠纷上诉再审的。不仅如此，封建时代所要求于民众的是服从法律，只有严格意义上的守法，而弱于运用法律维护自己的权益。这也正是中国封建时代为什么民事法律不发达，始终没有形成一部民法典的原因之一。

而西欧封建法律则不同。中世纪西欧法律的组成之一的罗马法，就是以私法重于公法为特征的。至于西欧中世纪后期沿海地区出现的商法典和海商法典，都是中国封建社会所没有的。由原始社会直接过渡到封建社会的阿拉伯帝国，由于地处欧亚交通中心，因而商品经济较为发达，同时希腊的民主精神和罗马法的影响始终伴随着这个封建国家的成长过程。所以，穆斯林统治者们不可能也不愿把民众的经济利益和私人财产视为“细故”。

5. 束缚了法学的发展

法学作为文化的重要组成部分，在中国封建时代走着迂回曲折的道路，总的趋势是衰落。早在春秋战国时期，社会的大变动促使百家争鸣蔚然成风，法家人物辈出，法律思想十分活跃，无论是法理学的探讨，还是法制改革的论证，都出现了前所未有的高峰。然而自秦统一以后，推行文化专制主义，“若有学法者以吏为师”，用官学代替了私学，打击了法学的自由研究。为了巩固封建统治的需要，并在“学在官府，以吏为师”的影响下，注释法学取代法理学日渐兴起，曾经作为一个独立学派的法家已经不复存在了。两汉魏晋时期出于注释法律的需要，律学家却也子传父业，广聚门徒，代有人出。以后汉郭躬为例，“郭氏自弘后，数世皆传法律，子孙至公者一人，廷尉七人，侯者三人，刺史：千石、中郎将者二十余人；侍御史、正监平者甚众。”[1]汉代著名的律学家还有马融、郑玄等人。晋时杜预、张斐所作的律令注解和律表，较之汉代注释法学前进了一步。北朝的崔浩、高允也以熟谙汉律著名。至唐朝《永徽律疏》问世，可以说是集汉晋以来注释法学之大成。由于注释法律阐明文义、剖辨答疑，符合国家所要求的标准和统治阶级的法律意识，因而即使是私家注释也得到国家的承认，而且具有法律效力。至宋朝，注释法学研究呈现出某种颓势。但至明清，又得到发展，出现雷梦麟、陆东云、王明德、玉肯堂、沈之奇、夏敬一、薛允升、沈家本等律学家。但专制主义越来越强化，律学家们只能在统治者设置的框架内具体探讨法律的适用，而不能抒发己见，更不得违反圣意，否则便要受到制裁。因此，法学的盛衰和专制主义的强弱息息相关，二者成反比例发展。

西欧中世纪的法学虽也受到神学的长期控制，但是自12世纪至16世纪随着资本主义的萌芽和发展，以“恢复和研究罗马法”为号召的意大利注释法学派和法国人文主义法学派勃然兴起，它们为法学的发展带来了生机，从此神学法学开始没落。至17、18世纪，在

[1]《后汉书·郭躬传》。

反封建的启蒙运动和革命斗争中崛起的古典自然法学派，以一种崭新的法学世界观与中世纪神学世界观相对立。它的主要学说是“社会契约论”和“天赋人权论”。它的主要代表人物是格老秀斯、斯宾诺沙、霍布斯、洛克、贝卡利亚、普芬多夫、孟德斯鸠和卢梭等人。它是新兴的资产阶级反对封建统治和争取民族独立的重要思想武器，对于美国“独立宣言”和法国“人权宣言”的问世，以及资产阶级民主与法制的确立，起着理论先导的伟大作用。值得指出的是，虽然西欧中世纪的教会法成了神学的婢女，但它也并非处于静止不动的状态。随着教会法典的不断编纂和教会法院管辖范围的逐渐扩大，教会法学也渐渐发达起来。尤其在意大利法学研究复兴过程中，教会法研究是与罗马法研究并立的学科。在大学里，由于教会控制着教育，教会法研究更是占据主导地位。教会法学家们通过对教会法和罗马法的比较研究，从罗马法中吸收了大量的原则和规定，尤其在关于人的身份和财产方面更是加此。所以，从这个角度看，教会法学倒是一个开放的体系，只要有利于巩固教会的统治和扩大教会法院的管辖权，它可以接受任何法源。相比之下，中国封建法律，无论是立法还是法的适用，都是相对封闭的体系。

印度教法学发展也很缓慢，至中世纪后期，才先后出现了以云乘为代表的达亚巴派和以维护吉那尼什瓦拉为代表的米塔克沙拉派两个重要的印度教法学派别。他们对古老的婆罗门教法进行重新整理、注解和编纂，使古老的印度法适应了新的历史条件和社会状况。他们的学说为整个印度教社会所接受，其注解成为印度教徒解决法律纠纷的主要依据。出现这种情况的基本原因，是由于进入中世纪以后，印度在经济政治变化和受外来文化冲击的情况下，新出现的各种法律纠纷无法在一千多年前流传下来的支离破碎、矛盾百出的经典中找到解决办法，因而促使教会法学家们对传统教会法学进行保护、整理和发展的工作。这是印度法学所经历的独特的道路。

东方阿拉伯帝国的伊斯兰教法学也走着自己独特的道路。从本质上讲，阿拉伯法学是作为伊斯兰神学的一支发展起来的，因而法学家的地位与作用十分显赫。由于在《古兰经》与“圣训”中有关法律的内容占了较大比重，因此有些神学家开始专门研究伊斯兰经典中的法律问题。他们还根据教义和地方习惯法以及个人意见对一些具体案件进行法律咨询，于是第一批伊斯兰教法学家诞生了，并在倭马亚王朝最后二十年形成早期法学派，最终在阿巴斯王朝统治的前期和中期形成了著名的逊尼派的四大教法学派。

阿拉伯古代法学在短短的二、三百年中得到迅速的发展，是和伊斯兰教所起的作用分不开的。由于伊斯兰教在古代阿拉伯社会占有特殊重要的地位，才使得作为神学一部分的法学在社会上也占有很高地位。同样原因，也使得法学家享有很高的声誉。

（三）充满孤立性、排外性与保守性

中国法律的起源按照保守的估计，大约在公元前21世纪的夏朝。在漫长的发展过程中，充分表现了中国古代的法制文明，而居于世界法制历史的前列。我们今天看到的秦简、汉简、唐律典中所规定的调整经济、政治、文化、军事、司法、民族、家庭、礼仪等各方面的法律规范，其所达到的完备程度令人惊叹，反映了中国封建时代经济和文化的发展水平。但是，中国古代法制的发展又是在一个封闭的环境中进行的。经济上的自给自足，政治上的闭关自守，天朝大国无所不有的观念，以及明清海禁政策的执行，等等，都使得中国的法律辗转继承，陈陈相因，在一条漫长的老路上缓缓踱步，很少受到外来的影响。这种孤立性完全阻断了吸收外国法律的可能。孤立性和排外性是联系在一起的，它的后果必然是保守性。试看唐以后法制的发展，在主要方面几乎没有超出唐律的规模。有些还不止于简单重复，而是走着倒退的路。例如，五代以后直到清末，凌迟、枭首、戮尸等残酷刑罚竟然作为法定刑入律，这在唐律中是没有的。直到17世纪中叶，西方已经在酝酿和开始资产阶级革命，用资产阶级的法制取代封建的法制，而中国却依然停留在完整的封建法制的藩篱以内。

1840年发生了鸦片战争，在西方帝国主义侵略者的炮舰轰击下，中国闭关自守的大门被轰开了。但是，顽固地遵循祖宗成法、绝不变革旧章的政策和观念，依然像磐石一样统治着执政者的头脑，压制着一切改革法制的动机。直到20世纪初叶，清朝统治者已经面临着能变则存、不变则亡的群情汹涌不可扼制的严峻形势，为了苟延残喘才不得不下令变法修律。从此，输入到中国的资本主义的法典、法律思想成为中国修律的依据。特别是急剧发展的民族资本主义经济，以及民主法制思想的猛烈冲击，使得传统的封建法律体系逐步解体，中国法制的发展同世界法制的发展开始衔接。中国法制终于冲破孤立性、排外性与保守性的羁绊，揭开了现代化的篇章。这是违背清末统治者的意愿的，但却是广大人民群众的渴望与要求。

与中国封建法制的孤立性、排外性与保守性相反，西欧封建时代，无论是大陆国家还是英国，罗马法、日耳曼法、教会法是互相通用、互相渗透、互相补充的。西罗马帝国灭亡以后，西欧的主人换成了分支众多的日耳曼人，他们很快便与原来的拉丁人杂居起来。长期的杂居，加上商品经济的发展，使得各种法律并存，而辽阔平坦的地理环境又使法律文化的交融成为可能。法国路易九世曾派出大批留学生到意大利研习罗马法，以致法国的立法与司法都受到罗马法的不同程度的支配。德国的法学家和职业法官曾于15、16世纪将罗马法与德国的习惯法、地方法、教会法熔于一炉，在此基础上产生了一系列新的成文法，形成了具有鲜明特色的大陆法系。英国中世纪的法制，既吸收了罗马法的基本原理与思想，又以固有的日耳曼习惯法为基础，在不断丰富发展的过程中逐渐形成与大陆法系风格迥异的英国法系。因此，在当时的西欧几乎找不到任何一种“纯洁”的法律——在教会法中可以找到罗马法和日耳曼法的某些原则，在日耳曼法中又可以找到罗马法与教会法的明显痕迹，而经过复兴以后的罗马法，则更是融合了各种法律精华的复合体。

印度的地理环境和历史传统，以及宗教情感，虽有排外和保守的一面，但封建时期形成的印度教义和教规便融合了佛教和婆罗门教。与此同时，印度教法律也吸收了传统婆罗门教法和佛教法的原则和规定，使印度的宗教法律发展到了一个新的水平。中世纪后半期穆斯林大举入侵印度，阿拉伯人与印度人长期的共同生活，使伊斯兰教法对印度教法产生了影响，使印度法律在观念和规则上又发展了一步。由此可见，印度封建法律并不具有严重的保守性和排外性。

阿拉伯法律也是如此。鼎盛时期的阿拉伯封建社会，存在着多种法律来源，罗马私法和希腊习惯法都渗入到伊斯兰法。同时，众多教派及同一派内不同法学派的存在，进一步造成了伊斯兰法在内容上的多样性，在一定程度上增强了伊斯兰法的灵活性、适应性和开放性。所以，这种法律不可能存在保守性和排外性。至19世纪，奥斯曼土耳其帝国在法律方面开始的改革，是以大规模学习和引进欧洲大陆法律为主要内容的。1850年颁布的《商法典》，几乎是1807年法国商法典的翻版。1858年又仿照法国法颁布了《刑法典》。这部法典除了保留对叛教者处以死刑外，废除了“沙里阿”所规定的所有其他犯罪的刑罚内容。不久，《商事程序法》和《海商法》也颁布了。在大规模学习和引进西方先进法律的同时，阿拉伯地区也进行了传统法律现代化的尝试。所以，阿拉伯法律不具有保守性、排外性和孤立性。

如果拿日本的法制史作比较，则更能体现出中国封建法的顽固保守了。日本法律的发展过程，融汇了多种外来的法律文化，最终走上了独立发展的道路。

日本的古代法律，除本国的习惯法外，统治者还着意引进中国的行政制度和司法制度以适应需要。圣德太子为了提高皇权，抑制豪族势力，在公元603年效法隋唐进行改革，制定了冠位十二阶。公元604年，圣德太子以中国儒家思想为宗旨，又颁布了宪法十七条，以提高皇帝权威。这是日本最古的一部成文法。大化革新之后，日本法制史进入了新的发展阶段。最初，日本实行律令制，天皇依照唐朝制度，通过任命官吏，按照诏敕、律令来实现统治。公元701年和718年，日本文征天皇仿照唐律分别制定了《大宝律令》和《养老律令》。这两部法典不仅进一步肯定了大化革新的成果，而且成为日本推行中国法律文化的典范。日本不仅承袭了唐朝律令体例，也继承了格和式，著名的贞观格和武德式在日本均有翻本。至镰仓幕府时期制定的《御成败式目》，其基本观念和立法思想是中国式的。德川幕府时期制定了另一部著名法典《公事方御定书》，在诉讼方式、刑法体例等方面，都与明律相似。德川时期，还仿照中国制定了其他法律，如1615年以及稍后时期的《武家诸法度》、《诸士法度》等。这些法规类似于行政法规，在思想和内容上明显地受到儒家经典的影响。

西方殖民主义者于1840年对中国挑起战争，又于1853年以武力迫使日本"开国"，中日两国当时都面临着严重的民族危机。这种危机表现在法律方面，就是只有迅速转变法律文化的发展方向，否则势必会使自己的法律文化僵化，甚至完全被外来文化取代。日本走上了第一条道路，中国则使自己的法律文化陷入了某种僵化。为什么两国传统的法律文化在古代基本相似，而到了近代则如此不同？为什么日本被迫开国后十五年就能够进行"明治维新"，从而使日本法律文化的发展面向西方、面向现代化，而中国在鸦片战争后五十八年才出现"戊戌变法"，且又立即被扼杀，使中国传统法律文化处于欲变不能的状态？这里原因很多，其中"西学"在"开国"前对两国传播状况的差异，则是一个重要因素。

在近代法律改革过程中，日本从学习引进法国法入手，进而深刻全面地对德国法进行了研究和借鉴，创制了一整套德国式的法律制度和司法组织，成为近代大陆法系日耳曼支系的成员国。同时，日本比较法学的兴起，标志着日本法学界已开始冷静客观地研究全部外国法，注意有选择地吸收合理的因素了。近代法律改革的初步成功，为日本现代法律的发展打下了牢固的基础。日本比较法学权威杉山野次郎在一篇纪念法国比较法协会成立五十周年的文章中指出："明治时代，主要是机械地模仿所有西方的东西，而在大政时代，则企图创立新的文化，走一条独创的道路，在两种文化之间建立密切的联系。如果说明治时代所看到的几乎是完全依赖于欧洲文化的话，那么，大政时期已经打算推行纯粹是日本性质的文化，这种文化甚至能够对欧洲各国的文化作出积极有益的贡献。”这些话反映了日本法学界的风貌，也反映了日本法律所走的开放和富有进取心的道路。

以上关于中外法制史比较研究的意见与分析是大概的、不成熟的，但我认为这是一项既有学术价值又有实践意义的急待开拓的工作。如何把从事中国法制史与外国法制史教学研究工作者组织起来，通力合作，各展所长，创建比较法制史学科，应该提到议事日程上来了。

此后，为了从部门法的领域推进比较法的研究，我于2005年在《中国法学文档》发表《中西宪法文化比较》一文。文章如下：

近代意义的宪法是西方资产阶级革命的产物，也是西方文化的产物。至于中国近代宪法文化的发生，可以说是西学东渐的结果。当西方的宪法文化与中国的传统文化和特定的时代要求相交汇以后，不可避免地出现某种程度的变异。因此，通过中西宪法文化的比较，把握近代中国对宪法概念的独特的理解，以及宪法的价值追求和基本过程，进而揭示中国宪法历史的特殊发展规律，是十分重要的。

一

近代意义上的“宪法”一词是从拉丁文“constitutio”翻译而来，原为组织与确立之意。古罗马帝国曾经用它来表示有关皇帝的各种建制和皇帝颁布的“诏令”、“谕旨”之类的文件。至欧洲封建时代，“constitution”已类似于国家的组织法。英国中世纪以后，确立了国王未经国会同意不得征税的立法原则和制度，并称之为本国特有的“constitution”。经过长期的演变，尤其是资产阶级革命胜利以后制宪运动在西方各国的广泛开展，constitution一词的近代内涵才得以确立。

但从宪法的实质性内涵分析，真正具有近现代意义的宪法是资本主义经济关系、民主政治和法律体系获得一定程度发展之后的产物。

（一）西方近代宪法文化的基本内涵

近代宪法最早出现在英国，可以说英国是近代宪法的发源地。英国宪法有两个特征：一是它的妥协性；二是它的不成文性。妥协性的表现是：宪法虽然集中体现了资产阶级的意志和利益，但封建贵族的地位和财产仍有所保留；具有浓厚封建色彩的一些中世纪的法律和习惯，仍然成为宪法的重要内容。不成文性表现为：受传统的法制模式的影响，英国宪法是由许多分散的、不同年代的宪法性文件、判例和惯例所构成，而不是以一个统一的、完整的法典形式的书面文件出现的。

19 世纪 40 年代，英国完成了工业革命，社会关系发生了重大变化。宪法的内涵也相应地有了如下的发展：议会至上的宪法原则开始确立；责任内阁逐步形成；由政党把持政治的政党制开始兴起，而且在宪政体制运行中的作用越来越大，形成了政党政治的特色。

1787 年的美国宪法是近代第一部成文宪法，也是人类历史上作为国家根本法的第一部成文法典。美国宪法确立了四个重要原则：人民主权和有限政府原则；权力分立和制衡原则；联邦与州的分权原则；文职人员控制军队的原则。这四个原则构成了美国宪政的基本骨架。美国宪法的历史发展，是通过宪法修正案、宪法解释和创设宪法惯例等方式实现的。迄今为止，美国已经通过二十六条宪法修正案，其中以涉及人权与民权的内容居多。除此之外，联邦最高法院的宪法解释以及政党、总统和国会所创立的宪法惯例，对美国宪法的发展也起着重要作用。

欧洲大陆最早出现的近代宪法是 1791 年的法国宪法。著名的 1789 年《人权宣言》构成了该部宪法的序言。这部宪法确认了国民主权代表制；委托国王行使行政权，法官行使司法权；议会一院制；实行间接有限选举制；公民区分为积极与消极两种，等等。这部宪法所实行的政权体制既不同于美国的总统制，又与英国的君主立宪制有所区别。此后，由于法国政治动荡，又有多次立宪活动。总的说来，法国近代宪法是在共和制与君主立宪制的斗争中发展的，除了国内政治力量的对比关系的决定性影响外，欧洲的国际关系也是宪法发展变化的重要因素。

综上所述，西方近代宪法文化的特色是较为鲜明的。

首先，是以不同方式确立了主权在民的原则，人民是国家权力的最终来源。世界各国的近代宪法，虽然大都规定了人民主权，但其意义是不同的。一般说来，宪政国家需要以代议制为基础来加以实现。代议士既然是民选的，他就必须对选民负责。民众虽然未必了解整个议事过程，但他知道代议士的言行是否符合自己的本意。一个不符合民意的言行就是代议士的失职，他必须为此承担责任。宪法必须依靠真正的代议民主制为其实施提供基础和保障。宪法史的经验表明：人民必须通过自己制定的宪法，才能确保政府对自己负责。因此，民主政治是宪法能够起到根本法作用的前提。

其次，宪法确认和保障人权，政治自由权利构成人权的主要内容，由于宪法的核心价值在于它为人权提供基本的保障，因而被看作是“人权的保障书”。列宁所说的宪法是“一张写着人民权利的纸”[1]，强调的也是宪法对保障人权的重要性。宪法与人权之间的密切关系，已从宪法发展的历史中得到了证明。

再次，国家权力受到宪法控制，国家的作用主要被限制在公共生活领域，国家对私人生活的干预被看作“越权”而被严格禁止。如前所述，在西方宪法理论中，宪法的基本价值就是保障人权。然而，无论是西方传统的政治理论，还是人类社会的政治实践，都说明了侵犯人权最危险的力量就是国家权力。因此，按照这一逻辑，要想对人权实现最可靠的保障，首要的就是要对国家权力进行限制。

最后，除个别国家外，多数国家把宪法作为根本法加以定位，宪法具有至上的权威和法律效力。“根本法”既是宪法的特征，也是它与普通法律最重要的区别之一。宪法一方面是对国家的现在和未来所作的最具权威性的设计，是处理社会各种基本关系的最高依据，它所关涉的是一个国家全局性、现实性、长远性的根本问题。另一方面，宪法还从社会制度和国家制度的根本原则上，规范着整

---

[1]《列宁全集》（第12卷），人民出版社1987年版，第50页。

个国家自身的活动。在成文宪法国家，宪法具有最高的法律效力；宪法是制定普通法律的依据，任何普通法律、法规不得与之相违背；宪法是一切国家机关、社会团体和全体公民的最高行为准则。作为根本法，宪法也要求严格的制定和修改程序，这是保障宪法权威和尊严的重要环节。

（二）西方近代宪法文化的发展趋势

宪法是人类文明发展到一定阶段的产物，它的产生和发展也是特定的社会政治经济和思想文化条件相互作用的结果。从价值方面来看，宪法是对社会制度进行合理安排的基本形式，是处理国家权力与个人权利关系问题的基本方式，其目的在于限制国家权力，确认和保障人权。随着人类社会的发展，以及人对自身要求和满足要求方式的认识不断深化，宪法也随之不断地演进。宪法演进的张力有赖于各种政治力量彼此消长的对比关系的变化。

1919 年法国《魏玛宪法》的颁布，标志着西方现代宪法的诞生。这部宪法以维护社会利益、倡导社会本位为指导思想，对所有权进行了一定的限制，增加了内容广泛的公民社会经济权利，为现代宪法确立了典范。二战以后，在扩大人权保障范围的同时，又重新调整国家权力与公民权利的关系。这成为各国宪法发展的主导趋势，构成了现代宪法的基本特点。

但需要指出的是，现代西方宪法的变化仍然停留在西方政治和法律文化范围之内，或者说，这种变化不过是西方近代宪法原则和制度为了适应社会变迁的需要而在一定程度上所作的调整，而没有从根本上动摇西方近代宪法文化的基调。

首先以行政权的强化为例。20 世纪尤其是二战以后，随着社会经济和国际局势的发展和变化速度的加快，各国对决策的快速和准确的需要越来越迫切。传统议会的民主性议事和决策方式越来越不适应时代的需要，加之政党政治的盛行，作为立法机关的议会越来越受制于作为行政机关的政府。如在英国，议会受到行政权的挑战，行政大有控制议会之势；在法国，现行宪法已把议会内阁制改为半总统制半议会制；在美国，行政权打破了原有的权力均势格局，在国家生活中逐渐处于核心地位。政府根据宪法规定享有授权立法权，通过“委托”，某些行政方面的立法已由政府行使。例如，德国基本法规定：“联邦政府，联邦部长或各州政府根据法律的授权，发布有法律效力的命令。”行政权干预立法权，还表现为美国宪法中的总统的否决权，和法国宪法中的总统的紧急命令权。但需要指出，尽管作为代议制机关的议会的权力受到了一定的削弱，人民主权的宪法原则却并没有受到动摇，因为：一是二战以后，公民的选举权和被选举权等参政权得到了越来越确实的保证。这不仅表现为公民选举资格的降低和选举权的普遍性、平等性的强化，还表现为选举过程的法律规范更加细致和具体，从而真正保证选民的意志得到贯彻，人民主权原则也得到了更为全面的表现。二是在行政权得到强化的同时，对行政权的监督和控制机制也逐步建立和健全起来。其中最为突出的，就是违宪审查制度的完备与专门机构的设置。违宪审查制度是由美国1803年的一个判例而逐步确立起来的。[1] 进入现代以后，随着宪法是法律而不仅仅是政治宣言的理念的确立，西方各国纷纷效仿美国建立自己的违宪审查制度和宪法专门实施机构。1920年，奥地利在欧洲率先设立宪法法院。随后，法国也设立了宪法委员会。二战后，德国、日本等国也建立了违宪审查制度或机构，并使之发展为一种潮流。违宪审查制度的建立，在立法机关之外添加了工作更为经常的司法机关或准司法机关，以对行政权进行更为严密的监督。这样通过强化权力制约机制，加强了对各种国家机关职权行使活动的控制，以使国家权力的运行得以严格遵循宪法。

二战以后，西方宪法出现的另一个趋势是人权的扩大与保障，从而使西方近代宪法文化的基本内涵得到了更为鲜明的体现。由于社会经济发展水平的原因，西方近代宪法对于人权的保护是不够充

[1] 有关美国司法审查制度确立过程，可参阅龚祥瑞：《比较宪法与行政法》，法律出版社1985年版，第114–118页。

分的。同时，人们对于人权的理解还仅限于政治权利和人身权利，而对于经济和文化等方面的权利规范的规定和保护不够。尤其是德国、日本等国家的资本主义经济和社会关系发育得不够成熟，加上其独特的近代化道路的影响，这些国家的宪法对人权的规定极为薄弱，而在实践中对人权的保护就更为孱弱。二战以后，社会经济的发展为人们加深对人权的认识提供了社会基础；德、日等国在二战期间对本国和外国人民人权的肆意侵犯，也促使人们进行反思，进一步认识到保障人权是宪法的根本使命和首要任务。正反两面的经验和教训，使得西方各国在新的历史时期完善本国宪法制度之时，纷纷加强了对人权的保障。就人权的范围而言，随着国家权力进入社会经济和文化领域，对于人权的社会经济以及文化方面的内容越来越受到重视，进而在宪法中形成了社会经济和文化方面的人权制度。在这方面，1919 年的《魏玛宪法》自不待言[1]；1949 年《德国基本法》第十五条对有关社会经济和文化的权利做了具体规定；1982 年《葡萄牙宪法》第一编第三章更直接把“经济、社会与文化方面的权利与义务”作为该章的标题。

由上可见，无论是资本主义社会关系发育还不够充分的近代，还是资本主义社会关系已有充分发展的现代，西方宪法都保留了主权在民、注重保障人权和强调国家权力应受宪法控制等基本特点。这些特点既是西方政治和法律传统在宪法上的体现，也是近现代宪法概念所必然包括的基本内涵。

二

与西方不同，在中国古代很早便出现“宪法”一词，但其语义与近代的宪法概念有着质的区别。中国古代典籍中的“宪法”一词，主要适用于以下三种情况：（1）一般性法律和法度。如：“监

[1] 1919 年的《魏玛宪法》设立“经济生活”专章，对社会经济文化专利做了明确规定，因而该宪法被宪法学者看作是近代宪法向现代宪法转变的一个标志。参见王世杰、钱端升：《比较宪法》，中国政法大学出版社 1997 年版，第 128 页。

于先王成宪，其永无愆”[1]；“赏善罚奸，国之宪法也”[2]；“有一体之治，故能出号令，明宪法矣”[3]；“法者，宪令著于官府，刑罚必于民心”[4]，等等。（2）优于一般法的君命大法。如，“正月之朔，百吏在朝，君乃出令布宪于国。宪既布，有不行宪者，谓之不从令，罪死不赦。”[5]（3）指法律的颁布和实施。如，“是故古之圣王，发宪出令，设以为赏罚，以劝贤沮暴。”[6]可见，除了在形式上包含某种“根本法”的意义，中国古代“宪”的语义与“民主”、“人权”等宪法概念没有任何的内在关联。

尽管如此，中国近代史上改良维新的志士力图说明西方的某些概念和制度在中国有着渊源，以减少仿行西法的阻力。他们常常到中国古代典籍中搜寻与西方的联系。例如，康有为为了实行改良维新、建立君主立宪政体，潜心致力于在中国传统中寻找根据，撰写了《新学伪经考》和《孔子改制考》两部惊世骇俗之作。即便如此，他们没有也不可能在中国传统文献中找到西方意义上的宪法、宪政的可靠理论证据。

（一）近代中国早期的宪法文化

近代中国的宪法概念与宪法文化主要来自西方，与西方的宪法概念及其文化有着明显的承接关系。鸦片战争以后，西方不仅为中国知识界认识中国问题提供了新的视角，也提供了概念、范畴等技术性的认知工具。因此，西方的宪法文化输入中国以后，便被近代中国知识分子置于中国社会背景下进行了某种改造，形成了中国自己的宪法思想和追求宪政的实践。特定的历史条件，决定了近代中国的宪法文化有着不同于西方的性质。这种差别主要不是表现为法制文明的程度，而是中国有着自己的宪法价值追求。

---

[1]《尚书·说命》。
[2]《国语·晋语》。
[3]《管子·七法》。
[4]《韩非子·定法》。
[5]《管子·立政》。
[6]《墨子·非命上》。

1885 年中法战争中清朝失败以后，以王韬、郑观应为代表的一代知识分子，开始认识到西方国家之所以富强不在于船坚炮利，而在于民主政治。他们正是从国家富强的目标着眼，论证了西方议会对中国国家富强的用途和价值。王韬说："试观泰西各国……类皆君民一心，无论政治大小，悉经议院妥酌，然后举行……中国则不然，民之所欲，上未必知之而与之也；民之所恶，上未密察之而勿施之也。"[1] 陈炽更以明白的语言阐述了西方的"议院之法"，是"英美各邦所以强兵富国，纵横四海之根源也。"[2] 无论西方宪法中议会制的构成和运作模式实际状况如何，但从近代中国知识分子所作出的认同中，可以看出他们是有着自己特有的价值追求的。这说明，由于中西社会背景、国情以及所面对的问题不同，在向西方寻求真理的过程中，必然带来宪法价值的某种转换。

由王韬、郑观应所提供的"宪法价值"，在中国宪法史上的意义有两点：1. 在中国这样一个奉行专制主义的国家，从什么样的角度去接受西方的宪法价值，必须做出审慎的判断，而"国家富强"价值的设定，就是对统治者和人民双方都能够接受的选择；2. 无论西方的宪法、宪政与西方的强大之间有无直接联系，但中国人做出如此的逻辑观察，说明了一个非西方化的国家不必非要从人权和权力控制的首要价值上追求宪政，而可能是从国家和民族的利益层面接受宪政。事实上，正是这一代知识分子开创了"宪政—独立富强"的理论范式，使中国的宪政追求不同于西方。

然而，近代中国并没有因为王韬、郑观应等一代人对西方议会价值的推崇而对中国的现状有所影响，更没有因之而变得富强。相反，中国的情形每况愈下。于是，1895 年中日甲午战争以后发生了"戊戌变法"，有了康有为、梁启超等人的立宪改制的主张。虽然他们也赞同西方的议院对中国国家富强的价值，但在对西方民主制有了新的认识基础上，提出了一个新概念——民权，从而在保持议

[1]《弢园文录外编·达民情》。

[2] 陈炽：《庸书·议院》。

院与富强目标相联系的同时，也有了新的发展。康有为观察到西方国家“立法属于议会，行政属于内阁政府。议院不得权僭政府，但政府不得夺议院之权……此宪法之主义也”[1]，建议光绪帝“上师尧、舜、禹三代，外采东西强国，立行宪法，大开国会，以庶政与民共之，行三权鼎立之制，则中国之治强，可计日而待也”[2]。由于民权概念的介入，议院已不再是王韬、郑观应等人的“通上下之情”的舆情工具，而是内含民权追求的民主机构。这样，立宪在目标上既与国家富强相关，是推进国家富强的工具，又是落实民权的一种制度。戊戌变法期间，康有为明确提出“开制度局以定宪法”，首先使用了具有近代意义的宪法概念，并在百日维新期间进行了某种程度的试验。虽然失败了，但却提供了中国宪法史上最初的经验与教训。

（二）晚清的立宪活动与第一个宪法性文件

中国的第一次立宪活动是晚清政府在各种压力之下进行的。1908年颁布了《钦定宪法大纲》，这个“大纲”对清廷而言，固然是国内外相互交逼的结果，然而其中也多少包含了清廷自救图强的真诚。但是在整个预备立宪的过程中，清廷始终无法摆脱立宪与君权的矛盾的缠绕——既想通过立宪以图保存国祚和自强，又希望君上大权不受损伤。这个矛盾说明了清廷为什么仿日（德）立宪，而《大纲》就是这种矛盾的产物和反映。

在预备立宪过程中，清朝皇帝虽然一直不能忘情于君上大权，然而随着《钦定宪法大纲》的颁布，使得《大纲》的君上大权毕竟不同于传统的皇权，而有一定的限制，《大纲》本身就是对皇权的制约。

但是，《钦定宪法大纲》毕竟是中国历史上第一个宪法性文件。这个文件比英国的《大宪章》晚了六百九十三年。因为是出自清廷之手，自然有几分讽刺的意味。但要知道，这一纸文字凝聚了自鸦

[1]《日本变政考》卷一。

[2] 汤志钧：《康有为政论集》（上册），中华书局1981年版，第339页。

片战争以来中国的志士仁人近七十年的探索和追求甚至是流血斗争，因而绝不能用简单的“骗局”二字加以了结，其中也包含了几分历史的必然。

（三）近代中国的共和主义

以孙中山为代表的共和主义者对西方民主制的追求方式，自然不同于以康梁为代表的立宪党人。他们不满意于康、梁等人名义上保留皇帝的立宪主张，而是希望通过革命的方式建立共和主义的民主政府。在孙中山的民权主义思想体系中，虽仍以追求西方民主制为目的，但对民权的落实、国家权力的配置、自治与联邦等问题，都给予了极大关注。他之所以如此重视民权和宪法，同样是由于其能与国家的富强目标联系起来。正像康有为、梁启超等立宪党人所看到的最强大的国家是实行君主立宪制的英国一样，以孙中山为代表的共和主义者则注意到最强大的国家是实行民主共和制的美国。“取法乎上”，借民主共和实现国家富强的目标始终是孙中山坚持的一个观点。孙中山等共和主义者与康梁等立宪党人围绕兴共和革命还是行君主立宪，展开过历时几年的大论战，论战的焦点则是哪种政体更能把中国导向富强。这说明，虽然共和主义者在很多问题上与立宪党人存在着严重分歧，但在通过实行宪政达到国家富强的根本目标上，他们又是一致的。共和主义者所取得的一个重要成果，就是制定了《中华民国临时约法》。这个宪法性文件凝结了中国共和主义者的重要宪政理念和思想，它的制定是中国历史上具有进步意义的事件之一。然而，这部宪法性文件所存在的问题也是非常明显的，它反映了共和革命本身的诸多内在缺陷。

（四）近代中国军阀政府的立宪

1911 年不彻底的共和革命的一个副产品，便是中国近代军阀主义的兴起。军阀主义是对中国民主政治最具危害性的因素之一。军阀政治的权力控制是军事性的而非制度性的，它无法使军事性的权力向有效的政治制度层面转化。军阀们即便可以建立起对全国大部分地区实行控制的全国性政权，制定出层出叠见的宪法文件，标榜着所谓的“法统”，但它无法给政府权力提供一个真正民主性的基础。军队和武力是其惟一资源，加上穷兵黩武的本性，使它无法借助公民权利来强化政权体制的合法性。军阀主义政治的弱点不在于它对权力的无限贪欲，而在于它把权力的构成看得过于狭隘，不能促进非军事性因素的发育成长。因而，在近代中国的历史上，不管军阀政府颁布过多少部宪法，组织过多少届国会和内阁，选举出多少届大总统，其本身的军阀主义性质就已扼杀了民主政治的价值。军阀主义在中国的滋生，使远未生根的民主共和制度和宪法文化失去了最重要的社会依托。

可见，近代中国出现了三种分别以突出君上大权、民主共和以及军阀特权为政治取向的各不相同的宪法，它表现了近代中国不同历史时期阶级力量对比关系所呈现的差异。但政治取向的不同并不能掩盖这三种宪法在表达近代中国社会的宪法价值观方面的一个共同性特征，那就是近代中国的制宪者都将推动和促进中华民族的富强和独立作为立宪的首要目标。这不仅表现为王韬、郑观应、康有为、梁启超等思想家所惯用的“宪政—独立富强”的思维路线，或体现为《钦定宪法大纲》所包含的自救图强的真诚，或蕴涵于孙中山借民主共和实现国家富强的宪法观念，即便是本质上与宪政精神相左的军阀政府的宪法，也不忘标榜它对富国强兵的追求。例如，曹锟政府制定的“贿选宪法”虽然来路不正，却也不忘在开篇宣布以“发扬国光，巩固国圉”作为制宪的基本目标，以求“永矢咸遵，垂之无极。”当然，这只是空文而已。

综上所述，西方的宪法所追求的价值和目标是：通过制度的设计来实现宪法对政府权力滥用的控制，并充分保障人权。中国基于国情的特殊性，宪法的理念则不同，摆在首位的是追求中国国家的富强和民族的振兴，而把西方宪法所追求的民主、人权等价值降到第二位。这不是说中国制定宪法的倡导者和实践者不注重人权的保障和权力的制约，而是说为了救亡图存、摆脱民族的危机，只能把追求国家的强大放在第一位。

> 这种将制宪行宪与国家独立、富国强兵相连接的宪法观念，是近代中国社会屡遭列强凌辱和中华民族为救亡图存而奋发的真实写照，给近代中国的宪法文化打上了爱国主义的深深的烙印。这无疑是近代中国宪政运动最为光辉的一面。需要指出的是，这种定位为国家富强和民族独立的立宪思路，在很大程度上牺牲了近现代宪法精神所蕴涵的保障人权、巩固民主政体、限制国家权力等宪法原则。随着历史的条件的变化，必须进行正本清源的工作，以使民主、人权等成为现代中国立宪的基本指向。这在中华人民共和国成立以后的1954年宪法特别是1982年宪法逐步得到了实现。我们满怀信心地迎接依宪治国的明天。

在我和林中、王志刚合著的《中国刑法史新论》中，也尝试用比较的方法研究中国刑法史，详见前述“刑法史的研究与成果”部分。

我期待着中外比较法制史的研究迅速展开，并取得成效。

研究中国法律的传统与近代转型

研究中国法律的传统与近代转型

一、《中国法律的传统与近代转型》的撰写与修订

撰写此书要从雁栖湖中国法制史国际研讨会说起。1993年夏，在北京雁栖湖召开了中国法制史的国际研讨会，主题是“中国法律的传统与近代化”，我做了中心发言。此后不久，法律出版社编辑“当代中国法学文库”，希望我撰写一部专著以收入文库。这样，我就以雁栖湖会议的发言稿为大纲，撰写了《中国法律的传统与近代转型》。全书共三十五万字，于1997年2月出版。我在“序言”中阐述了撰写本书的主旨和对待传统的一些看法：

> 中国是世界著名的法制文明古国，法律的历史可以上溯到公元前三千年左右，而且辗转相承，绵延不断，形成了悠久的、特色鲜明的法律传统，傲然自立于世界法律历史之林。它遗留下的丰富资料和提供的宝贵经验，都显示了中华民族对世界法文化宝库的巨大贡献，因而受到国内外法史学界的重视。
>
> 中国古代法律在漫长的发展过程中，既有内在的连续性，又有因时因事而异的可变性或转化性，这二者并不是矛盾的。相反，没有可变性的法律传统是僵死的，不可能形成不同历史阶段的特殊风貌。
>
> 在一个统一的多民族的、政治经济文化发展不平衡的古老中国，各地区、各民族都对建设中华民族的法律传统做出了自己的贡献。这中间既有冲突又互相融合，成为一幅异彩纷呈的画卷。这种法律传统上的多样性，也来之于文化上的多源头，儒、墨、道、法等各家学说都尽其可能地支配着、影响着中国古代法律的发展与法律传统的形成。但在多样性中又有着基本的倾向，那就是儒家思想的主导地位。这种基本倾向是由中国深厚的道德理想主义的文化土

壤所决定的。

由于中国古代法律传统的内涵极为宽广，而又跨越五千年的时空，因此需要从多侧面、多层次、多角度去研究、概括，以反映其全貌和历史的真相。

研究中国法律传统的目的，是为了正确认识法律如何在发展中不断地完善自己，以及它在社会的进步当中所处的位置和价值，从而把握法律发展的客观规律，借以增强建设社会主义法制的主动性。

传统绝不意味着腐朽、保守，民族性也绝不是劣根性。传统是历史和文化的积淀，只能更新，不能铲除，失去传统就丧失了民族文化的特点，就失去了前进的历史与文化的基础。我们需要从固有的法律传统中，引出滋润了五千年中国的“源头活水”，需要科学地总结和吸收有价值的因素。经验证明，对传统的反思越深刻、越彻底，越能准确地撷其精华，弃其糟粕，从而创造出反映新时代特色的中华法系。

19世纪中叶以后，西方的法文化通过各种渠道输入中国，从此开始了两种法律文化的冲突和逐渐融合的过程。从中华文化交流的历史看，鸦片战争前后是截然不同的。中国古代坚持“夷狄入中国则中国之”的“尊王攘夷”思想，汉唐都表现出了大中国主义。明太祖朱元璋一面讲“华夷有别”，一面讲“四海一家”，前者是实质，后者是雄图。至近代，由于天朝大国的尊严在世界列强的凌虐下已不复存在，于是，先进的中国人提出“师夷之长技以制夷”。其后，一部分官僚集团主张“中体西用”，从而为接受西方的文化制造了舆论。就法文化而言，接受西方的影响是一个相当长的过程，由冲突、半接受、接受、融合，到孕育新的法律文化。

对于西方的法文化，代表不同利益的集团和人士，在态度上是不同的。例如，主持总理各国事务衙门的奕䜣便对翻译来的国际法极感兴趣，而改良派则是借西方法文化的理论来改革政体。

由于中西传统文化中价值观的不同，导致了法观念的不同。西方有人认为大一统的东方文明古国——中国，是礼治国家，无所谓法。这显然是由法观念上的差异所导致的误解。西方的法观念与权利观念密切联系，在这种观念的指导下，罗马法最发达的部分是调整平权关系的私法，与此相适应是抽象独立的人格、发达的契约关系、平等观念——这些是私法发达的基础和标志。中国传统观念的核心是刑，其职能主要是“绳顽警愚”，是“防民之具”。在它的指导下，中国古代法律重公权、轻私权，刑法居于各法之上，“刑名法律之学”是古代法学的代称。所以，中国古代法与罗马法的差别在质而不在数量，尽管二者都是发达的形态。

中国古代法律文化曾经冲击过世界，对世界法制文明产生过重大影响。中国传统法文化对东亚经济的发展不是阻力，而是动力。即使今天，西方的某些思想家在对本国法律文化进行反思时，也注意吸取中国法文化中的优秀传统部分。所以，文化有民族性，也有时代性、共同性、互补性，这是中西法律文化交融的基础。

在对待中西法律文化的关系上，晚清曾经出现了守旧与图新之争。守旧派把以儒家法律思想为主的传统法律文化，视为中国几千年“相传之国粹，立国之大本”，不允许变革体现传统法律文化的“祖宗之成法”；图新派接受了西方学说，改变了传统的法律价值观念，积极从事变法修律，但在少数人中也出现了简单的“拿来主义”的倾向。历史的经验证明：固守传统不可能实现法律的现代化，简单的拿来主义也不等于现代化，更不能完成现代化。无论对传统文化还是外来文化，都有取舍的问题，其标准为是否有利于社会的进步和符合国情。

如果说晚清修律是中国法律近代转型的开端，此后经过中华民国，至新中国成立，再到今天的改革开放，则是中国法律向着现代化的目标前进所经历的几个阶段。由于社会的发展是永不停止的，因此法律的现代化也只有阶段性而没有终结。

此书出版后，受到广大读者的欢迎，被司法部评为“学术著作一等奖”。很快，便进行了第二次印刷。至21世纪初，法律出版社拟将此书收入“法学研究生精读书系”。这样，我进行了认真的修改，在中国法律传统部分增加了"以人为本"、明德慎刑，在转型部分也增入了一些新的看法，字数达到三十九万五千字，于2005年6月出版。

2007年，法律出版社计划出版此书的第三版。2008年我在美国度假，整整用了两个月的时间最后完成修改稿，除传统部分增加了"中华法系各族缔造"一章外，鉴于前两版重传统轻转型，有头重脚轻之嫌，所以在转型部分增加了"民国时期法律近代转型的继续推进"和"中国法律近代转型的历史价值及经验借鉴"两章，字数增至四十五万四千字，于2009年1月出版。

从雁栖湖会议算起，至第三版发行，历时十五年。在这十五年中，我对这个问题的思考一直没有中断。可以说，此书第三版是十五年研究的结晶，也是我一生中的力作之一。此书获得了中国法学会颁发的"学术专著类二等奖"。

2010年，德国斯普林格出版社要出版英文版的《中国法律传统与近代转型》一书，并请中国政法大学外语学院的张立新教授负责翻译。经过两年多的时间，于2014年3月正式出版。这是我的著作第一次以英文版的形式由著名出版商发行，可以说是新中国的"中国法制史学"走向世界的重要一步。

二、《中国法律的传统与近代转型》英文版的首发式

2014年6月10日，由中国政法大学法律史学研究院联同斯普林格出版社共同举行译书的首发式。斯普林格出版社负责人表示，将继续出版我撰写的英文本的《中华法制文明史》。这次首发式的出席人员有：中国法学会常务副会长张文显教授，中国政法大学校长黄进教授，西北政法大学研究生部部长王健教授，中南财经政法大学法文化研究院院长陈景良教授，中国法律史学会执行会长、中国人民大学赵晓耕教授，清华大学高鸿钧教授，北京大学李启成教授，北京航空航天大学法学院院长龙卫球教授，以及中国政法大学法史博士生。斯普林格出版公司及两位编委也出席首发式，并赠书三十本。许多教授在发言中，盛赞此书的翻译出版对于广泛扩大中国传统法律文化的影响将起到积极的作用。会议次日，中国社会科学网和中国政法大学校园网发表了评论。择要如下：

（中国社会科学网讯）

中华民族是世界著名的法制文明古国，中国法制历史可以上溯到公元前三千年左右，它辗转相承，绵延不断，形成了历史悠久、特色鲜明的法律传统，傲然自立于世界法律历史之林。

6月10日，《中国法律的传统与近代转型》（英文版）首发式在京举行。该书作者、中国法律史学奠基人张晋藩教授表示，中国法制历史以确切的史实说明，社会的发展、转型和法制变革之间相互呼应、相互促进，是历史发展的规律。研究法律史学，可以使我们懂得建设法治中国的必然趋势。

张晋藩表示，中国的法制虽然起源早，有其辉煌时期，但是它受制于几个条件。第一，它一直是一个自然经济的、以农业为本的经济形态，海外贸易和商业都不发达，而且受到重农抑商政策的影响，保守的农业经济形态决定了法制的封闭性和保守性。第二，中国的专制制度重视祖宗成法，所以中国法制的发展是纵向传承的发展，没有横向交流，也没有横向的比较、吸收。它发源早，有辉煌时期，但是又带有保守性。这种保守性到16世纪，特别是17世纪以后，其阻碍社会发展的作用就日益凸显，处于不变亦变的严峻形势。

随着西方资产阶级革命的兴起，西方逐步建立了近代民主法制国家，中国却仍然在封建法制的藩篱内踱步。鸦片战争之后，西方先进的法文化战胜了中国保守、封建的法文化，中国的法律传统被迫走上了近代转型之路。

在二十世纪初期，清朝立法改制，变法修律，八、九年间基本建成了仿大陆法系的六法体系。在对待中西法律文化的交融上，晚清曾出现了守旧与图新之争。守旧派把以儒家法律思想为主的法律传统文化，视为中国几千年的立国之本，不同意变革；图新派接受了西方学说，改变了传统的法律价值观念，积极从事变法修律，但在少数人中也出现了简单的拿来主义倾向。

“固守传统不可能实现法律的现代化，简单的拿来主义也不等于现代化，更不能完成现代化。无论对传统文化还是外来文化，都有取舍的问题，其标准为是否有利于社会的进步和符合国情。所以，一个很重要的教训就是，移植来的法律一定要和本土的法文化以及本土的国情、社情、民情相结合，这是晚清法律近代化道路提供的一个非常重要的经验。”张晋藩说。

（法大新闻网）

6月10日，我校终身教授张晋藩《中国法律的传统与近代转型》（英文版）首发式在学院路校区举行。

首发式上，黄进对张晋藩教授新书的首发表示祝贺。他指出，张晋藩教授新书的发布体现了作为法律人的自强不息、追求卓越的精神，展现了中国改革开放三十年法学研究所取得的显著成就。张晋藩教授的新书代表了中国法学界的最高学术成果，是中国学术进步的重要表现，是让西方国家更加深刻地认识到中国法律思想的重要载体，同时也是富有时代意义的一块里程碑。他期望有更多的中国学者积极踊跃地向国外展示我们国家的学术成果。

哈门用一段简短的PPT向大家展示了斯普林格公司的出版流程和背景，并表示今后会把更多资源投入到中国市场。希望广大的中国青年学者能够像张晋藩教授一样展示中国的学术研究。

赵晓耕说，弘扬中华民族传统文化和具有民族特色且风格独具的司法文明是一件具有深远历史意义的大事，张晋藩教授的新书全面展现了中国法律古今的独特魅力。张晋藩教授以自我孜孜不倦的态度对中国古代法律的总结，值得年轻人学习和敬仰。

朱勇用智慧、勤奋和情感这“三位一体”的学术模式概括性总结了张晋藩教授对中国法制发展的贡献。全书从多角度研究和剖析了中国法律的悠久传统，极大地丰富了对中华法系的认识，并从理论与实际的结合上阐述了近代法律的转型，为读者提出了中国法律古今的脉络，是值得每一位学者研究的经典之作。

张晋藩对各界同仁的到来表示感谢。他说，新书充分展示了中华民族传统文化的典型性和特殊性，融汇了中华民族的智慧结晶，希望通过此书向世界阐明中国古代法律所具有的丰富内涵和价值，让世界了解中国法律的传统与近代化的发展。他还说，此次跨时代的研究是非常有价值的，从传统文化向近代化的转型是历史的必然选择。一个民族应当尊重本民族的传统文化，并且将其发扬让世界了解。他希望，有更多的青年学者潜心研究，兢兢业业，不断发展，将中华民族伟大复兴作为自己的奋斗目标。

会后，张晋藩先生向中国政法大学、中国法学会等单位及来宾签名赠书。

三、从中华民族精神出发，谈法律传统

2014 年 6 月，中国政法大学法律史学研究院召开了中国法制史国际研讨会，主题是“中华民族优秀的法律传统与当代意义”。我做了中心发言：

（一）重理性思维，求实务实的法律传统

这个传统是以法制历史为基础，是中国法律发生、发展真实进程的概括。

早在中国法律的起源时，便摆脱了原始宗教神灵的羁绊，而着眼于现实生活的需要。《尚书·吕刑》记载：“苗民弗用灵，制以刑，惟作五虐之刑，曰法。杀戮无辜，爰始淫为劓、刵、椓、黥。”杜预在注中说：“贪财为饕，贪食为餮，即三苗也”；“民皆巧诈，无有中于信义。”正是为了约束和制裁“民皆巧诈”，才制定了法律。这种法律起源说，是立足现实的，是符合历史发展的规律的。

至夏朝，主要的刑罚是传承皋陶之刑。《夏书》曰：“昏墨贼杀，皋陶之刑也”；“己恶而掠美为昏，贪以败官为墨，杀人不忌为贼。”[1] 也就是说，欺诈、贪污、杀人等现实社会生活中的犯罪，构成了皋陶造律的基本内容。

[1]《左传·昭公十四年》

西周代商以后，建立了礼乐主宰下的法制文明，充分显示了中华民族早期的理性思维的成就。

1975 年出土的云梦秦简是公元前 4 世纪秦国的国家制定法，无论断罪、量刑、法律解释都表现了经验的理性升华，在一些案例的侦查审断中完全没有神断的痕迹。

汉以后的历代法典，都传承了求实务实的法律传统。特别是唐律中的“疏议”，是中国古代注释律学的杰出成果，表现了法哲学、刑法学、诉讼法学的高度成就。

至宋朝《洗冤集录》的出现，标志着司法勘验走向科学的里程碑，为世界许多国家所重视和加以翻译。

除此之外，中国古代的司法证据学、司法心理学、司法伦理学、判词文学等，都是理性思维高度发展的成果。

所有这一切，都表现了重理性思维、求实务实的法律传统。正因为如此，中国古代的宗教无论是外来的佛教还是本土的道教，都没有进入法制领域。西方中世纪存在的教会法和宗教法庭在中国是不存在的，百姓所关注的是现实的生存与生产斗争，而不是虚无缥缈的彼岸世界。特别是在专制制度下，一旦宗教肆盛干犯到国家政治与法律，立刻便受到沉重的打击，唐武宗时的大规模灭佛、康乾时的驱逐传教士就是史证。

（二）重以德化民，德主刑辅的法律传统

早在周初，周公旦鉴于商朝失德亡国，提出“皇天无亲，惟德是辅”、明德慎罚等主张，强调“明德”、“敬德”、“成德”作为施政的理论基础和以德化民的具体措施。经过两汉儒家对于刑德的论证，为德主刑辅法制原则奠定了深厚的理论基础。至唐代，《唐律疏议》开篇即说：“德礼为政教之本，刑罚为政教之用。”

从周初的“明德慎罚”，到汉代的“德主刑辅”，再到唐朝的“德礼为本，刑罚为用”，表现了“德”的作用不断加强和德主刑辅的法律构成的发展三阶段。这种法律构成被《唐律疏议》比喻为如同自然现象的“昏晓阳秋”一样密不可分和永恒不变。

明太祖在《大明律》成时，特别宣誓臣民，“明礼以导民，定律以绳顽。”

无论是以德化民，还是以德导民，都说明以德为导向，可以约束刑罚的滥用，减轻适用法律的阻力，增强法律的权威。

以德化民与明刑弼教在终极目的上是相通的，德主刑辅的法律传统是和中国古代的国情以及儒家的说教分不开的。由于德主刑辅，使法律涂上了德的色彩，减少了推行法律的阻力。同时，德礼入律，道德法律化，增加了法律的权威性和可行性，也支持了法律的稳定性。

中国古代社会以德化民、德主刑辅的法律传统，使得法律和道德起着控制社会的二元手段的作用。德法互补互用成为一个悠久的法律传统，是中华法系最主要的特色之一。在市场经济的今天，依法治国和以德治国相辅相成，十分必要。

（三）重民为邦本，人本主义的法律传统

《尚书·五子之歌》的“民惟邦本，本固邦宁”，说明国以民为本，失民则不成其为国，只有本固，才能邦宁。这是极其珍贵的历史经验的总结。

夏商统治者虽然宣扬天的庇佑，但由于虐杀百姓，终于激起夏民的反抗和商军队的阵前倒戈，招致亡国。周初统治者吸取商亡的教训，重视民的作用，认识到人心的向背决定着国家的兴衰。周公说“人无于水监，当于民监”，把立足点放在重民的基础上，实行许多要在收拾人心的政策，从而带来周朝八百年的统治。

民为邦本的重民思想，经过儒家的提炼，演绎成人本主义的价值理念。孔子所说的“仁者爱人”，奠定了人本主义的理论基础。表现在法律上：

首先，重视人心向背的作用，以取得民的支持。这是周公提出“敬德保民”的动因。汉高祖的约法三章——“杀人者死，伤人及盗抵罪"[1]，也是针对秦朝"法密刑残"使得秦民"苦秦久矣"的收拾人心之作。历史上，新王朝建立以后实行的减轻赋税、宽减刑罚等措施，都意在争取民众的支持。

其次，重视民生，保障民众生产的基本条件。这是为什么土地立法成为立法的重要内容的原因。汉朝的限田，唐朝的均田，宋朝的租佃法，明朝的雇工人法，清朝的摊丁入地，其目的都在于提供广大农民的生产手段和改善扩大再生产的空间。

再次，法律对于社会弱势群体——鳏寡孤独、残疾、废疾实行恤刑原则。这些群体中犯法当刑者，或减刑，或宽宥。此项规定自汉起直至清朝沿行不废，表现了刑法的人道主义精神。

最后，重视人的生命的价值，严肃对待死刑犯的处决。从北朝起，死刑的处决权便收归朝廷。唐朝的死刑复审制度，明清的会审制度，都表现了重视死刑犯的处决前的复核，只有皇帝御笔勾决之后，才能执行死刑。

中国古代人本主义的法律传统和刑罚人道主义原则是结合在一起的，尽管带有封建时代的烙印，但它的价值值得肯定。

（四）重以法治国，法律工具主义的法律传统

从公元前5世纪管子提出"以法治国"的理念之后，"法为治具"就成为了历代的传统认识。

"法为治具"，就是指以法律作为统治者手中治国、理政、驭民的工具。唐代魏征在和太宗讨论治国之道时，曾经说法律就是君主"执御之鞭策"。就是说，国家如同一匹奔马，皇帝是骑马的御者，他手中的鞭子就是法律。这是中国古代法律工具主义最形象的比喻，影响至为深远。良法的实施对于国家所起的积极作用，如同韩非所说："国无常强，无常弱。奉法者强，则国强；奉法者弱，则国弱。"[2]

在中国历史上，盛世无论是"成康之治""文景之治""贞观

[1]《汉书·刑法志》
[2]《韩非子·有度》

之治”还是“康乾之治”，都是和法律相对健全、司法较为得当分不开的，表现了法律工具主义所起的积极作用。但是，封建时代的法律工具主义是打上人治的烙印的，受到了皇帝圣意的左右。在实行法治中国的今天，要克服法律工具主义的历史影响，稳固地确立法律权威主义的理念。

（五）重伦常关系，孝亲亲伦的法律传统

中国古代社会的发展与西方最大的不同是：中国是在以血缘关系为纽带的氏族社会还未完全解体时就进入了阶级社会、形成了国家，因此宗法血缘关系对于社会和国家的许多方面都有着强烈的影响。周亡以后，宗法与政治等级相一致的国家结构已经瓦解了，但宗法的原则、宗法的精神却更广泛地渗透到整个社会，所以，伦常关系是最重要的社会关系。宋儒程颐说：“父子君臣，天下之定理，无所逃于天地之间。”[1]

发生在伦常尊卑之间的犯罪，因血缘而为之轻重，形成了中国古代的伦理法，不仅是法律的重要组成部分，也是中国古代法律的特征之一。

由重伦常关系而形成的孝亲亲伦的法律传统，确认了亲族之间的权利义务关系和家长、族长的统治地位。同时，制定了适用于族内的家族法规，维系着整个社会的稳定，并受到国家的关注与支持。

孝亲亲伦的法律传统，在封建时代也带有父权家长制的烙印。这是需要剔除的。但不可否认，孝亲亲伦在今天对于维护社会关系应有着积极的作用。特别是在市场经济的条件下，倡导孝亲亲伦应有其必要性。

（六）重敦诚守信，赏信罚必的法律传统

诚信是中国古代法律权威性的根源，也可以说是法律生命力之所在。法律如果失去诚信，不仅丧失权威，也失去了存在的必要。

[1] 程颢、程颐：《二程遗书》卷五。

无论是儒、法两家，还是汉以后的思想家、法学家，都主张法律以诚信为第一要素。

孔子认为，“自古皆有死，民无信不立”，把信看作重于生命。孟子认为，“诚者，天之道也；思诚者，人之道也”，以诚作为人天之间的媒介。商鞅“立木为信”，树立了法律的权威，成为改革变法的保障。唐太宗时期，大理寺少卿戴胄认为，“法者，国家布大信于天下”，如不遵法行法将使国家失信于民，势必难以维持统治，并以此使唐太宗收回了以意变法的御敕。宋神宗时，主持变法的王安石盛赞商鞅以诚信执法取得成功。他在诗中说：“自古驱民在信诚，一言为重百金轻；今人未可非商鞅，商鞅能令政必行。”[1]

皋陶造律严惩欺诈罪，昭示了法贵诚信的先声。其后在历朝立法中，都严惩诈伪的犯罪行为，不仅适用于经济，如唐律中的市场管理法，也适用于治国理政。秦统一前专恃武力、不讲信义，被称为“虎狼之国”，统一后二世而亡，虽有各种原因，但不以诚信立国未尝不是原因之一。

重敦诚守信，不仅是法制的要求，也反映了中华民族优秀的品格和共同的追求。社会舆论普遍认为，敦诚守信者为君子，而欺骗诡诈者为小人，小人为大众所不齿。

在市场经济条件下，为了使市场经济正常地发育成熟，诚信是一个必要的条件。

（七）重以法治官，明职课责的法律传统

在封建专制制度下，官僚队伍是君主控制国家和社会、职掌兵刑钱谷事务并将政策法令付诸实施的权力媒介。为了发挥职官的作用，就需要治官，韩非所说的“明主治吏不治民”被封建皇帝奉为圭臬。正是在这样的文化背景下，中国古代社会很早便形成了以法治官的传统，以保证庞大的官僚体系正常运作。治官之法的内容，主要是明职课责。早在《周礼》中便明定各级官员的职掌，至唐代，

[1]【宋】王安石：《王安石集·商鞅》。

《唐律疏议》、《唐六典》、唐令都对官吏的职掌作出明确的规定。明清会典也仿《唐六典》，以确定官吏职掌为基本内容。

官吏职掌确定之后，考核官吏执行情况成为职官法的另一要点。宋苏洵说："夫有官必有课，有课必有赏罚。有官而无课，是无官也。有课而无赏罚，是无课也。"[1]考课官吏之法始见于战国，即所谓"上计"之法，至唐代无论考课的等级、标准与奖惩都制度化、法律化，延至明清实行"考满法"和"京察"、"大计"。考课的标准有所谓"八法"考吏、"六法"考吏，定期举行，由专官负责，有时皇帝也亲自考课高官。考课的结果，或升迁，或留任，或降级，或罢职。在政治清明时期，考课之法得到了认真推行，取得了良好的效果。

除此之外，为了监督百官履行职掌，严肃考察百官政绩，纠弹违法失职的官吏，从战国时起出现了专职监察官。中国古代的监察制度产生于中华民族文化土壤之上，具有鲜明的特色，是其他文明古国和中世纪西方国家所没有的。监察制度形成于秦汉，发展于唐朝，沿行至明清。甚至晚清官制改革，都察院也保留不变，说明了监察制度的重要性。

综观中国古代监察制度，对于维持国家纲纪，并协调百官在法律规定内运行权力，起着制衡机制的作用；对于违法失职的官僚的纠弹，也起着整肃官僚队伍的作用。孙中山先生有鉴于监察制度的历史作用，形成了五院制的"五权宪法"思想。

为了确认监察官的权限，以及监察官所遵循的行为规则，汉以后历代都制定了专门的监察法。它是中国古代法律体系中的重要组成部分，而且不断完善，至清朝制定的《钦定台规》已达到法典化的水平。

中国古代监察制度涉及的方面极为广泛，特别是对于行政监察和司法监察起了很好的作用。监察官位卑权重，按巡之地，小事立办，大事奏裁。对于监察官的任职条件，非常严格，首重品格，次

[1] 苏洵：《嘉祐集》卷十。

重文化素养，还须具有地方任职施政的条件。监察官如违法失职，加重处刑。

中国古代监察制度所提供的历史经验，值得加以分析总结，对于今天不无借鉴意义。

（八）重立法以时，代有兴革的法律传统

早在战国时期，韩非子就提出：“法与时转则治，治与世宜则有功。”[1]这是中国古代法律进化论的观点，是符合法律发展的实际的。法律作为上层建筑现象，是随着社会的发展而不断地发展变化的。法律如果不能适应社会的发展而相应发展，便失去了存在的价值而成为废纸。晚清统治者尽管顽固地坚持“祖宗之法不可变”的主张，但最后还是面对“几千年未有之变局”，而不得不改弦更张，而不得不变法。19世纪70年代以来的改良维新派，发展了中国古代法律进化论的观点，大声疾呼变法改制，推动了晚清法制的近代化。

由于因时因势进行法律变革是符合法律发展的规律性做法，在中国漫长的法律发展过程中，都具体体现了“法与时转”的特点。周初奉行的礼乐主宰下的法制文明，到秦朝一变而为“奉法为治”。汉初吸取亡秦的教训，改行“以德治国，以刑为辅”的方略，开始了法律的儒家化，纲常名教入律，出现了独树一帜的法文化。至唐代，无论立法、司法都趋于成熟和定型，成为后世和周边国家奉行的母法。宋朝是封建商品经济发达的朝代，民事法律关系发展了，民事诉讼中出现了卑幼控告尊长的案例。这是前朝所未有的，体现了商品经济发展条件下财产关系的利益追求。同时，出现了“义利之辨”，改变了“重义轻利”的儒家说教。元朝虽然不尊尚法制，但元朝的监察立法内容之丰富却为唐宋所未有，体现了重用监察制度、防范汉官、监抚四方、改革旧俗的时代要求。明、清两代是末代的封建王朝，尤其是清朝，立法的详备、司法的程序化、律学的

[1]《韩非子·五蠹》。

发展与传播特别是民族立法，达到了集大成的程度。这些都反映了法与时转的特点。

除此之外，周初实行的“三国三典”的因地立法——“刑新国用轻典，刑平国用中典，刑乱国用重典”[1]，以及因族立法——“周人群饮者，杀；殷人群饮者，姑为教之”，也都是因时立法的具体演化。

因此，四千多年的中国法制虽然是纵向传承，没有受到外部的影响，但却代有兴革，在共同性的发展中，又显示出了特异性和差别性，成为中华民族的一项优秀的法律传统。其现实借鉴意义是不言而喻的。

（九）重社会和谐，调解息争的法律传统

社会和谐是百姓生产生存的必要条件，社会和谐也有利于国家政策的实施和国家统治的稳定，成为国家富强的重要基础。因此，历代开明统治者都以构建和谐社会为国家的当务之急，采取各种经济的、政治的、法律的、文化的手段来建设和谐社会。调解息争就是其中之一。历代都以狱讼繁兴作为社会不和谐、不安定的表现，孔子“听讼，吾犹人也，必也使无讼乎”[2]的理念对后世影响深远。

调解息争是讼简刑清、社会和谐的重要表现，是汉以后统治者所极力推行的。

早在汉代，便出现调解息讼的史例。据《汉书·循吏传》记载，刘矩为县令时，“民有争讼，矩常引之于前，提耳训告，以为忿恚可忍，县官不可入，使归更寻思，讼者感之，辄更罢去。”韩延寿为左冯翊时，“民有昆弟相与讼田自言”。韩延寿自责未能宣明教化，遂闭门思过，而两昆弟深刻自悔，表示终死不再相争。韩延寿以此“恩信周遍二十四县，莫复以辞讼自言者。”

唐代，礼法结合进入新的阶段，司法官多以伦理为据调解争讼。有些著名良吏即便致仕回乡，民众仍然请其据伦理裁断，由此

[1]《尚书·酒诰》

[2]《尚书·酒诰》

可见唐代调解息讼渐成风气。

宋代，调解称作“和对”，已有官府调解、乡曲亲戚调解、宗族调解之分，而且趋于制度化。《名公书判清明集》中即载有此类案例。

发展到清代，调解息讼案件的形式开始多样化和规范化。清朝调解分为州县调解和民间调解两大类。州县调解又称“堂上调解”，带有一定的强制性；民间调解则为诉讼外调解，又称“堂下调解”，其主要形式有宗族调解、乡邻调解和基层保甲长调解，而以宗族调解最为普遍。调解息讼之后，双方出具甘结；调解不成，也允许告官审理。

调解息讼之所以成为中华民族的优秀法律传统，是和社会上稳定的血缘、地缘关系分不开的。同时，小民唯恐一旦兴讼将为讼累，而官也以政简讼轻作为治绩的重要表现，因此官民之间两相情愿，使得调解息争的法律传统延续了千余年之久。

（十）重情法两平，法理情贯通的法律传统

情法两平，是中国古代司法的价值取向。情法两平，既不失法律调整之意，又能顺应人情、情理，便于法律的推行，因此为历代所重视。

所谓“情”，泛指“人情”、“情理”，也有“情感”、“情绪”、“案情”、“情势”之义。

所谓“理”，是“事理”、“理由”、“准则”之义，宋人更把“理”提升到“天理”的高度。

“法”、“理”、“情”三者之中，法律是第一位的。为了严于执法，法律明文规定，断罪引律文，罪刑法定，违者，长官要受刑责。但面对疆域广阔、社会关系纷繁复杂以及犯罪情节多种多样的现实，在执法断狱的同时，又不能不考虑到被民间所认可的情理与事理而有所变通。贞观五年，唐太宗曾经明确指出，在“守文定罪”的同时，还要执法原情。他说：“比来有司断狱，多据律文，虽情在可矜而不敢违法，守文定罪，或恐有冤。自今门下省复有据法合死，而情在可矜者，宜录状奏闻。”[1]以执法严格著称的明太祖，也曾针对具体案件，屈法伸情。例如，洪武八年正月癸酉，淮安府山阳县民有父得罪当杖，请以身代。太祖谓刑部臣曰：“父子之亲，天性也。然不亲不逊之徒，亲遭患难，有坐视而不顾者。今此人以身代父，出于至情，朕为孝子屈法，以劝励天下，其释之。”[2]

在古代的司法实践中，既援法，又考量了理与情的影响，形成了“执法”、“准理”、“原情”的司法程式。这在《名公书判清明集》中有着大量的、生动的体现。在司法中准理、原情，可以减轻推行法律的阻力，可以赢得社会的认同，产生了提高法律权威的积极影响，因此成为一项传统。在现存的古代法堂上，都昭然悬挂有关“天理、国法、人情”的警示，以勉励司法官敦行不殆。法情允协，法理融通，既不妨碍法律的实施与尊严，又可改变法律僵硬教条的表象，便于广大群众的接受。

（十一）重援法断罪，罪刑法定的法律传统

先秦法家主张援法断罪，一断于法。《管子》有云：“法者，天下之程式也，万事之仪表也。”[3]《云梦秦简》中出现的“不直”、“失刑”、“纵囚”，都是不援法断罪而招致的罪名。公元3世纪，晋朝的思想家刘颂提出：“律法断罪，皆当以法律令正文，若无正文，依附名例断之，其正文名例所不及，皆勿论。”[4]对于刘颂的主张，当时亦有反对者，因此是否被规定为律文，由于晋律已佚，不得而知。但从《唐律疏议》的明确规定中，可以看出其影响的深远。《唐律疏议》规定：“诸断罪皆须具引律令格式，违者笞三十。”这可以说是中国古代的“罪刑法定”，显示了中华法制文明的灿烂。唐以后，《宋刑统》、《大明律》、《大清律例》皆沿用此规

[1]《贞观政要·刑法》。

[2]《明史·刑法志》。

[3]《管子·禁藏》。

[4]《晋书·刑法志》。

定，只是文字略有增减而已。特别是从唐朝起，法典中还规定“断罪不如法”的罪名，故意出入人罪者，处重刑；失出入人罪者，处刑轻于前者。为了使断罪如法，唐科举中设“明法”一科，宋科举中设“刑法”一科。特别是宋朝，盛行读书读律的风气。苏东坡在给其弟的诗中说：“读书万卷不读律，致君尧舜知无术。”明清时期以八股取士，入仕之官，多不习法知法。为了补救，法典中专设“讲读律令”之条，每年年终，考试内外官的法律知识，不合格者，或革俸，或降职。随着清代律学的发展，出现了各类律书，有些简易读本如律学歌诀、律学图表等，便是官吏接受律令知识的法律读本。讲读律令之法在嘉庆朝以后逐渐废止，州县官审判多倚重刑名幕友。

援法断罪、罪刑法定是中国司法一项悠久的传统，它在理论上和实践上的意义得到了国内外法史界的认同。

（十二）重自然生化，天人合一的法律传统

自然界的万物生成化育是人类生产与生活的必要条件。儒家认为，“天地之大德曰生”[1]，天地“以生为道”[2]。宋儒张载进一步论证为：“儒者则因明致诚，因诚致明，故天人合一。”[3]张载所说“究天人之际，穷古今之变”，就在于如何建立天与人的和谐关系。这表明，作为个体的人，是和生生不息的自然界联系在一起的，彼此形成和谐的共同体。

古人从实际经验中认识到尊重自然生化规律对人类自身发展的重要性。只有保护自然环境，才能推动社会的发展、文明的进步。

在古代法律中，很早便保护自然界万物的生成化育，以保持一种平衡发展的状态。《逸周书》说：“春三月，山林不登斧，以成草木之长。”《睡虎地云梦秦简》以确切的法律资料说明：“春二月，毋敢伐材木山林及雍（壅）隄水。不夏月，毋敢夜草为灰，取

[1]《周易·系辞下》。
[2]《二程集·遗书》。
[3]《正蒙·诚明》。

生莇，麛（卵）彀，毋□□□□□□毒鱼鳖，置穽罔（网），到七月而纵之。”《礼记·月令》更在总结经验的基础上提出：“孟春之月……禁止伐木，毋覆巢，毋杀孩虫、胎夭飞鸟，毋麛毋卵。”

由于中国古代以农立国，为了使民以时，合乎自然的节气，从夏朝起便制定了历法《夏正》。历代都不断修订历法，至清康熙年间，制定了《永年历》。由于历法与农业生产密切相关，如有伪造、私造，处死刑。

为了保持人与自然的和谐关系，汉代以来在儒家思想指导下，形成了顺天刑罚、顺天理讼的精神，并根据天象示警来调整国家政策。《春秋繁露》说：“庆为春，赏为夏，罚为秋，刑为冬，庆赏刑罚之不可不具也，如春夏秋冬之不可不备也。”[1]

所谓“顺天刑罚”，就是司法活动要合于天象、顺乎时令，并与阴阳相对应。《唐律疏议·断狱》规定：“诸立春以后、秋分以前决死刑者，徒一年。”该条疏议解释说：“依《狱官令》：‘从立春至秋分，不得奏决死刑。’违者，徒一年。若犯恶逆以上及奴婢部曲杀主者，不拘此令。”明清律中不仅有类似规定，还确定了应乎时令的热审和秋审。

所谓“顺天理讼”，就是民事案件的审理要与时令节气相合，如农忙时节不受理民事案件，以免有误农时。唐令的“务限法”就是顺天理讼在民事诉讼上的具体表现，“诉田宅婚姻债负，起十月一日，至三月三十日检校，以外不合。若先有文案，交相侵夺者，不在此例。”[2]《大清律例》中也有类似的规定，“每年自四月初一日至七月三十日，时正农忙，一切民词除谋反、叛逆、盗贼、人命及贪赃坏法等重情，并奸牙、铺户骗劫客货，查有确据者，俱照受理外，其一应户婚、田土等细事，一概不准受理。自八月初一以后方许听断。若农忙期内受理细事者，该督抚指名题参。”

根据天人合一的自然主义观念指导则天立法、顺天刑罚、顺天

[1]《春秋繁露·四时之副》。

[2]【日】仁井田陞著，栗劲、霍存福译：《唐令拾遗》，长春出版社1989年版。

理讼等立法、司法活动，成为中国古代法律的一个优秀传统，是中华法制文明的具体体现。

以上概略地叙述了中华民族优秀的法律传统。它充分体现了中华民族的智慧与创造精神，具有独树一帜的特点和优点。正因为如此，它在相当长的时期被相邻国家所传承和奉行。也正因为如此，它在世界法系之林中始终占据一席之地。

中华民族优秀的法律传统的价值，绝不限于历史范畴，它是具有现实意义的。尽管世易时移，但它所体现出的法文化，有些是有着超越时空的价值。传统经常是现实的出发点，不尊重传统的民族，是没有前途的。当然，对传统也要作具体分析。吸取其精华，抛弃其糟粕，是对待传统的应有态度。而更为重要的是，提供科学的历史借鉴，为当前的法治中国服务。这是我们治法制史学者的历史使命，也是法制历史科学生命力之所在。

发挥法制史学鉴古明今的作用

发挥法制史学鉴古明今的作用

我一向认为，中国法制史学研究的是过去，但面对的是现实，它的生命力就在于为当代中国的法制建设提供历史的借鉴。这在我的论著和实践活动中是始终如一的。

一、1986 年为中共中央书记处讲授法律课

1986 年夏正值第一次普法运动轰轰烈烈开展之际，司法部向党中央提出请著名法学家为中共中央书记处讲授法律课，以推动运动的发展。胡耀邦同志批准了司法部的报告，于是司法部请法理学教授讲授第一讲。我在 7 月初讲授第二讲，讲题是“谈谈中国法制历史的借鉴问题”。我在讲授中谈到：“中国古代法制可资借鉴的经验很多，这里只是从宏观上阐述与国家统治和法制建设有关的几个问题。”讲授的内容择要如下：

一、盛世与法治的关系

在漫长的中国古代社会，出现过一些所谓的“盛世”，如西周“成康之治”、汉初“文景之治”、唐初“贞观之治”、清前期“康乾之治”，等等。这些“盛世”的共同标志是社会比较安定，经济、政治、文化有所发展，阶级矛盾比较缓和。促成盛世的原因是多种多样的，但法治是重要的条件和保证。早在《尚书·吕刑》中，便提出了“刑罚世轻世重”的原则，要求“观世而制刑”、“随世轻重”。《周礼·秋官·大司寇》则具体阐述了“刑新国用轻典，刑平国用中典，刑乱国用重典”的区别用法思想。这可以说是中国最早的关于“法”与“治”关系的论述。近代沈家本在《法学盛衰说》一文中所总结的“清明之世，其法多平；陵夷之世，其法多

颇”，基本上符合历史的实际。历代开明的统治者都需要整顿法制来巩固政权，约束官吏的活动，蔚成良好的社会风气。

现以“贞观之治”为例稍作分析。

唐初，统治者鉴于隋朝亡于“宪章遐弃”、“不以官人违法为意”的教训，十分重视整顿和加强封建法制。唐太宗李世民很欣赏魏征阐述的“法，国之权衡也，时之准绳也。权衡，所以定轻重；准绳，所以正曲直。”他自己也提出过“法者非朕一人之法，乃天下之法”的著名论断，并把健全法制看作是“安民立政，莫此为先”的要着。

唐初进行了多方面的立法活动，形成了以律、令、格、式、典、敕、例为主要形式的法律体系，其内容涉及社会经济、社会关系、行政体制、政权机构、司法审判、学校教育、宗教、民族以及天文历法、婚姻家庭等各个方面。唐初的兴盛安定是和国家管理的制度化、法律化直接相关的。

贞观之治不仅表现为法律相对完备，而且还在于严于执法，这是维系法制的重要环节。在封建时代，官吏奉法、执法的关键是至高无上的皇帝能否遵法。贞观时期法治之所以得以贯彻，是和唐太宗李世民自己以守法相尚分不开的。例如，贞观初李世民敕令伪造资历的官员如不自首者处死。不久，温州司户参军柳雄诈冒资荫事发，大理寺少卿戴胄“据法断罚”。“太宗曰：‘朕初下敕，不首者死，今断从法，是示天下以不信矣。’胄曰：‘陛下当即杀之，非臣所及。既付所司，臣不敢亏法。’太宗曰：‘卿自守法，而令朕失信邪？’胄曰：‘法者，国家所以布大信于天下；言者，当时喜怒之所发耳。陛下发一朝之忿而许杀之，既知不可而置之以法，此乃忍小忿而存大信，臣窃为陛下惜之。”最后还是李世民折服，并表示：“朕法有所失，卿能正之，朕复何忧也？”[1] 又如，俞令裴仁轨私自役使门夫，李世民怒，“欲斩之”，但按法，“诸监临之官，私役使所监临……各计庸赁。以受所监临财物论”，罪不至死。因此，

[1]《贞观政要·公平》。

监察御史李乾佑为之力争："法者，陛下所与天下共也，非陛下所独有也。今仁轨坐轻罪，而抵极刑，臣恐人无所措手足。"[1]终于使李世民收回成命，并提升李乾佑为侍御史。特别是广州都督党仁弘犯法当死，李世民"哀其老而有功"，免其死罪，为此特下诏罪己，"请罪天下"以示不当曲法。他说："法者……不可以私而失信。今朕私党仁弘而欲赦之，是乱其法，上负于天，欲……谢罪于天三日。"[2]同时，承认有三罪："纵舍任心，以欺众庶罪一也；知人不明，委用贪冒罪二也；善善未赏，恶恶不诛罪三也。"[3]由于皇帝如此尚法、遵法，流风所及，"官吏多自清谨。制驭王公、妃主之家，大姓豪猾之伍，皆畏威屏迹，无敢侵欺细人"[4]。

如果与隋末的苛法酷刑、不遵法纪相比，贞观法治具有以下特点：

1. 立法简约，保持稳定。李世民认为，法繁，则"官人不能尽记，更生奸诈。若欲出罪即引轻条，若欲入罪即引重条"[5]。尤其是法律常变，则"人心多惑"，法律也失去了权威。为此，他强调慎于立法。他比喻说，颁布法律，犹如"汗出于体，一去而不复也，其可不慎？至于未经奏闻，擅自改定法律者，例处徒二年刑罚。"

2. 以律论罪，画一用法。魏征曾经就贞观之初的法治状况作过以下描述："贞观之初，志存公道，人有所犯，一一于法……民知罪之无私，故甘心而不怨；臣下建言无忤，故尽力以效忠。"[6]贞观初年，统治者鉴于隋末任心弃法——"舍准绳以正曲直，弃权衡而定轻重"所造成的人心怨叛，强调虽亲者、贵者犯法，也要依律论罪。一次，吏部尚书长孙无忌误带刀入东上阁，如何治罪，颇有争

[1]《贤治通鉴》卷一九二。

[2]《资治通鉴》卷一九六。

[3]《册府元龟》卷十五。

[4]《贞观政要》卷一。

[5]《贞观政要·赦令》。

[6]《贞观政要·公平》。

议。李世民特别指出："何得以无忌国之亲戚，便欲挠法耶？"[1]他的叔叔江夏王李道宗"坐赃下狱"，受到免官削封邑的处罚。其长子李承乾犯法，被废为庶人，流放到黔州。李世民之所以注意画一用法，正是着眼于重建封建国家的统治。

3. 明法慎刑，防止枉纵。明法的目的是使法律"为人易知"，慎刑则在于刑罚得中。《贞观律》规定："断狱而失于出入者，以其罪罪之。"为了防止枉纵，规定死罪大案要由中书门下四品以上及尚书九卿会议审理。这可以说开了封建时代九卿会审制度的先河。至于死刑的执行，要经过三复审、五复审的复核程序。

贞观初年，对于明显的重大冤狱是认真平反昭雪的。例如，高祖李渊听信谗言杀死了开国元勋刘文静，李世民即位之后，尽管高祖还在世，也为刘文静昭雪，追复官爵，封其儿子刘树义为鲁国公，并得尚公主。

但是，封建国家的本质决定了无论是皇帝还是百官，都不可能长期遵法执法。贞观后期，李世民便"任情以轻重"，或"屈伸在乎好恶"，或"轻重由乎喜怒"，逐渐破坏了唐初艰难建立的法治秩序。

封建的法律"基本上是为了一个目的——维持地主统治农奴的权力"，[2]但从国家安定考虑，把对农民的剥削与压迫限制在法定的范围以内，毕竟要比漫无限制地肆意压榨要好得多。由于贞观法制约束了贵族、官僚、地主的恣意横行，缓和了社会矛盾，稳定了全国的形势，从而为经济文化的发展提供了有利的条件，出现了"天下帖然，人人自安"的局面。由此可见，法治与盛世的关系极为关切。

清代乾隆时期与咸丰、同治、光绪时期的秋审案件数量的对比，也可从反面说明这一命题：

乾隆二十五年，两千五百八十九件；

[1]《贞观政要·公平》。

[2]《列宁全集》(第29卷)，人民出版社1956年版，第438页。

乾隆三十五年，三千一百五十一件；

乾隆四十二年，两千九百四十一件；

咸丰五年，一千七百二十五件；

同治六年，一千零二十五件；

光绪二十年，一千一百三十九件。

在清代，乾隆是盛世，咸丰至同治是末世。从形式上看，末世秋审案件的数字反而比盛世少，而末世的阶级矛盾却远比盛世尖锐。这个看来似乎矛盾的统计资料，恰恰说明了清代盛世比较重法治。秋审被视为国家“大典”，所以各省解京复审的案件多，而且通过秋审确实统一了法律的适用问题。至于咸丰以后，社会极度动荡，人民反抗，外患频仍，秋审大典逐渐流于形式。不仅如此，为了及时镇压反抗，清政府扩大了地方对于死刑的处决权，对暴乱案可以就地正法。因此，咸丰以后秋审案件的数量自然减少，从这里恰恰说明了盛世与法治的关系。

二、改制与更法密不可分

这里所说的“改制”，主要指经济体制改革；“更法”是指法律适应经济体制改革而发生的变化。历史唯物主义的观点认为：“……法律……的发展是以经济发展为基础的。但是，它们又都互相影响并对经济基础发生影响。并不是只有经济状况才是原因，才是积极的，而其余一切都不过是消极的结果。这是在归根结底不断为自己开辟道路的经济必然性的基础上的互相作用。”[1]

中国法制历史的丰富实践证明了，经济体制改革总是要向法律提出自己的要求，并依靠法律推动改革，巩固改革的成果，而法律也只有适应经济改革的需要才能发挥积极作用。如同韩非所说：“法与时转则治，治与世宜则有功。”[2]

在中国历史上，较大的经济体制改革有秦商鞅变法、汉盐铁专

[1]《马克思恩格斯选集》（第4卷），人民出版社1972年版，第506页。

[2]《韩非子·心度》。

卖、北魏隋唐均田法、宋王安石变法、明一条鞭法、清摊丁入地等。这些经济体制改革，有些是成功的，有些经过反复未能贯彻始终，有些则失败了。改革成功的，多运用法律的武器，起了促进和保证的作用。而改革失败的，原因多矣，但缺乏运用法律的武器则是重要的原因之一。

运用法律推动经济体制改革成功的范例，如商鞅变法。公元前356年，秦国商鞅实行变法。变法的重要内容就是改革经济体制，废除奴隶制的国有土地制，实行封建的地主土地所有制，允许土地自由买卖。《汉书·食货志》说，商鞅“改帝王之嗣，除井田，民得买卖。”在变法过程中，商鞅充分运用了法律的武器。公元前350年，颁布“开阡陌封疆令”[1]，否定奴隶制的土地所有制。公元前348年，颁布“初为赋”令，在承认土地私有合法后，按照田亩和人丁收取赋税。为了推行农本主义的政策，立法强调“僇（努）力本业，耕织致粟帛多者复其身（即免除徭役）；事末利及怠而贫者，举以为收孥（官奴隶）。”为了确立以一家一户为单位的封建小农经营方式，法律规定，“民有二男以上不分异者，倍其赋。”此外，还颁布了《垦草令》、《统一度量衡令》、《什伍令》等。商鞅变法不仅确立了封建的经济制度，同时也进行了政治体制的改革，废除了奴隶制的世卿世禄制度，实行军功爵制度，以推动奖励耕战的方略，由此奠定了秦灭六国的政治基础。商鞅变法之所以获得成功，在于：

第一，坚持改革，依法惩治守旧派。商鞅变法面对的守旧派的代表人物，是秦国大夫甘龙和杜挚。他们认为“智者不变法而治”，顽固坚持“法古无过，循礼无邪”，力图继续维持“溥天之下，莫非王土；率土之滨，莫非王臣”的旧制。对此，商鞅针锋相对地提出：“治世不一道，便国不必法古。”[2]就是说，治理国家没有一成不变的办法，只要有利于国家，就不必去效法古代。为推行新法，

[1]《史记·商君列传》。

[2]《商君书·更法》。

对以身试法的太子师傅公孙贾处以黥刑、公子虔处以劓刑，所谓“法及太子，黥劓其傅”[1]。商鞅最后也以身殉法。

第二，强调法必信。为了确立新法的权威，商鞅强调“法必信”。著名的“立木为信”的故事，表明了他有令必行、信赏必罚的决心。不仅如此，他还下令，如敢随意改变新法，“损益一字以上，罪死不赦。”[2]为使官员知法、守法，商鞅十分注意法律宣传，要使“妇人婴儿皆言商君之法”[3]。这样，“吏不敢以非法遇民，民不敢犯法以干法官”[4]，“于是法大用，秦人治。”[5]

第三，顺应了经济与政治发展的必然趋势。商鞅废井田、开阡陌，确认封建土地制度的改革，溯源于公元前594年鲁国“初税亩”，至商鞅变法已经历了两百多年的时间。商鞅变法正是顺应了封建化的历史必然潮流，因此改制之始，“百姓苦之，居三年，百姓便之”[6]，特别是“商鞅虽死，秦法未败。”宋朝著名的政治家、文学家王安石在评价商鞅变法时赋诗曰：“自古驱民在信诚，一言为重百金轻；今人未可非商鞅，商鞅能令政必行。”这是公正的。经济制度的改革必然带动政治制度的改革，原有的建立在土地国有制基础上的世卿世禄制度，随着经济基础的瓦解，也必然发生改变。

历史上的一些经济体制改革，如王安石变法，虽然针对时弊，涉及面也很宽广，但在运用法律保证改革成功的方面，则有所不足，终致改革失败。

三、礼乐刑政综合治国

在中国古代，管理国家需要综合治理的思想是由来已久的。《礼记·乐记》最早系统地提出这个问题，说：“礼以导其志，乐以和

[1]《战国策·秦策一》。
[2]《商君书·查刑》。
[3]《战国策·秦策一》。
[4]《商君书·定分》。
[5]《史记·秦本纪》。
[6]《史记·秦本纪》。

其声，政以一其行，刑以防其奸。礼乐刑政，其极一也，所以同民心而出治道也。”

礼的核心是“尊尊、亲亲”，所调整的范围极广，被看作是国家施政的准则，有礼则治，无礼则乱。西周时，内史过说：“礼，国之干也……礼不行，则上下昏，何以长世？”[1]孔子也说：“为政先礼。礼，其政之本欤！”[2]礼之所以被统治者强调为固国家、定社稷、无失其民的根本，就在于它使上下尊卑各安其位、各守其分。

“乐”，不能简单地理解为狭义的音乐，它包含陶冶情操的美育、文化意识的修养等各个方面。乐的作用是使人内心和顺，并反映时代的趋向和政治的兴废，因而有“治世之音”、“乱世之音”和“亡国之音”。“治世之音，安以乐，其政和；乱世之音，怨以怒，其政乖；亡国之音，哀以思，其民困。声音之道，与政通矣。”[3]礼与乐的关系是：礼用以辨异，即区分贵贱等级；乐用以求同，即缓和上下矛盾，所谓“乐者为同，礼者为异。同则相亲，异则相敬”[4]。礼有乐配合，就可以达到“暴民不作，诸侯宾服，兵革不试，五刑不用，百姓无患，天子不怒”[5]的境界。

“政”，主要是设官分职，建立政权机构。

“刑”，在古代是法的通称，不单指刑罚。

礼乐刑政不是孤立存在的，而是相互依存、紧密联系的上层建筑现象，各有不同的作用，共同用来维护剥削阶级的统治。礼乐刑政又是一个运动着的整体，其变化牵动着整个国家机器的运转，影响着国家的治乱兴衰。

礼乐刑政综合为治的思想在实践中起了重要的作用，因此一直为后世统治者所继承。著名的《唐律疏议》开宗明义便提出，“德礼为政教之本，刑罚为政教之用”，并把这二者比喻为“昏晓阳秋”

---

[1]《左传·僖公十一年》。

[2]《论语·为政》。

[3]《礼记·乐记》。

[4]《礼记·乐记》。

[5]《礼记·乐记》。

之不可偏废和永恒。明初朱元璋实行重典治国，但积三十年之经验，使他认识到礼乐教化对于预防犯罪的作用。因此，在洪武三十年制定《大明律诰》时，他亲御午门，宣谕群臣说，“朕仿古为治，明礼以导民，定律以绳顽”[1]，进行综合治理。

总的看来，中国古代开明的统治者大都一手运用政权和法制的强制力维持国家的统治，一手运用道德教化从精神上纳民于正轨，而专任刑罚的如秦末、隋末，虽盛极一时，但转瞬覆亡。正是在总结历史经验的基础上，中国古代逐渐形成了一套治国、理政、驭民的思想原则和政策措施。由先秦的礼乐刑政综合为治到汉代确立的德主刑辅的治国方略，再到唐代的德礼为本、刑罚为用，都表现了综合治国的理念。这是历史经验的成功总结，也是中华民族智慧的结晶。

四、治法与治吏的结合

考察中国法制历史的得失，可以发现，即使有因时而立的善法，如无良吏执法行法，也只会是“徒法不足以自行”。唐时白居易说：“虽有贞观之法，苟无贞观之吏，欲其刑善，无乃难乎？”[2]中国古代开明的统治者，从实践经验中形成了“明主治吏不治民”的观念，注意发挥职官的作用，建立了一整套职官管理制度，其中颇有值得借鉴之处。

有关治法与治吏的相互关系，密不可分，言者颇多。明末清初卓越的思想家王夫之做出了合乎历史实际与事理的总结。他说，“任人任法，皆言治也”[3]，但是，“任人而废法，是治道之蠹也”[4]，“非法何以齐之”[5]，任法而废人，也是“治之弊也”，“未足以治

[1]《明史·刑法志》。
[2]《白氏长庆集》卷四八。
[3]《读通鉴论》卷三。
[4]《读通鉴论》卷十。
[5]《读通鉴论》卷四。

天下”。[1] 结论就是，任人与任法相结合，“择人而授之以法，使之遵焉。”[2] 李大钊在五四运动以前所写的《民彝与政治》一文中也指出了这二者之关系，“国之存也，存于法，……国而一日离于法，则丧厥权威”，但“法律死物也，苟无人以持之，不能以自行”，故“宜取自用其才而能适法之人”。

“观今宜鉴古，无古不成今。”中国古代的法制是为剥削阶级的统治服务的，古代法律的内容不可避免地充斥着落后与野蛮的部分，但历史的发展是有联系性的，马克思主义者不仅不拒绝而且最善于吸收人类所创造的一切文明财富。1918 年苏俄起草民法典时，列宁曾经指出：“凡是西欧各国文献和经验中所有保护劳动人民利益的东西，都一定要吸收。”[3] 因此，从批判总结的立场出发，探索建设具有中国特色的社会主义法制的历史借鉴，是具有一定现实意义的。

二、1995、1998 年为全国人大常委两次讲授法律课

1995 年 10 月 31 日，我为全国人大常委会委员长、副委员长以及各专门委员会负责人等讲授法律课，由乔石委员长主持。我的讲题是《中国法律的传统与近代化的开端》。全文如下：

一、中国古代法律的传统

中国是世界上文明发达很早的国家之一，法律的历史可以上溯到公元前三千年左右，而且没有中断过，因此沿革清晰，内容丰富，资料浩瀚，在世界文明古国中是仅有的，显示了中华民族对于世界法文化宝库的重大贡献。不仅如此，中国古代法律以其所具有的鲜明特色，以及它对周边国家的深远影响，而被世界公认为五大

[1]《读通鉴论》卷十。
[2]《读通鉴论》卷十。
[3]《列宁全集》(第 33 卷)，人民出版社 1959 年版，第 173 页。

法系之一。

根据地下文物《秦简》的发现，早在公元前4世纪左右，秦国已经有了调整范围相当广泛的法律。其法律释文的准确统一、诉讼程序的初步制度化，以及法医学知识的具体应用，都雄辩地说明了当时中国的法律水平居于世界的前列。

至公元7世纪初唐朝建立以后，经济、政治、文化都达到了繁荣的程度，唐朝的法律也趋于成熟和定型，并且奠定了唐以后封建法律的基础。被世界公认的中华法系，就是在唐代形成的。明清是中国封建社会的最后两个王朝，明清法律是中国封建法律的完备形态，无论是行政立法、民事立法、经济立法、刑事立法、诉讼立法都取得了超越以往的成就。由于中国是一个地处东北亚大陆、资源丰富的国家，自给自足的自然经济长期占统治地位，人民的日常生活所需从男耕女织中基本上得到满足，而不依赖于市场。作为社会基础的家长制家庭，既是生产单位也是承担国家各项义务的基本单位，因此得到了国家权力的维护。国家政权组织从进入阶级社会起，便实行专制主义的制度，而且沿着螺旋上升的轨迹不断强化，日益成为中国社会前进的障碍。就文化而言，以纲常伦理为主要内容的儒家文化，被统治者奉为国家文化，是教育与科举考试的根本依据，也是立法与司法的指导思想。以上就是中国古代的基本国情，它决定了中国法律特有的传统。

（一）礼法互补，综合为治

礼起源于氏族社会祀神祈福的仪式。由于礼具有因俗制宜的功能和精神威慑的力量，因此进入阶级社会以后便被改造成为适合国家统治的行为规范。西周初期，周公制礼，把礼的规范系统化，并以“尊尊、亲亲”作为制礼的出发点和归宿。“尊尊”为忠，旨在维护王权；“亲亲”为孝，旨在维护父权。可见，通过制礼把政治与伦理沟通起来，形成了中国古代特有的政治。

礼的主要功能在于“别贵贱，序尊卑”，维护等级秩序，因此明礼、隆礼成为贯通中国古代四千多年的治国方针。

在礼和法的关系上，首先，礼指导着法律的制定，如纲常之礼便是历代封建法典最基本的内容。其次，礼影响着定罪量刑。《唐律》之所以被推崇，就在于它“于礼以为出入”，凡是违礼之罪要加重刑罚。最后，礼法互补，共同维护社会的稳定和国家的长治久安。

其具体表现：第一，礼侧重于预防犯罪，所谓“导民向善”，“禁于已然之前”；法侧重于惩罚犯罪，所谓“禁人为非”，“禁于已然之后”。第二，以礼的规范弥补法律条文的不足。汉初实行的“引经决狱”就是引礼入法、以礼补法的重要表现。第三，礼主刑辅，综合为治。历代凡专任刑罚者被视为“致乱之源”，而推行“礼主刑辅”者被誉为“治世之端”。《唐律疏议·序》中说：“德礼为政教之本，刑罚为政教之用，犹昏晓阳秋褶须而成者也。”

礼的差等与法的特权性是一致的，礼法互补。以礼为主导，以法为准绳；以礼为内涵，以法为外貌；以礼移民心于隐微，以法扬善恶于明显；以礼渲染恤民的仁政，以法昭彰治世的公平；以礼行法，减少推行法律的阻力，以法明礼，使礼具有凛人的权威。凡此种种都说明了，礼法互补可以推动国家机器有效地运转，是中国古代法律最主要的传统，也是中华法系最鲜明的特征。

（二）天理、国法、人情三者协调一致

西汉大儒董仲舒最早将“三纲”——君为臣纲、父为子纲、夫为妻纲，与“天”联系起来，说“王道之三纲可求于天”[1]，并以天尊地卑来论证君臣、父子、夫妇之间的主从关系。为了维护君主的绝对权威，他鼓吹“天子受命于天”[2]。为了论证等级制度的合理性，他也以天意为说词，说：“差贵贱，本之天。”经过董仲舒的说教，三纲五常被神化了，违背三纲五常便是“反天之道”。发展至宋朝，以朱熹、程颢、程颐为代表的理学家，进一步将三纲五常奉为“天理”，违背了纲常就违了天理，要受到不可逃脱的惩罚。

[1]《春秋繁露·基义》。

[2]《春秋繁露·为人者天》。

其目的显然是维护以君权为至高无上的等级制度的永恒性和不可侵犯性。

作为国家重要活动的立法也要遵循天理行事，于是以维护君权为核心的三纲，便成了封建立法的基本原则。随着礼法不断合流，天理也不断法律化，可以说天理体现为国法，国法是天理的化身，天理与国法既相通又相合。天理赋予纲常以神圣的威严，国法又对纲常的稳定统治以刑罚的强制保证。朱熹曾说："废三纲五常这一事，已是极大罪名。"从董仲舒到程朱理学家不仅沟通了天理与国法的联系，而且还从天人感应出发，将天理、国法、人情三者联系起来，以国法为中枢使三者协调一致，以确保社会有序、国家稳定。封建国家一方面要求官吏不得"舍法用情"、"违法徇情"，但另一方面针对特定情况也主张"法顺人情"，甚至"舍法用情"。以明法自恃的唐太宗李世民曾经悯宥犯死罪的功臣，而自己请罪于天。以执法严格著称的明太祖朱元璋，也曾经为孝子屈法。封建时代的人情，有些是符合当时社会流行的并被广大民众认可的情理，因此法情并重看起来是矛盾的，实际是统一的。执法以体现封建的法治主义，顺情以适应人们的心理状态和公认的道德准则。从大量的案例中可以看出，法顺人情之"情"，多与纲常伦理有关。为了渲染纲常伦理的作用，可以屈法顺情，这不仅无害于国法的权威，还可以标榜统治者的仁政。

（三）重公权、轻私权与无讼的价值取向

中国古代在专制主义的统治下，法律以维护公权即国家的统治权为首要任务。为了保护国家的利益不受侵害，以惩恶为目的的刑法被特别强调，如发生侵犯国家利益或君主的行为，则为最严重的犯罪，处最严厉的刑罚。至于私权观念，则较为淡薄，私人之间的财产纠纷被视之为"细故"，常常依据礼的规范或习俗进行调处，而缺乏必要的法律调整，以致民事法律处于零散状态，没有形成私法体系。不仅如此，中国古代由于缺乏法律上的私人平等，个人的价值决定于他们在伦常秩序中的尊卑和在国家中贵贱，因此既没有广

泛的契约关系的发展，也很少有为身份的自由而进行的运动。至于为私权益而进行的诉讼，在统治者看来不外是细事争端，缺乏应有的重视。他们所追求的是“息讼”、“无讼”，这是他们良好的官声政绩的表现。

从孔夫子起，便以“必也使无讼乎”作为施政目标。西汉时，东郡太守韩延寿把民间发生词讼看作是自己的德化不足所致，常常闭门思过，使得诉讼当事人也都“深自责让”，“郡内二十四县莫复以词讼言者”。[1]“无讼”不仅是官僚们的价值取向，也在群众中具有广泛的影响。这是由中华传统文化深厚的积淀所致。聚族而居的血缘关系与世代为邻的地缘关系，特别是农业社会的经济结构，使得社会成员之间枝蔓相连，以和睦共处、和谐无争为准则，如发生争执则寄希望于纲常的德化作用和族长邻右的调处功能，很少诉讼于官府。在这种思想笼罩下，产生了“以诉讼为耻”的心理状态，缺乏应有的诉讼权利观念。当然，因诉讼而带来的讼累，也使得人们视“讼”为畏途。

（四）法自君出，权力支配法律

在专制制度的统治下，一切大政方针由皇帝“乾纲独断”。法律也自君出，称之为“钦定”。皇帝所拥有的特权，超越于法律，支配着法律。他可以因一时之喜怒，或立法或废法，或生或杀，或予或夺。历代法典中从来没有约束皇帝权力的条款，直到晚清立宪制订的《钦定宪法大纲》中，仍然规定“皇帝权力神圣不可侵犯”。

在中国漫长的封建时代，确定出现过遵法、奉法的皇帝，如汉文帝、唐太宗，但这并不改变法自君出的根本事实。法律是权力的附庸，一切法治秩序的兴废，都取决于君主个人的品德与才干。明末著名思想家黄宗羲说，封建国家的法律是“一家之法”，而非“天下之法”。[2]这点出了封建法律的实质。

[1]《汉书·韩延寿传》。

[2]《明夷待访录·原法》。

（五）严格的身份等级与不同的法律调整

中国古代实行严格的等级制度，基于身份等级的不同而形成了不同的法律调整。其主要表现是：

1. 权利与义务根据主体的不同而有明显的差别。处于一切权力顶峰的皇帝自不待言，即使是贵族官僚也有种种法定的特权，他们只有对皇帝尽效忠的义务。至于庶民虽然享有依法从事生产、经商的权利，但这是他们的生存权，也是国家赖以存在和发展的基础，封建国家所鼓吹的“国以民为本”就在于“强由民力，财由民出”。在封建法律中找不到关于庶民政治权利的条款，相反，对于义务的规定却十分具体。在公元前4世纪左右的秦律中，便详列了庶民对国家应尽的服徭役、兵役、遵守法令、力田生产、连坐告奸等法定义务，不履行者要受到严法制裁。此外，在家族主义统治下，庶民也要履行孝亲、尊上、敬祖、守制等法定义务。妇女在“三从”的教条束缚下，实际上被否定了法律主体的地位。她们要严格遵循孝敬翁姑、相夫教子的义务，她们所拥有的继承权、立约权，是有限的、有条件的。至于卑幼的经济权、婚姻权都在家长的控制之下，以家长的意志为准，甚至人身权也缺乏法律的保障。最为悲惨的是名列“贱籍”的奴婢阶层，“律比畜产”，是权利客体，是为主人尽义务而存在的，不具备独立的人格。

总之，在封建统治者看来，专制国家是庶民权利的总代表，家长与主人是卑幼与奴婢权利的总代表，这就是封建的等级名分。

2. 良贱之间同罪异罚。如，奴奸良人妇女者，加重一等处刑，而良人奸婢女者，减一等处刑。此外，严禁良贱通婚。奴娶良人为妻者，杖八十，强制离异。贱民不准参加科举考试，更不得出仕为官。良贱的等级结构，由于法律的多方面保护，以致历时虽久，却很少改变。

3. 血缘上的尊卑亲疏，也有不同的法律调整。“五服”的制度化、法律化，表现了血缘关系上的亲疏尊卑对于定罪量刑的重要意义。龚端礼在《五服图解》中说：“律首载丧服者，所以明服制之轻重，使定罪者由此为应加应减之准也”。中国古代法律，重身份等级，轻统一用法，正是它的特权性的重要表现。

（六）家庭本位的社会结构，家法是国法的补充

中国自进入阶级社会起，便以家庭为社会的基本构成单位，由家而国，家国相通。由于家族是作为法律主体而存在的，因此才有族诛之法。但只要家族的利益不危及国家利益，国家便认同族长、家长自主的治家之权，允许家族代行基层行政组织的某些职能，如催办钱粮、维持治安、处理户婚田土等民事纠纷和轻微刑事案件。由于法律维护家庭本位的社会结构，因此历经两千余年依然保持稳定，成为封建专制制度的重要支柱。流行于家内的家法，也是国法的补充。作为家法形式的族规、祠规、义门规范等等，由来已久，它和宗族与家族的发展与演变密切联系。宋朝为了维护专制统治，鼓励联宗收族，建立族内稳定的封建关系，使得地方性的宗族组织迅速发展。至清代，家族组织普遍建立。乾隆二十九年，江西一省建有宗祠的宗族，竟达八千九百九十四族。适应家族的发展与管理的需要，家法也迅速发展起来，形式多样，调整的范围几乎涉及族内生活的一切领域，如族籍、尊卑秩序、财产关系、婚姻继承、祭祖祀宗、窃资赌博等等。治家的家法被看作是与治国的国法同等必要，所谓："家之有规犹国之有典也，国有典则赏罚以饬臣民，家有规寓劝惩以训子弟，其事殊，其理一也。"[1] 家法以国法、习惯、纲常教义为基础，经过修订加工而成，并以家族自身的力量和国家政权作为施行的保障。家法与国法共同组成了封建的法律体系，这是中国所独有的。

（七）重刑轻民，律学是法学的集中代表

中国古代法律虽然不像西方学者所断言的那样"只有刑法，没有民法"，但重刑轻民的确是历史的事实。例如，代表性的法典是刑法典，它涵盖了各个部门法，所谓"诸法合体，民刑不分。"即使是民事案件，也往往用刑责。在概念上，民法与刑也是相通的。由于重刑轻民，决定了中国古代的法学以律学为集中代表。律学的

[1]《仙源东溪项氏族谱》卷一"祠规引"。

内容主要是刑法学、刑事诉讼法学，因此又称为“刑名律学”。律学所探讨的立法与用法、定罪与量刑、司法与社会、法律与道德等等，其细微与广博，均为同时期世界所少有。

律学的主要形式是注释现行法律，故称为“注释律学”。律学的作用是通过解释法律，谋求法律的统一适用，维护大一统的专制主义国家。律学以商鞅“改法为律”开其端倪，至清朝发展至高峰。律学反映了专制主义的政治与文化政策和重刑轻民的倾向，贯穿了礼法结合的精神，适应了司法实践的要求。由于律学的发展没有受到外来法律文化的影响，因此只有纵向的继承关系，而没有横向的比较。这种特殊性，也是它的局限性。律学的研究成果，丰富了立法者的认识，提高了司法官吏的办案能力，有利于法律的统一适用。律学著作的广泛性与多样性，也繁荣了传统的法律文化。

二、西方法文化的输入与中国法制的近代化

起源很早而且具有辉煌历史的中国古代法律，在其漫长的发展过程中却是陈陈相因、发展缓慢，充满了保守性和孤立性。当西方资产阶级已经发生了革命，建立了资产阶级的民主与法律制度时，中国仍然保留着完全意义上的封建法制。直到 1840 年鸦片战争以后，海禁大开，西方的法律文化同西方的商品一起输入到中国。从此，中国传统法律遭遇到猛烈的冲击，处于不得不变的大趋势当中。而中国社会性质的变化，民族资本主义的发展和社会阶级构成的变动，也为接受资本主义法律文化提供了物质基础。西方法律文化的主要内容是：确立法律的权威，提倡法治；尊重个人的平等权、自由权；鼓吹三权分立；制订包括宪法、民法、商法、刑法、诉讼法、法院组织法的法律体系，等等。西方法律文化输入中国的渠道主要是：传教士的传播；翻译西方启蒙思想家的法律著作和各种法典；聘请西方法学家讲授法律，参与立法；派出官员出国考察学习，等等。这个过程，是从林则徐提倡“睁眼看世界”开始的。作为清朝官僚的林则徐，从知己知彼、百战不殆出发，提倡了解和

引进西方文化。为此，他组织编译了《华事夷言》和《四洲志》。在鸦片战争失败，林则徐被发往伊犁“效力赎罪”的遣送途中，还委托好友魏源完成《海国图志》的编撰。1843年出版的《海国图志》一书，是当时介绍西方的百科全书。此后，1846年出版了梁廷枏的《海国四说》，1848年出版了徐继畬的《瀛寰志略》，其中不仅叙述了外国史地知识，也介绍了西方的总统制、选举制、联邦制、刑法、税法与诉讼等等。

鸦片战争后十年，发生了太平天国农民革命。在太平天国后期领导人中，洪仁玕是介绍西方法律文化的先驱者。他提出“国家以法律为先”、“法制以遵行为要，能遵行而后有法制”的观点，并且主张以法律手段来保护私人投资与开发矿山以及兴办银行和保险事业、奖励发明保障专利权等等。洪仁玕曾经在香港以教书为业，研读了西方国家的一些自然科学和社会政治学的著作，是当时接受西方资本主义影响较多的知识分子。他的法律思想在当时还没有可能变为现实，但的确起了开风气之先的历史作用。

至19世纪70年代，中国出现了早期的资产阶级改良派。他们的代表人物是王韬、马建忠、薛福成、陈炽、郑观应、陈虬、何启、胡礼垣等。他们或者受雇于外国传教士从事翻译工作，或者协助清朝官僚办理洋务，或者担任外国公使，或者从事现代工商的经营，总之都不同程度地同资本主义国家有所接触，接受了西方的法律文化，并通过他们的著述介绍到中国。

综括早期改良派的法律思想，如下：

1. 主张建立议会制度。如，郑观应在《盛世危言》自序中说：“乃知其治乱之源，富强之本，不尽在船坚炮利，而在议院，上下同心，教养得法。”陈虬还提出，“京都设议员三十六人……公举练达公正者，国有大事，议定始行”，“县各设议院，大事集议而行。”[1]

[1] 陈虬：《治平通议》卷一“经世博议”。

2. 提倡重商恤商，制定商律。他们认为，“握四民之纲者，商也”，“商务盛衰之枢，即邦国兴亡之券也。”他们的重商思想产生于抵制外国资本主义的商业侵略，希望清政府能够恤商即扶植工商业，特别是提出翻译西方国家的商律，“量为删改”，制订中国的商律，以发展中国的民族工商业。

3. 建议按西方模式修改律例，改革司法，废除刑讯及凌迟之刑与连坐之法。在此期间，清朝成立的京师同文馆是中国官方的翻译机构，负责翻译外国律例，成为介绍西方文化的重要窗口。此外，由西方传教士在中国设立的出版机构——广学会，出版了伏尔泰、卢梭、孟德斯鸠、狄德罗等人的著作。“把中国人的思想开放起来”，对中国传统法律的改革和近代化起了舆论先导的作用。

至19世纪末，改良派的法律思想通过严复、康有为、梁启超等人的译、著得到进一步传播。

曾经留学英国的严复，翻译了赫胥黎的《天演论》、孟德斯鸠的《法意》、亚当·斯密的《原富》等西方资产阶级社会科学名著，提高了中国人了解西方社会科学的水平。严复以“天赋人权”、“主权在民”为理论武器，抨击了清朝专制制度，强调改革法律制度。他说，“今者事事方为更始，而法典居其最要”，但法律要“为民而立”，这样的法律才是“治国之法”，才有“保民之效”。他主张以法为治，建立一套“上下咸遵”、“一国人必从”[1]的完备法律制度。

戊戌变法的主要领导人康有为，是“时移法亦移”的改革者。在他的变法主张中，也提出了改革旧律、制订新法的主张。首先，应“采择万国律例，定宪法公私之分。”其次，采取“罗马及英、美、法、日本之律”，修改清朝的刑律，改重从轻，“重订施行”。最后，制订民法、商法、诉讼法。他说，“其民法、民律、商法、市则、舶则、讼律、军律、国际公法，西人皆极详明，既不能闭关绝市，则通商交际，势不能不概予通行”，“各种新法，皆我所夙

[1]《严几道文钞》卷一“辟韩”。

无。故宜有专司，采定各律以定率从。”[1]

作为19世纪末资产阶级改良派的宣传鼓动家、理论家的梁启超，对西方资产阶级法学较同时期人研究最多，观点也最鲜明。他推崇卢梭和孟德斯鸠的法律思想，认为卢梭的《民约论》“最适于今日之中国”、孟德斯鸠的《万法精理》应该成为未来中国“改制之模范”。他强调，“法治主义为今日救时唯一之主义”。他批评荀子的人治观，说：“荀卿有治人无治法一言，误尽天下，遂使吾中华数千年，国为无法之国，民为无法之民”。[2]

戊戌变法虽然立足点于改良、建立君主立宪政体，但仍然不为顽固派所容，遭到了血腥的镇压。此后不久，在中国大地上发生了一场势如狂飙的反帝运动——义和团运动。清朝政府尽管借助西方列强的暴力，镇压了义和团运动，但其自身也陷入了风雨飘摇之中，而不得不实行新政以摆脱危机。1901年1月，流亡西安的慈禧下诏变法，“世有万古不易之常经，无一成罔变之治法。大抵法久则弊，法弊则更”，“法令不更，锢习不破，欲求振作，须议更张。”[3] 同年4月，特设督办政务处为综理新政的机关。1902年，又派沈家本、伍廷芳为修订法律大臣，将“一切现行律例按照交涉情形，参酌各国法律，悉心考订，妥为拟议，务期中外通行，有裨治理”[4]，并于次年建立修订法律馆。

晚清修律是在西方法律文化对中国传统文化几十年的撞击之后，作为晚清新政的一项内容开始的。20世纪初期的国际环境与中国内部的实际状况，决定了晚清修律超出了传统的修律的藩篱，是中国法律近代化的开端。

虽然晚清修律历时不到十年，但它的修律成果和历史价值，都为世人所瞩目。而这一切又是和晚清修律的主持人沈家本的思想与活动分不开的。

---

[1]《戊戌变法》(第二册)“上清帝第六书”。

[2]《饮冰室文集》卷二十“论立法权”。

[3]《光绪朝东华录》。

[4]《寄簃文存·删除律例内重法折》。

沈家本（1840—1913），字子淳，别号寄簃，浙江归安（今浙江吴兴）人。光绪九年考中进士，留刑部补官，遂专攻法律之学。光绪十九年，出任天津知府。历任山西按察使、刑部左侍郎、大理寺正卿、法部右侍郎等职。由于他长期莅职刑部，得以浏览历代的法典王章、刑狱档案，悉心整理了中国古代的法律资料，深入研究和考证了中国古代法律发展的源流与成败利钝，是谙熟中国古代法律并在一定程度上给予批判总结的著名法学家。不仅如此，在资本主义文化东渐、新学萌起的历史条件下，他还热心探索资本主义国家的法律，接受了资产阶级法律思想的影响，是当时中国比较全面地了解西方资本主义国家法制的代表人和企图改革中国封建旧律的改良主义者。沈家本在担任修订法律大臣期间，遵照清政府关于“务期中外通行”的修律方针，提出了“参考古今，博辑中外”的修律宗旨，对西方法律采取“取人之长以补吾之短”、“彼法之善者，当取之，当取而不取，是之为愚”的态度，力图通过修律改变中国固有的传统法系，以便“与各国无大悬绝”。[1]同时，他也反对完全撇弃中国传统的旧律，“当此法治时代，若但征之今而不考之古，但推崇西法，而不探讨中法，则法学不全，又安能会而通之，以推行于世。”[2]晚清修律，首先，制定了大清新刑律，将清朝以刑罚严酷野蛮著称的《大清律例》改变为资本主义性质的刑法。其次，按照大陆法系起草了民律、商律、民事诉讼法、刑事诉讼法、法院编制法，改变了中国传统的“诸法合体，民刑不分”的法律结构。为了使晚清修律合于世界法律发展的潮流，沈家本派遣修订法律馆成员出国考察法律，同时聘请日本的法学家参加修律。他还组织力量大量翻译外国法律作为中国修律的参考，建立法律学堂以培养新的法学人才。

晚清修律虽然大部分没有施行，但它标志着中国传统的封建法律体系已解体，中国的法律开始和世界先进的法律接轨，因而是中

[1]《寄簃文存·奏虚拟死罪改为徒流折》。

[2]《寄簃文存·薛大司冠遗稿序》。

国法律近代化的重要里程碑。沈家本的努力不仅奠定了新律的规模，扩展了西方法律文化的影响，而且还成为连结中西法律文化的纽带，使中西法律文化由碰撞而渐趋于融合。有人评价沈家本的功绩时说："中国法系全在他手里承先启后，并且又是媒介东西方几大法系成为眷属的一个冰人。"[1]

中国法律的近代化是一个历史的发展过程，晚清修律只是继往开来的重要一步。在这个过程中，充满了新与旧、民主与专制、前进与倒退的复杂尖锐的斗争，是发展中的经济关系和先进的阶级力量推动了中国法律近代化的进程，而一大批思想家、改革家在中华民族危机的时刻，把改革与救亡联系在一起，冲破了清朝旧律的束缚，设计了改革法律的种种方案，谱写了中国法律近代化的鸿篇巨制。当前我国正在深化改革、完善社会主义法制，也可以说是正处于适应市场经济使我国法制进一步近代化的历史时期，因此了解和总结晚清时期中国法律近代化的过程及其经验，具有一定的借鉴意义。

三、值得借鉴的中国法制历史的经验

如前所述，中国法制的历史是悠久的、未曾间断的，因而积累的经验也是非常丰富的。古人说："观今宜鉴古，无古不成今。"认真加以总结，对当前的法制建设很有借鉴意义。这里只从宏观上提出以下几点认识：

（一）重视或漠视法制对国家盛衰具有重大影响

众所周知，法制推动人类社会走向文明，法制调整经济关系促进社会的发展，法制强调政治关系保证国家机器的运转，法制调整社会公共职能使社会达到有序，法制还规范人们的行为促进道德与法律的自觉。因此，重视法制就会推动社会的发展，使国家富强，而漠视法制则不仅阻碍社会的发展，还会导致一个政权的覆灭。在

[1] 杨鸿烈：《中国法律发达史》，中国政法大学出版社 2009 年版。

中国历史上，重视法制的王朝均为盛世，因而法制是盛世的一大标志。

公元前11世纪周朝建立，著名的政治家周公鉴于商朝末年“重刑辟”败坏法律秩序遭致亡国的教训，强调尊重法律，“明德慎罚”，从而缓和了周初严峻的阶级矛盾，造就了“成康之治”。《史记·周本纪》说：“成康之际，天下安宁，刑措四十余年不用。”

汉初著名的“文景之治”，是以“上下守法”为重要契机的。史书中记载了汉文帝以皇帝之尊严恪守法的事迹。据《汉书·张释之传》，文帝一次出行时过渭桥，有人从桥下走出，惊文帝坐骑，廷尉张释之以“犯跸”罪，判该人罚金。文帝要求重判，张释之谏曰：“法者，天子与天下公共也，今法如是，更重之，是法不信于民也。”又说：“廷尉，天下之平者也，壹倾，天下用法皆为之轻重，民安措其手足？惟陛下察之。”文帝终于表示折服。

唐朝贞观时期是中国著名的封建盛世，为历史学家交口称道的“贞观之治”是和唐太宗李世民重视法制分不开的，李世民把健全法制看作是“安民立政，莫此为先”的头等大事。贞观之治，不仅表现为法制相对完备，更表现为严于执法。李世民曾明确表示：“法者非朕一人之法，乃天下之法。”[1]因此，当他违法宽恕了一个犯贪污罪的功臣时，表示要请罪于天。李世民之所以重视法制，是从隋朝漠视法制招至覆亡的教训中总结出来的。隋朝曾经是一个强盛的封建王朝，传至二世炀帝，任意毁法，“宪章避弃。不以官人违法为意”，以致“人不堪命，遂至于亡。”唐初的统治者大多经历了隋朝的覆亡过程，因此他们“动静必思隋氏，以为殷鉴。”李世民强调“人有所犯，一一于法”[2]，严肃了法律秩序，使得贵族官僚们不敢为非作歹，国家充满了生气，经济文化得到迅速发展。

清朝在关外时期，兵力不足二十万，经济远远落后于明朝，但却夺取了明朝政权，其中重要的原因之一就是严守法度、公平执

[1]《贞观政要》卷五。

[2]《贞观政要》卷五。

法。清太祖努尔哈赤曾总结明朝之所以衰败，就在于“法令不公平，不严明。”所以，他强调，权贵宗法如果“悖道行乱”，“就是掌管国人执政的诸贝勒，也依法惩办。”[1]他曾经诛杀了心怀异谋的女婿蒙格布禄和长子褚英，处罚了勒索财物的身居五大臣之一的养子达尔汗虾，以致当时明朝人的著作中也承认后金“法令之严，无徇无纵”。清朝入关以后继承了关外时期严格执法的传统，乾隆时曾经对几十名犯贪污罪的封疆大吏处以极刑，从而造就了“康乾之治”。由此，可见盛世与法治的关系。

（二）变法改制与法律的保障作用

在中国历史上曾经发生过多次重大的经济体制改革，如秦商鞅变法，汉盐铁专卖，北魏隋唐均田、两税法，宋王安石变法，明一条鞭法，清摊丁入地，等等。这些改革有的成功了，有的则未能贯彻始终。成功的改革都是和充分发挥法律的保障作用分不开的。具体说来，在改革之初要确立法律的权威，用法律为改革开辟道路。例如，战国时期，秦商鞅变法之前提出“缘法而治”的法治主张，作为改革的舆论先导，并依法对反对改革的太子师傅公孙贾处以黥刑、公子虔处以劓刑，所谓“法及太子，黥劓其傅”[2]。宋王安石变法，以制订新法即所谓“善法”作为改革的起步。他说：“盖君子之为政，立善法于天下，则天下治；立善法于一国，则一国治；如其不能立法，而欲人人悦之，则曰亦不足矣。”[3]明朝张居正在推行改革前，响亮地提出了“以法绳天下”的口号。

以上说明，中国历史上的改革家们认识到要充分运用法律扫清改革道路上的障碍，以突破“祖宗成法”的束缚。

在改革实施的过程中，法律不仅是推行改革的保障，而且要以法律的形式肯定和巩固改革的成果。以商鞅变法为例，变法的主要内容是废除奴隶制的国有土地制，实行封建的地主土地所有制，是

---

[1]《满文卷老档·太祖》。
[2]《史记·商鞅列传》。
[3]《王临川集·周公》。

经济体制的重大变革。为了推行和保障改革的实施，商鞅颁布了“开阡陌封疆令”，否定奴隶制的土地所有制；颁布了“初为赋令”，在承认土地私有合法后，按照田亩和人丁收取赋税。为了发展封建的小农经济，立法强调：“（努）力本业，耕织致粟帛多者复其身（即免除徭役）；事末利及怠而贫者，举以为收孥（官奴隶）。”“民有二男以上不分异者，信其赋。”[1] 商鞅变法的成功，是和改革的成果及时法律化分不开的。1975 年出土的《秦简》，再现了确认封建经济体制的一系列法律，如《田律》、《厩苑律》、《仓律》、《金布律》、《关市》、《工律》、《工人程》、《均工》、《徭律》等等。可以说，商鞅所推行的封建化的改革成果，都在法律中得到了体现。这正是“商鞅虽死，其法未败”的重要原因。也就是说，由于法律全面地固定了经济改革的成果，即使改革者身亡，改革成果仍然继续和发展，人亡而政不息。与此相反，有些改革只寄希望于皇帝个人的支持，缺乏及时的立法，结果随着皇帝个人状况的变化，使变法遭到失败。例如，唐朝顺宗时期，柳宗元、刘禹锡、王叔文等进行一次改革，曾经取得一时的效果，但由于他们的改革只依靠皇帝的一纸诏令，而当顺宗皇帝中风不语让位给太子以后，改革便遭到了失败，王叔文被杀，柳宗元、刘禹锡相继被贬为远州司马。近代康有为、梁启超领导的戊戌变法，也只寄希望于光绪皇帝，而当光绪被囚，戊戌变法也就难逃失败的厄运。

由于改革是一场深刻的体制的变革，必然触犯到某些既得利益集团，因而充满着激烈的斗争。为了战胜顽固守旧者的反抗，在运用法律武器的时候，必须树立法律的权威，做到“严而公”、“信而明”。商鞅把法看作是“国之权衡”，是公正的，因此实施法律要求做到“不失疏远，不违亲近”。同时，他强调守法，下令：如敢随意改动新法，“损益一字以上，罪死不赦”[2]；“守法守职之吏有不

[1]《史记·商君列传》。

[2]《商君书·壹刑》。

行王法者，罪死不赦，刑及三族。”[1] 为了使法律信而明，商鞅“立木为信”，表示有令必行、信赏必罚。他还十分注意法律宣传，“为法，必使之明白易知”，以致“妇人婴儿皆言商君之法”。[2] 与商鞅变法获得成功相反，宋王安石变法最终失败。王安石面对代表大地主、大商人利益的保守派的攻击破坏，不仅未能严肃地绳之以法，坚决打击，或者陷入无休止的理论争论，或者作一些于事无补的言词针砭，即所谓“讽喻”，而且未能把新改革的经济体制进一步制度化、完善化、法律化。同时，变法缺乏一支执行新法的得力的官僚队伍。王安石曾经重用参与改革的吕惠卿、曾布，但这些人是借新法谋私利的投机分子，他们制造分裂，破坏了新法的推行，最后使王安石被迫罢相而去。经验证明，建立一支领导改革、推行新法的得力队伍，也是关系到改革成败的关键。

（三）正确处理权力与法律的关系是维系法制的根本

中国从进入阶级社会建立国家时起，便受古东方特殊文化的影响，实行专制主义的政体。这就决定了权与法的特定关系。在封建时代，皇帝是最高的立法者，同时又可以根据“事有时宜”自由权断，不受法律的约束，因此总的说来，皇权支配法律，法律是权力的附庸。在中国历史上也曾经出现过法律约束皇权的开明之世，如汉初的文帝时期和唐初的太宗时期。当法律约束了权力，法律就具有权威，法制秩序就能够维持，贵族豪门就不敢公然违法，百姓庶民得以相对地安居乐业。但是，专制主义的发展必然使权力超越于法，不受法律的约束，从而造成政治的腐败。为什么封建时代群众赞美清官、歌颂清官，其秘密就在于清官使自己的权力行使局限在法定的限度以内，而不追逐无限制的习惯权力。中国封建时代的思想家也曾提出过限制专制权力的问题，但没有也不可能产生实际效果，如同罗素所说：“道家认为这个问题是无法解决的，因而主张无为。儒家则相信通过某种伦理和政治的训练，可以使掌权者成为

[1]《商君书·赏刑》。

[2]《战国策·秦策一》。

温和和仁爱的贤人。”[1] 发展至明代，专制制度走向极端，政治的腐败导致法纪荡然无存，作为皇帝的内侍、亲军竟然掌握了司法大权，过去非法的变成了合法。权力滥用到如此地步，明朝也就不亡何待了。明末清初黄宗羲、王夫子、唐甄之所以奋笔猛烈抨击专制制度，其根源就是权与法的矛盾发展的结果，其实质就是专制制度与自然法的冲突。近代中国发生的变法维新运动，基本上是主张用法来约束专制权力。

在西方，古希腊时代著名的法律思想家柏拉图在《法律篇》中说过：“如果一个国家的法律处于从属地位，没有权威，我敢说，这个国家一定要覆灭；然而，我们认为一个国家的法律如果在官吏之上，而这些官吏服从法律，这个国家就会获得诸神的保佑和赐福。”柏拉图的法律思想，对雅典法制秩序的建立具有重要的意义。在雅典，权力要服从法律，接受法律的监督。资产阶级革命时期，英国的思想家洛克曾经讲了一句名言：“法律一停止，暴政就开始。”[2] 法国思想家卢梭也说：“因为法律乃是公意的行为，我们既无需问君主是否超乎法律之上，因为君主也是国家的成员。”[3] 综观近代资产阶级启蒙思想家学说的核心，不外是确立权力服从法律的原则。因此，在资产阶级革命后的欧洲和北美，都在宪法中规定了“法律至上”的内容。

中外的历史都证明了，如果不用法律对权力进行限制和规范，使它的行使不得超过应有的限度以致伤害公民的权利，就不可能建立正常的法制秩序。因此，正确处理权力与法律的关系，是维系法制的根本。

(四) 良法与廉吏是推行法制的必要条件

关于法与吏的关系，是中国法制历史上重要的课题之一。

在中国古代，以君治和君主操纵下的官治为主要的政治特征。

---

[1]【英】罗素：《权力论》，东方出版社 1988 年版，第 224 页。

[2]【英】洛克：《政府论》（下编），商务印书馆 1964 年版，第 123 页。

[3] 卢梭：《社会契约论》。

即使主张援法而治、一断于法的先秦法家，同样是君治主义者。韩非关于“法、势、术”的学说，构成了封建专制主义的理论基础。法家提出的“明主治吏不治民”，实际是强调发挥官吏队伍的作用。荀子由于提出“有治人，无治法”、“法不能独立，……得其人则存，失其人则亡”[1]的主张，成为人治论的奠基者，受到封建统治者的肯定。例如，清世宗说：“徒法不足以自行”，“治天下唯以用人为本，其余皆枝叶耳。”他强调：“有治人，无治法，若不得其人即使尧舜之仁，皆苛政也。”[2]这里表现了一个封建皇帝对于法与吏关系的看法。

值得提出的是，即使是人治论者也并不否认立法的必要性及其治国的作用，荀子便说：“法者，治之端也。”[3]荀子的“人治”论，实际上是“重人执法”论。在他看来，法是人制定的，由人来执行的；法是死的，人是活的，在发挥法的功能上人是决定性的。正是从这个认识出发，历代开明之君治国，立法与选官并重，首先是制定法律作为国之纲纪，其次是重视选任执法之官。

为使官吏严于执法，历代制订了治官之法，定期考课，惩贪奖廉，特别是形成了一整套监督机制，务使良法与廉吏结合，把这看作是推行法制的保证。唐时白居易说：“虽有贞观之法，苟无贞观之吏，欲其刑善，无乃难乎？”[4]宋时王安石说：“理天下之财者法，守天下之法者吏也。吏不良，则有法而莫守；法不善，则有财而莫理。”[5]明末思想家王夫之说“任人任法，皆言治也”，但是，“任人而废法是治道之弊也”，“任法而废人”也“未足以治天下”，结论就是“择人而授之以法，使之遵焉”。[6]晚清思想家魏源认为虽有好法但无良吏也会为害于民，因此他说：“不难于立法，而难

[1]《荀子·君道》。
[2]《清世宗实录》。
[3]《荀子·君道》。
[4]《长庆集》卷四八。
[5]【宋】王安石：《度支副使厅壁题名记》。
[6]《读通鉴论》卷十。

得行法人。”[1] 我党创始人李大钊在五四运动以前撰写的《民彝与政治》一文中也指出法与吏二者的关系，“国之存也，存于法，……国而一日离于法则丧厥权威”，但“法律死物也。苟无人以持之，不能自以行”，故“宜取自用其才而能适法之人”。

由此可见，良法与廉吏相结合是推行法制的重要条件。

（五）发挥监察机关司法监督的作用

在中国古代，监察机关的设立是历史悠久的，其主要职能是督察百官、纠举失职、谏诤得失、维系纲纪、监督司法。秦时监察官执行公务时，“皆冠法冠”，以示执法不阿。汉时，监察机关已经发展成独立的监察机构，并承担起监督司法活动的任务。如，选派明法律者充当治书侍御史，“凡天下诸谳疑事，掌以法律当其是非。”[2] 有时，皇帝还特派绣衣直指御史与州郡官共同审理大案。魏晋南北朝时期，中央监察机关之长御史中丞已拥有“震肃百僚”的权威，“自皇太子以下，无所不纠。”[3] 至唐朝，监察机关和体制都已定型。监察官对京内外各级官吏进行监督纠弹，“颛举不如法者”，“以刑法典章纠正百官之罪恶”[4]，实际是依法对有罪官吏提起行政诉讼，甚至有权对皇帝的诏令进行“封驳”。为了充分发挥监察官的作用，宋朝由皇帝亲自掌握监察御史的任用权，凡是经宰相荐举为官或其亲戚故旧，均不得为御史。为了保证监察官具有实际经验，凡未经两任县令者不得为御史。明、清两代，作为最高审级的三法司的组成之一是中央监察机关，并参加会审、朝审。明朝还建立了御史巡按地方的制度，巡按御史是皇帝的代表，权力极大，“大事奏裁，小事立断。”[5]

总之，中国古代的监察机关独立地行使监察权，自成系统，不

[1]【清】魏源：《默觚下·治篇四》。

[2]《后汉书·百官志》。

[3]《通典》卷二十四。

[4]《新唐书·百官志》。

[5]《明史·职官志二》。

受枢要机关的干涉。在一些朝代，甚至最高军政长官也在监督之列。如，元世祖曾明确表示："中书朕左手，枢密朕右手，御史台是朕医两手的。"封建的监察机关以提高官僚队伍的素质，奖励清廉、纠弹不法为最重要的任务，因此其工作重点是惩贪和监督司法，并从制度上加以保证。乾隆十三年规定："满、汉御史以十五省分十道，分理各省刑名。"特别值得提出的是，中国封建时代制定了系统的、完整的监察法规——其集大成者为明朝的《宪纲总例》和清朝的《钦定台规》、《都察院则例》，可以说监察有法，是依法监察的。由于监察官的威势是附着于皇权的，是天子的"耳目之司"，因此品级虽不高，权力却较大。也正因如此，监察官职能的发挥，决定于专制制度的强弱与稳固。在漫长的中国古代，监察机关确实起到了应有的作用，在制度建设上既有特色，也很有借鉴意义。

总括以上，可以看出中国法制历史的悠久传统、鲜明特色，近代转型的规律以及所积累的丰富经验。在我国加强民主与法律建设的今天，了解过去，吸取借鉴，剔除其封建性的糟粕，继承其民主性的精华，将是大有裨益的。

讲座结束后，田纪云副委员长做总结。他说，张晋藩教授的讲课，使我们从中得到许多有益的启示。

1998 年 12 月 22 日，我再次为全国人大常务委员会讲授法律课，全国人大常委会委员长李鹏主持了这次讲座。我的讲题是《中华法制文明的世界地位与近代化的几个问题》。择要如下：

关于中华法制文明的世界地位

从中华法制文明的内涵可以看出，中国古代法制在漫长的发展过程中，形成了独树一帜的、特色鲜明的传统，而与世界其他法系相区别。这种特殊性，也正是中华法系的典型性。

在世界法制的历史上，中国古代法制不仅起源早，而且长期居于发展的前列。云梦秦简的出土证明了公元前4世纪左右秦国的法律规范已涉及立法、行政、民事、经济、刑法、诉讼、狱政、司法鉴定等诸多方面，确实达到了古书中所说“秦皆有法式”的地步。以秦律与西方早期封建法典相比，秦律不仅在时间上早于西方法兰克王国的《撒利克法典》一千多年，而且在内容上，也是还停留在习惯法阶段的《撒利克法典》所无法相比的。

尤其是作为中国封建法典典范的《唐律》，更是为周边国家所长期取法，起到了母法的作用。

例如，日本天智天皇时期制定的《近江令》和天武天皇时期制定的《天武律令》，便以唐贞观前后的“令”为蓝本。至于在日本法制历史上具有划时代意义的《大宝律令》，无论篇目与基本内容，都取法《唐律疏义》，只是作了一些删并而已，如将“八议”中的“议勤”、“议宾”删去，成为“六议”。《大宝律令》之后制定的《养老律》，也同样是如此。日本法制史学者桑原鹭藏博士曾经指出：“自奈良至平安时期，吾国王朝时代之法律，无论形式上与精神上都皆依据《唐律》。”[1]穗积陈重博士还指出，明治三年十二月颁布的《新律纲领》，“系以中国之唐明律为蓝本”[2]。

除日本外，高丽王朝在474年统治期间，就法律制度而言，也多取自唐律。《高丽史》卷八四“刑法志”说：“高丽一代之制，大抵皆仿于唐。至于刑法，亦采唐律，参酌时宜而用之。”

唐律对越南的封建法典也有着重要影响。越南李太尊时期颁布的《刑书》和陈太尊时期颁布的《国朝刑律》，都仿自唐律而成。潘辉在注《历朝宪章类志》卷三三“刑律志”时说：“按李陈刑法……当初校定律格，想亦遵用唐宋之制，但其宽严之间，时加斟酌。”

由于周边国家的法律长期归属于中国法律的系统，加上中国法律自身的特点以及法律文化上的先进性，而被世界公认为“中华法

[1] 桑原鹭藏：《中国法制史论丛》，第213页。

[2] 穗积陈重：《日本族民法》。

系”。在世界法系的划分中，或划分为五大法系，或划分为七大法系，但无论怎样划分，中华法系都是组成之一。

综上可见，中华古代法制文明在世界法制文明史中有着重要的地位，显示了中华民族对于世界法制发展的贡献。但由于中国古代社会进步迟缓，使得法制的发展处于陈陈相因的状态，当西方已经发生资本主义革命，建立了近代的民主与法制，中国却依然在封建法制的藩篱内踱步。这种落后状态至19世纪中叶以后，随着西方法文化的输入和广大群众的斗争逐步发生改变，开始走上了法制近代化的道路。

关于中国法制走向近代化的思考

1840年鸦片战争以后，外国侵略者通过不平等条约在中国获取了一系列特权。领事裁判权就是其中之一，从此中国丧失了司法主权。为了改革中国的法制，先进的中国人在思考、探索、提出各种建议。例如，康有为在《上清帝第六书》中主张，“今宜采罗马及英、美、德、法、日本之律，重定施行。”两江总督刘坤一与两湖总督张之洞在《第三次会奏变法事宜折》中提出，“定矿律、路律、商律、交涉刑律”。但是，中国法律近代化的最主要的进程，是从1903年修订法律大臣沈家本领导修律与改革法制开始的。迄至1911年清朝覆亡，已经制订了《大清新刑律》、《民律》、《商律》、《民事诉讼法》、《刑事诉讼法》、《法院编制法》等一系列新法。虽然大部分未及实施，但它标志着封建法律体系的解体和六法体系的建立，从而与世界法系接轨。

中国法律的近代化是一个历史的发展过程，晚清修律与法制改革虽只是开端，但却提供了很值得思索的历史经验。

（一）西方法文化的输入与大陆法系的取向

1840年鸦片战争以后，中国固有的封闭状态被打破，西方的法文化通过传教士、外国商人、清政府的洋幕宾以及中国留学生、驻外官僚等媒介传入中国。尤其是戊戌变法前后出版的报纸和翻译的书籍，起了开风气之先的作用。如，江南制造局所属的翻译馆是官方的文化机构，翻译了大量的法律书籍，主要有《佐治刍言》、《公法总论》、《法律医学》、《美国宪法纂释》、《各国交涉公法论》等。此外，上海《申报》是这一时期全国最大、最有代表性的一家报纸，它对于日本明治维新的宣传，对中国的维新起了积极的鼓吹作用。上海商务印书馆在戊戌变法失败以后所翻译和出版的法律书籍，据统计，刊登在《东方杂志》上的译书目录就有数十种之多，其中既有法学专著，也有法规大全。至20世纪初修订法律馆成立以后，短短几年间先后译出外国刑法、诉讼法二十六种，至清朝覆亡尚在译中的还有十种。西方的法文化与中国传统的法文化碰撞以后，发生了激烈的冲突，但先进的西方法文化逐渐占上风，影响着中国法制的走向。

值得提出的是，中国在接受西方法文化时，开始受英美法系影响较多，而后逐渐以大陆法系为取向，这不是偶然的。

首先，与法典化的传统有关。如前所述，中国古代法制是以法典为主干的，这个传统便于接受以法典化为特征的大陆法系。

其次，在立法技术上，由于英美法系大多没有成文法典可供移植，而判例的数量又是巨大的，同时还需要培养运用判例的高素质的法官，因此移植大陆法系更具有可行性。

再次，日本明治维新的成功，给中国以很大的启发。中日两国有着相同的文化渊源，而且明治维新之前的日本同与当时的中国有着相似的政治、经济条件，因此通过日本的媒介，更容易接受大陆法系。梁启超曾经说过："日本法规之书，至详至悉，皆因西人之成法而损益焉也。"[1] 顾燮光也指出："和文（日文）移译，点窜便易成书。"[2] 由于中日两国文字上有相通之处，因此翻译日本的法学著作数量多、方面广，成为主流。

[1] 梁启超：《饮冰室合集》文集之一"变法通议"。

[2] 顾燮光：《译书经眼录》。

最后，修订法律馆在起草新律的过程中，还聘请了熟悉大陆法系的日本法学家担任起草人。他们对中国接受大陆法系起着传导作用，《大清民律草案》就是通过日本学者起草而接受德国民法的影响的。

（二）法观念的更新是法制近代化的思想前提

19世纪中叶以后，中国的国情发生了巨大的变化，亡国灭种的危机威胁着中华民族的生存。为了救亡图存，开明的官僚士大夫在思考着中国的出路。在这样的背景下，传统的法观念开始了某种程度的更新，这种更新是促使法制由传统向近代转型的思想动力。具体如下：

1. 由固守成法转向“师夷”变法。清朝统治集团直到鸦片战争前夜仍然坚持“祖宗之法不可变”的信条，但是鸦片战争以后的实际状况，使某些人转向“中学为体，西学为用”，即在保留专制政体和伦理纲常的前提下采用西方的科学技术，在法制方面提倡学习国际公法学，制定“交涉刑律”、“通商律例”等等。“中体西用”是清末师夷变法的第一步。1900年义和团运动以后，清朝政权已经无法照旧统治下去了，因此慈禧下诏实行新政，改革律例。清末修律“务期中外通行”，以“模范列强为宗旨”。按照西方法律的模式改革中国的法制，这是师夷变法的第二步。由盲目排外、固守祖宗成法到师夷变法，是清末统治集团法观念的显著变化，没有这个变化就不可能出现以“钦定”的名义修订法律。

2. 由以三纲为立法指导原则转向批判三纲、接受资产阶级法制人权观念。从西汉起，便以“三纲”——君为臣纲、父为子纲、夫为妻纲作为不可动摇的立法指导原则。但至19世纪末，一些开明士大夫由维护三纲转向批判三纲，其代表人物是维新派谭嗣同。他提出“冲决君主之网罗”、“冲决伦常之网罗”，认为以三纲为立法指导原则，只是方便了“独夫民贼”。这些开明士大夫接受了天赋人权的平等思想和以法治国的法治思想，主张改革政体，实行君主立宪；删除大清律例中有关买卖人口、蓄养奴婢的法律；允许旗民交产。这些主张在清末新修的法律中得到了确认。

3. 由以人治国转向以法治国。在专制制度下的中国，是以人治为国家运作的关键。所谓“人治”，说到底是君治和君主操纵下的官治，至于法律则被视为一种工具。唐朝魏征曾经比喻说，国家如同一匹马，国王是驾驭马匹的驭者，法律则是驭者手中的鞭策。这种传统的观念，至19世纪末受到维新派的批判。严复反对“有治人无治法”，认为人治之下“昌世少而乱世多”。[1]梁启超批评荀子，“有治人无治法一言”，“误尽天下，遂使吾中华数千年，国为无法之国，民为无法之民。”[2]他强调，法治是“救时”、“存国”之“唯一主义”，亟应“立法以治天下”。[3]维新派的法治观，对清末修律有着重要影响。

4. 由司法与行政不分转向司法独立。在封建专制制度下，司法与行政不分，地方行政长官同时也是司法官，尤其是皇帝握有最高的司法权。鸦片战争后，资产阶级三权分立学说传入中国，受到开明士大夫的欢迎，并企图以此改革中国固有的行政与司法体制。康有为在他的变法主张中提出，“西方政论皆言三权，有议政之官、有行政之官、有司法之官。三权立，然后政体备”[4]，“行三权并立之制，则中国之治强可计日待也。”[5]资产阶级民主派孙中山、章太炎也都是三权分立的支持者、鼓吹者。尤其是章太炎，晚年对资产阶级议会制度进行了尖锐批评，但对三权分立的原则却始终坚持。正是在三权分立观念的影响下，清末司法改革开始建立独立的法院体系。

综上所述，19世纪末20世纪初在救亡图存的严峻时刻，为了中华民族的生存，为了把20世纪的中国建成独立、富强、民主与法制的国家，先进的思想家曾经进行了勇敢的探索、论辩和斗争。

---

[1] 严复:《法意》(第二卷)。

[2]《饮冰室文集》卷二十“论立法权”。

[3]《饮冰室文集》卷一“变法通议”。

[4]《康南海文集》卷十九“政治学学理摭言”。

[5]《戊戌变法》(第二册)“请定立宪开国会折”。

在这个过程中，他们的法观念发生了明显的变化。这个变化是中国社会遽变的反映，是以挽救中华民族危亡为动因的新思潮的产物，是促进清末修律与改革法制的思想动力，也是在迎接20世纪的挑战面前，中国人为自己所确定的目标做出的公开回答。

（三）移植西方法律与中国国情相结合

清末修律虽然不足十年，但基本上形成了按大陆“六法”的立法架构，奠定了清以后民国时期立法的历史基础。但同时需要指出，清末修律是一个急就章，是采用最便捷的翻译西方法律和聘请西方法学家参与立法的形式来完成的。其之所以如此，一是以制定新律作为清朝改革政治、实行开明专制的象征，力求在预备立宪期内完成新律的修订；二是急于建立西方式的法律体系，以便收回领事裁判权。在1902年清朝与各国修订商约时，英、日、美、葡四国为了表示对彻底投降帝国主义列强的清政府的支持，宣称在清政府改良司法“皆臻完善”以后，可以放弃领事裁判权。对帝国主义的这个许诺，除了个别官僚如张之洞表示怀疑外，大部分是相信的。以沈家本、伍廷芳为首的修订法律馆的官员，正是出于爱国主义的动机，积极引进外国法律，力图使中国法律与外国法律衔接。

由于在立法指导思想上存在简单拿来主义的倾向，因此在制订的新律中有些脱离了中国的实际。例如，由日本法学家松冈义正起草的《民法·物权编》，便忽视了在中国流行一千多年的典权，而代之以德国民法中的质权，因而与国情相悖。又如，仿照日本的破产法制定了《破产律》，但由于当时的中国并没有建立起相应的企业运行机制，因此颁行以后上海钱业大亨便请求清政府暂缓执行，不久农工商部也奏请将该律重新统筹编纂，实际是束之高阁。

晚清修律证明：简单地移植西方法律，脱离中国的国情，很难发挥有效的调整作用，也会失去广大民众的信任——而这种信任是法律的权威性的主要来源。只有在日常社会生活中起着影响的法律，才是真实有效的法律；只有深入中国文化土壤的移植，才能根深叶茂，茁壮成长。

（四）改良政治是清末法制近代化的前提

在慈禧控制下的清末政权，是极端保守的，拒绝任何政治改良的，1898年便以血腥的手段镇压了戊戌变法运动。然而在1900年义和团运动以后，清朝已经无法照旧统治下去了。还在流亡西安期间，慈禧便以皇帝的名义下诏表示变法，实行新政。1905年以后，又宣布“仿行宪政”，颁布了《钦定宪法大纲》，成立了各省谘议局和中央资政院。清末预备立宪是迫于人民群众的压力，特别是震慑于资产阶级革命派发动的武装起义，而采取的被动措施，是在国内外特定条件下才走上改良政治这条路的。尽管如此，还是向改良政治迈出了一步。而修订法律，正是作为宪政的一个部分提上议事日程的。修订法律大臣沈家本曾明确表示，修律是“预备立宪的要著”，并举日本明治维新以修改法律为立宪之基础向清廷进言。事实证明，清末政治改良与法制改革是互动的，但前者是前提，立宪所造成的政治氛围有助于修律的开展，修律的成果也使政治改良获得了切实的支撑点。没有清末的政治改良，就不会有修律和法制改革，而清朝的覆亡所昭示的改良政治的失败，也使法制改革没有达到预期的结果。

总括以上，可以看出中国法制历史的悠久和特色的鲜明，以及它在世界上的地位。尤其是近代法制转型期所提供的经验教训，对我们加强社会主义民主与法制建设很有借鉴意义。鉴古明今，要从丰富的法文化宝库中汲取有益的历史经验，为我国的社会主义民主与法制建设服务。

李鹏在他的记录中，肯定了这次讲课：

“十二月二十二日下午，主持人大常委会第六次法制讲座。中国政法大学教授张晋藩同志讲《中华法制文明的世界地位与近代化的几个问题》，令人颇感兴趣。张教授讲了如下要点：一、中华法制最早出现在公元前21世纪的夏朝。二、经济、宗法家长制、儒家纲常伦理决定了皇权、神权为中国古代国家的基本政治制度。

三、法家主张以法治国。汉武帝‘罢黜百家，独尊儒术’后，实际推行的是外儒内法。古代的‘援法断罪’，出发点是约束司法官员的权力。四、德主刑辅，综合为治。这与现在的法治加思想工作有相似之处。五、伦理关系对法律的渗透，将君权、父权、夫权引入法律，如欺君、不孝均为大罪。六、制定法与判例法、习惯法相结合。七、官员以无诉讼案，即无人打官司为政绩取向。清末的法律改革是照搬西方，特别是日本的法律，走改良主义道路，是不成功的。”

为中国法制史学「智库」撰写纲要

为中国法制史学"智库"撰写纲要

2014年初，中央提出建立"智库"的意见。之后，中国政法大学各个学科都进行了建设"智库"的活动，中国法律史学研究院以提供史鉴作为本院"智库"建设的基本点。为此，我撰写了一系列文章。

一、中国古代依法治国的历史借鉴

中国是法制文明发达的古国，其历史不仅悠久，而且从未中断，无论系统性、完整性、典型性均为世界其他文明古国所少有。著名的兴于汉、盛于唐的中华法系，影响了中国和周边国家达千余年之久，遗留下丰厚的法文化资源和宝贵的治国理政的经验。成书于战国时期的《管子》便提出了"以法治国"的观点，"威不两错，政不二门，以法治国，则举措而已"[1]，体现了管子对于以法治国的赞美和信心。如果说以法治国是法律工具主义，那么依法治国则是法律权威主义，二者具有质的不同。但是，总结以法治国的历史经验，对于建设依法治国的法治中国，仍有值得重视的借鉴意义。

（一）法制兴则国兴，法制废则国危

这可以说是古今中外具有共性的结论。早在战国时期，韩非便指出："国无常强，无常弱，奉法者强则国强，奉法者弱则国弱。"[2]历史的经验证明，当秦以法治国时，国富兵强统一天下，二世以后毁法滥刑，转瞬而亡；隋初厉行法制改革，制定了著名的《开皇律》，使得经济发展、国家强盛，但至炀帝时，"宪章遐弃"[3]，不

[1]《管子·明法》。

[2]《韩非子·有度》。

[3]《隋书·刑法志》。

以“官人违法为意”[1]，结果“人不堪命，遂至于亡”[2]。

（二）以私害法，甚于无法

慎子说：“法之功，莫大使私不行；……今立法而行私，是私与法争，其乱甚于无法。”[3]商鞅更从治、乱两个方面分析了私与法的关系，他说：“君臣释法任私必乱。故立法明分，不以私害法，则治。”[4]由于法是“齐天下之动，至公大定之制也”[5]，只有认真执法，才可以发挥法的公平性价值。中国古代思想家多以度量衡器来比喻法的客观、公正、公平。管子说：“尺寸也，绳墨也，规矩也，衡石也，斗解也，角量也，谓之法。”又说：“法律政令者，吏民规矩绳墨也。”[6]蜀汉诸葛亮严行法制，但无怨者，“以其用心平而劝诫明也”，如同诸葛亮本人所说：“吾心如秤，不能为人作轻重。”[7]

（三）法之不行，自上犯之

此语出自战国时期商鞅。商鞅变法时，太子犯法。卫鞅认为，“法之不行，自上犯之”，将法太子，而“太子，君嗣也，不可施刑，刑其傅公子虔，黥其师公孙贾。”结果，秦人皆遵法不敢违反，“行之十年，秦民大说，道不拾遗，山无盗贼，家给人足。民勇于公战，怯于私斗，乡邑大治。”[8]与此相反，隋文帝时欲于“六月棒杀人”——这违背了汉以来秋冬行刑的传统法律精神，因此大理寺少卿赵绰力谏：“季夏之月，天地长成庶类。不可以此时诛杀。”然而，文帝却强辩说：“六月虽曰生长，此时必有雷霆。天道既于

[1]《魏郑公谏录》卷三。
[2]《旧唐书·刑法志》。
[3]《慎到·诸子集成》。
[4]《商君书·修权》。
[5]《左传·昭公二十年》。
[6]《管子·七法》。
[7]《三国志·蜀志·诸葛亮传》。
[8]《商君书·修权》。

炎阳之时，震其威怒，我则天而行，有何不可！""遂杀之。"[1]此例一开，文帝逐渐走上了"持法尤峻，喜怒不常，过于杀戮"的毁法之路。[2]既然皇帝以言代法，法外施刑，官吏们也窥察圣意，构煽大狱，陷害无辜。史书曰："每有诏狱，专使主之，候帝所不快，则案以重抵，无殊罪而死者，不可胜数"；"其临终赴市者，莫不途中呼枉，仰天而哭。"[3]埋下了隋二世而亡的危机。

（四）诚信是法的生命

古人将"信"与"诚"联系在一起，所谓"信者诚也，专一不移也"[4]。国家的政令重诚信，才具有权威性，所谓"政令信者强"[5]。商鞅变法时主张信赏必罚，他说："民信其赏，则事功成；信其刑，则奸无端。"[6]唐太宗为了惩治官吏假冒资荫，欲重惩一假冒资荫的司户参军，大理寺少卿戴胄依法谏阻说："法者，国家所以布大信于天下。"[7]他希望太宗能够"忍小忿而存大信"。太宗最终折服，并表示："朕法有所失，卿能正之，朕复何忧也。"[8]

（五）法与道德是控制社会的二元手段

早在周灭商后，周公鉴于商末"重刑辟"招致亡国，因此提出了"明德慎罚"的立国指导思想。明德，在于以德化民；慎刑，在于谨慎用法。明德慎罚，开创了道德与法律二元控制社会的先河。至汉朝，儒家充分论证了"大德小刑"之说，形成了"德主刑辅"的法制原则。至唐朝，《唐律疏议》明确规定"德礼为政教之本，刑罚为政教之用"[9]，并用"昏晓阳秋"来比喻这二者之间的内在

[1]《隋书·刑法》。
[2]《隋书·高祖纪下》。
[3]《隋书·刑法志》。
[4]《白虎通义·性情》。
[5]《荀子·议兵》。
[6]《商君书·修权》。
[7]《旧唐书·戴胄传》。
[8]《贞观政要·公平》。
[9]《唐律疏议·名例》。

联系性和永恒性。德礼为本、刑罚为用表达了道德义务与法律义务的统一。道德法律化，使道德获得了强制性的保障；法律道德化，既减少了推行法律的阻力，也增强了法律的稳定性和权威性。这是古代国情所决定的，也是中华本土法文化的重要表征。

（六）依法保障民众的生产、生活手段是社会和谐的基础

中国古代开明的统治者多重视民生，以养民为要务，而所出现的和谐社会都是由注重民生所引起的。唐“贞观之治”是历史上著名的盛世，民安物阜，社会稳定，其根本原因在于依法保障百姓生产、生活的必要手段。唐《均田法》规定，成年男子分得永业田二十亩，可以继承；口分田八十亩，身殁后官府收回。《均田法》的实施，使天下百姓获得了生产手段，推动了经济的恢复和发展，“贫富之间无大悬绝”，由此出现了前所未有的和谐景象。史书说：“商旅野次，无复盗贼，囹圄常空，马牛布野，外户不闭。又频致丰稔，米斗三四钱，行旅自京师至于岭表，自山东至沧海，皆不赍粮，取给于路。入山东村落，行客经过者，必厚加供待，或发时有赠遗。此皆古昔未有也。”[1]

（七）改制与更法联接

在古代中国漫长的发展过程中，经历了多次社会的经济与政治体制的改革，有些成功了，有些失败了。成功的经验之一，就是改制与更法的密切联接。例如，李悝在魏国实行“尽地力之教”的经济体制改革，同时又实行“食有劳而禄有功”[2]的政治体制改革。李悝改革的成功，就在于他制定的《法经》起到了推动与保障的作用。再如，商鞅变法，废井田，开阡陌，建立一家一户的小农经济。同时，他又废除世卿世禄制度，实行军功爵制度。在改革过程中，商鞅运用法律严厉打击抵制改革的守旧派，以致太子的师傅都受到肉刑。与此同时，改革的成果又得到了法律的确认，以致“商

[1]《贞观政要·论政体》。
[2]《说苑·政理》。

鞅虽死，秦法未败”[1]。再如，晚晴在最后十年间，依法奖励商业，重商，护商，彻底改变了传统的重农抑商的政策。与此同时，又仿西方建立君主立宪政体。在这一场重大的体制改革中，颁行奖励商业投资、改革官制、仿行宪政等一系列立法，使得极端守旧的清朝走上了法律近代化的路径。这都说明了改制与更法的密不可分。

（八）治法与治吏并重

“治法”，指的是制定良法；“治吏”，指的是选任贤吏。治法与治吏并重，就是制定良法与选任贤吏执行良法，二者缺一不可。唐时，白居易面对中唐以后法纪败坏、奸吏迭出的局面，发出了“虽有贞观之法，苟无贞观之吏，欲其刑善，无乃难乎”[2]的慨叹。事实也确实如此，如果没有房玄龄、杜如晦、魏征等一大批贤吏，《贞观律》也很难实施。王夫之在《读通鉴论》书中，从总结历史经验的角度提出，单纯任法“未足以治天下”，是“治之弊也”[3]，但是只任人而废法，是“治道之蠹也”[4]，结论就是，“择人而授以法，使之遵焉”[5]，“进长者以司刑狱，而使守画一之法。”[6]五四运动时期，共产主义先驱者李大钊有现实针对性地阐述了法治与人治的统一性。他说，“国之存也，存于法，……国而一日离于法，则丧厥权威”[7]，但“若惩人治之弊，而专任法律，与监法治之弊，而纯恃英雄，厥失维均，未易轩轾。”[8]他一方面强调，“溯本穷源，以杀迷信人治之根性，……盖此性不除终难以运用立宪政体于美满之境”[9]；另一方面又阐明，“法律死物也，苟无人以持之，不能以

[1]《韩非子·定法》。
[2]《长庆集》卷四八。
[3]《读通鉴论》卷四。
[4]《读通鉴论》卷十。
[5]《读通鉴论》卷十。
[6]《读通鉴论》卷三。
[7]《民彝与政治》，载《民彝》1916年5月15日创刊号。
[8]《民彝与政治》，载《民彝》1916年5月15日创刊号。
[9]《民彝与政治》，载《民彝》1916年5月15日创刊号。

自行”，“故宜取自用其才而能适法之人”。[1] 可见，治法为本，治吏为用，本用结合，即是法与吏的统一。

（九）执法原情，法情允协

中国古代在国情因素的影响下，伦常关系成为最重要的社会关系。经过儒家关于人伦的一系列说教，形成了一整套的道德哲学，也缔造了极具特色的伦理法传统。执法原情的“情”，就是体现这种被公认的伦理道德规范的“情理”。至于“原”，按《管子》书中的解释，“原，察也。”可见，执法原情，就是司法官在具体案件的处理上，既依法断案，也要考察流行于社会、被广大群众认同的情理，做到“法情允协”，从而既减少推行法律的阻力，又宣传明刑弼教的立法宗旨。

（十）讲读律令，使官吏知法、执法

明、清两朝鉴于通过八股入仕的官吏多对律例无知，为了弥补官吏法律素养的缺失，明清律规定讲读律令条。按明律，“每年年终京内官由察院考校”，对于“不能讲解，不晓律意者，初罚俸钱一月，再犯笞四十附过，三犯于本衙门递降叙用”。[2] 按《大清律令》，“无论京内、京外官均由‘上司官考校’”，对于“不能讲解、不晓律意者”官吏的制裁是“官罚俸一月，吏笞四十”。[3] 乾隆初，吏部以内外官员各有本任承办事例，“律例条款繁多，难概责以通晓，奏请删除官员考校律例一条。”乾隆帝“不允”，谕曰：“诚以律例关系重要，非尽人所能通晓，讲读之功不可废也。”[4] 可见，考校官吏的律令知识不是一时的权宜之计，而是长行之制，至乾隆初已实行百年有余。

[1]《民彝与政治》，载《民彝》1916 年 5 月 15 日创刊号。

[2]《大明律·吏律·公式》。

[3]《大清律例·吏律·公式》。

[4]《历代刑法考》“大清律例讲义序”。

（十一）古代的立法经验

1. 因时立法。早在先秦时期，法家便提出“法与时转则治”[1]的主张，就是立法需要根据时代的变化及时加以补充或修订。历代的改革者多以法的可变性反驳“祖宗成法不可变”的保守论调。

2. 因地因势立法。《周礼》中提出的“刑新国用轻典，刑平国用中典，刑乱国用重典”[2]，也就是因地因势进行有针对性的立法。“三国三典”的立法原则，对后世影响深远。

3. 因族因俗立法。由于中国是多民族的国家，因此早在周初便提出了因族因俗立法。《尚书·酒诰》记载，周公鉴于殷人嗜酒亡国的教训，严禁周人群饮，犯者处以死刑，所谓“群饮，汝勿佚，尽执拘以归于周，予其杀。”但对于殷人群饮，则规定：“毋庸杀之，姑惟教之。”[3]这种因族因俗的立法，成为民族立法的一个传统。清朝所制定的《蒙古律例》、《理藩院则例》、《西藏章程》、《回疆则例》、《青海番夷成例》等民族法规，都是以因族因俗为指导思想的。

4. 司法经验上升为法律。在古代的立法中，因案成例也是一项值得注意的经验。古籍中说舜时司法官皋陶造律，就是皋陶将他处理的案件加以总结而形成法律。《大清律例》中条例的修订，反映了因案成例的具体过程——先由地方大员根据所办理的典型案例上报刑部，刑部认定其价值以后，遂将此案例制定成条例，附于大清律之后，成为有效的法律条文。经过因案成例的修订，将个别调整上升为一般调整。这种立法是从实际中来的，针对性强，其效力大于律，所谓“有例则置其律，例有新者则置其故者”[4]。

5. 发挥中央（朝廷）与地方两个立法的积极性。中国古代是政治、经济、文化发展不平衡的大国，因此除制定国家统一大法外，也要发挥地方政权立法的积极性，以规范地方特有的行为规则。以

[1]《韩非子·五蠹》。

[2]《周礼·秋官·大司寇》。

[3]《尚书·酒诰》。

[4]《续修大清会典》卷四一。

清朝为例，除《大清律例》、各部院则例外，地方还制定了省例，如：《江苏省例》、《福建省例》、《广东省例》、《粤东省例》、《湖南省例》、《豫省省例》、《西江政要》、《直隶清讼章程》、《江西州县委署章程》等。省例中，有综合性省例，涉及一省行政、民事、刑事、经济、文教、司法、风俗等；有专门性省例，涉及本省单一事项。除省例外，地方政权还以法律的形式确认某些习惯法和民间法的法律效力，以弥补地方立法的不足。在政治、经济、文化发展不平衡的大国，需要发挥中央和地方立法的积极性，但地方立法不得与中央立法相抵触，否则无效。

6. 立法与国情相适应。由于中国古代重伦理纲常，因此体现尊卑上下的礼很早便与法结合。汉初，通过说经解律、引礼入法，使伦理纲常法律化。此项立法由于与国情相适应，得到了民众的拥护，成为中国悠久的立法传统和中华法系的重要标志。中华法系之所以被相邻诸国接受，根本原因就在于礼法结合的中华法文化也同样适应了相邻国家的国情。历史的经验证明：从国情出发的立法，其特色是最有代表性的。

（十二）“断罪引律令”

早在先秦时期，法家便提出了“援法断罪”的主张。至西晋，三公尚书刘颂针对司法实践中“断罪不如法”的现象，提出：“律法断罪，皆当以法律令正文，若无正文，依附名例断之，其正文名例所不及，皆不论。”[1]《唐律疏议》更以明白的文字规定：“诸断罪皆须具引律令格式正文，违者笞三十。”[2]宋、明、清律皆有类似的规定。在宋人编著的《名公书判清明集》中，所载案例皆附有断案所引的律文。官吏断案如不具引律文，为断罪不如法，是司法官渎职罪之一，根据情节处以不等刑罚。由于司法官断罪皆须引律令，否则按不如法论罪，由此提高了法律与司法的权威性。百姓有冤枉要诉诸公堂，诉诸“王法”。

[1]《晋书·刑法志》。

[2]《唐律疏议·断狱》。

（十三）司法官渎职的罪名与处刑原则

根据中国古代历朝法典，关于司法官渎职的种种表现，大体有断罪不如法、出入人罪、受赇枉法、请托枉法、挟仇枉法、滥用酷刑、淹禁稽迟等等。根据司法官渎职的情节处以不同的刑罚：故出入人罪，重于失出入人罪，表现了故意从重、过失减轻；对于受赇枉法，则要计赃科断，赃重者加重刑罚；官吏受财又分为受财枉法与受财不枉法，前者处刑重于后者，如因司法渎职而陷罪犯于死者，处重刑。

（十四）司法监察有法可依

中国古代的监察制度是产生在中华民族的文化土壤之上的，历时悠久，涉及的范围广泛，无论行政、经济、军事、文教均在监察之列，尤以司法监察最为统治者所重视。早在汉初，监察官便受命到地方审录囚徒，发现冤案即责令地方长官纠正。司法监察不仅有制度保障，而且有法可依，如汉有刺史《六条问事》、唐有《监察六法》、宋有《监司互监法》、明有《宪纲条例》、清有《钦定台规》。《钦定台规》是一部体系严整、内容丰富的监察法典。监察法是中国古代法律体系的重要组成部分，它不仅明确规定了监察官的职掌，而且也规定了监察官应遵循的守则。在司法监察中由于有法可依，因而使巡按地方的监察官获得了"小案立办，大案奏裁"的法律根据，成为防止司法腐败的一道防线。

二、值得借鉴的中国古代立法经验

（一）立法需公平公正

中国古代为表示立法的公平公正，常以度量衡器加以比喻。管子说："尺寸也，绳墨也，规矩也，衡石也，斗斛也，角量也，谓之法。"[1] 又说："法律政令者，吏民规矩绳墨也。"[2] "只有君臣

[1]《管子·七法》。

[2]《管子·七主七臣》。

上下贵贱皆从法”，才能大治。[1]韩非说：“法不阿贵，绳不绕曲，法之所加，智者弗能辞，勇者弗敢争，刑过不避大夫，赏善不遗匹夫。”[2]汉文帝时期，张释之处理“犯跸案”时强调，“法者，天子所与天下公共也。今法如此而更重也之，是法不信于民也。……且方其时，上使诛之则已。今已下廷尉，廷尉，天下之平也，一倾，天下用法皆为之轻重，民安所措手足？惟陛下察之。”由于张释之对犯跸者的判罚是公正的，汉文帝经过良久的思考，终于表示“廷尉当是也”[3]。唐太宗贵为天子，但他也公开表示，“法者，非朕一人之法，乃天下之法”[4]，“人有所犯，一断于律。”

为了公平公正适用法律，古人认为要在“立公去私”。慎子说：“法之功，莫大于使私不行；……今立法而行私，是私与法争，其害甚于无法。”[5]韩非说：“夫立法令者，以废私也。法令行而私道废矣。私者，所以乱法也。”[6]

立法固然重公平公正，执法、司法更要持平，不偏不倚。《尚书》所谓“刑中罚”，就是此意。

中国古代的立法虽然主张公平公正，但是在封建专制制度下，法律不可避免地带有特权性，不仅皇帝立于法律之上，贵族高官也享有法定的特权，如“八议”之法、“官当”之法。在司法实践中，难得的是公平公正执法、司法。历史上，仅有的盛世多与“持法以平”是分不开的。但是，古代立法中能够规定“人有所犯，一断于法”，使得百姓畏法尊法、官吏奉法，法律的权威也由此而不断增强，国家也由此而治，正像韩非所说：“国无常强，无常弱。奉法者强，则国强；奉法者弱，则国弱。”[7]

---

[1]《管子·任法》。
[2]《韩非子·有度》。
[3]《史记·张释之冯唐列传》。
[4]《贞观政要·公平》。
[5]《慎子·逸文》。
[6]《韩非子·诡使》。
[7]《韩非子·有度》。

（二）古代立法者主张法律公开，使百姓知法

早在春秋时期，郑国子产“铸刑书与鼎”公布成文法，打破了“临时议制，不豫设法”以便“刑不可知，则威不可测”的旧传统，受到了贵族们的攻击。但是，时代的进化使得公布成文法成为不可阻挡的历史潮流，至战国，七国都公布了成文法。

韩非说：“法者，编著之图籍，设之于官府，而布之于百姓者也。故法莫如显。”[1] 商鞅变法时，力图做到“夫人婴儿皆言商君之法”[2]，只有这样才能使“吏明知民知法令也，故吏不敢以非法遇民”，“吏不敢以非法遇民，民不敢以犯法以干法官。”[3] 正是由于“明法使民”，“万民皆知所避就”[4]，“于是法大用，秦人治。”[5]

明朝著名的思想家、政治家丘濬盛赞西周“悬法象魏”的制度，他说：“成周刑之设，既布于邦国都鄙，又悬之象魏，惟恐民之不知而误犯也。”[6]

1986 年首次进行全国范围内的普法运动，此后又进行了几次。如何使普法常态化，不仅使“民知法”，更要使“官知法”，这对于建设法制中国是一项基础性的工作。

（三）法贵简当，使人易知

商鞅说：“圣人为法，必使明白易知。”[7]

唐太宗李世民指出：“国家法令，惟须简约，不可一罪作数种条，格式既多，官人不能尽记，更生奸诈。若欲出罪，即引轻条，若欲入罪，即引重条。”[8] 在修订《贞观律》时，唐太宗明令修律

[1]《韩非子·难三》。
[2]《战国策·秦策一》。
[3]《商君书·定分》。
[4]《商君书·定分》。
[5]《史记·秦本纪》。
[6]《慎刑宪·定律令之制下》。
[7]《商君书·定分》。
[8]《贞观政要·赦令》。

官长孙无忌、房玄龄，务要“斟酌古今，除烦去弊。”[1] 所修订的《贞观律》，删去高祖《武德律》以来“敕三千余条，为七百条，以为格”[2]。

明太祖朱元璋曾说，“法贵简当，使人易晓，若条绪繁多，或一事两端，可轻可重，吏得因缘为奸，非法意也”，“古者律令至简，后世渐以繁多，甚至有不能通其意者，何以使人知法意而不犯，法既难知，是启吏之奸而陷民于法。”《明史·刑法志》载：“大抵明律视唐律简覈。”《大明律》制定以后，明太祖还命大理寺卿周祯等制《律令直解》，作为官方的解律之作，以便“小民周知”。可见，法贵简当、使民易知是一个可贵的立法传统。东汉末法令繁琐，即使司法官也不能便览周知，如何用法可想而知，所以晋律侧重于整理汉律，形成《泰始律》，具有划时代的意义。

明末清初，王夫之在《读通鉴论》中从总结历史经验的角度提出，“法贵简而能禁，刑贵轻而必行。”[3]

（四）立法需审慎

唐太宗李世民曾形象地比喻说，法令一出，“若汗出于体，一出而不复”[4]，所以立法不可不审慎。

著名的《唐律疏议》是永徽二年完成的，距离高祖修《武德律》已经历时三十三年。《大明律》从吴元年初修到洪武三十年律成，历时整整三十年。清朝的《大清律例》，从顺治三年修订《大清律集解附例》起到乾隆五年最后完成，共历时九十余年。可见，著名的成文法典都不是瞬息而就的，都是在总结立法与司法的实践经验的基础上不断充实完善而成的。

不仅如此，作为最高统治者的皇帝，有的也亲自参加立法。例如，北魏孝文帝亲自参与法律的具体修订，史书说：“孝文用夏变

[1]《新唐书·刑法志》。
[2]《新唐书·刑法志》。
[3]《读通鉴论》卷二三。
[4]《贞观政要·刑法》。

俗，其于律令，至躬自下笔，凡有疑义，亲临决之，后世称焉。”[1]明太祖也亲自参与大明律的修订，刘惟谦等在《进明律表》中说：“每一篇成，辄缮书上奏揭于西庑之壁，亲御翰墨为之裁定。”

（五）法与时转，因时立法

早在《管子》中，便提出法律要“随时而变”[2]。慎到更尖锐地指出：“守法而不变则衰。”[3]主持变法的商鞅强调，“当时而立法”[4]，“礼法以时而定，制令各顺其宜”[5]，为变法改制大造舆论准备。商鞅进而提出：“先王当时而立法，度务而制事，法宜其时则治，事适其务故有功。”[6]又说：“备时而立法，因事而制礼。”[7]韩非在总结“法与时变”观点的基础上，更加概括地提出：“法与时转则治，治与世宜则有功。时移而法不易者乱。”[8]荀子在《儒效》篇中也主张，礼法应随着时代的变化“与时迁徙，与世偃仰”[9]。汉时人韦贤说：“明主之御世也，遭时为法，因事制宜。”[10]宋人曾巩说：“因其所遇之时，所遭之世，而为当世之法。”[11]明张居正也说：“法无古今，惟其时之所宜与民之所安耳。”[12]

以上可见，中国古代法与时转的论者可谓多矣，或为改制制造舆论，或为颁行新法作出辩解，不一一列举。

由于法律是社会上层建筑现象，是随着社会的发展与时代的变迁而不断地修订和补充的，所以法与时转反映了法律的发展过程和

[1]《魏书·刑罚制》。
[2]《管子·正世》。
[3]《慎子·逸文》。
[4]《商君书·更法》。
[5]《商君书·更法》。
[6]《商君书·六法》。
[7]《商君书·更法》。
[8]《韩非子·信度》。
[9]《荀子·儒效》。
[10]《汉书·韦贤传》。
[11]《文献通考》卷二一二。
[12]《张太岳先生文集》卷十六。

规律性。

历代的改革者多以法律的可变性，反驳阻碍改革的所谓“祖宗成法不可变”的保守论调。晚清思想家龚自珍提出：“自古及今，法无不改，势无不积，事例无不变迁，风气无不移易。”[1]这是他主张经世致用、变革旧制的理论基础。稍后的梁启超更以进化论的思想支持其变法，强调“治旧国用新法”。晚清修律大臣沈家本对此更详加论述，他说：“法律之损益，随乎时运之递迁，推诸穷通久变之理，实今昔之不宜相袭也”；“法律之为用，宜随世运为转移，未可胶柱而鼓瑟。”[2]

（六）因地立法，因地制宜

《周礼》中提出了“刑新国用轻典，刑平国用中典，刑乱国用重典”，说明立法要因地制宜，具有针对性。“三国三典”的立法思想对后世影响深远。

中国古代是一个疆域辽阔、政治经济文化发展不平衡的大国，因此立法要遵循因地制宜，才能收到应有的效果。中国封建时代在集中统一的立法原则指导下，也注意到地方立法。清朝各省颁布的省例中，有涉及一省行政、民事、刑事、经济、文教、司法、风俗等的综合性省例，也有涉及本省单一事项的专门性立法。除省例外，有的地方还要以法律的形式确认某些习惯法和民间法的法律效力，以弥补地方立法的不足。

在政治、经济、文化发展不平衡的大国，需要发挥中央和地方两个立法的积极性，但地方立法不得与中央立法相抵触，否则无效。

（七）因族立法，援俗而治

据《尚书·酒诰》载，鉴于国人嗜酒，影响国家统治，周公宣布“周人群饮者，杀”，而“殷人群饮者，姑为教之”，不予刑责。

[1]《龚自珍全集·上大学士书》。
[2]《寄簃文存·删除律例内重法折》。

这表现了中国最早的因族制宜的立法思想。由因族制宜，进一步发展成援俗而治。管子说，法律要“随时而变，因俗而动”[1]。又说：“不慕古，不留今，与时变，与俗化。”[2]

中国古代是统一多民族的国家，历代统治者都很重视民族立法。清朝可以说是集民族立法之大成。

清朝对于因族立法、援俗而治的立法原则作了如下表述：“修其教不易其俗，齐其政不易其宜，旷然更始而不惊，靡然向风而自化。”这个原则表现了对于少数民族习俗的尊重，有助于加强民族间的团结和巩固统一的多民族国家。清朝制定的《蒙古律例》、《理藩院则例》、《回疆则例》、《西藏章程》等，都是在这个原则指导下的主要的立法成果。

清朝的民族立法具有特定的程序，就是在皇帝的直接领导下，由管理民族事务的最高机关理藩院负责立法。由于理藩院了解“夷情”，因此立法的针对性强，效果也显著，特别收到了及时立法、解决矛盾的效果。如：

乾隆十五年，藏王珠耳默特那木扎勒发动叛乱，杀害驻藏大臣。清廷平叛后，于次年制定《酌定西藏善后章程十三条》，废除藏王制度，确立达赖喇嘛与驻藏大臣共同负责的四噶伦主持常务的行政体制，为西藏带来了四十年的稳定发展。

乾隆五十三年（1788年），廓尔喀在与西藏贸易中，受到西藏地方官员种种盘剥，因而发兵犯藏。清朝派兵收复失地后，迅速制定了《设站定界事宜十九条》，划分西藏行政辖区，扩大了驻藏大臣的职权，强化了边境管理与地方管理。

乾隆五十六年（1791年），廓尔喀因西藏地方政府不交付应赔偿白银，再次入侵西藏。清廷于次年平定后，制定《藏内善后章程二十九条》。它是清政府治理西藏的基本法规，产生了积极的影响，一直到晚清出现了新的形势才有所改动。特别需要指出，在援俗而

[1]《管子·正世》。

[2]《管子·治世》。

治的问题上，《藏内善后章程二十九条》所载金瓶掣签的灵童转世制度是乾隆帝钦定的，一直在今天还继续有效。

上述《西藏章程》的修订充分说明了，针对地方的事变及时立法，不仅解决了发生事变的矛盾，而且有助于政治体制的改善和社会秩序的稳定。

综括上述，中国是一个立国四千多年的文明古国，其法制经漫长的发展过程而从未中断，因此在治国理政、建制司法各方面都积累了丰富的经验，充分显示了中华民族的智慧和伟大创造力，值得认真地加以总结。这对于建设法治中国具有重要的意义。

三、考课与监察是中国古代反腐治腐的重要制度

考课与监察是中国古代职官管理的两个重要环节。

考课是对官吏才能、职守的一种考核。根据考核的结果分别优劣等次，或奖或惩，所谓“有官必有课，有课必有赏罚。有官而无课，是无官也；有课而无赏罚，是无课也”[1]。考课不仅将惩贪与奖廉密切联系在一起，即使是“才力不及”、“疲软无为”的冗员也要受到罢黜。因此，考课制度的实行，给官场带来了一些生气，有助于官僚队伍整体素质的提高。

至于监察，虽以察官为主要目标，但涉及的面较为宽广，凡属国家纲纪、政策得失、机关的运行、官吏的贤否均在监察之列，是扼制官吏腐败的一道重要防线。历代监察官品级虽不高，但作为皇帝的耳目之司，权力却十分显赫。自汉以来，监察活动不断制度化、法律化，积累了丰富经验，对于当代的廉政建设具有现实的借鉴意义。

一、有官必有课，有课必有奖惩

早在《尚书·舜典》中，便提出“三载考绩，三考黜陟幽明”。按照孔颖达疏，“黜陟幽明，即退其幽者，升进其明者”，以使职官

[1]【汉】苏洵：《嘉佑集》卷九“上皇帝书”，四部丛刊本。

“纳于百揆”，而不致废弃“事业”。另据《周礼》，周时已有大计、大比的记载：“三岁，则大计群吏之治而殊赏令”[1]；“听出入以要会，以听官府之大计，弊群吏之治”[2]；“岁终，则考其属官之治成而殊赏……及大比六乡四郊之吏。”[3]《尚书》、《周礼》中的记载杂有后世人的附会，因为在世卿制度下考课官吏并没有太多的实际意义，但它却说明了“有官必有课，有课必有奖惩”的史实。

至战国，官僚制度取代世卿制度，为了使国王任免的官吏尽职尽责，保证新的国家机器正常运转，以上计作为考课官吏的措施逐渐制度化。所谓“上计”，就是官吏将一年的政绩，包括户口统计、垦田与赋税数目、库藏数字、刑狱治安状况、灾变危害等，要如实写在统计的簿册，即所谓“计书”上，然后上报相府和国君。《商君书·禁使篇》说：“十二月而计书已定，事以一岁别计，而主以一听。”荀子也说：“相者，论列百官之长，要百事之听，以饰朝廷臣下百吏之分，度其功劳，论其庆赏，岁终奉其成功以效于君。当则可，不当则废。”[4]上计制度具体说来就是将一年的赋税预算收入写在木券上，剖而为二，国君执右券，臣下执左券，年终时由国君亲自考核。考核的结果，优者升，劣者免，有的当场收印夺官，甚至收捕入狱。由于考课注重垦田与赋税，以及刑狱治安情况，可见它是关系到加强中央集权制度的一项国策。

秦时奉行“明主治吏不治民”的法家思想，强调对官吏的考绩与奖惩。秦简《为吏之道》规定有“五善”：“一曰忠信敬上；二曰清廉毋谤；三曰举事审当；四曰喜为善行；五曰恭敬多让。”五善毕至，“必有大赏”。而“吏有五失”：“一曰夸以；二曰贵以泰；三曰擅割；四曰犯上弗知害；五曰贱士而贵货贝。”五失犯一，则予重罚。特别是要求官吏奉法守法，如断案不当或有意失轻失重，分别为“失刑”罪、“纵囚”罪和“不直”罪，各“致以律”。秦始皇

[1]《周礼·天官冢宰·大宰》。

[2]《周礼·天官冢宰·小宰》。

[3]《周礼·地官司徒·小司徒》。

[4]《荀子·王霸篇》。

三十四年（公元前213年），曾“适治狱吏不直者，筑长城及南越地”[1]。此外，秦简所载“县上食者籍及它费太仓，与计偕”[2]，是秦朝考课官吏的上计方式。

总之，地方郡、县长于每年岁终，按照上计制度的要求，将本管区域内户口、垦田、赋税收入、刑狱、灾变以及徭役赋税征派，编好上计簿，按时呈报有关部门。朝廷则根据上计来考核地方官吏，优者升赏，平庸者或免或调任，有违朝廷法度者以罪罪之。地方官吏由于难以应付始皇时期巨大的赋税征派，常常弄虚作假，“以避其课”，“或冒其赏”。

两汉官僚制度的发展，推动了考课的法律化。两汉对官吏的考绩，仍以上计为主，而且颁行了单行法规《上计律》。出土于湖北江陵张家山二四七号汉墓的《史律》，也是专门的考察官吏的法律。按照汉制，郡国属县“秋冬集课，上计于所属郡国”[3]。郡国长官年终向丞相府、御史府报告工作，所谓“考绩功课，简在两府”[4]。上计的范围和程序是：“秋冬岁尽，各计县户口垦田、钱谷入出，盗贼多少，上其集（计）簿。丞尉以下，岁诣郡，课校其功，功多尤为重者，于廷尉老勉之，以劝其后；负多尤为殿者，于后曹别责，以纠怠慢也。”[5]

汉代考课，一般是每年一小考，称为“常课”；三年一大考，称为“大课”。为了防止偏私，考核均采用会议形式公开举行评议。主考者可以提出种种问题，受考核者需据政绩实情回答。然后，逐级汇总，由县而郡，由郡而朝廷两府（东汉则为尚书台三公曹），最后是丞相（东汉是尚书令或录尚书事）总其成上奏天子。汉代把官吏考核当作国家大事对待，因此天子接受上计，常于每年的正月初一群臣朝贺时举行，丞相向天子报告考课情况，同时奉上天下郡

[1]【汉】司马迁：《史记・秦始皇本纪》。

[2]《睡虎地秦墓竹简》，文物出版社1978年版，第42页。

[3]《后汉书・百官志五》。

[4]《汉书・薛宣传》。

[5]《后汉书・百官志五》，胡广注。

国计簿。如，武帝太初元年春，于甘泉宫受郡国上计。[1]有时，也在封泰山、祀明堂时“受计”。张苍秦时为柱下御史，“明习天下图书计籍，又善用算历，故令苍以列侯居相府，领主郡国上计者。”[2]

考核官吏后，赏有增秩（增加俸禄）、迁官（升官）、赐爵（以二十等爵位，分别功之大小以赏之），罚有降俸、贬职、免官，违法犯罪者依法治罪。韩延寿为东莱太守，三岁令行禁止，狱讼大减，为天下最，入守左冯翊。[3]赵广汉为阳翟令，“以治行尤异，升京辅都尉，守京兆尹。”[4]黄霸为颍川太守，“户口岁增，治为天下一。征守京兆尹，秩二千石”[5]，但京官难当，以不称职，仍令回颍川太守。由于黄霸勤于公务，郡中大治，不久升任御史大夫，直至丞相。

总的看来，汉代考核官吏能够坚持标准，反对“累日以取贵，积久以致官”[6]的论资排辈做法，有功则升，无功则退，退而后有功者还可起用，不以一事定终身，所以汉代官场奖勤罚懒，赏公黜邪，新陈代谢，颇有生气。

晋时杜预奉命制作考课法，于泰始四年（268年）六月以颁诏的形式宣布：“郡国守相三载一巡行属县，必以春，此古者所以述职宣风展义也。见长吏，观风俗，协礼律，考度量，存问耆老，亲见百年。录囚徒，理冤枉，详察政刑得失，知百姓所患苦。无有远近，便若朕亲临之。敦喻五教，劝务农功，勉励学者，思勤正典，无为百家庸末，致远必泥。士庶有好学笃道，孝弟惠信，清白异行者，举而进之。有不孝敬予父母，不长悌于族党，悖礼弃常，不率法令者，纠而罪之。田畴辟，生业修，礼教设，禁令行，则长吏之饍也。人穷匮，农事荒，奸盗起，刑狱烦，下陵上替，礼义不

[1]《汉书·武帝纪》卷六。

[2]《汉书·张苍传》卷四二。

[3]【宋】王钦若:《册府元龟》卷六八四“牧守部·条教课最”。

[4]【汉】班固:《汉书·赵广汉传》卷七六，中华书局1964年版，第3199页。

[5]【汉】班固:《汉书·循吏传》卷八九，中华书局1964年版，第3631页。

[6]【汉】班固:《汉书·董仲舒传》卷五六，中华书局，1964年版，第2513页。

兴，斯长吏之否也。若长吏在官公廉，虑不及私，正色直节，不饰名誉者，及身行贪秽，谄黩求容，公节不立，而私门日富者，并谨察之。扬清激浊，举善弹违，此朕所以垂拱总纲，责成于良二千石也。于戏戒哉。”[1]

泰始五年（269年），再次颁诏：“古者岁书群吏之能否，三年而诛赏之。诸令史前后，但简遣疏劣，而无有劝进，非黜陟之谓也。其条勤能有称尤异者，岁以为常。吾将议其功劳。”[2]

南朝刘宋，三年一考。南齐，改为一年一考。

南梁武帝于天监十五年（516年），曾诏申考绩纲要：“守宰若清洁可称，或侵渔为蠹，分别奏上，将行黜陟。长吏劝课，躬履堤防，勿有不修，致妨农事。关市之赋，或有未允，外时参量，优减旧格。”[3]并且提出“小县有能，迁为大县；大县有能，迁为二千石”[4]，以示课能信赏。

南陈虽设定“最”、“殿”考课之目，但多流于形式。

两晋和南朝是门阀统治时代，士家大族轮流执政，同时由于战争频仍、政局动荡，使得考课之法难以贯彻，只是备文而已。

与南朝相比，北魏充满改革进取精神，建立了一套严格考核官吏的制度。魏孝文帝太和十八年（494年）制定的《三等黜陟法》是具有代表性的：“三载考绩，自古通经三考黜陟，以彰能否。今若待三考然后黜陟，可黜者不足为迟，可进者大成赊缓。是以朕今三载一考，考即黜陟。欲令愚滞无妨于贤者，才能不壅于下位。各令当曹考其优劣，为三等。六品以下，尚书重问；五品以上，朕将亲与公卿论其善恶。上上者迁之，下下者黜之，中中者守其本任。”[5]为保证考课的实施，魏孝文帝确实亲临朝堂考课五品以上官和尚书省诸官，自尚书令、仆射以下因失职、乖礼行为轻重，分别处以黜

[1]【唐】房玄龄：《晋书·武帝纪》卷三，中华书局，1974年版，第38页。
[2]【唐】房玄龄：《晋书·武帝纪》卷三，中华书局，1974年版，第39页。
[3]【唐】姚思廉：《梁书·武帝本纪》卷二，中华书局，1973年版，第55–56页。
[4]【唐】姚思廉：《梁书·良吏传》卷五三，中华书局，1973年版，第766页。
[5]【北齐】魏收：《魏书·高祖纪》卷七，中华书局1974年版，第175页。

官、夺禄、解任等罚，“黜退二十余人”[1]。太和十九年（495 年），再次颁诏令：“诸州牧精品属官，考其得失，为三等之科以闻，将亲览而升降焉。”[2] 由于“廷尉者，天下之平民，命之所悬也”，孝文帝考课司法官尤为严格，只有“心平性正、抑强哀弱、不避贵势、直情折狱者可为上等”。同时，他还亲考廷尉五官司直，“迟回三复”以示慎重。[3]

唐朝是封建经济发展、典章法制趋于成熟与定型的时代，职官考课也进一步法律化、制度化。按唐制，由吏部考功司主管官吏考课事宜。《唐六典》规定：“考功郎中之职，掌内外文武官吏之考课。”[4] 但吏部考核官吏，只限于四品以下官，三品以上由皇帝亲自考核。

唐代考课，每年一小考，四年一大考。各部门的主管长官根据国家规定的“四善”、“二十七最”的标准，对所属的流内官进行年终考核。

“四善”者，是国家对各级官吏提出的四条共同要求：“一曰德义有闻；二曰清慎明著；三曰公平可称；四曰恪勤非懈。”

“二十七最”，则是根据各部门职掌之不同，分别提出的二十七条具体要求：“一曰献可替否，拾遗补阙，为近侍之最；二曰铨衡人物，擢尽才良，为选司之最；三曰扬清激浊，褒贬必当，为考校之最；四曰礼制仪式，动合经典，为礼官之最；五曰音律克谐，不失节奏，为乐官之最；六曰决断不滞，与夺合理，为判事之最；七曰部统有力，警守无失，为宿卫之最；八曰兵士调集，戎装充备，为督领之最；九曰推鞫得情，处断平允，为法官之最；十曰雠校精审，明近刊定，为校正之最；十一曰承旨敷奏，吐纳明敏，为宣纳之最；十二曰训导有方，生徒克业，为学官之最；十三曰赏罚严明，攻战必胜，为将帅之罪；十四曰礼义兴行，肃清所部，为政教

[1]《通典·选举三·考绩》

[2]【北齐】魏收：《魏书·高祖纪》卷七，中华书局 1974 年版，第 178 页。

[3]【北齐】魏收：《魏书·广陵王羽传》卷二十一，中华书局 1974 年版，第 547-548 页。

[4]《唐六典》卷二“吏部·考功郎中”。

之最；十五曰详录典正，词理兼举，为文史之最；十六曰访察精审，弹举必当，为纠正之最；十七曰明于勘复，稽失无隐，为勾检之最；十八曰职事修理，供承强济，为监掌之最；十九曰功课皆充，丁匠无怨，为役使之最；二十曰耕耨以时，收获成课，为屯官之最；二十一曰谨于盖藏，明于出纳，为仓库之最；二十二曰推步盈虚，究理精密，为历官之最；二十三曰占候医卜，效验多者，为方术之最；二十四曰检察有方，行旅无壅，为关津之最；二十五曰市廛弗扰，奸滥不行，为市司之最；二十六曰牧养肥硕，蕃息孳多，为牧官之最；二十七曰边境清肃，城隍修理，为镇防之最。”[1]

经过考核，定出上、中、下三等九级：“一最四善为上上，一最三善为上中，一最二善为上下；无最而有二善为中上，无最而有一善为中中，职事粗理，善最不闻者为中下；爱憎任情、处断乖理者为下上，背公向私，职务废缺者为下中，居官饰诈，贪浊有状者为下下。若于善最之外，别可嘉尚；及罪虽成殿，而情状可矜；虽不成殿，而情状可责者，省校之日皆听考官临时量定。”[2]

对于流外官，则按四等第考课：“清谨勤公，勘当明审为上；居官不怠，执事无私为中；不勤其职，数有愆犯为下；背公向私，贪浊有状为下下。”[3]

唐朝考课之日极其隆重，皇帝为最高主考官，特派位高望重的宰相二人充任内外官考使，御史大夫或其他高级官员为监考使。考课之后，继之以奖惩。唐朝考课严格，罕有位列上等者。例如，玄宗对中书令张说的考词颇佳：“动惟直道，累闻献替之诚；言则不谀，自得谋猷之体。政令必俟其增损，图书又藉其刊削，才望兼著，理合褒升。考中上。”[4] 但也只是中上而已。唐朝考课，前期

[1]【唐】李林甫等撰、陈仲夫点校：《唐六典》卷二“尚书吏部·考功郎中”，中华书局 1992 年版，第 42 页。

[2]【唐】李林甫等撰、陈仲夫点校：《唐六典》卷二“尚书吏部·考功郎中”，中华书局 1992 年版，第 43 页。

[3]【唐】李林甫等撰、陈仲夫点校：《唐六典》卷二“尚书吏部·考功郎中”，中华书局 1992 年版，第 44 页。

[4]【后晋】刘昫：《旧唐书·张说传》卷九十七，中华书局 1975 年版，第 3054 页。

过严，“安史之乱”以后则失之于过宽。

宋朝是中央集权强化的时代，为发挥官吏的职能，十分重视依法课吏。宋初沿袭唐制，内外官任满一年，为一考，三考为一任。特别是对法司之官，严行考课，“每至年终，当议考校，无劳者退黜，有功者甄酬。”[1]

太宗时，定州县官考课法：“郡县有治行尤异、吏民畏服、居官廉恪、莅事明敏、斗讼衰息、仓廪盈羡、寇贼剪灭、部内清肃者，本道转运司各以名闻，当驿置赴阙，亲问其状加旌赏焉。其贪冒无状、淹延斗讼、逾越宪度、盗贼竞起、部内不治者，亦条其状以闻，当行贬斥。”[2] 凡“政绩尤异为上，职务粗治为中，临事弛慢所莅无状者为下，岁终以闻”。[3] 真宗时，又定“州县三课”法：“公勤廉干惠及民者为上；干事而无廉誉、清白而无治声者为次；畏懦贪猥为下。”[4]

神宗熙宁元年（1068 年），颁行《守令四善四最》考课法。“四善”，仍为唐时的“德义、清谨、公平、勤恪”；“四最”，是“断狱平允、赋人不扰、均役屏盗、劝课农桑、赈恤饥穷、导修水利、户籍增衍、整治簿书”。[5] 在《庆元条法事类》中对“四最”又做了进一步的规定，“民籍增益，进丁入老，批注收落，不失其实”为“生齿之最”；“狱讼无冤、催科不扰”为“治事之最”；“农桑垦殖，水利兴修”为“劝课之最”；“屏除奸盗，人获安居，赈恤困穷，不致流移”为“养葬之最”。[6]

为了加强中央集权，力图使地方权力分散制衡，按宋制，于州上设“路”，为地方最高一级政权。路设经略安抚使、转运使、提

[1] 司义祖点校：《宋大诏令集》卷一百六十“政事十三·官制一·置三司推官诏”，乾德四年正月丙戌，中华书局 1962 年版，第 605 页。

[2] 【元】脱脱：《宋史·选举志六》第一百六十卷，中华书局 1977 年版，第 3758 页。

[3] 【元】脱脱：《宋史·选举志六》第一百六十卷，中华书局 1977 年版，第 3757-3758 页。

[4] 【元】脱脱：《宋史·选举志六》第一百六十卷，中华书局 1977 年版，第 3759 页。

[5] 【元】脱脱：《宋史·选举志六》第一百六十卷，中华书局 1977 年版，第 3761 页。

[6] 戴建国点校：《庆元条法事类》卷五“职制门二”。“考课”条引《考课格》，载杨一凡、田涛主编：《中国珍惜法律典籍续编》（第一册），黑龙江人民出版社 2002 年版，第 70 页。

点刑狱使、提举常平使分别执掌军政、财政、司法等事，号为“监司”，互不统属，相互监督，各自对皇帝负责。监司负责考课州县，如课绩不熟者，处徒刑。监司之间，也实行互监法。

宋朝从太祖时起，便优待职官，一入仕途，不问治绩劳逸，只要无大过错，照例文官三年一升，武官五年一迁，所谓“知县两任，例升通判；通判两任，例升知州”，“贤愚同等，清浊一致。”[1]因此，官吏居官期间不求有功，但求无过，暮气沉沉，笼罩官场，虽有考官之法，大都流于形式。

明初，朱元璋鉴于元末官吏贪婪掠夺激起民变，重视吏治。洪武十一年（1378 年），命吏部课朝觐官：“称职而无过者为上……有过而称职者为中……有过而不称职者为下。”洪武十八年（1385 年），吏部奏称天下布、按、府、州、县朝觐官四千一百一十七人，其中称职者十之一，平常者十之七，不称职者十之一，贪污阘弱者十之一。称职者升官，平常者复职，不称职者降调，贪污者付有司治罪，阘茸者免为民。明代考课，分“考满”与“考察”。前者三年一考，九年三考，分为称职、平常、不称职三等，以定黜陟。后者按八法——贪、酷、浮躁、不及、老、病、罢、不谨，考察内外官吏。京官六年一考，为“京察”；外官三年一考，为“外察”。京官四品以上官自陈政之得失，以候上裁；五品以下分别优劣，或降调，或致仕，或闲住为民，具册奏请。

考核由吏部负责，吏部尚书“掌天下官吏选授、封勋、考课之政令，以甄别人才，赞天子治”。[2]州县外官由布政司考核，每三年具册报吏部，以定去留，谓之“大计”。地方布政司四品以上，按察司、盐运司五品以上，任满黜陟，均由皇帝裁决，因大计而受处分的官员永不叙用。明朝由吏部尚书、都察院都御史主持考绩，结论不当者可以辩白，任情毁誉失实者连坐，史称“明兴考课之制，

[1]【宋】范仲淹：《范文正公集》卷八“上执政书”，四部丛刊本。

[2]【清】张廷玉：《明史·职官制一》卷七十二，中华书局 1974 年版，第 1734 页。

远法唐虞，近酌列代，最为有法”[1]。

万历四年，张居正整顿吏治，严格考核制度，加强人事管理。他认为考核官吏乃天下向背所系，坚持凡内外官必须三年、六年考满，“称职”者升，“平常”者复职，“不称职”者免。结合考满制度，他又定“考察法”：一为定期考察；二为随事考察；三为访察告诫。他指示吏部，凡因循守旧、虚报矫饰之官，虽淳誉素隆，亦列下考免官。但随着明后期专制政治的腐败，考课不仅名存实亡，甚至“以朝廷甄别之典，为人臣交市之资”[2]。

清朝考课官吏，分为“京察”与“大计”。京察是对京官的考绩，每三年举行一次，于子、卯、午、酉年进行。三品以上京官和地方总督、巡抚，自陈政事得失，由皇帝敕裁；三品以下京官，由吏部和都察院负责考核。京察分三等：一等为称职，二等为勤职，三等为供职，根据等级实行奖惩。大计是对外官的考绩，也是三年一次，于寅、巳、申、亥年进行。大计的范围除督抚外，包括藩、臬、道、府及州县官。大计的程序是先期藩、臬、道、府，递察其贤否，申之督抚，督抚核其事状，注考造册，送吏部复核。大计分“卓异”与“供职”二等，按等予以奖惩。

康雍乾时期实行考课比较认真。康熙朝自二十二年（1657年）至六十一年（1722年），共举行大计十四次，共举卓异官五百八十名，纠参、罢斥、降调官员五千一百三十七名。[3]世宗时注意吏治，他常说：“敷政之道，用人为先”[4]；“治天下惟以用人为本，其余皆枝叶事耳。”[5]为此，他强调“有治人无治法”。乾隆朝六十年，大计京察共进行三十三次，举卓异官八百七十六人。由于这一时期

[1]【清】孙承泽著，王剑英点校：《春明梦余录》卷三十四“吏部·考课”，北京古籍出版社1992年版，第556页。

[2]【清】张廷玉：《明史·邱橓传》卷二百二十六，中华书局1974年版，第5934页。

[3] 郭松义：《中国政治制度通史》（第10卷），人民出版社1996年版，575页。

[4]《世宗宪皇帝上谕内阁》卷一，康熙六十一年十一月二十九日，文渊阁《钦定四库全书》本。又载于（清）鄂尔泰等编：《雍正硃批谕旨·鄂尔泰奏折批谕》（第25册），北京图书馆出版社2008年版，第20页。

[5]《清世宗实录》卷四七“雍正四年八月乙丑日”，中华书局1985年版，第708页。

官员老龄化比较突出，在有案可查的京察大计中，仅年老官即达一千七百九十人之众。[1]乾隆帝对此颇为关注，明确指出不能让“年力就衰之人，听其滥竽贻误”[2]。

然而，就在康雍乾盛世，便存在着考核不实、无罪被诬者甚多[3]的现象。雍正皇帝也曾忧心忡忡地说：“进退人才，不得其实；听断狱讼，不得其平……民生何由安，吏治何由肃乎？”[4]清中叶以后，考绩制度虽然继续实行，但无论京察、大计都逐渐流于形式。

综括上述，中国古代对官吏的考课是职官管理法的重要内容，而且不断趋向于制度化、法律化，对于黜贪奖廉、维持官僚队伍的素质起着一定的积极作用。这不仅使得官僚们感到震肃，而且百姓也往往寄希望于大计官吏之年，借以惩处贪官污吏。定期考课的制度与考察法律的不断细化，在今天仍有借鉴意义。

二、“政之理乱”，系于监察

中国古代的监察制度是产生于中华民族的文化土壤上的一项制度，体现了中华民族的智慧和创造力。它经历了悠久的历史发展过程，形成了完整的制度和严密的法律规范。它的任务就是维持国家的纲纪，也就是维持封建专制政治体制的大经大法。在国家机关体系中，监察机关处于权力制衡机制的位置，以使国家机器得以正常运行。监察机关又是以弹劾“官邪”作为重要的职掌，以确保官僚队伍的素质。监察所涉及的范围极为广泛，凡属立法、人事、行政、经济、军事、司法、文教、礼仪、祭祀等均纳入监察的职掌范围。正是由于监察机关对于国家的稳定起着一定的作用，因此，历代统治者均极为重视。直到晚清官制改革时，监察院仍存而不废。

[1] 郭松义：《中国政治制度通史》（第10卷），人民出版社1996年版，576页。
[2]《清高宗实录》卷一一五九。
[3]《皇朝文献通考》卷五九“选举考十三·考课”。
[4]《清世宗实录》卷四九。

甚至孙中山建立民国时，也吸收历史经验，以监察院作为五院制的国家构成。

由于监察主要以官为对象，因此在官僚制度取代世卿制度以后，监察制度才获得了独立的发展。

战国时，韩、赵、魏、秦、齐等国的御史既是国君左右记事之官，也负责监督百官的言行。《史记·滑稽列传》中淳于髡说：“执法在旁，御史在后，恐惧俯伏，不敢放量饮酒，不过一斗径醉矣。”这说明御史已经具有察官的权威。至秦，中央设立监察机关御史府，执掌典政法度，举劾奸邪。御史执行公务时“皆冠法冠”，以示执法不阿。同时，派出御史监郡，监察六国残余势力，以维持中央集权的统治。

西汉御史台虽为中央最高监察机关，但在法定的官僚系统中地位不高，隶属于少府之下，御史中丞品秩不过千石。但由于御史台设于宫内，接近皇帝，职权却很显赫。至东汉，御史台逐渐脱离少府，发展成独立的监察机构，地位也随之提高。每逢朝会，御史中丞和尚书令、司隶校尉设有专席，称为“三独坐”。

两汉监察机关活动的重点是监察地方，这是和汉朝推行“强干弱枝”的政策分不开的。汉武帝时曾划分全国为十三部监察区，各部置刺史一人为中央派出的常驻监察官。部刺史根据汉武帝手订的“六条问事”，用以监督郡国守相（二千石）专恣擅权及与地方豪强势力勾结，有违犯者按“六条”治罪。

在汉代监察活动中，司法监察列为重点。朝廷选派明法律者充当治书御史，“凡天下诸谳疑事，掌以法律当其是非。”[1] 有时，皇帝还特派绣衣直指御史与州郡官共同审理大案。

汉代监察机关在国家机关体系中自成系统，不仅标志着封建监察制度的发展，也是专制主义中央集权制发展的结果。监察机关通过对官吏的监督，加强了国家机器的效能，有助于专制主义中央集权的统治，因而职权不断扩大。

[1]《后汉书·百官志》。

魏晋南北朝时期，御史中丞已拥有“震肃百僚”的权威，“自皇太子以下，无所不纠。”[1]南梁张缅为御史中丞，号称“劲直”，梁武帝曾请画工画其像于台省，以示褒奖，以励百官。北朝适应加强专制主义的需要，改御史中丞为御史中尉，“出入千步清道，与皇太子分路，王公百辟咸使逊避，其余百僚，下马驰车止路旁，其违缓者，以棒棒之。”[2]不仅如此，还允许御史风闻言事，而无须实据，显示了职权的扩大。如果百官有罪，御史失纠，则要免官。为了发挥监察机关的职能，御史的人选较严，大士族不得担任御史中丞，以防止株蔓相连，徇私枉纵。但在中国特有的门阀政治时代，士族把持朝政，监察官很难行使职掌，有些严于职守的监察官也很难久留于任。如，南朝刘宋六十年间，历任御史中丞者五十三人，“校其年月，不过盈岁。”[3]

至唐代，封建监察制度已经定型，形成了一台三院的体制。台为御史台，是中央最高监察机关，以御史大夫为长，“掌邦国刑宪典章之政令，以肃正朝列”[4]，有权弹劾百官、参决大狱、监督府库支出等。御史台下设台院、殿院、察院。台院，设治书侍御史六人，职掌纠弹中央百官，参加大理寺审判和推鞫由皇帝制敕交付的案件；殿院，设殿中侍御史四人，职掌纠察朝仪；察院，设监察御史十五人，其中三人分察六部，余十二人，根据地方十道监察区分巡地方州县。三院既分立，又互相配合。唐睿宗在论及监察机关的重要性时说：“彰善瘅恶，激浊扬清，御史之职也。政之理乱，实由此焉。”[5]

为使纠弹准确，中宗时下诏：“每弹人，必先进内状，许乃可。”[6]在推行封建法制而为史家所称道的唐朝，监察机关对京内

[1]《通典》卷二十四。
[2]《通典》卷二十四。
[3]《南齐书·刘休传》。
[4]《唐六典》卷十三。
[5]《唐大诏令集》卷一百。
[6]《隋唐嘉话》。

外各级官吏进行监督纠弹，“颛举不如法者”，“以刑法典章纠正百官之罪恶”，[1] 实质上是依法对有罪官吏进行起诉，表现了司法监察的发展。

唐朝在武后专权时期，也允许御史“风闻言事”。对此，后世多有讥评。明人邱濬说：“风闻言事，此岂治朝盛道之事哉？夫泛论事情，风闻可也，若乃讦人阴私，不究其实，而辄加以恶声，是岂忠厚诚实之道哉？苟不察其有无虚实，一闻人言，即形之奏牍，置之宪典。呜呼，莫须有何以服天下哉？”[2]

唐朝还发展了汉以来的言谏制度，设置了谏官组织。谏官的主要任务是研究国家的政策、法令、措施、制度，如认为不妥，有权向皇帝言谏和封驳。就是说，皇帝也要受到谏官的某种监督。这是唐代监察制度的一个显著的特点。由于规谏和封驳着眼于国家利益，保证了皇权的正确行使，因而为皇帝所接受，唐太宗就以能纳谏而为史书所称道。

宋朝随着中央集权的强化，监察机关的地位有所提高。其活动进一步制度化，表现为由皇帝亲自掌握监察御史的任用权，废除了唐代宰相对于御史的任用权和荐举权。凡是经宰相荐举为官的或其亲戚故旧，均不得为御史。此外，未经两任县令者，不得为御史，以保证御史具有实际的行政经验。宋朝也允许御史“风闻弹人”，且不一定要有实据，奏弹不当也不加惩罚，从而助长了御史弹劾权的滥用。

元朝建立以后，为了监督汉官和控制地方，于中央御史台外还在江南、陕西两地设立行御史台，同时，派出监察地方的肃正廉访使握有法律内和法律外的权限。《宪台格例》最后一条规定：“该载不尽应合纠察事理，委监察并行纠察。”元世祖曾经表达他对监察机关的倚重，说：“中书朕左手，枢密朕右手，御史台是朕医两手

[1]《新唐书·百官志》。

[2]《大学衍义补·重谏台之官》。

的。”[1] 这也说明，中央最高的军政长官也要接受御史台的监督。

明初，改御史台为都察院。太祖朱元璋深知官吏贪渎危害百姓是元末农民大起义的起因，因此对监察机关十分重视，说：“国家立三大府，中书总政事，都督掌军旗，御史掌纠察，朝廷纲纪尽系于此，而台察之任尤清要。”[2] 由于明朝废除了宰相制度，提高了六部的地位，为了加强对六部的监督，专设六科给事中负责专掌对六部的监察。由此科道合一，废止了言谏制度，反映了专制制度的强化。

明朝还广泛推行御史巡按地方的制度。“巡按御史”是皇帝的代表，权力极大，“大事奏裁，小事立断。”[3]

清袭明制，以都察院为中央最高监察机关，地方督抚也带左都御史衔，负责监察地方。清朝于都察院下设五城察院，由都察院派出巡城御史，是集监察、行政、司法合一的基层监察机构。

由于清朝专制主义极端发展，监察官多不敢言事，唯恐受到谴责。例如，康熙三十六年上谕中说：“近时言官奏疏寥寥，虽间有人奏而深切时政以实直陈者甚少。”[4] 乾隆五年上谕也说：“科道为朝臣耳目之官……乃数年中条奏虽多，非猥琐陋见，即抄袭陈言，求其见诸施行能收实将近者何事乎？近日即科道官敷奏者，亦属寥寥，即间有条奏多无可采。”[5] 可是，有的御史就是因为直言上奏而受到申斥和惩罚。乾隆二十三年，御史周照的条奏中提到“行政急于观成，必条理繁多，法令严密，承于下者转得以空文相应”，结果触怒乾隆帝，严行申饬“试问今日之行政，有视昔加严者乎，繁者何条，密者何令？”[6]

值得提出的是，清朝的监察法——《钦定台规》十分详备，为

[1]《草木子》卷三上。
[2]《明史·职官志二》。
[3]《明史·职官志二》。
[4]《光绪会典事例》，第998页。
[5]《光绪会典事例》，第999页。
[6]《光绪会典事例》，第1000页。

同时期世界其他国家所未有。

总括以上，封建时代的监察机关是国家机关体系中的重要组成部分。其职权之所以不断扩大，是因为它对维护封建国家的统治、发挥官僚机构的职能、提高官吏的素质与吏治、贯彻既定的方针政策与法令、保证专制主义中央集权制的国家机器的运转起着一定的作用，因而才有“政之理乱”系之于监察职能发挥的议论。

监察官作为皇帝的“耳目之司”，官品虽卑，但职权极重。位卑，便于皇帝控制；权重，是源于“代天巡守”。正因为如此，对于监察官的选任资格极为严格：首要的是具有清正刚直、疾恶如仇的品格。其次，需要具有较高的文化素质，“非科举正途出身，不得任用。”而且考选合格后，还须经过试职，才得实授。明成祖曾明令吏部“御史为严耳目之寄，宜用有学识通达治体者。”再次，需有地方实际工作经验，而且年龄适中。为官有瑕疵者，不得为监察官。最后，京官三品以上及督抚子弟也不得考选监察官。

封建时代的监察官除依据国家法律行事以外，还有专门的监察法。从西汉时的“六条问事”到清朝的《钦定台规》，辗转相承，不断丰富，成为法律体系中的一个重要分支。监察法的主要内容是规定监察官的职掌范围、活动的规范、行使职权的方式方法，以及违法制裁等。

综观中国古代监察历史的发展，无论制度的建构、监察法律的制订、监察官的人选、巡按地方的司法监察、弹劾违法失职的官吏与提起诉讼等，都说明它是防止官吏贪腐的一道防线。它所积累的成功的经验，具有历史借鉴的意义。

主编《中华大典·法律典》与发起整理冕宁县清代档案

主编《中华大典·法律典》与发起整理冕宁县清代档案

一、主编《中华大典·法律典》

中国是世界文明古国之一，几千年来纂写和聚集的文化典籍浩如烟海。为了适应今天与以后研究和检索的需要，1998 年，海内外三百多位专家学者和各古籍出版社同仁倡议，在已有类书的基础上，用现代科学方法编纂一部新的类书——《中华大典》。该倡议得到党和国家领导人的高度重视，在 1990 年 5 月，国务院批准《中华大典》为国家重点古籍整理项目，并在批复中指出，编纂《中华大典》“是我国建国以来最大的一项文化出版工程”。1992 年 9 月，正式成立了《中华大典》工作委员会和编纂委员会，并召开了《中华大典》工作、编纂会议。自此，《中华大典》的编纂工作由试点转入正式启动。作为一部运用我国历代汉文古籍史料编纂的大型工具书，《中华大典》为学术研究和了解中国古代优秀文化提供了准确翔实的资料。全书所收汉文古籍，上起先秦，下迄清末，约三万种，达七亿多字，分为二十四个典，近百个分典，内容广博，规模宏大，前所未有。

1992 年，巴蜀书社干部段志宏与我接触，讨论编写《法律典》的事宜，他当时还在北师大读历史学的博士。不久，巴蜀书社社长老段同志正式聘请我为《中华大典·法律典》的主编。我参加了《中华大典》的编纂会议，并被聘请为《中华大典》编纂委员会编委。我认为，中国古代法律体系和主要法典的编纂体例应该严格区分。过去法制史学者认为中国古代法律史“民刑不分，诸法合体”，其实这是主要法典的编纂体例，而不是中国法律的全部。根据现代的法律体系的理论，结合中国古代法律的实际，我将《中华大典 法律典》分为六个分典，即：《法理典》、《刑法典》、《行政法典》、《民法典》、《经济法典》、《诉讼法典》。

1993 年，召开了部分专家会议。我谈了《法律典》的总的设想，以及六个分典的架构，得到了与会专家的认同和巴蜀书社的同意。1994 年 5 月，在中国政法大学召开了《中华大典·法律典》的正式启动会议，《中华大典》工作委员会委员伍杰同志和巴蜀书社段社长参加会议。我聘请中国政法大学古籍研究所所长马建石为第二主编，主要负责古籍所承担的《刑法分典》。同时，聘请朱勇、郭成伟为《诉讼法分典》主编；杨育棠、张大元为《刑法分典》主编；汪汉卿、钱大群为《行政法分典》主编；杨堪、王召棠为《经济法分典》主编；孔庆明、杨永华为《民法典分典》主编；余荣根为《法理分典》主编。各分典主编都制定了相应的工作计划。由于经费微薄，大典工作委员会强调发挥奉献精神，因此，参加工作者的劳务费极其微薄，而且这份耗时费力的工作并不为评职称时所认可，参加的中青年同志情绪不高，工作很难推动。我多次强调，中国古籍中的法律记载比较分散，需要秉持沙里淘金、涸泽而渔的办法，务使重要史料不至遗漏。1995 年 9 月，巴蜀书社在成都召开了几个典编写者的工作会议，我出席了会议并讲了话。会议交流了经验，颇有收获。

会议结束后，游览了名胜。我一路兴致很高，诌成了几首诗。参观峨眉山金顶时，有诗如下：

金顶览胜

云笼金顶雾笼山，枫叶初霜红紫间；
览胜何须惊路险，款听溪水鸣潺潺。

在峨眉山下一座古庙中，导游介绍说，当年老僧说法，群蛙都有所感悟，至今雨后蛙鸣，表示群蛙对老僧的怀念。于是，吟诗一首：

古庙听奇

寒山倒影入蛙池，碧水清风柳垂丝；
老僧圆寂千年后，犹听绝响雨歇时。

还登乐山，瞻仰了大佛，有感而吟诗一首：

乐山大佛

法相庄严对三江，禅堂处处是道场；
心有莲华春常在，山水犹涵贝叶香。

特别难忘的是，游览了都江堰，惊叹古人无穷的智慧。两千年前的水利工程，至今仍使天府之国受益匪浅。我怀着无限敬仰的心情，瞻仰了二王庙。从成都乘火车到重庆，然后乘船顺江而下，即兴吟诗二首：

朝发朝天门

其一

朝天门外舟欲行，絮语叮咛有余声；
云山远去别流水，穿袖轻寒是江风。

其二

重山复水过三峡，瞿雄巫秀神女家；
滟滪堆前滩最险，白帝城高送落霞。

过夔门时，为雄踞的夔门山所震撼，江水滔滔，云影变幻，兴奋已极，咏诗一首：

过夔门

夔门雄奇扼大江，万水争流向东方；
绿染峰岚连天碧，云影涛声两茫茫。

行舟至万县，夜泊万县石阶下，相约登上百尺台阶，游览万县。时因长江筑坝，万县将淹没，商店倒闭，万户萧疏，只有一些小贩叫卖杂物。想起辛亥革命时，万县是一个重要的消息集散站，不禁有惊喜之感，赋诗一首：

万县夜泊

巴山细雨润如烟，十月秋风过林峦；
江涛无奈潇潇夜，百尺阶下泊客船。

成都归来，《诉讼分典》和《刑法分典》工作有所进展，但参加的博士生陆续毕业，而古籍所因其业务就是整理古籍，人员比较稳定。《诉讼法分典》开始由法律史所研究人员承担，最后，由张德美完成。在这期间，市场经济所造成的物欲横流，使参加大典工作的年轻同志更加不安心。岁月蹉跎，《行政法分典》主编汪汉卿过世，钱大群宣布退出。《民法分典》孔庆明草草交稿，委托杨永华续编，后来也退出，以致资料散失很多，由副主编侯欣一保管仅存的资料。《经济法分典》杨堪完成了应承担的工作后，交给上海的王绍棠。王退休，委托丁凌华、张伯元继续工作，但也搁置下去。这种情况真使我内心焦急，又无力可施。期间与段志宏多次商谈，都因经费紧张难以启动。至本世纪初，巴蜀书社请西南师范大学出版社加盟此项出版工作。西南师大出版社主编周安平工作有魄力，积极性高，该出版社实力也较雄厚，同时聘请社科院历史所退休研究员赖长阳参加工作，使得工作局面迅速开展。

最早完成的是《刑法分典》，约九百余万字，于 2010 年 12 月出版。

我为全书写了序言，如下：

《中华大典·法律典》序

中国是法制文明发达较早的国家之一，而且在四千余年的发展过程中，从未中断过，这是世界文明古国中所少有的。因此，中华法制文明的历史具有发展的连贯性、传承性和系统性，法文化的底蕴十分丰厚，遗留下的法制资料浩如烟海。

在精芜杂存的法文化遗产中，不乏超越时空的民主性因素。它是中华民族伟大创造力的体现，也是理性思维的结果。

中国古代农本主义的经济形态、宗法伦常关系的社会结构、专制主义的政治体制、儒家思想为统治思想的文化政策，构成了中国古代特有的国情，并进而决定了中国古代法制文明的特点。如：礼法结合，法、理、情三者的统一；伦理法占有重要的地位；重视人命，法律向社会弱势群体倾斜的人本主义；法自君出、狱由君断的专制主义法制环境；德礼为政教之本，道德规范对法律规范的支撑。等等。这些特点构成了独树一帜的中华法系，影响了周边国家达数百年之久。

中国古代自夏商起，已有成文法。历朝具有代表性的法典，自李悝《法经》至《大清律例》，其编纂体例均为诸法合体、民刑不分。然就法律体系而言，由于社会关系的复杂性与多样性，以及法律调整的针对性与适应性，使得中国古代的法律体系也为对象不同、内容有别的部门法所构成，既有行政法律、刑事法律，也有民经法律、诉讼法律，是诸法并存、民刑有分的。

中国古代虽有极其丰富的法文化资源，但较为分散，缺乏必要的整理。为了使这份宝贵的法文化史料更好地服务于法学研究，同时也为了弘扬中国法律文化史料中的民主性精华，总结它所蕴藏的丰富的治国理政的经验，我们在《中华大典》工作委员会和编纂委员会的领导下，根据《中华大典编纂通则》的要求，汇编了《中华大典·法律典》。这是一项系统整理中国法律文化史料的大规模的文化工程。

《中华大典·法律典》分类汇集中国古代法律史料，全面反映各个历史时期法制情况，上起尧舜，下至晚清，凡有关律令诏敕、典章制度、格式条例、司法判牍、事件案例、乡约族规、契约文书、思想学说、人物活动等法律史料，均在收录范围之内。

根据中华古代法律体系诸法并存、民刑有分的实际情况，《中华大典·法律典》分为《法律理论分典》、《刑法分典》、《民法分典》、《经济法分典》、《行政法分典》、《诉讼法分典》等六个分典。由于中国古人并不具备现代的部门法划分的认识，因此法制史料大多是笼统的、交错的、界限不清的，对此加以分类，显然是一项艰难的科学研究性质的工作。但正如为了观星而将满天繁星划分为星座一样，我们把史料按部门法分类归纳，也是为了查找和使用的方便。同时，也借以证明古代中国法律体系内涵的丰富，以及刑法以外的各种部门法律规范的存在和发展状况。

自 1994 年《法律典》开始正式工作以来，我们在前人的基础上，广泛查阅历代典籍与建国以来的新发现，与此同时，对于史料的真伪、记事的虚实、文字的错漏进行了必要的鉴别、考订和校勘，力求凸显《法律典》的珍惜价值和有用性。

“以古为鉴，可以知兴替。”今天的中国是历史中国的发展，今天的法律文化是历史的法律文化的继受和光大。编纂和出版《中华大典·法律典》，不仅为法学、历史学研究者和世界各国的法学研究者提供丰富可靠的物质资料，从而奠下法学新发展的基础，它还雄辩地昭示了中国悠久法文化所具有的世界地位。这将增强中华民族的自豪感和建设社会主义强国的自信心。

“盛世修典”，《中华大典·法律典》力争无愧于盛世，也无愧于后人。

《中华大典·法律典》编纂至今，已历时十六年，期间人事变动颇多，《行政法分典》原定主编汪汉卿教授业已过世。在《诉讼法分典》、《刑法分典》和《法律理论分典》即将出版之际，《法律典》全体同仁深表悼念之忱。令人欣喜的是，在十六年时间里，参与大典工作的一代新人，已经崛起。他们不仅是完成大典强有力的后续力量，也是弘扬与发展中华法制文明的中坚力量。我们将在总结前十六年经验教训的基础上，更好地安排力量，开展工作，使各个分典均能早日问世。

从事此项具有开创性的法史类书编纂工作，挂一漏万之处在所难免，期待读者提出批评建议，以为再版时修改参考。

此后不久，《诉讼法分典》于 2011 年 7 月由巴蜀书社出版，约四百余万字。巴蜀书社最早承担出版《中华大典·法律典》的工作，但最后只出版了《诉讼法分典》。

2011 年 11 月，《法律理论分典》出版，约七百余万字。鉴于其他三个典主编缺位，我聘请霍存福为《行政法分典》主编，侯欣一为《民法分典》主编，蒋传光为《经济法分典》主编。为了便于工作，也请周安平社长担任以上分典主编。2013 年 5 月，出版了《行政法分典》，约七百余万字。根据目前进度，《民法分典》将于 2015 年春出版，《经济法分典》将于 2015 年夏秋之际出版。总之，2015 年年底前，《中华大典　法律典》将全部出版。这部耗时二十年，动员人手二百余人，字数四千余万的工具书，将最终问世。它对于研究中国古代法制历史、法文化史都具有重要的参考意义。我多次在编委会上提到，我们编的这部书要做到遗惠后人，而不是贻害后人。现在可以释怀地说，我们完成了大典工作委员会委托的任务。在这二十年间，艰苦备尝，有的主编逝世，有的年老退休，有的感到无望而退出，编写队伍不断更新，资料几经周折，许多散失了，都给工作造成困难。所幸周安平社长接手之后，一气呵成，完成了这部鸿篇巨制。在我主编的几部大书中，这部书耗时最久，困难最多，不管怎样，成功终究是指日可待了。

二、发起整理冕宁县清代档案

在中华大典法律典即将功成之际，我组织力量开始整理编辑四川省冕宁县所保存的清代司法档案。这也是一项新的资料整理工作。

冕宁县地处四川凉山彝族自治州北部，境内除汉族外，主要有彝族、藏族、羌族、苗族、回族、蒙古族、土家族、傈僳族、满族、瑶族、侗族、纳西族、布依族、白族、壮族、傣族等二十多个民族，其中汉族占人口之半，其次为彝族。

冕宁自明代洪武二十七年改为宁番卫军民指挥使司，简称“宁番卫”，隶属四川行都司。清初沿用明宁番卫旧制，雍正六年西南改土归流，罢宁番卫，改为“冕宁县”，县治在冕宁县城东街，属宁远府管辖，永宁道兼辖。据《冕宁县志》载，冕宁县设有吏、户、礼、兵、刑、工、仓、发八房，书吏衙役不等。

冕宁档案共三十三卷，四百零六本，约两万三千余条，收录范围上起康熙三十一年（公元1692年），下至宣统三年（公元1911年），几乎与清朝的兴起、鼎盛、衰亡相始终。现有的巴县档案虽有康熙、雍正时期的内容，但数量较少，大多数属于乾隆时期。其他清代地方档案，如顺天府宝坻档案、陕西紫阳档案、台湾淡新档案等，多起自乾隆初年，时间跨度之长均不如冕宁档案。

冕宁档案虽以司法档案为主，但它涉及的门类十分广泛，既有上级衙署的札文、信牌等（如四川按察使司发给宁番卫的申饬依限审结重案宪牌、宁远府转发清廷查核年羹尧忤逆案的牌文要求宁番卫所属具结），还有平级衙署的咨移、函传、照会等【如冕宁县移会冕山分县（县丞）解送徒犯之件】，更多的是冕宁县上报的清册、验折、申文、禀稿，冕宁县下发的传票、唤票、告示、通知、晓谕、牒文、契尾、牌签，民间衙差的文状、契约，等等。以上可见，冕宁档案具有民族性、连贯性、多样性等特点。

研究冕宁档案，可以使我们得到以下的启示：

第一，冕宁档案有助于了解清朝因族制宜、援俗而治的立法原则和重视依法调整民族关系、巩固边疆的政策导向。

清朝早在关外肇基时期便通过宣布盛京定制积累了运用法律调整民族关系的经验，入关以后面对更大规模、更为复杂的民族立法的现实需要，形成了因族制宜、援俗而治的立法指导原则。这在冕宁档案中得到了突出的反映。由于冕宁县是多民族混居的地区，因此在立法中更需要体现民族的利益、风俗与习惯。冕宁档案记载了清朝政府运用法律调整各少数民族之间的商贸往来、文化融合、风俗习惯、婚姻财产，以及通过司法解决民族间发生的纠纷。

由于冕宁档案反映了不同民族间的法律理念、法律意识与司法诉求，体现了中国古代以汉族为主体的多元一体的法文化的特质，也雄辩地说明了中华法系是中华各族共同缔造的。

第二，冕宁档案也体现了清政府运用法律治理边疆、巩固边疆，进而巩固统一多民族国家的方略。

例如，档案中记载了清朝政府通过法律手段有效地管理各土司因辖境混乱而发生的纠纷，宁远府还责成冕宁县查核土司疆界，并不得漏报。乾隆时期为巩固边疆而发动的大小“金川”之役，冕宁县承担了运送粮草兵械的任务，对于军事行动的顺利进行起到了重要的作用，因而受到乾隆帝的嘉奖。乾隆三十八年，乾隆帝以小金川即将荡平，汉、番“百姓等趋事奉公”，谕令蠲缓钱粮。次年，又以“各土司夷民，急公踊跃，甚属可嘉”，“今大功指日告成，该土司等益加奋勉出力”，命将宁远所属之冕宁等县，缓征三十七年夷赋，酌免十分之三，并将三十九年夷赋再免十分之三。[1]

清朝统治期间，鉴于边疆多为少数民族聚居地区，因此入关以后着意进行边疆立法，著名的如《蒙古律》、《理藩院则例》、《西藏章程》、《回疆则例》、《西宁青海番夷成例》等，不仅形式多样，而且内容丰富，其中认可和保留了部分的民族习惯法，但更注意加强集中统一的国家需要。从冕宁档案中还可以看出，清朝并不完全以汉地汉民的价值标准取代夷地夷民的价值标准。由于汉俗与夷俗差异较大，因此有选择地认可夷俗和夷例，更可减少国家管理夷地夷民的阻力。从冕宁档案中乾隆四年十二月廿一日《行冕宁县为设土司主文、

[1]《清高宗实录》卷九七二。有关承担征金川之事，在冕宁档案中都有详细记载。

攒典劝惩之例等事》来看，清统治者对于在土司所管地方设立“主文、攒典”的态度不可谓不慎重。这说明统治者在立法修律时充分考虑到了边疆的特殊性，力求实现边疆稳定、民族团结、社会发展的目的，如同《皇朝藩部要略》序所说：“修其教不易其俗，齐其政不易其宜，旷然更始而不惊，靡然向风而自化。”

第三，冕宁档案还详细记录了清代的司法机构、程序规定与实施状况，以及各民族之间的司法调处、纠纷解决机制。

在冕宁档案中司法档案约占总量的百分之八十以上，涵盖了立案、侦查、起诉、判决、执行等司法程序的所有环节。其中数量甚多的供招，是我们研究清代基层司法，特别是民族地区法律运行的极为难得的资料。如，一件命案的档案，供招竟多达七十余纸。根据《大清律例》规定，供招不得涂改。冕宁档案所保存的很多供招是由刑房叙供，也是最基层的原始初供。

档案中还保留了大量书状，多达几十种，主要包括告状、诉状、投词等。如，方翠告王氏侵占财产、杀害人命案，既有告状，也有诉状。此类既有告状又有诉状的文书甚多，对我们研究清代诉讼关系、司法程序具有重要意义。此外，尚有大量的呈状、领状。后者是指经官断后领状人在财物具领单上出具的证据。而公呈这类档案，为我们解读基层社会乡里组织及地方绅衿如何介入司法，提供了非常重要的资讯。依据规定，有职者或多人出具上行文书，称“禀”，或称“公呈”。如，酥州土千户姜喳呈报彝人犯法事，属有职之禀报。

档案中的保状也同样重要，它是由保证人填写的有一定格式的保证书。档案中尚有大量结状、息状。结状是原告或被告接受官府调处或裁处后，出具甘结。档案中邓枝贵告族亲邓枝环争水一案，经官府派差勘断，“公论明白”，原被告邓枝贵、邓枝环分别具结息讼，相邻也出具息和甘结。

档案也大量保留了“堂批”，它是正印官针对某事的批复意见。如，保状均有堂批“准保”字样，并在保状上具批日期。

综观上述，清朝二百一十九年未曾间断的档案记载了清朝法制历史发展的真实进程，它反映了社会的进步如何推动了法律的发展，以及政治的状况与法制的相互关系，从中可以总结具有说服力的法制发展的规律性。冕宁档案所记载的依法调整汉族与少数族、少数族与少数族之间的关系，以及依法加强边疆地区的司法管理与法制建设，进而保证统一多民族国家的稳定，对于加强和完善我国的民族区域自治、有效管理少数民族地区的事务、妥善处理民族之间的问题，提供了重要而鲜活的历史借鉴。冕宁档案翔实地记录了当时当地的社会关系与政治、文化、经济各方面的实际状况，对于历史学、法制史学、法社会学研究来说，都是弥足珍贵的资料。

几位弟子的感言

几位弟子的感言

张晋藩先生学术贡献回顾

——朱勇

今天，我们欢聚一堂，共同庆贺张晋藩先生执教六十周年暨八十华诞庆典。首先让我们以热烈的掌声感谢张晋藩先生辛勤耕耘在教育领域培养了一批又一批的法学人才，并祝愿张晋藩先生福寿安康！

今天的活动由我们中国政法大学法律史学研究院主办，我也代表法律史学研究院对各位朋友的支持和各位嘉宾的到来表示衷心的感谢，祝大家健康幸福。

八十年，风风雨雨，张晋藩先生以其高尚的品格、博大的胸怀、坚毅的性格和辛勤的汗水，铸就了一代学术大师的风范。在这里，我想以弟子的身份对张晋藩先生在法律史学领域所做的学术贡献作一个简要的回顾。

我认为，张先生在法律史学领域的贡献可以简单地用三句话来概括：第一，奠定了法律史学的基本理论；第二，固定了法律史学的学科基地；第三，丰富了法律史学的学科内涵。

第一，奠定了法律史学的基本理论。法律史的研究首先要解决基本理论问题，中国法律史学的基本理论问题主要涉及三个方面：（1）研究中国法律史学的基本理论指导；（2）中国法律史学的基本方法；（3）中国法律史学的重大理论问题。我认为，先生在这三个方面都做出了巨大的贡献。在基本理论指导方面，先生用坚定的马克思主义基本理念、基本原则指导中国法律史的研究。尤其是在早期，改变了前苏联关于国家与法权这样一种历史传统对中国法律史学家的影响。坚持在历史唯物主义原则的指导下，全面探索中国历史上法律制度的发生、发展、演变的规律和内涵。在中国法律史学基本方法问题上，先生提倡史论结合、论从史出，提倡微观制度研究和宏观制度分析相结合，提倡古为今用、借古鉴今服务当代法律体系建设。在中国法律史的重大理论问题上，先生先后关注了中华法系的特点、中国传统法律的内涵、中国法律发展的基本规律和中国法律近代化等问题。在上述涉及中国法律史学重大理论问题方面，先生都进行了深入系统地研究，并提出了富有创新性的观点。其中，相当一部分观点被学术界所普遍认同。

第二，构建了法律史学的学科体系。一门学科成熟的标志在于具有一套相对稳定的学科体系。中国法律史作为一门成熟的学科，在当代中国的发展实际上是起步于改革开放之后。民国时期，中国法律史已经有了丰富的发展。老一代法律史学家，包括杨鸿烈、陈顾远、戴炎辉等，从不同角度探索构建中国法律史的学科体系，并取得了开创性的成就。这一时期的关于中国法律史学说体系，比较多的注重史料的发掘和说理，注重以司法为中心的法典和法律研究。他们初步建立了中国法律史学科的研究领域和研究范围，为当代中国法律史学学科体系的发展打下了坚实的基础。新中国建立后，国家与法学的历史占据着法律发展史的主阵地，中国法律史的学科体系探索偏离了法律发展的自身之路。进入八十年代，中国法律史学学科发展全面起步，而发展的重要任务就是构建该学科的体系框架。就是在这一阶段，先生与诸位学界同仁，包括今天在座的几位中国法律史学的资深学者一道艰辛探索、大胆创新，在构建中国特色的法律史学学科学术体系和框架道路上一步一个脚印取得了丰硕的成果。在构建法律体系的过程中，我们多次聆听了先生的教导。先生特别强调，中国法律史作为一门学科，重点在于研究梳理中国历史上各项法律制度的发生、发展、变革的历史脉络和运行规律；中国法律的理论框架既要吸收西方近代的法律理论和法律原则，又要坚持中国传统对法律的基本定位；中国法律史不仅要注重对各项制度的研究，还必须在研究中见人物、见思想、见活动。在中国法律史的学术体系和理论框架的构建过程中，有两个重要的里程碑：一是1982年出版的由张先生主编的第一本高等学校法科专业统编教材。在当代中国学术发展过程中，高等学校本科教材有着特殊的意义，因为它不单单是一本教材。特别是在改革开放之初，学术繁荣起步之时，该教材不仅构建了中国法律史学的基本学科框架，而且培养了整整一代学人。二是1999年出版的张先生主编的《中国法制通史》（十卷本）。中国法律史这个学科框架基本成熟，这个学说框架就是以朝代为经，以部门为纬，贯穿中国传统法律的基本精神，展示中国法律近代变革的基本脉络、经纬交织和古今衔接。这一学说框架基本反映了中国历史上法律制度发生、发展、变革的脉络和特征，并得到了学术界的普遍认同。按照一般理论，学科体系的发展具有开放性。今天有一些中青年学者就中国法律史学的学科体系进行了新的探讨，这表明以张先生为代表的老一辈学者所开创的学术体系后继有人，我们也希望他们能取得新的成绩。

第三，丰富了中国法律史学的学术内涵。关于中国法律史的发展，先生的又一重大贡献是极大地丰富了该学科的学科内涵。我们注意到，民国时期关于中国法律史的研究多限于法律史料的梳理、分析以及与诉讼相关的法律、法规的研究和介绍，缺少对于法律发展基本规律的探讨，缺少对法律特征的背景、条件分析，缺少对相关部门法的深入研究。而五、六十年代的中国法律史研究在国家与法权的历史发展上，更多的是政治制度史、政治发展史，是从政治属性、统治工具的角度研究中国历史上的法律，对于法律本身的研究，尤其是基于近代法制基本理论、基于中国传统对于法律的基本定位和内容的研究较少。先生近六十年的学术生涯，尤其是近三十年的学术之路及研究领域，涉及中国法律史学的方方面面，包括宪法史、行政法史、民法史、刑法史、官制史、诉讼法史、少数民族法律史、法律思想史、法文化史等。其中相当一部分是先生以其深厚的学术功底和敏锐的学术眼光开风气之先，引领了学术发展的道路。

我们也高兴地看到，先生今天已八十高龄，继续在中国法制史这样一个领域当中，愉快地耕耘，欢乐地收获，研究灵感不断涌现，学术火花不断迸发。值此先生执教六十周年暨八十华诞之际，我祝愿先生健康长寿，也希望先生在学术征程中继续引领我们开创新的辉煌！

谢谢各位！

为学术的人生：读《张晋藩文选》有感

——张中秋

中国人常说，人生七十古来稀。可我的老师——张晋藩先生，虽年近八十，依然是身手利落、精神矍铄，而且思维敏捷，仍在不停地著书立说。这常常让年轻的后生们惊羡不已。是什么让先生如此有活力呢？最近，我读了中华书局为先生出版的《张晋藩文选》（以下简称《文选》），感受颇深，联想先生的一生，我以为用“学术”二字可以解答上面的问题。透过这本《文选》，我们可以看到先生为学术的人生是多么的充实而又精彩！这其中不仅包括了他的学术经历、学术贡献和学术精神，甚至，从某种意义上说，还折射出一个学科的成长、一份学者对学术的使命感和一种对自己民族文化的自珍与自信。我想这大概就是先生的品格和动力来源吧。

一

《文选》收录了张先生从20世纪50年代初到2006年9月公开发表的二百三十多篇法制史学论文中的四十七篇文章。其中，写作、发表于20世纪50年代的有两篇，60年代两篇，70年代一篇，80年代十二篇，90年代十二篇；新世纪始十八篇。四十七篇论文的内容涵盖中国法制史通论、中国法制史专论、断代法制史、部门法制史以及比较法史和法律文化诸方面，反映了中国法律史学的基本方面和重要组成部分。论文涉及的时间跨度达半个多世纪，期间张先生本人也从风华正茂的青年成为了德高望重的一代宗师。这个轨迹从一个侧面具体而微地反映了共和国建立以来新中国法律史学发展的历程。

《文选》收录的第一篇是《中国旧民主评议宪政运动的破产》一文。该文是张先生平生第一篇公开发表的论文，最初刊登在1954年6月21日的《光明日报》上。当时，张先生还是研究生刚刚毕业的青年才俊，恰逢共和国第一部宪法制订。受到时代风云的激荡，怀抱着政治热情和强烈的使命感，先生投入到了以自己的专业学识为新宪法提供借鉴宣传和论证的潮流。难能可贵的是，从《文选》看，先生对中国宪政史的研究不是一时的心血来潮，更没有浅尝辄止，而是锲而不舍、一以贯之。《文选》中还收录了《剖析 < 中华民国临时约法 >，吸取历史的经验教训》（1957年）、《中国近代宪政历史论纲》（2000年）、《中西宪法文化的比较》（2004年）三篇同一主题的论文，说明先生在这一主题上研究的延续和认识的深化。自然，最能反映先生在中国宪政史研究方面的经历和心血的，是2004年出版的《中国宪法史》（吉林人民出版社，2004年第1版）一书。在该书中，先生以历史为线索，系统地评述、剖析了中国宪法的发展演变历程。从第一篇宪政史论文发表到完成体系性的中国宪法史著作，前后垂半个世纪，期间还经历了严冬一般的学术环境的肃杀和艰难，并承受着学术著作被政治批判的压力与磨难，这是需要何等的执著与毅力！

正如张先生自己所说，在学术的长途中，他是一位永不停止的追求者和探索者。在半个多世纪的学术生涯里，他争分夺秒，孜孜以求，不知疲倦，兢兢业业，教学与研究相互激励，培养了一批又一批从硕士到博士的新人，完成了多篇（部）论著。以我的观察，先生用功的重点有三：一是倾注心力，组织编写《中国法制通史》与《中国少数民族法制通史》；二是积极从事部门法史的开拓研究；三是在清朝断代史上用力尤勤。反映在《文选》中，《编写（中国法制史）多卷本专著的设想》（提出于1979年，发表于1980年）、《< 中国法制通史 > 十卷本总序》（1998年）和《探索中华法制文明的珍稀遗产》（本文为先生主编的《中国少数民族法制通史》总序，2006年）三篇论文，记录了先生倾注毕生心力，历时近数十年，编成中国法制史研究领域里程碑式的巨著《中国法制通史》（十卷本）和《中国少数民族法制通史》（十五卷本，已出四卷）的艰辛历程和重大贡献。《文选》中《试论中国封建审判制度的特点》（1981 年）、《中国古代的行政管理和行政法》（1985 年）、《简论中国古代刑法的起源》（1993 年）、《中国历代官制的发展规律及其时代特点》（1993 年）、《中国古代民事诉讼制度通论》（1996 年）等系列论文，和上文述及的关于中国宪政史方面的系列论文，记录了先生在中国古代部门法史方面的探索和开拓。这些论著涉及古代刑法、民法、行政法、司法制度、政治制度、官制、近代宪法等领域，在部门法史的研究中具有筚路蓝缕、开启山林之功。《文选》所收录的《清初启蒙民主主义者的政治法律思想》（1979 年）、《清代律学及其转型》（1995 年）、《清朝法制史概论》（2002 年）等研究清代法律史方面的系列论文，记录了先生在这一领域的开创之功。先生的经历和这些成果的取得，充分展现了他作为一位杰出的新中国法史学者所走过的艰辛历程和充实而又精彩的学术人生！

二

为尊重历史而研究过去，为激发民族自豪感而振兴中国法律史学，为中华民族复兴而重塑中华法系，这些情结贯穿了张先生为学术的一生。作为共和国的第一代中国法制史学者，他力图在前人的基础上开拓创新，使得中国法制史学成为一门特色鲜明的学科。

中国法制的历史源远流长，但用近代科学方法研究法制史学，进而创建中国法制史学科，则是在 20 世纪初沈家本等主持“变法修律”以后的事。以前的学者在法律史学丰富史料的收集和整理，以及具体法律制度的研究等方面都取得了重要成就，但是囿于当时的法律观和方法论所限，难以科学地揭示中国法制历史发展的规律，尤其是研究对象的庞杂和研究范围的宽窄不一，极大地束缚了法律史学的发展。作为共和国的第一代中国法制史学者，张先生在前人的基础上开拓创新，努力把中国法制史学建设成为一门特色鲜明的新学科，并且成为中国社会主义法学体系中的重要组成部分。《文选》中的《法制史学的四十年》、《中外法制历史比较研究刍议》和《中国法律史学的发展历程的反思与期望》三篇论文，比较集中地反映了先生在这方面的思考。

中华人民共和国成立后相当长的一个时期，法律科学处于停滞状态，中国法制史学亦不例外。“文革”结束后，先生敏感地抓住重建法制史学科中带有根本性的问题，提出首先要厘清法制史学科的研究对象和范围，而且身体力行，在科学研究的基础上，将法制史学的研究对象明确为各种类型的法律制度的本质、特点及其司法活动。这一正本清源的研究成果为法制史学的发展起了极大的推动作用，是中国大陆法制史学近三十年来研究活动的重要指针。在他的带头和带动下，法律史学人共同努力，完成了新中国法制史学科的创建和发展。从《文选》所收论文可以看出，先生的基本研究思路是，把中国法制史置于中国五千年大历史背景之下，在探讨以法律制度的产生、发展和演变的规律性为核心内容的同时，也注意观察社会政治关系、经济关系和文化传统对法制发展演变的制约和促进作用，力图将法制史学研究置于科学基础之上。早在 1963 年先生就撰写了《中国国家与法权历史讲义》（第一分册），并在此基础上于 1981 年又完成了《中国法制史》（第一卷）的出版。这部著作使中国法制史在成为独立的科学体系方面迈出了重要一步。有学者认为，它成为建国以后中国法制史学科初创与奠基的重要基石。1982 年由先生主编的全国法学统编教材《中国法制史》出版，先后印行四十余万册，产生了十分广泛的影响。此后，先生从中国法制历史的实际出发，提出“诸法并存，民刑有分”的古代法律体系的思想，并以此为指导，提出了中国法制史学科和课程体系的新范式。

三

先生在自述中曾经谈到，由于少年时期生活在日本统治下的东北沈阳，目睹了侵略者对我同胞的奴役，因此在先生的童稚时代便产生了强烈的爱国主义感情。这种感情常常驱动他为祖国的荣誉而从事中国法律史学的研究。《文选》中收录的《编写<中国法制史>多卷本专著的设想》一文，集中反映了先生感于时势、奋发图强的壮志情怀。在文章中，先生谈到，在1979年以前，世界上曾经召开过三次中国法制史国际研讨会，但都没有邀请中国大陆学者参加。究其原因，除去当时的政治气候外，更重要的是中国大陆没有做出为世界所瞩目的成就。1979年秋中国法律史学会成立时，先生便提出编写《中国法制史》多卷本专著的设想。在大会上，先生曾慷慨陈词："外国学者热心研究中国法制史是值得欢迎的，对他们的成果应予重视。但我们自己更应感到肩上担子的分量，激起奋发图强的雄心。30年代我国爱国的历史学家为了夺回汉学中心，曾经付出了极大的努力，取得了辉煌的成果，造就了一代卓越的史学家。今天面对尖锐的挑战，如果我们只满足于前人的成果，甚至让我们后代向外国学者学习中国法制史，那岂不是一种罪过！因此编写出《中国法制史》多卷本，是时代的需要，是义不容辞的责任。"

在这种责任感和使命感的驱动下，由先生担任总主编，集中了当时国内中国法律史学界主要学术力量参加的《中国法制通史》，历时十九年，终于在1998年由法律出版社出版，全书十卷本，五百余万字。期间面对种种难以想象的困难和挫折，包括两位分卷主编先后谢世，但先生始终没有动摇过，所有参与这项科研活动的老、中、青三代学者，以锲而不舍的精神和扎实严谨的工作，实现了最初的设想。尤其值得一提的是，这部《中国法制通史》，不仅以十卷本的宏大容量见长，而且其贯通断代史的通史体例、基于翔实史料的厚重史论、法律制度与思想的浑然一体等等，都反映出法律史学研究的开拓与创新。《中国法制通史》是对近一百年来法律史学研究的全面总结，台湾学者曾经如此评价："皇皇巨著，字字珠玑，总结历史经验，以现代社会的科学方法检讨中国固有法制传统，如此名山盛业，当足以辉耀千古。"2000年4月我国三位法学教授访问意大利拥有七百多年历史的名校比萨大学时，送给主人的礼物便是这套《中国法制通史》。意大利教授们倍感珍贵，认为这部鸿篇巨制是对中国数千年法制文明史的总结研究。

在中国法制通史的研究中，先生还力矫积弊，推陈出新。中国近代以来的学者，将法律史划分为制度史和思想史两个相对独立的领域。这样的学科划分虽然有利于在某一个方面展开深入研究，但是却人为地割裂了法律史的整体性，造成了法律制度与思想殊分两途、互不通融的状况。针对这一弊端，先生主张研究法制史要见思想、见人物、见活动，任何一个时代法制的兴革，除物质生活条件所起的决定作用外，都有思想作主宰，都有人物在操作，是动态的而不是静态的；是生动的而不是枯索乏味的。1995年法律出版社出版了先生主编的司法部统编教材《中国法律史》，该教材力求创造一个新的体系，融法律思想与制度为一体，以揭示法律制度与人物思想、心理活动的多层面的关系，而不是思想与制度的简单相加，并以法律来显现中华文化的精神，以文化来解释中国古代法制的成因及其个性特点。《中国法制通史》（十卷本）可以说是打破法制史和法律思想史学科壁垒，将法律制度、法律人物、法律思想融合为一体的全面尝试之作。它特别注重通过历史环境中法律人物的活动及法律思想的碰撞，来展现法律制度的历史演变。例如在第四卷“隋唐”部分中，我们不仅可以看到对《唐律》的规范分析，还可以看到唐太宗君臣十年修律的艰辛历程和长孙无忌博大精深的律学思想，而唐律之所以成为中华法系的代表，正是立法者孜孜以求的结果。在先生于1999年出版的《中国法制文明的演进》一书中，这种创新性的法史研究法有了更为深入的尝试和体现，制度、思想、人物不仅更加有机地融合在一起，法律制度更被置于社会文明史的大背景之中进行广泛又深入地讨论。在本书中，张先生并不是一般性地对中国古代法制的状况进行全面客观描述，而是试图在中国古代的语境中，有针对性地从积极的、正面的文化意义上去展示和解析中国古代法制，贯穿始终的是对中华法制文明的民族精神的剖析。透过从“法制史”到“法律史”再到“法制文明史”的变化，读者可以看到张先生在中国法制通史研究方面学术思想的不断深化。

四

中国断代法制史，尤其是清代法制史，是先生用力尤勤的领域之一。他认为清朝是末代封建王朝，在历经两千年的发展之后，封建法制辗转相承，相当完备，剖析清代法制，有助于了解整个封建法制的发展趋向和规律。同时，由于清朝去今不远，它在法制与司法活动上遗留下大量的档案资料，它所提供的经验更具有现实借鉴意义。因此，多年来，先生一直在清朝法制史这块学术园地辛勤耕耘，发表了一系列学术论著。《文选》中收录的先生关于清代法律史研究的系列论文，为我们了解先生在这一领域的学术成就提供了线索。

收入《文选》的《清朝法制史概论》一文，是张先生主编的《清朝法制史》（中华书局 1998 年版）一书的绪论。该文对“研究清朝法制史的学术价值和现实意义”及“清朝法制史的发展阶段及其相应的特点”作了深刻阐发，是统贯全书的核心内容，也是全书立论的基础。先生认为，通过清朝法制史三个发展阶段的分析，可以看出它的兴起、成熟和衰落是有规律的，是值得认真地加以总结和借鉴的。在这一宗旨指导下，该书清晰地勾勒出了清朝法制发展变化轨迹，同时对其立法思想、法律原则、司法实践等多方面的问题也进行了深入的分析和探讨，从而生动而深刻地再现了有清一代的法制全貌，并力求为现实提供有益的借鉴。

《文选》中的《清代律学及其转型》是先生在清朝法制史研究的又一力作。本文从律学与专制主义的政治及文化政策、重刑轻民的倾向、律学发展的独立性与孤立性、任法与任礼并举的精神、律学发展的阶段性等七个方面阐述了传统律学的基本特点，并从立法、司法、学法、宣法等六个方面论证了传统律学的价值，最后以清代律学为切口，展现中西法律文化的差异。文章把律学的发展、演变、精神及其转型置于中国文化的广阔背景之中，对传统律学的基本特点及其价值、清代律学的兴起、清朝考据之学对私家法律的影响、清代律学的成就与转型等各方面进行了翔实的论证，是我国法律史学界对清代律学研究的一项重要成果。

以上两篇文章只是张先生有关清代法制史研究的诸多论著中的很小一部分。其实，张先生在对清开国初期的法律制度、清代法律体系的基本特点、清代的民族立法，以及晚清修律等专题上，都有开拓之功。

五

张先生在1980年代初提出“诸法并存，民刑有分”的中国古代法律体系观点后，此后的不少论著都围绕着这一问题进行探讨，其中对中国古代民法、行政法、司法制度、民事诉讼制度、近代转型等领域开掘尤多。《文选》中的有关论文显示了他在这一领域的努力和成就。

张先生认为，20世纪30年代以来，法律史学者在总结中华法系的特点时，提出了“诸法合体，民刑不分”的观点，影响甚大。从中国古代法典的编纂体例与结构来说，刑事、民事与行政等法律规范被混编于国家的同一基本法典里，不同的法律规范并没有编纂为各自独立的法典，因而诸种法律规范是合为一体的。而且中国传统法律中刑事法的发达和刑事调整手段的泛化，无疑挤压了民事法律的生存空间，更加深了“民刑不分”的印象。但是，由此而得出“中国古代只有刑法，没有民法”的结论，却是片面的、不符合历史的客观实际的。否认中国传统法律中民法等部门法的存在，不但拘囿了法律史学研究的视界，束缚了部门法律史学领域的开拓和深入，而且不利于对传统法律文化的检讨与再认识，削弱了对于古代法律遗产继承和借鉴的价值。《文选》收录的《再论中华法系的若干问题》就是先生为疗此沉疴而发表的一篇力作。在本文中，他提出了中国古代法律体系是“诸法并存，民刑有分”的观点，认为在中国传统法律体系中，不但有刑法，而且有民法、行政法等部门法的存在。他论证说：任何一种类型的法律都是特定的社会关系的产物。社会关系是复杂多样的，反映社会关系的法律规范的内容也必然是复杂多样的，而对于社会关系所进行的法律调整的方式也不可能是单一的。因此，任何一种类型的法律体系中，都必然存在着相对独立的不同的法律部门，既包含有各种实体法，也包含有程序法；既融合诸法于一体，又作用于不同领域。这是基于社会关系的多样性历史地形成的，并不取决于统治者的意愿。至于采取哪一种原则、形式来编纂法典，则是立法者根据统治阶级的需要，在实践经验的基础上有意识活动的结果。因此，不能以中国古代没有编订独立的民法典，便断言中国古代没有民法。提出观点之后，先生身体力行，撰写了一系列中国古代民法研究论文，而最能反映先生在这一领域的成果的是《中国民事诉讼制度史》和《清代民法综论》。《文选》中的《中国古代民事诉讼制度通论》则集中反映了先生在这一领域的明睿之见。在《中国法律的传统与近代转型》一书中，先生还进一步从现代法理学的角度论证了这一问题，认为"法律体系是指由本国各个部门法构成的整体，而部门法则是根据它所调整的社会关系和一定的标准和原则划分的同类法律规范的总和。由于社会关系的复杂性和多样性，决定了调整方式的复杂性和多样性，从而形成了不同对象的若干部门法，它们是构成法律体系的各个相对独立的部分。由于形成法律体系的基础是社会关系，因此它是客观的社会发展的结果，而不是任何人主观意志的产物。至于一部法典采取哪种体例与结构形式，是立法者主观决定的，是立法主体的立法思想、立法原则与立法技术的具体运用，是反映当时的立法水平的。因此法典的体例与法律体系是完全不同的概念，二者不能混淆，也不容混淆，否则便会产生以此代彼、以此为彼的误解。"因此，他认为："那种从中国古代代表性的法典的体例与结构出发，断言中国古代只有刑法，没有民法，无疑是混淆了法律体系与法典体例两个不同概念所致。"实际上，"中国古代法律体系是由若干部门法，如刑法、民法、行政法、诉讼法所构成的，是诸法并存的，也是民刑有分的。至于一部法典所采取的体例，或者是混合编纂，即所谓‘诸法合体，民刑不分’，或者是单独编纂，那是立法技术问题，是特定时代立法者的选择，当然这种选择也受到法律调整的需要和时代的制约。”“诸法并存，民刑有分”是从法律所调整的社会关系的特殊性和具体性以及由此而形成的法律体系而言的。至于“诸法”是否都发展成独立的部门法，是需要具体分析的。但不能以今天的部门法的概念，机械地衡量古代的法律，而要从中国法制历史的实际出发，恰当地运用现代法学知识，得出正确的结论。十几年来，张先生不断阐发和完善这一理论，在1999年出版的《中华法制文明的演进》一书中，他尝试着将法典体例上的“诸法合体，民刑不分”，与法律体系上的“诸法并存，民刑有分”，以及这两者的长期维系，作为特定历史阶段上法制文明的一种状态加以认识。张先生的认识和学术实践突破了“诸法合体，民刑不分”长期以来所形成的理论范式，尽管与其仅三字之别，但是对于法律史学研究领域的拓展有着很大的意义。最近十几年来，部门法史学的研究出现了新的局面，取得了较大的成就，与此不无关系。

六

张先生治学与时俱进，1990年代以来，他一直在努力对中国传统法律进行文化阐释，力图超越一维的立法层面，从法文化演进与变迁的立体视角来深入解读中国法律的传统及其近代转型。《文选》收录的《中国古代法律文化论纲》一文，表明了他在中国法文化史研究方面的远见和雄心。本文是他准备撰写《中国法律文化》一书的纲要，文中提出对中国古代法律文化十个方面的看法，既有对其特点的归纳，也评价了它在世界法律文化发展中的地位，同时也展示了中国法律文化发展的前景。该文与《文选》中收录的关于“礼”、“律学”和“沈家本法律思想”研究的论文一起，构成了他在中国法律文化史研究方面的几个重点部分。

在中华法系的研究方面，张先生的贡献是显而易见的。《文选》中收录的这类成果有《再论中华法系》、《人本主义——中华法系的特点之一》、《中华法系研究的回顾与前瞻》等五篇论文。在这些论文中，他的研究都有突破。他将中华法系的基本特点概括为六点，即皇权至上的专制主义法制；儒家学说对法律的深刻影响；引礼入法、礼法结合；家族法在法律体系中占有重要地位；融合了以汉民族为主体的各民族的法律意识和法律原则；制定法与判例法互补互用。在1997年出版的《中国法律的传统与近代转型》一书中，他进而将中国法律的传统系统化为十二个方面的特色。2005年该书修订版出版时，又将其延展为十四个方面。总之，张先生在这个方面的思考和研究是一个持续不断的深化过程。他提出的法文化上的多元统治以及汉族以外的其他民族对于中国传统法文化的重要贡献等学术观点，引起了学术界的重视和共鸣。在探讨中华法系的特点和成因的基础上，他进一步提出了重塑中华法系与中华民族的伟大复兴的重大命题，认为21世纪应该是中华法系重塑的时期。他在这一领域的研究，使消沉了半个多世纪的中华法系的面目与价值开始重新为世人所重。

七

自2006年起陆续出版的《中国少数民族法制通史》（十五卷本），是由张先生主持的、有全国十多所高校和研究机构的近四十位法学、民族学、社会学等学科的专家学者参与的又一鸿篇巨制。该书涵括五十五个少数民族，实事求是地叙述各少数民族的法律（包括习惯法）、法律思想与法律意识、法律文化的遗存等诸方面，是前无古人的巨大的民族法律文化工程。从已出版的“瑶族卷”、“苗族卷”、“彝族卷”和“羌族卷”看，此书受到国内外法史学、民族学、社会学、人类学界关注。

《文选》收录的《探索中华法制文明的珍稀遗产》一文，是《中国少数民族法制通史》的总序，集中表述了张先生主编这一套书的宗旨和理想。他认为：1998年《中国法制通史》（十卷本）仅仅叙述以汉民族为主体创造的法律制度，对于为中华法系做出巨大贡献的其他民族的法制建设，没有给予足够的篇幅；所谈及的多为历史上创建了政权的民族，如鲜卑、党项、契丹、女真、蒙古、满族等；其他未建立政权民族的法制建设的功绩与思想火花，由于缺乏应有的研究，被淹没在历史的长河之中。事实上，忽视少数民族的创造和贡献的中国法制史是不完整的。在中华法系形成和发展的各个历史阶段，各少数民族法文化的成就及其贡献，学术界应该给予足够的重视和评价。他在本文中指出：中华民族作为一个整体，是多样性的大一统民族，中华法系是集各族人民法律智慧共同缔造而成的；习惯法和民间法是少数民族法律体系中的重要组成部分；“通古今之变”则是研究少数民族法制史应有的态度。

笔者相信，《中国少数民族法制通史》的出版必将深化已有的民族法制史研究成果，填补某些民族法制史研究的空白；亦将有助于拓宽法制史研究的视野，全面弘扬中华民族法律文化，使原先隐藏在历史烟尘中的明珠能够在世界法制史舞台上熠熠生辉！

八

这部《文选》是张先生到目前为止的学术精华，但同样体现出他的学者情怀、高远志向和历史责任感，还有他的毅力、魄力和定力。张先生早年受到的是国学教育，成年后再学法制史，此后将毕生精力投入了中国法制史教学与研究事业。国学本以文史为主，对国学有深厚功力的人，来研究法制史，必然事半功倍。更何况张晋藩先生于国学和法史学的训练之外，还有细致的诗人情怀。他所作的诗集《思悠集》，抒发了对自然风光的赞美和对古迹的怀古之情，将诗意与哲思汇聚于法史之学，从中体味人与自然的和谐，陶冶怡然自得的情操。

在张先生表达学术的字里行间，我们还可以看到一个正直的法史学者的学术担当与勇气。先生常说，在老师和学生之间，作者和读者之间，应该薪火相传着一种对历史的尊重态度，对真、善、美的追求精神，对真理勇于探索的风尚传统。《文选》收录了他发表于1957年的《关于法的阶级性和继承性的意见》一文。当时法律虚无主义思潮伴随着阶级斗争的风雨，在中国大地上蔓延，法学界很多人都不敢直谈法律的继承性，或从根本上否认法律的继承性，而他却以求真求实的态度，坚持法律的阶级性不能否定法律的继承性的观点。本文在全面否定旧法的背景下，敢于提出否定旧法不是简单地说一个“不”字，表现了先生非凡的学术勇气和魄力。

从《文选》所反映的学术成就来看，张先生的勤奋与敬业也是多数学人望尘莫及的。张先生说过，他相信“天道酬勤”。五十多年的时间里，张先生从没有中断过对他所钟爱的法律史学的研究，即使在“黑云压城城欲摧”的年代里，虽然不能做系统的专业研究，但也没有中断研究。除了有重要的社会活动外，他每天工作时间都在七、八个小时。近年年事渐高，医生嘱咐不能过于劳累，每天的写作也仍然保持在五个小时以上。总是不断有人劝他不要太累太苦，该颐养天年了。每当此时，先生总是悠悠而笑。一分耕耘，一分收获。辛勤劳动总会结出果实。就学术人生而言，张先生可谓德业双馨、功成名就，而且惠泽海外。作为他的学生，除了不断努力外，我们已别无选择。

林园求学记：记我的导师著名法学家张晋藩先生

——陈景良

一、学者风范

中国人民大学林园内，有一片翠绿的冬青和树林。在树影婆娑的晨光中，人们常可看到一位两鬓斑白，但却精神奕然的智者在一招一式地练着太极拳。安详的神态在晨霞的映照下，透脱出一个学者历尽沧桑后心情的宁静，那舒缓而优美的动作又仿佛在向人们昭示着一个仁者的胸怀，他就是饮誉学界的中国法律史专家——张晋藩教授。

说起张晋藩，学界总爱把他与中国法制史这门学科联系起来。是的，先生自1952年于中国人民大学研究生毕业以来，已在中国法律史这个园地里辛勤耕耘了四十余年。几十年来，他写的专业论文有二百多篇，著作三十余部，其中有的在中华书局、社科出版社、法律出版社、群众出版社及日本、中国台湾地区出版，有的在《人民日报》、《光明日报》、《法制日报》上发表。先生学识渊博，而其业亦专而精。在讲坛上，他对学生严肃认真而又循循诱导。口试、设问、辩解，但学术的思考和问题的提出必持之有故、言之成理。正是在这种笃实而又严谨的教风下，一代代学子脱颖而出，其中有的在国家教委、最高人民法院、社科院法学所担负重要的职务，有的成为博士生导师、法制史学科的带头人。在学术的园地里，先生以其浓厚的学术热情和不懈的探索精神，先后泼墨于中国古代法制史、法律思想史、比较法制史、法律文化史、部门法史诸多领域，筚路蓝缕，开风气之先。

耕耘赢来花事好，辛勤铸就学者魂。先生的学术成就和执著的追求精神，赢得了社会的认可和崇高的学术声誉。他先后担任中国政法大学副校长、研究生院院长，国务院学位委员会法学评议组成员，国家重点学科带头人，中国法律史学会常务副会长、名誉会长、专业顾问等行政及社会职务，1991年被国务院授予具有突出贡献的专家称号。在名誉面前，先生总是淡然处之。

三月的春绿把我们送进了先生的书斋，春光下，先生即将飞赴大洋彼岸，讲学神游于美国大地。在春花的飘香中，怀着美好的祝愿和丝丝留恋之情，我们让先生谈起了他治学的经历、人生感受及其对学生的希望。

人生道路的选择与儿时的教育密切相关。先生在一片深情中展开了他童年的回忆。他说：“在我小的时候，最大的乐趣是听父亲讲历史故事，像三国演义中的‘火烧赤壁’、‘七擒孟获’都使我悠然神往，充满了遐想。但父亲很忙，不可能天天满足我的要求，我便渴望着上学识字，有一天可以自己读。这个愿望终于实现了。我在小学时便读了不少历史小说，经常为历史人物的遭遇而兴奋或悲怆。但我读的历史小说和我在小学所上的历史课的内容经常是截然矛盾的，因为我是在日本帝国主义统治下的伪满洲国读小学的。日本侵略者为了推行奴化教育，粗暴地篡改了历史，使我朦胧地意识到正确地理解历史对于一个民族的自信、自强该有多么重要的意义！我在大学读文学，文史不分家，我对历史的爱好依然如故。但这时吸引我的已不是情趣横生的历史故事，而是对中华民族兴衰之由的探索。1950 年，我被分配读中国法制史的研究生，当时有的同学认为这门学科尚待创立而又冷僻，颇有些为我惋惜，但我却感到投我所好而十分惬意。从那时起，我在中国法制史这个学科的海洋里沉浮了四十几年。”

听着先生的一席话，我的心头似乎释去了一层迷离，因为对于我们这些置身于现代商海大潮中的学子来说，先生以其青年成名的才气和学业成绩的优异，何故独钟情于法律史这门学科，这是不少人感到困惑的话题之一。

人生的价值，生活的幸福，在先生看来，不在于他所选择的职业是否贴近现实，而在于一个人要以敬业精神倾注于他所选择的事业，于事业中追求真理，于探索中品味人生。亚里士多德曾说：“探索真理，只是为想脱出愚蠢，显然，他们为求知而从事学术，并无任何实用的目的。”（见亚里士多德《形而上学》）先生常说：古人有言，“不以物喜，不以己悲”，一个学者应该有广阔无限的胸怀。也许正是由于有这样的人生情怀，才使先生于一次又一次的政治运动冲击下，始终保持着自己的学术信念，写下了不少带有独立思索痕迹的专业学术论文，在中国法律史的园地里，留下了一个学者于数十年风雨中艰苦跋涉的足迹。

1957 年，法律虚无主义思潮伴随着“阶级斗争”的风雨，在中国大地上愈益抬头，法学界在讨论法律是否具有继承性的过程中，由于“左”的思想的影响，很多人不敢再谈法律的继承性，或者从根本上否认法律的继承性。面对压力，先生却撰文坚持法律的阶段性不能否定法律的继承性。先生说：“据我个人粗鄙的认识，以阶段性作为探讨法律本质的出发点，无疑是正确的，但同时也还应该注意到法律的阶级性并不排斥继承性。”[1] 为了更好地说明这个观点，先生从以下三个方面展开了论述：第一，先生在文章中主张用马克思主义哲学中“否定之否定”的规律来解释继承问题。第二，他认为不能将法律现象与社会生活发展的辩证过程分离开来。尽管法律的继承性确有它的特殊个性，但这是属于怎样继承和继承什么的问题，而不是有无继承的问题。旧法的阶级性与科学性，并非在任何历史发展阶段都绝对的冲突和绝对的排斥。具体说来，春秋战国时期新兴地主阶级制定的反对贵族领主的特权，要求社会经济和政治的统一，主张废除氏族社会的积习等等的法律，都是与社会发展相一致的，因而起着一定的历史进步作用。至于近代资产阶段认识客观真理的程度大大超过了封建时代的新兴地主阶级，资产阶级创造的法治原则、陪审制度、辩护制度、普选制度，无疑是历史上的功绩。这些确凿的历史事实说明了阶级性不是在任何时候都绝对地排除科学性的。[2] 第三，先生在文章中说：“在任何社会，任何国家的法律都是人们之间具有约束力的一定行为规则的总和，都是由多种多样的法律规范所构成的。有许多人们之间的行为规则有它历史的因袭性，而绝不属于某一特定的社会。对于那些调整在各个社会都不可缺少的一些行为规则的法律规范，也是可以批判地继承的。”[3] 今天我们重读他近四十年前的文章，觉得他的观点依然是站得住脚的。

1966 年初，“文化大革命”的风雨呼之欲出。当在对清官的讨论中，否定清官的历史作用的倾向几乎成为定势时，先生却撰文认为，从法律的角度看，清官之“清”在于他们遵守法定的权利，而这是对人民有利的，因而清官的形象能够矗立在舞台上。这些观点

[1] 张晋藩：《关于法的阶级性和继承性的意见》，载《政法研究》1957 年第 3 期；另可参见张晋藩：《涓滴集》，中国国际广播出版社 1990 年版，第 127 页。

[2] 张晋藩：《关于法的阶级性和继承性的意见》，载《政法研究》1957 年第 3 期；另可参见张晋藩：《涓滴集》，中国国际广播出版社 1990 年版，第 127 页。

[3] 张晋藩：《关于法的阶级性和继承性的意见》，载《政法研究》1957 年第 3 期；另可参见张晋藩：《涓滴集》，中国国际广播出版社 1990 年版，第 127 页。

现在看来，已成为常识，但在那个完全以意识形态为学术评判标准的历史条件下，该需要有多大的学术勇气！

1964年，中华书局出版了先生与邱远猷合著的小册子《科举制度史话》。由于这本小书列入了吴晗主编的“中国历史小丛书”，故1966年“文化大革命”初起之时，先生便受到《人民日报》的批判。其实，这本两万五千字的小书也还是在马克思主义的指导下编纂的，没想到作者却因吴晗先生为其丛书主编而获罪。三十年后，当我从先生手中接过这本封面淡黄的小书时，我的目光一下子被扉页上的一行小字所吸引。那行小字是：刘永章，1965年7月10日购于北京新街口书店。旁边有刘先生写的一首题为“呈张晋藩教授”的小诗，诗文曰：“卅年风雨有书缘，李白识韩千古传；劫火幸免天怜才，完璧复归应无憾。”落款是：后学刘永章1994年8月31日。原来这本劫后余生的小书三十年前由一个叫刘永章的读者购去，三十年后，这位读者朋友又把它送给作者。这段轶事中浸透着作者、读者的心酸，记载着时代的风风雨雨。今天，当我望着这本几乎具有文物价值的小书，用手抚摸着它那淡黄柔软而又残缺的封面时，我的心似乎也一下子回到了那个不太遥远的时代。古人云：“颂其诗，读其书，不知其人，可乎？”我则说：“欲理解先生的情怀及人生道路，必当理解先生所处的那个时代。”

二、其言蔼如

中国古语有言：“君子尊德性而道问学，致广大而尽精微，温故而知新，敦厚以崇礼。”[1]或许是受传统文化的影响，抑或为数十年治学人生经验之总结，先生作为我国法学界早期的博士生导师，对学生历来首重其德，要求颇严。在先生的及门弟子中，学生的年龄相差甚为悬殊，最大的已五十有余，最小的才二十来岁。在年龄差距的背后，反映着学生们不同的生活阅历及其千差万别的成长道路。但无论是对已毕业并颇有成就的学生，还是对正在苦读之中的

[1]【清】吴汝纶点勘：《大学·中庸》。

莘莘学生，先生都在关注其学术成长的同时，更加严格要求他们的为人。

在中国传统文化悠久的历史中，古人向来视道德文章为一体，所谓：孔孟大名千古传，道德文章启后贤。可以说，“德”作为一个伦理概念，在中国人的心目中是一个蕴涵极为丰富的字眼，不同时代的思想家、政治家赋予它不同的内涵。但把正直、诚实、信用与德联系在一起，则是人们的共识。先生也是这样要求学生的。他常说，为人为学，首重其德，次重其才，“子欲学者，学为人者乎。”他把诚、信、智、勤四个字与德结合起来，作为培养学生的四个要素。

先说一个“诚”字。

史称，宋儒范仲淹以为，“唯不欺二字，可终身行之。”[1] 刘器之追随司马光五年，只得到一个字——“诚”。司马光向他解释：“诚者，天之道，思诚者人之道，至臻其道则一也。”[2] 先生说：“诚作为德的一个主要之义，表现在为人处事上，应该是‘不自欺，不欺人’，坚持操守，表里如一，奕奕清畅，俯仰有度，一生行之，岂不君子乎！表现在治学上，一个人欲学真知，当不慕虚名。”先生引用熊子真（十力）老先生的话说，“恶莫大于俗，俗莫偷于肤浅”，“有真知者不浮慕，脚踏实地，任而直前，天下唯浮慕之人最无力量，绝不肯求真知。”这一点于治史尤为重要，因为治史的结论必须以史料为基础，而史料的耙梳、钩沉、辨伪乃是最为基本的训练方法。于此，尤不可偷懒、自欺而敷衍塞责。

对先生的教诲，我感受至深。记得十年前（1984 年）我第一次及第中国政法大学读硕士学位时，当时先生作为研究生院院长给我们讲的第一节课就是“为学之道”，我印象依然如故的是先生转述的“板凳要坐十年冷，文章不写一字空”的警言。如今十年过去，回想起教学科研中的成败得失，怎能不感慨系之。1992 年我撰写

[1]【宋】邵伯温：《邵氏闻见录》卷八。

[2] 转引自余英时：《士与中国文化》，上海人民出版社 1987 年版，第 557-558 页。

《中国传统法文化在现代法制建设中的意义》一文[1]，由于对文中所引用的《管子·任法》篇的一条资料没有查对原文，故当责任编辑发回校对稿核实材料时，竟然于《管子》一书的各种版本中，查无出处。后来才发现这条转引自教科书的资料根本不在“任法篇”，而是出于《管子·明法》篇，教科书的作者引用时就没有核实，以讹传讹。现在回想起来查核原始资料的窘迫及先生的教诲时，仍觉汗颜。至此，我想起了中国古语中那句悠长的格言：“经师易求，而人师难得。”证诸于事理，我真想说：“先生乃仁义之师，其言蔼如！”

次言“勤”与“信”。

先生认为，为人应该言必信、信必行、行必果，而要做到这一点，平时必须孜孜以求、勉力于学，高质量的学术见解及深厚的学术素养来自于平时的辛勤和积累。

学术界一般都知道先生知识渊博，著书甚丰，但对先生的勤勉及平时极讲效率的生活节奏中所蕴涵的丝丝甘苦，则非个中人所能知晓。先生在他已走过的四十余年的学术生涯中，养成了一种极有规律的生活习惯：早睡早起，中午不休息，数十年如一日。先生每天晚上 11 时左右休息，翌日凌晨 5 时起床，半小时的太极拳后，开始一个半小时的写作时间。可以说先生对于已经答应的著作项目，一旦进入写作状态，绝不拖延，必按时完成。

今年八月的一天，烈日炎炎，热浪灼人。我因一本书的大纲要向先生汇报，便在下午 2 时按响了他家的门铃。我想这可是午休的时间，连我这个三十多岁的年轻人都直打哈欠，先生已过花甲之年，此时的他，还能没有疲惫之感？谁想门开之后，先生一手拿支红蓝铅笔，一手托着还带有丝丝清香的茶杯，轻松愉快地从阳台的门口走来，原来先生正在挥笔修改《古代民事诉讼制度研究》一书的稿子呢！望着他书桌上那一叠叠的书稿，再看看他那精力充沛的面容，我迎面仿佛吹来了一股清凉的风，一下子凉

[1] 张晋藩：《中国传统法文化在现代法制建设中的意义》，载《江苏社会科学》1992 年第 4 期。

爽了许多。我曾诧异地问道："先生之乐从何而来？"他悠悠而笑，顺口吟道："读书以荷世，明理以悦心。"毛泽东曾说"吾于近代以来，独服曾文正公"，这两句便是曾公家书之名言，于此，吾心释然。

在编纂先生治法律史学四十年之学术目录时，先生曾把他珍藏了数十年用一大牛皮信封装着的几十张纸条交给了我，那封面上赫然写着四个大字：法史偶思。启开视之，纸条的颜色不一，大小相杂，有的是稿纸，有的是信纸，还有两张醒目的纸条，一是最高人民法院的介绍信，一是兰州饭店的菜单，它们的背后也密密麻麻地写着先生读史的片思与心得。原来这些都是先生在外出旅行的茶余饭后，对法史进行思考的记录。我心想，这片片小纸如同天空中的朵朵云霞，一旦汇入先生的大手笔，它将悄然蔚出，一篇篇大文章就是从这不经眼的小纸条里诞生的。

在追随先生的岁月里，与其说吾辈弟子于先生的谆谆教诲中领悟了为人治学的真传，倒不如说，我是在这枝枝叶叶的小事中悟出了先生的真精神！

先生之勤不仅表现为他勤于动脑、勤于思索，而且还表现在勤于动手，不停地写作。就以近两年为例，他出版了独自撰写的《中国古代法律制度》、《清律研究》，还出版了他主编的《中国官制史》、《清朝法制史》和《中国法律史》。这后一本书是从法律思想的角度提出法制的建设问题，是创建一门融合法律思想、法制制度于一体的新学科。不仅如此，他还主编了《中国古代民事诉讼制度》和《两宋民法研究》。先生做主编从不挂虚名，从指导思想、构架直到重要篇章，他都亲自动笔，既是主编又是重要撰稿人。他常常是一个项目未完，又在着手下一个项目。现在他正在撰写《清朝至民国的民事法律》，同时又在设计《中国少数民族法制史》，他千万字的著作就是这样产生的。用他的话说，"是自讨苦吃，苦在其中，乐也在其中。"

最后，说到"智"。

先生认为："智"，应当是指史才、史识。一个博士生，不仅要重视史料，而且要在史料钩沉中，发现问题，提出问题，进而去解决问题，这是“识”的要求。至于“才”，其实就是指文采。清人赵翼在《瓯北诗话》中称颂苏轼的文采时说：“才思横溢，触处生春，胸中书卷繁富，又足供其左抽右旋，无不如意，其尤不可及者，天生健笔一支，爽如哀梨，快如并剪，有必达之隐，无难显之情。”

为了培养学生的才和识，先生对学生采取了两项措施：一是要求学生广读博览，不仅要读专业的书，而且还要读邻近专业及其他专业的书。对非专业的书，先生要求浏览快读，以开拓视野；对本专业的名著、典籍，先生则要求学生必须读而有思，思而有感，感而有发，写出读书札记，在每星期听先生授课时，依次发言；二是在讲课时，先生设一题目，然后辩难，争议激烈处，先生也常常直接切入其中，最后，由先生做一点评，若仍有不同意见，则亦可不同意先生之意见，或在会后再行交谈。

一次，先生就“皇权强化与法制之间的关系”这一主题设问，要求我们结合宋代法制的发展及明朝灭亡的教训来回答下述两个问题：（1）皇权强化是否必然带来法制的破坏？（2）明代灭亡的教训，从法制上该怎样总结？当时的讨论异常热烈，有的认为，皇权与法制在根本上是不相容的，皇权的强化必然带来法制的式微，故宋代与盛唐相比，法制几无建树；有的则认为恰恰相反，宋代法制的成就远远高于唐朝。对于明亡的教训，更是仁者见仁、智者见智，有的认为明朝亡于内忧外患；有的认为明亡于天灾人祸；有的认为明朝亡于皇帝的性格；有的认为明亡于士大夫的束书不观、游谈无根。先生的总结大体如下：皇权的强化并不必然带来封建法制的破坏，还可能在一定程度上促进法制的发展，宋代即可作如此观；皇权只有腐朽时，才会破坏法制，明朝亡于皇权极度腐朽所对法制造成的全面破坏。先生说，这个观点还可进一步阐述，但在详述之前，需要首先明白以下几个问题：其一，皇权的强化与腐朽是两个不同概念。强化者乃加强之意也，但它依然没有越出封建法制所界定的度；腐朽则不然，此时的皇权以是为非，以非为是，黑白完全倒置，非法的成为合法，合法的反倒非法了。以明代为例，熊廷弼与袁崇焕的被冤杀，不但是自毁长城，而且是朝廷黑白颠倒、滥施赏罚的典型例证。再如宦官干政本属非法，但有明一代自成祖之后，宦官不仅干政，且监军、监矿、监法。三法司会审，太监端坐中央，三大司法机关的长官成了配角，以一宦官旨意而行判决之权，合法的反倒非法了，此种情景之下，封建法制全面破坏，这等王朝如若不亡，天理何在？其二，此处所指法制乃封建之法制，非以民主政治为基础的资产阶级法制。二者之间的区别，兹不详论。其三，观察历史，评价制度之得失，对法制的分析评价亦如此，不能以单纯的思维方式，简单地说“是”或“非”，而应该具体事情具体分析。历史现象是复杂的，在这复杂的表象背后，隐藏着更加复杂的各种经济利益关系及深厚的文化背景。对此，若不做深入分析，则结论必失之于片面、肤浅而不中的。以法制而言，在宋代，土地私有制普通确立，庶族地主广泛参与各级政权，经济关系及社会结构的变化，有利于生产力的发展，带动了商品经济关系的繁荣。经济的发展带动了社会关系的发展，社会关系的复杂性及各种经济利益关系的冲突迫切要求法律来进行调整。宋朝统治者顺应历史潮流，在总结唐代立法经验的基础上，对法制建设倍加重视。有宋一代，民商立法发达，诉讼程序强调对个人所有权的保护，司法官员的选拔注重其文化素养，律学考试成为士人跻身于司法机关的必经之路。宋与唐比，法制建设取得了更为辉煌的成就。

先生所论，也许仍有可商之处，但论中的简洁精辟及其深厚的学术素养，的确给人以启迪。于此，在深深的思考中，我想起了古人那句脍炙人口的名言：“师者，所以传道授业解惑也。”

三、人中有书

先生退了，退的那么轻松。1994 年 5 月，担任中国政法大学研究生院院长职务达十一年之久的他从行政领导的岗位上退了下来，岁月的风雨染白了先生的鬓发。在人们的印象中，先生的名字是与才华横溢、气势磅礴连在一起的。这是因为，早在五六十年代，张晋藩的名字便经常出现在《政法研究》、《教学与研究》、《光明日报》、《人民日报》、《文汇报》等专业性学术刊物及各大报纸上。后来，只是因为时代的原因及“文化大革命”的爆发，才延误了先生及那一代学人的学术生命。20世纪70年代末至80年代，随着党的十一届三中全会的召开，中国的历史进入了新的一页，先生身上那被压抑多年的才华宛如火山爆发一般，一下子在80年代学术的春天里喷发出来。《中国法制史》（全国高校首批统编教材之一，先生为主编）的出版、中国法制史多卷本的构想、对沈家本及中华法系的专题研究成果的发表[1]，都在法学界引起了极大的反响。80年代中期，先生以其崇高的学术声誉就任中国政法大学研究生院院长一职，同时担任中国法制史研究会会长、中国法律史学会常务副会长，并开始招收首届中国内地的法制史学博土研究生。此时，先生一边带中国法制史硕士、博士研究生，一边继续耕耘在中国法制史学的学术园地里。1985年以来，先生先后在《中国社会科学》、《中国法学》、《法学研究》、《人民日报》、《光明日报》等大型报刊上发表了学术论文数十篇，又出版了《清入关前的国家法律制度》（合著）、《法史鉴略》、《中国政治制度史》（合著）等学术著作。1985年中国法律史研究所在先生的领导下成立，中国法制史专业随之成为国家的重点学科。

知识渊博，使人敬仰，这只是先生为人治学的一个方面。其实，他在学生眼里还有可亲可爱的一面，这一面便是其性格的率真和旷达。有人说，苏格拉底是人中有书，梁启超则是书中有人。我要说，先生既是书中有人，也是人中有书。

我们这一届弟子，是先生所招收的学生中年龄较大的一簇。生活阅历使我们对人生多了一层理解，更在知识的传授之外，平添了几分茶余饭后与先生倾心交谈的感情。

林园求学数载，我常想最大的收获也许不在那谆谆教诲的课堂，

[1] 张晋藩：《论沈家本的法律思想》，载《法学研究》1981年第4–5期；张晋藩：《编写 < 中国法制史 > 多卷本专著的设想》，载《法学研究》1980年第4期。

而是在先生漫步吟诗、酒后挥毫、品茗谈心、林间徜徉的闲暇之中，因为只有在此时，才能显现出先生的性情之真。就我来说，我喜欢先生晚年设帐讲学中的真性情，因为这真中有挚，挚中有乐。

熊十力先生有言："为学苦事也，亦乐事也。唯真志于学者，乃能忘其苦而知其乐。"熊老先生当年向以"怪谲"著称于士林，然其言嘎嘎有声。我以此来问先生"真志于学者，其旨何在，其精神之源何来？"先生则于漫步之中朗声吟道："绿草如波漫平川，野炊处处笑语喧；莫道飞瀑天上出，溪水源头有清泉。"这或许并没有直接回答我的问题，然而我却猛然有悟：这源头活水也许就在人生美好的寻觅之中！

先生虽然是当代中国法制史学界的著名学者，但他内心的谦虚对我们的教育尤为深刻。一次，先生的一位教授法制史的老朋友给研究生作报告时说："他刚刚跨进法制史学殿堂的门槛。"但先生却说，"自己则只是看见了法制史殿堂的门楣，而在载欣载奔。"他鼓励我们，"赶上他，超过他"，但同时他也指出，"要赶超过我也并非易事，因为我仍然在前进着。"

人们常说，晚霞比晨曦更灿烂。林园求学，于我，如饮一杯浓烈的老酒，其意悠悠，师心融融。追随先生，我不禁想起《礼记·乐记》里的一段话："善待问者如撞钟，扣之以小者则小鸣，扣之以大者则大鸣，待其从容然后尽其声，此皆进学之道也。"

我庆幸在先生的晚年曾于林园求学……

史和诗和谐的人生：读张晋藩先生《思悠集》有感

——郭明

张晋藩先生是新中国法制史学的主要奠基者之一。他在法制史研究领域经年累月地辛勤耕耘，已经结下的丰硕成果为同行学辈所敬慕。在过去的二十年中，大凡在国内法学院法律专业学习过的人士，应能记得从张先生编撰的法制史教材中所受的教益。

2000 年 4 月，张先生年届七十，中国政法大学在北京友谊宾馆为他举行了执教五十周年的庆祝会。笔者有幸应邀与会，并获赠浓缩张先生治学历程的两本由其学生们编辑的个人文集《求索集》[1]和《未已集》[2]。前者收录了张先生自50年代至90年代中期的各期重要作品，编者对作品作了选登、提要、述评等各种处理，集中展示了张先生的治学经历、学术思想及成果；后者实际是前者的续编，记录了张先生90年代中后期五年间的思想学术收获。这两本文集一曰“求索”，一曰“未已”，取名极为贴切，真实地呈现了20世纪后半期，一位中国的文史学者，一位以法史为业的知识分子的心路历程及其实践留痕。

对于20世纪后半期前三十年和后二十年中国政治与法制历史的复杂内涵多少有所体悟的人士，当翻开这两本文集，看到一个人以其执著的追求和坚韧的毅力，用生命的热情顽强地流淌出一条不间断的蜿蜒前伸的学术涧流，你就不能不为涌动其中的一种东西所打动，进而询问，是什么使得个体学术生命抵抗了历史的无情摧折，并使之汇流于一个民族学术生命的长河之中？显然，这样的问题是在当代中国学术史上具有个案研究意义的。张先生以及其他从20世纪后半期的蹉跎岁月中跋涉走来的不少学者大家，以相同的精神和不同的方式提供了各自的答案。

当然，对我这个“读者”来说，张先生的答案多少已蕴涵在“文集”之中了。如果说，《求索集》和《未已集》反映了张先生五十年来对中国法制历史一言难尽其曲的至今未已的学术求索，并且包含了张先生复杂的学术思想和人生经历，那么，我想指出的是，这仍然并非张先生这一辈学人人格追求的全部——而这一点看法，从我于数月前读到张先生赠我的自编诗集《思悠集》，变得更加清晰了。

《思悠集》收录了张先生几十年间咏成的部分五言和七言的古典诗作一百九十六首。这些诗作涉及言志抒情、览胜记游、赏物观

[1] 陈景良、张中秋：《求索集》，南京大学出版社1996年版。

[2] 张中秋、李鸣：《未已集》，南京大学出版社2000年版。

景、讲学访友等各个方面，表达了与其史学研究的入世意向截然不同的出世心态，其整体风格可用“天高云淡任由之”加以概括。除了少量寓史于诗的立身言志诗作之外，大部分采用了“明月松间照，清泉石上流”的白描抒情手法，体现了作者以人世之史与出世之诗构成其张弛和谐的人生境界的风格特征。

以下且容我以“诗”为证，稍作诠释。

自古以来，“诗言志”，已成论诗常识。史家赋诗，难免牵涉心志。张先生的“言志”诗虽只占据少量篇幅，但无疑是理解其人格必不可缺的一部分。这些诗与其他抒情诗一样，因为真情流露，读来隽永感人。其中，《游橘子洲头》堪称代表之作。诗曰：

橘子洲头望楚天，北去湘江出郴山；
书生珍重翰墨事，愿留文字在人间。

这是张先生1990年春天游长沙橘子洲头，抚风而立，面对浩淼江水，缅想半世笔墨春秋，情不自禁所生的独白。

在张先生的诗作中，这样直白言志的为数较少，更多的是借题（或景或人或事）抒怀。例如，1970年春，先生被下放到江西五七干校。按一般人的感想，其时心情定是抑郁难抒，但观顾其当时的诗作，似乎只有淡淡哀愁。《五七干校闲咏》（三首）第二首写道：

风绽岭上映山红，板床纱帐听雨声；
秧田水满春波绿，可怜书生作稼翁。

而在第三首中笔锋一转，则是：

茶花香处蝴蝶飞，春池水暖鱼儿肥；
牧童月下归来晚，柳叶当笛信口吹。

同样在五七干校，1971 年冬，先生又写道：

雪压屋檐霜满窗，依然豪气溢八荒；
卷地寒潮风瑟瑟，围炉闲话烤衣裳。
京华远离四千里，故园人梦九迴肠；
但得抒怀何须笔，新茶陈酒尽文章。

我们从中看到，此诗虽有“雪压屋檐”、“卷地寒潮”的隐喻，也有“京华千里”、“故园梦回”的惆怅，但心中对于文章不朽之业仍然充满信念，而且将此信念以“豪气”和“闲话”勾连相表，呈现了刚柔兼济的情感品质。

由此也可以理解，既然在压抑的岁月，先生尚能将心情调处至这样疏朗的境界，则在告别“人无聊赖天亦老，离愁偏似夏草长”（1972 年夏干校《岭上赏月》，题记有“归心似箭”一语）之后的二十年，先生的诗作则表达了更多阅尽人间、回归自然的超脱心境。

不能说，80 年代之后先生在承担繁重的恢复法学教育和法制史学科建设的组织领导工作过程中没有烦恼，但在诗作中却看不见任何怨艾踪影，留下的只是诗史和谐的自然和人文情怀。例如，1991 年夏，先生参加济南法史讨论会后，往游养马岛。《养马岛怀古》（四首）第二首写道：

海风吹袖送轻寒，凭栏远眺水接天；
千秋功业成遗绩，环岛何处马嘶咽。

第四首写道：

青山有意昵大海，海水无心自成湾；
日照碧波成五色，风涛声里过渔船。

又见，1993年春访嵩阳书院所作《游嵩山书院》：

宋时学院汉时风，嵩阳小憩说明经；
古柏有声添书韵，新柳无言人诗情。

再如，1999年10月在重庆参加法史学会二十周年庆祝年会后，夜游白帝城时所作《白帝城怀古》：

白气化作浮云去，此地犹存白帝城；
吞吴未捷长遗恨，榻上一息托后生。
丞相丹心昭日月，六出祁山图寸功；
自古英雄多命舛，常使骚人啼有声。

如果说，这一派诗还是以诗咏史，诗史同心。那么，还有许多诗，则在诗中全然涤去了历史人事的纷扰，只现自然本色，如同水回水中，浑似天人合一。例如，1992年夏在明尼苏达偕家人游湖，写道：

青山带醉卧平沙，杨柳吹风送落霞；
明湖水嫩帆影俏，绿荫深处有人家。

此诗以醉观山，以嫩喻水，在落霞中踏归绿荫人家，人与自然联袂，只有一个返朴归真的旨趣了。这一派诗在诗集中不胜枚举，且恕我点到为止！

由以上对于张晋藩先生《思悠集》的简要解说，已能多少领略先生高深的文史素养和淡远的学问心态，俾使洞察其学问故能持之以恒的原因。对照之下，笔者很容易联想到今日如我辈中年或青年的法律与法学人，在为“学问”所累者不在少数，似乎难得忙里偷闲，清茶一杯，赋诗几首！其实心中不过堆满了名利的块垒，常常还诿以全球时代、技术压迫或社会责任等。呜呼，蒙蔽甚矣！

熟悉张先生的人都知道，他的学生通常呼其“先生”，大有古代书院私塾遗风。这与张先生怀持的中国传统文化情结，与他追求史诗和谐的人生境界与人格特点莫不相关。对于学术，先生的心态至今犹如稚童，他在执教五十周年的庆典时曾说：“如果说法律史学是一座宏伟的殿堂，那么我正凝望着这座殿堂的门楣载欣载奔！”应该承认，做法律或法学的人，由于研究对象使然，似乎特别容易觉得“饱经沧桑”或“深度社会化”。但正因如此，恐怕便格外地需要自然和人文情怀的意境来加以平衡或冲淡。我认为，向张先生学习，多一份史诗和谐，或能增益于学问呢！